肉食行為の研究

野林厚志 編

平凡社

目次

序　野林厚志　5

I　肉食行為の文化誌

第1章　北アメリカ極北先住民社会における肉食――その意義と問題点　岸上伸啓　33

第2章　食べられる肉／食べられない肉――ボルネオの狩猟民シハンにみる肉食概念のあいまいさ　加藤裕美　62

第3章　ネズミからゾウまで――アフリカ熱帯における狩猟採集民の狩猟・調理・摂取・禁忌　林耕次　90

第4章　パプアニューギニア高地における肉食　梅﨑昌裕　104

II　肉食行為の人類史

第5章　肉食行動の進化——ヒト以外の霊長類の肉食と比較して　五百部裕　129
第6章　ヒト化と肉食——初期人類の採食行動と進化　鵜澤和宏　155
第7章　家畜化は肉食に貢献したか——狩猟から牧畜への肉食行為の変化　本郷一美　187
第8章　現代の「狩猟採集民」にとっての肉食とは何か　池谷和信　212

III　肉食行為のイメージ

第9章　古代インドの儀礼文献における肉食行為　永ノ尾信悟　241
第10章　日本における動物供犠と肉食の穢れ　原田信男　259
第11章　禁断の肉？——人類学におけるカニバリズムの虚実　山田仁史　304

第12章　肉食行為の心理学　大森美香　335

IV　肉食行為のグローバリズム

第13章　グローバル時代の食肉需要と供給の変化　小川　光　367
第14章　動物感染症と世界の食肉生産　筒井俊之　389
第15章　食肉の原産地証明の課題 ――ハモン・イベリコを事例として　野林厚志　411
第16章　動物福祉の論理と動物供養の倫理　伊勢田哲治　443
あとがき　481
索　引　4
執筆者略歴　1

序

野林厚志

人間が肉を食べてきた歴史は長い。特定の宗教的教条を信奉する者を除けば、現代人の直接の祖先となる新人（*Homo sapiens*）が狩猟と採集とを生存の基盤にしながら、全地球に拡散し定着することができたという事実を否定する者はいないであろう。とりわけ、植物性の食料資源が希薄となる季節が存在する高緯度地域において、動物性の食料が人類の生存に果たしてきた役割は大きい。人類史という時間枠で考えた場合、人間の基本的な食生活の中に肉食を位置づけてもいいように思われる。

ところが、今日、人間の肉食のありかたはさまざまな視点から問い直されるようになった。二〇世紀の後半から欧米を中心に活発に議論されてきた動物福祉論や動物の権利の主張がそのきっかけとなり、人間が肉食を行う際に、その正当性を説明することが求められるようになったのである。これは、食生活の中に肉食が含まれていることが当たり前であった社会の成員にとっては寝耳に水と言ってもよいことである。

動物の福祉や動物の権利という考え方は西洋における倫理的思考から展開してきたものであり、動物への配慮というよりは自らの倫理への配慮にすぎないと切り捨てることも可能ではある。しかしながら、欧米におけるこれらの議論の出発点は、自分たちの倫理的な立場を正当化させるためだけではなかった。動物の福祉や権利の主張以上に、アニマル・ファクトリーとよばれる食料の大量生産と消費もしくは廃棄によって生じる地球環境への負荷を、欧米社会の人々が自覚し、そこから抱いた危機感にともない生じた必然的な議論の流れであったと考えたほうがよい。

現代社会において、肉食から生じる経済面、環境面での問題が地球レベルでの対応を迫られていることは紛れもない事実である。集約的で効率的な食肉の生産と大量消費の需要に応える輸送手段の発達は、世界全体の増加していく肉食を支えるようになった。このようにして現代社会の肉食が実現している一方で、地域的な食肉生産の状況がグローバルな規模で、人々の肉食に影響を与えることもある。例えば、家畜や家禽、それらから生産される食肉、飼料が世界規模で流通することによって、ＢＳＥ（牛伝達性海綿状脳症）や口蹄疫、鳥インフルエンザといった動物の感染症が、それらが生じた地域内だけで解決することができない越境したレベルでの課題となってきた。さらには、家畜や家禽のみならず近縁種の動物や人間にも影響を及ぼす世界的な人獣共通感染症の拡大も深刻さを増していることはその一例であろう。

また、ＥＵ（欧州連合）に代表される、国家をこえたグローバル経済社会の新たな秩序のもとにおいて、食肉の流通や消費の形態がこれまで以上に変化する可能性は否定できない。自国では通用していた屠畜の方法、食肉の生産、流通、販売の基準が、国際的な流通の枠組みに合わない場合、各国は制度そのものを変えていくと同時に、食肉生産の仕組みそのものを変えていく必要があり、飼養や食肉生産の設備にも新たな投資を行う必要が生じることになる。異なる文化的、社会的脈絡に肉食を位置づけてきた者同士が共通の経済的枠組みの中に組み込まれていくときに払わなければいけない対価は相応のものが考えられる。

経済的な課題を別の角度からとらえたときに重要となるのが、社会的なコストと肉食との関係であろう。肉食の過多を一因とする肥満にともなう生活習慣病の増加といった社会的な健康問題、それによって生じる医療費の増大と社会への経済的負荷は看過できない状況にある。

もはや、肉食は地域の文化や社会が慣行してきた食生活という枠組みだけではとらえることのできない、文明の抱える大きな課題として我々の目前にたちはだかっていると言わざるをえない。

こうした、肉食とそれに関連する行為の背景に複雑に込み入った多様な問題群が存在する現状を踏まえ、人間が食生活の一部として保持し続けてきた肉食の、(1)生態学的適応のありかた、(2)文化的、社会的位置づけとその歴史的な動態、(3)グローバル消費社会の中で変質してきた人類の肉食行為、これらを学際的な視点でとらえ再検討することが本論集のねらいである。

人間の肉食行為に関わる基本的かつ現在進行形の議論を明確にすることによって、「人間はどのように肉を食べてきたのか」ということをあらためて考えてみたいのである。そして、これは、人間と他の動物との関係のありかたに新たな視座を与えうる問題設定であるとも考えている。

人間と他の動物とは、長い年月をかけて、食‐被食にとどまらない関係を作ってきた。役畜、ペットもしくは伴侶動物、信仰や表象の対象、人間同士もしくは人間と人間以外の存在とをつなぐ媒介者といったさまざまな関係である。

人間の他の動物への関わり方は、その関係性によって異なり、人間が動物に対してもつ感情や態度の違いを左右する。そして、動物に対する人間側の感情や態度は、動物に対して抱く生命観だけでなく、自身の生命観やアイデンティティにも強く影響を受けることになる。動物に関わる態度が、個人間の衝突や集団間の紛争にまで発展しうるのは、自身の問題にはねかえるからなのであろう。とりわけ、食‐被食の関係の場合、肉食の前提に動物の命を奪うという行為がある。人間が他の動物を消費することがむき出しになる行為である肉食は、それが暴力的なものとして批判の対象となり、その是非が問われることになる。

ただし、一つ断っておきたいのは、本書では動物のほうからの自律的な関係作りや動物から見た人間との関係といった逆照射なる議論は基本的にはとりあげない。あくまで、人間社会や文化の脈絡の中におかれた動物の生き様を問題の核心としてとらえていく一つの切り口として肉食行為を探究することで論点を明確にしたいと考えている。

肉食の文化的、生態学的意味

食肉の大量生産のシステムが引き起こす自然環境への影響や、食肉を得るために動物を殺し苦痛を与えることをどのように考えるかといった、西洋社会が構築してきた文明の枠組みや倫理体系の中だけの議論では、肉食行為の本質をとらえるためには十分ではない。世界中に存在する肉食行為を一つのものさしではかるのではなく、文化という切り口でとらえなおすことは、肉食行為を肯定するにせよ、否定するにせよ、なにかしらの示唆を我々に与えてくれると思われる。そして、現実に存在する肉食行為を文化という脈絡で分析、解釈してきたのが人類学や民族学である。

肉食行為について、何かしら言い及んでいる人類学の研究は枚挙にいとまがないが、ここでは、そのお家芸とも言えるフィールドワークにもとづいた堅実かつ示唆的な研究を紹介してみたい。欧米における動物解放論とは別の文脈で、肉食行為が人間の社会関係に密接に結びついてきたことが、よく理解できるであろう。

肉食が人間の社会関係を構築するうえで重要な機能を果たすことを比較的早い時期に論じた研究として、日本の社会人類学者の馬淵東一《まぶちとういち》が行った台湾原住民族のブヌンにおける獣肉の分配と贈与に関する研究をあげることができる(馬淵 一九七四［一九四〇］)。

ブヌンは台湾に居住するオーストロネシア系の先住民族であり、焼畑農耕と狩猟とを基盤とした生業活動を営んできた。馬淵が調査した当時は、植民地政策の影響もあり狩猟活動は一定の制限があったものの、生計を立てるうえで相当な比重がおかれた活動であった。

馬淵の記述にもとづけば、ブヌンの獣肉の消費過程は社会関係の側面からは、大きく二つの段階に分かれる。すなわち、狩猟した者の中での分配とその後に行われる親族組織間での贈与である。

狩猟した者の中での分配は、獲物を射止めた者、もしくは最初に傷つけたものが皮、肺、心臓、胆のう、気管、腸をとるものとされ、一発目で落命しなかった場合は、さらに獲物に弾丸を命中させたものが優先的にいくつかの部位を得ることができるとされる。弾丸を命中させた者の取り分が確定してから、狩猟参加者による分配が行われるが、ここからは狩猟者単位ではなく、狩猟者の属する氏族の単位で分配が行われる。したがって、ある氏族から三人の参加者があったとしても、それらの者への分配はまとめて一氏族の取り分となる。

氏族に分配された獣肉は、年齢や性別を問わず、氏族の構成員の取り分が均等になるように、各家族へ分配される。ここで特徴的なのは、ブヌンにおける獣肉分配の基本的な単位となる中氏族は全員が同じ場所に集住しているわけではないため、近接する異なる集落に住んでいる同一中氏族の関係にある家族への分配が、肉の送り届けや人の呼び寄せを通して行われることになる。また、獣肉に余裕がある場合や、相手方との関係をよくしたいと考えている場合には、異なる氏族への獣肉の贈与が行われる。

分配と贈与という、人間社会の中で非常に重要でかつ、それぞれが社会の中では異なる機能をもつ行為を通して社会関係の区別が行われ、それに肉食が深く関わっていることが具体的に理解できるであろう。

一方で、生態人類学の手法を用いて肉食行為をとらえた代表的な研究に、ロイ・ラパポートが行った、パプアニューギニアにおけるブタの大量消費の生態学的意義に関する調査がある（Rappaport 1968）。調査の対象となったツェンバガは、ニューギニアの東部高地山岳地域に居住し、サツマイモを中心とする焼畑農耕と狩猟活動、ブタの飼育を基本的な生業としてきた集団である。

ツェンバガの人々にとってブタは貴重な財であり、日常的に食されることはなく機会を限定した屠殺が慣習化されてきた。機会が限定されているということは、ブタは頻繁には消費されないため、頭数は増えることになる。そのため、ブタを飼養するための餌を生産するために耕地の面積を広げていく必要が生じるとともに、基本的には放し飼いにされているブタによる農地への被害が増大し、これが原因となり部族間の戦争の可能性が高まる。この戦争で、味方をしてくれた親族への「負債」を返すことを目的とするために、周期的にブタを大量屠畜して消費する*kaiko*と呼ばれる儀礼活動がツェンバガの社会で慣行されてきた。*kaiko*は、五―二〇年の周期で慣行され、ラパポートが調査した際にはブタ全体の実に七割近くが消費され、残されたブタも大半が幼獣という状況が生じていた。

短期間におけるブタの大量消費は、生態学的な適応という点においてあまり有効ではないと考えられるかもしれないが、*kaiko*は、肉が食べたいがために行き当たりばったりで大量屠殺しているのでも、権威の誇示に際してしばしば見られる散財でもなかった。

次の儀礼までに頭数を回復させるために必要な農産物の生産を見こした屠殺が行われ、人々がブタを持続的に利用し続けることができるシステムが、儀礼と結びついて確立していたのである。集団を維持していくうえでの環境収容力が考慮された文化生態学的な適応戦略であり、ここでも重要なのは、ブタの大量消費は集団の成員の隅々まで肉にありつく機会を与えることになっていたということである。

馬淵やラパポートの研究をはじめ、人類学や民族学は人間の肉食行為についての洞察を重ねてきた。それらは概して、(1)生態学的、文化的適応としての肉食行動、(2)個々の文化、社会の脈絡での肉食行為の解釈、であり、分配や贈与、規範に逸脱した場合の回復、アイデンティティの象徴といった特別な役割を肉食が果たすことが具体的に示されてきた。そして、それぞれの社会の中で実践されてきた肉食行為そのものについては、基本的に肯定する立場をとってきたと言ってもよいであろう。

欧米の動物解放論の背景

(1) 種差別（*speciesism*）

それまで、肉を食べるという行為にあまり疑いを持たなかった欧米社会が肉食に対する態度を変えていくのは、一九六〇年代から七〇年代にかけてのことである。一九六二年のキューバ危機以降、米ソ両国の軍拡競争はとどまるところを知らず、一九六五年には北爆が始まりヴェトナム戦争が激化した。正義なき戦争をきっかけに世界は新たな秩序や価値観を模索しはじめた時代である。

当時の先進国は高度経済成長のまっただ中にあり、大量生産、大量消費という物質的な豊かさを謳歌していた。一方、急速な経済成長が環境に与える影響を地球規模で考える必要性が問われるようになった。一九七二年に国連人間環境会議が開催されるのに合わせて出版されたローマ・クラブの『成長の限界』は、人口の爆発的増加、食料生産の限界、資源の枯渇、環境汚染の拡大を世界に向かって警鐘するきっかけとなり、それに呼応するかのように動物の権利や肉食の是非に関わる議論が本格化していった。

一九六〇年代には、議論の前兆となる告発とも言えるような出版物が世に送り出された。近代畜産における動物虐待や食肉の汚染を告発したルース・ハリスンの『アニマル・マシーン』(Harrison 1964)、家畜の飼育において、飼育者側が満たしておかなければいけない条件を動物にとっての「五つの自由」として具体化させるきっかけとなった『ブランベル・レポート』(Brambell 1965) がその代表である。

ハリスンの著作は、日常の食卓に肉が並ぶ光景にほとんど疑いを持たなかった先進国、とりわけヨーロッパの人々に大きな衝撃を与えることになった。この中で登場する工場畜産 (factory farming) という言葉は、自分たちが口にしている食べ物がいかに自然から乖離しているかということを読者に自覚させ、肉食行為についての批判的議論が交わされるうえでの象徴的な用語の一つとなっていく。

もっとも、彼女が肉食という具体的な課題を通じて議論の俎上にあげたかったのは、地球環境の深刻な汚染、資源の枯渇、人間やすべての生き物の健康、科学技術の進展によって向上したかのように見える生活の質等、すべてが切り離すことのできない喫緊の問題として人類の目前にせまっているという現実であったと言ってよいであろう。

同書が出版されたイギリスでは、同年の六月に家畜の飼育実態と福祉に関する調査の委嘱を農水食料大臣からうけ、バンゴール大学の教授で王立協会の会員でもあった免疫学者のロジャース・ブランベルを委員長とする委員会（通称ブランベル委員会）が立ち上げられた。委員会は、三一日間に及ぶ検討会議と五四箇所もの家畜飼育施設への訪問を経て、一九六五年の一二月に調査報告書『ブランベル・レポート』を提出した。

この報告書では、後々の議論においてキーワードとなる動物の福祉（Animal welfare、第三章の標題）が登場するとともに、それを具体的に実践していくために配慮しなければいけない動物の自由がはじめて具体的に示された。無理なく向きをかえる、身づくろいをする、起き上がる、横たわる、四肢を伸ばす、これらの行動のための十分な空間が与えられ、身体的自由が保障されなければならないとされた（Brambell 1965: 13, 32-33）。

これらの自由はのちにイギリスの農場動物福祉協議会（Farm Animal Welfare Council）によって発展的に改訂され、欧州獣医協会連合（The Federation of Veterinarians of Europe、一九七五年設立）や世界動物保健機構（World Organization for Animal Health）、アメリカ動物虐待防止協会（The American Society for the Prevention of Cruelty to Animals）といった動物の扱いに関わる世界の機関や部局が原則的に共通して採用するものとなってきた。

現在の原則は、一「飢えと渇きからの自由」（健康と活力のために必要な新鮮な水と飼料の給与）、二「不快からの自由」（畜舎や快適な休息場などの適切な飼育環境の整備）、三「痛み、傷、病気からの自由」（予防あるいは救急診察および救急処置）、四「正常行動発現の自由」（十分な空間、適切な施設、同種の仲間の存在）、五「恐怖や悲しみからの自由」（心理的な苦しみを避ける飼育環境の確保および適切な待遇）とされている（松木二〇一五：五七九）。

もっとも、主として畜産や獣医学の立場から考えられてきたこれらの自由は、あくまで動物の福祉への配慮である。そこでは家畜動物は基本的には食料や衣料等として人間に利用されるために屠畜されることが前提であり、動物の命が奪われることが否定されることはない。むしろ、動物への福祉へ配慮することにより、健康な家畜の飼養が実現し、それが人間側にとって有益であるという考え方がなされることもある。

健康な家畜を育てることが、動物福祉の概念の核であることを強調するために「健康（Health）」の語を入れてFarm Animal Health and Welfareという表現が欧米ではよく使われるという指摘もある（松木 二〇一五：五七九）。つまり、我々が人間に対して使う福祉とは異なる枠組みで、家畜も含めた動物の福祉を考えていくべきであるという立場がとられてきたと言ってもよい。

これに対して、そもそも人間が他の動物を利用してもよいのかという議論を学術的なアリーナにもちこんだのが、哲学者ピーター・シンガーの著作『動物の解放』（Singer 2009 [1995, 1975]）である。人間が行う肉食、食料以外のことに動物を利用することの正当性に対する問いかけが、問題の核心を動物の福祉への配慮から動物の権利の侵害に変えていったと言ってよい。

シンガーは、人間が当たり前のように考えてしまうこと（habits）を重要視し、そのことが、動物に対して道徳的であろうとすることの足をひっぱっているとする。したがって単に食べることについてだけではなく、当たり前であると考える思考そのものや、動物について語る時に使用している言葉にさえも注意を払うべきだとする（Singer 2009 [1995, 1975]: 13）。卑近な例で言えば、牛は屠畜され、その肉が塩や胡椒をふられフライパンで焼かれてソースがかけられると「ステーキ」という食べ物の名前に呼び換えられてしまうといったことである。

シンガーの議論は、後の『動物の権利』（シンガー 一九八六［1985］）に見られるように、さまざまな立場の人たちによって、肉食やそれに関わる工場的畜産のありかたに関する疑義、動物実験の問題、動物園や水族館の正当性と、人間と他の動物との関係に関わる分野に広げられていく。この時の議論の根拠となる重要な概念が種差別

(*speciesism*)である。

種差別という言葉そのものは、イギリスのリチャード・ライダーによる造語である。ライダー自身の回想によれば、それは一九七〇年に自宅の浴槽に横たわっていた時に突然、舞い降りてきた言葉であったという(Ryder 2010: 1)。当時、病院に勤務し毎日のように不安や苦痛に苦しむ実験動物たちの姿を見ていたライダーは、人種差別、性差別、階級差別が問題視されていた一方で、動物についてはほとんど注意が払われていなかったことに強い懸念を抱いていた。ライダーは、*Speciesism* というタイトルの私家版のリーフレットを作り、オックスフォード大学のカレッジに配布した。それに反応した一人が、のちにこの言葉を世に知らしめたシンガーである。

ライダーはこの後、八〇年余りの間に約八〇〇件から約五五〇〇万件へと爆発的に増加した動物実験の数に対して、それを査察する内務省の調査官が一人から一三人にしか増えていない状況を報告する(Ryder 1972 [1971])。この論文の締めくくりに、*Speciesism* という言葉が人種主義(racism)と類比して登場し(Ryder 1972 [1971]: 81)、この論文が所収されていた論文集の書評の中で、シンガーが *Speciesism* という言葉をとりあげたのであった。『動物、人間、道徳』の寄稿者の一人であるリチャード・ライダーは、種差別主義という言葉を次のような信念を述べるために使う。それは、我々が自分たち自身の種に属する者にとってよくない扱い方で、他の種に属するものを扱ってもよいと認められているということである」(Singer 1973)。

シンガーは、その後自ら執筆した『動物の解放』の中で、種差別という用語について以下のように述べている。「種差別――この言葉はそれほどしっくりくるものではないのだが、ほかによい言葉が思い浮かばない――とは、自分自身の種の成員にとっては利益となるが、他の種の成員にとっては不利に働くようなバイアスのかかった先入観や態度のことである」(Singer 2009 [1995, 1975]: 6)。

人種主義や性差別と類似した概念であるものの、特定の生物種に属しているということを理由に差別するもしくは不当な扱いをするということであり、あらゆる差別の根源に位置するものと言ってもよいであろう。

(2)　肉食主義（*carnism*）

この種差別を肉食という行為にひきつけて考えていくための作業概念が *Carnism*（以後、肉食主義とする）である。この言葉は、アメリカ合衆国の心理学者であるジョイ・メラニーによって提唱された。

彼女は、その著書『なぜ我々は犬を愛し、豚を食べ、牛を身にまとうのか』（原題：*Why We Love Dogs, Eat Pigs and Wear Cows*）の中で、人間が肉を食べるということは、それが正しいことであるという考えにしたがった行為であるとし、その考え方を、肉食主義と呼んだ（Melanie 2010: 29）。重要な指摘は、肉を食べようという意志を明確にもって人間は肉を食べてきたわけではなく、それが主義や主張のようなはっきりとした形で表現されてこなかったということである。メラニーの主張は、ベジタリアンが肉を食べないという理念をもち、それにしたがった行動をしているのであれば、逆に肉を食べる人間は、肉を食べるという理念をもち、それにしたがった行動をしていると考えるべきだというものである。

ライダーやシンガーらの批判した種差別は理念的な性格が強いが、肉食主義は実践的な側面が強いことが一つの特徴である。ブタは食べるが、イヌは食べないという態度は、特定の種に道徳的でない行為を許容する点において種差別である。同様に、マウスを用いた動物実験は行うが、イヌを使った動物実験は行わないという態度も種差別ではあるが採食行動とは関係がない。その意味において、肉食主義は種差別という包括的な概念を、食べるという具体的な行為に応用した実践概念と言えるかもしれない。

メラニーは、肉食者が肉食を正当化するための説明が以下の三つのNに象徴され、しかもそれらが、黒人奴隷やホロコーストに代表される搾取的なシステムを正当化してきた構造と基本的に変わらないとしている（Melanie 2010: 96-97）。

三つのNは、「肉を食べることは普通（Normal）である」、「肉を食べることは自然（Natural）である」、「肉を食べることは必要（Necessary）である」で構成される。

まず、「肉を食べることは普通である」は日本語で表現した場合に、その意味はわかりにくいのだが、英語で用いられているnormalが、norm、すなわち規範にしたがった状態を意味するという文脈であれば、彼女が言わんとすることは容易に理解できるであろう。普通であるということは、ある規範にしたがっているということであり、規範を共有する人々の間での正当性が保証されることになる。重要なことは、規範とはあくまで人間が作りあげた社会的なものであるにすぎないと同時に、規範を共有する人々は疑うこともなくそれを継承していくということである。

現在のアメリカ合衆国や日本の一般的なレストランのメニューを想像してみれば、ここでの「普通」がどのような意味をもつのかがより具体的になる。料理の大半には動物性の食品が含まれているため、ベジタリアンやビーガン（絶対菜食主義者）は店員に、自分たちが食べるのに適した料理はどれなのかを聞かなければならない。一方で、植物性のものを選択的に食べる人間が特別な存在であるということを論理的に説明するのは容易ではない。しかしながら、巷のレストランにはいり注文をする時になると、菜食主義者はとたんに「普通」ではない人たちになってしまうのである。

七面鳥抜きでは感謝祭にならないということに多くの人間は疑問を抱かないことも（Melanie 2010: 107）、規範化された肉食の典型と言ってもよいのかもしれない。こうした当たり前のことについて人間は考えていないことが問題である、ということをメラニーは主張しているのである。

二つ目の、「肉を食べることは自然である」は、雑食動物である人間が歴史的に肉を食べてきたという人類史上の事実にもとづく理解である。

狩猟採集からはじまったとされる人類の生活の歴史は、動物性の食品を食べるということを抜きにして語ることはできない。とりわけ、人類を人類たらしめている大脳は、肉食が進むことによって著しく発達していったというレスリー・アイエロらによる「高度組織説」（Aiello 1995）やリチャード・ランガムの「料理仮説」（Wrangham 2009）はそれなりの説得力があるように思える。

種によって違いはあるが、人間以外の動物は一日のかなりの時間を採食に費やさなければならない。食料の探索だけでなく、摂取した食物の消化にも長い時間が必要だからである。とくに植物は消化に時間がかかるため、草食動物は巨大な消化器官を体内に備えている。しかし大きな消化器官を動かすにはコストがかかる。エネルギーを得るための食事が、エネルギーを消費してしまうことになる。一方で、人間は、草食動物はもちろん他の霊長類にくらべても消化器が小さい。これは植物食の割合を下げて肉の摂取量を増やしたこと（Aiello1995: 207-209）、さらに加熱によって消化しやすくなった食事をとるようになり（Wrangham 2009）、巨大な消化器官を維持する必要がなくなったからで、その結果、「余った」エネルギーを脳の発達にまわすことができるようになったと考えられている。

しかしながら、これは人間にとって肉食が自然であるという説明には必ずしもならない。大脳の発達は人類集団の祖先が肉食を行った結果、生じた進化の結果にすぎないからである。

メラニーによると、自然であるという考え方は、普通であるという考え方が作られるのと同じような構造をとり、規範が生物学的理論、言い換えれば自然則に置き換わったとされる（Melanie 2010: 107-108）。確かに、自然則もまた人間が考え出した現象への説明にすぎないということには我々も自覚的であらねばならない。特定の種を頂点とする生態学的な階層構造が、人間側の自然に対する一つの見方にすぎないという批判はよく理解できる。

メラニーは動物を実験に使用することについても冷徹な態度をとる。デカルトの犬を用いた実験を引き合いに出し、人間の作り上げた一方的な自然観である動物機械論への痛烈な批判を示す（Melanie 2010: 109）。肉食そのものが問題なのではなく、動物に対する人間の態度や考え方を彼女が問題視していることがあらためて理解できる。

一方で、幼児殺しや殺人、奴隷制や強姦といった、人間が長い歴史の中で慣行してきた行為が人間にとっての自然な行為として正当化できないように、肉食もまた自然な行為としての正当化はできないとするメラニーの主張は、やや飛躍があるようにも感じられる（Melanie 2010: 107）。

人間は、明文化されているか否かにかかわらず、さまざまな行動を制度化してきた。特に奴隷制や強姦はそうしたことを肯定する暴力的な制度の中で考えていくべきことであるだろう。人類がホモ・サピエンスという種として、時代や空間を超えて共通して持ち合わせてきた肉食行動とは区別して考えていく必要があるのではないだろうか。

三つ目の「肉を食べることは必要である」は、生命倫理的な相反がもっとも低い条件かもしれない。生存のために何かを摂食し、そのために対象の生命が奪われることは否定されない。肉食動物が草食動物をしとめ食べることは生きるために必要なことであり、自然なことであると解釈される。

問題は、人間は生命を維持するために肉を食べる必要が本当にあるのかということである。これについては、菜食主義者や肉を摂取しないでも生きている人間が存在することから、条件としては一蹴されることになる。しかしながら、それは穀物やその他の植物性食品を摂取することで生存が保証されている状況のもとではじめて成り立つことはあまり意識されていないかもしれない。租税などで米や麦といった収穫物が権力主体によって収奪されるために、野生動物の狩猟や家畜動物からの生産品に頼って生きなければならない状況が、世界各地で歴史的に続いてきたことにはもっと注意をはらうべきである。

ところで、ここまで述べてきたのは、肉食主義における肉食そのものを正当化する理屈への批判である。肉食主義に対してはそれと並んで、特定の種を食肉とすることを正当化することへの批判が向けられる。

雑食動物である人間は、ほとんどすべての動物を人間も含めて食べることが可能である。しかしながら、実際に食べられている種は地上に住んでいるすべての種と比較した場合にごく少量である。地上には何百万という哺乳類、鳥類、爬虫類、両生類、魚類がいるにもかかわらず、人間は特定の種を選択的に食してきた。動物は種によって人間との関係が異なるからである。この関係をひもときながら、人間社会で慣行されてきた肉食行為を考えることで、「人間はどのように肉を食べてきたのか」を明らかにすることが期待される。換言すれば、これは肉食主義の本質を見抜くための不可欠の問いになるのである。

(3) 飼い貶し（*domesecration*）

一九六〇年代にはじまった動物の福祉の希求に向けた動きは、動物への配慮をうたいながらも、当時の環境問題や人間の生活のありかたそのものを問うていたことは先に述べた通りである。そこから、シンガーやメラニーは、種差別や動物の権利といった人間の暴力性や倫理観へ議論を展開していった。シンガーやメラニーの問いは人間性のありかたに関わるものであり、筆者にはやや内省的もしくは個人の価値観に選択が委ねられているように感じる部分がある。それに対して、資本主義とそれに表裏一体で発展してきた現代文明を痛烈に批判するために肉食の問題をとりあげたのが、社会学者のデビッド・ナイバートである。

ナイバートは、利益目的による他の動物の抑圧が社会に組み込まれる過程としての放牧文化、伝統的牧場経営、集約的工場式飼育の歴史的な過程を丹念に検討していき、その著書『動物・人間・暴虐史』のなかで、人間が他の動物を飼い馴らす（domestication）という表現の代わりに、「飼い貶し（*domesecration*）」という言葉を使うことを主張している。

「飼い貶し」とは、「本来であれば自身の社会性を有しているはずの動物を隷従させ、生物学的に改変し、モノ化、支配、抑圧を推し進めるための体系的な暴力慣行である」と説明される（ナイバート 二〇一六［2013］：一二）。もっとも、この訳語の与える印象については留意しておく必要があるだろう。少なくとも、*secration* という部分は隠匿するという程度の意味であり、「貶める」といった強い語感をもった「飼い貶し」という訳語が適当であるか否かは議論の分かれるところであろう。訳者の井上太一は訳書のあとがきで、ナイバートの主張にかなり影響され、自身も菜食生活者になったことを告白している。立場の違いは、表現の中立性に少なからず影響を与えるかもしれない。

ナイバートの著作が与える影響は強く、また、特に人間が動物から搾取する構造は人間の間での搾取の構造でもあるという指摘は、人間と動物との関係が人間同士の関係のありかたに影響を与えていくという本書の問題意識と無関係ではない。

例えば、大規模畜産経営体（Confined animal feeding operations: CAFOs）はこれまでにも多くの研究者が批判してきたものであるが、ナイバートは、これが動物からの搾取であると同時に、人間の間での搾取をも引き起こすとして強烈な批判を展開する。実際、それを成り立たせるために、アメリカ合衆国内では補助金漬けの農業によって穀物（トウモロコシ）生産が拡大する。これはグローバルな並行現象となり、自国のＣＡＦＯｓを成り立たせるために穀物を生産している国や地域では、同じ穀物を欲する飢えた人々にはそれらがいきわたらない状況が生まれている（ナイバート　二〇一六［2013］：二三七―二四〇）。また、アメリカ合衆国で作られた「ハンバーガー文化」により、中南米の国々で生産された穀物はアメリカ合衆国の牛を肥育させるために輸出され、中南米の人々の口にはいることはなく、さらなる牛の飼養のために森林が破壊され牧草地に変わっていったことが辛辣に批判される。

ナイバートはこうした問題を解決するうえで必要なことは、大勢の人々が自らの生活を懸念することであると締めくくる（ナイバート　二〇一六［2013］：二七〇）。このことは、まさに『アニマル・マシーン』の冒頭でハリスンが弁明した同書の意義に他ならない。

一方で、ナイバートの批判は現実の矛盾点に集中するあまり、問題の解決から遠ざかってしまっているようにも感じられる。環境や生物の個体に負荷をかけるという点では、農薬や化学肥料に少なからず依存した作物栽培も同様の問題を抱えている。また、種という概念は、近代西洋で確立していった植物学や動物学の中での生き物の認識の方法にすぎない。

現存するいずれかの道徳で、肉食の是非を結論づけることは容易ではないだろう。重要なのは、異なる立場にある人間同士が折り合いをつけることのできる新たな規範を用意することである。そのために必要なことは、肉食をめぐる事実や現状を正しく知るということである。もちろん、ナイバートが指摘するような歪んだ肉食のありかたを正面から議論することも重要であるが、人類が実践してきた肉食を一つの価値基準ではかるのではなく、さまざまな立場から出発し現在に至っている行為として認識することも必要なのである。

文明批判としての動物福祉論

シンガーにはじまり、メラニーの肉食主義やナイバートの「飼い貶し」といった欧米から発信されてきた、人間が動物を消費することへの一連の痛烈な批判は、基本的には、西洋社会で構築された倫理観にもとづいて生まれてきたものである。したがって、ヨーロッパ中心主義から抜け出せておらず、倫理観の土台が異なる地域や文明へこれらの主張をそのまま持ち込んでも拒絶されてしまうことは否めない。無批判に相手に同意を求めることは、メラニーの三つのNを逆に無理強いすることのようにも思われる。しかしながら、これらが現代文明への警鐘であり、批判的な議論を巻き起こすための仕掛けであると考えれば、我々も問題意識を理解し、議論の席につく必要があるだろう。もちろん、それはどちらかの主張を土台にしたものではなく、両者の主張、それらの依りどころとなる事実を互いに十分に認め合ってはじめて可能となることは言うまでもない。

欧米における動物擁護の議論の流れを見ていくと、いくつかの特徴に気づく。それは、(1)根本的な目的は動物に対する不当な扱いを克服することに見えてしまうこと、(2)動物に対する不当な扱いが西洋において長らく続いてきたことを強く認識していること、(3)他の地域における動物への差別が現象だけとらえられて批判の対象とされやすいこと、換言すれば欧米における動物の扱いほどには、他の地域や社会については歴史的、文化的な精査が行われていない、等である。また、現在の動物福祉論や動物の権利における主張にはもちろん肉食への疑義が含まれているものの、むしろ、動物に対する不当な扱いや、それを実践させる人間の暴力性への批判、それを生じさせている根本である経済構造の克服があるように思われる。

欧米社会において動物の福祉に強いこだわりが生じてきた理由は、それが実現してこなかった長い歴史を有するからであろう。デカルトが『方法序説』の中で述べた、動物は理性や精神によって動くのではなく器官の働きによって動く機械にすぎないといった動物機械論に代表される考え方は、科学的生体解剖や「牛いじめ」や「闘鶏」といった娯楽スポーツを行う理論的支柱を作る要素の一つになったとも言える。

したがって、欧米の社会的環境の中で育まれてきた動物擁護の思考は、日本における食習慣や動物への扱いに慣れ親しんできた者にとって違和感を覚える部分が少なくない。日本では、遊牧をはじめとする家畜飼育の伝統は、ヨーロッパや他の地域に比較すれば希薄であるし、庶民の間で、魚介類以外の動物性タンパク質を家畜動物から摂取することが本格化したのは近代にはいってからで、欧米との交流が実質的にはじまった明治時代以降と考えてよい。

原田信男は、日本における人間のもつ動物への態度や価値観を、動物供犠と農耕、特に水田稲作という観点で丁寧に分析かつ鳥瞰し、人間と動物との関係が日本では相対的に弱かったと論じている（原田 二〇一二）。原田は、例えば、ルイス・フロイスが一六世紀末の日本の状況を記述した『日欧文化比較』において、西洋人にとって人を殺すことは恐ろしいことであるが、牛や牡鶏、犬を殺すことは恐ろしいことではないのに対し、日本人はその真逆であると述べていることに注目し、日本では人間と動物との距離が遠かったという日本人の価値観を示している。

逆説的に聞こえるかもしれないが、人間と動物との距離が遠いという表現は決して動物が軽視されてきたことを意味するのではない。利害関係をともなう過剰な介入が他の動物には行われてこなかった歴史が日本には存在することを意味しているのである。

例えば、日本列島にはブタやイヌの野生種となるニホンイノシシやニホンオオカミといった野生動物が生息してきたにもかかわらず、旧石器時代から縄文、弥生時代にいたるまでの長きにわたり独自の家畜化が生じた痕跡は見つかっていない。日本では水田稲作の導入による人口の増加があった弥生時代以降でさえ、ブタやその他の家畜動物を増産させる方向には社会は動いていかなかった。また、曲がり屋や蚕室といった人間の居住空間と動物の居住空間が接合するような独特な関係のありかたも存在する。

日本における多様でかつ豊かな動物に対する考え方や、そこから築き上げられる歴史は、日本人が知り得る西洋における人間と動物との関係の歴史ほどには、欧米社会には伝わっていないかもしれない。同様の生命観や動物との関係のありかたは他の地域でも存在するはずであり、文化人類学や歴史学がこの課題に貢献できる余地は相応に残されているはずである。このことは、今後、動物福祉や肉食の是非を国際的な議論の場で進めていくうえで重要な課題となることは間違いない。本書に収録された諸論文は議論のための布石になるであろう。

本書の構成

本書は最初にも述べたように、「人間はどのように肉を食べてきたのか」ということを考えるための学際的な視点を与えることを目的としている。そのために、肉食をめぐる問題群を、(1)肉食行為をめぐる社会のありかたを主として文化人類学的アプローチから記述し、(2)人間が肉食行動を人類進化も含めて歴史的にどのように実践してきたかを、霊長類学や先史考古学、狩猟採集民研究から概観し、(3)人間が肉食をどのように考え、どのような態度で接してきたかを、宗教や信仰といった制度的な価値観、心理学的反応としての行動分析を通して論じ、(4)現在進行している肉食を経済学や獣医学、動物福祉の視点からグローバルな課題としてとらえることを試みた。グローバル世界での肉食の未来の予見、大量生産社会における食肉生産と消費との間に存在する矛盾が議論されるとともに、倫理規範中の肉食行為の位置づけをめぐり、「西洋」と「東洋」における倫理規範の接合の可能性を探る試みも含まれている。

第I部では、岸上伸啓が、カナダのイヌイットを事例として、極北先住民の肉食の歴史的変化と現状を通して、狩猟活動とそれが実現させる肉食が、先住民族アイデンティティの源泉のひとつとなっていることを明らかにする。経済的に有利な食肉消費とは異なる選択肢が民族誌的事実として浮かびあがってくる(第1章)。加藤裕美は、ボルネオの狩猟民であるシハンの食肉概念のあいまいさと多義性について論じる。食料の選択は、狩猟のありかたや、動物への配慮、動物との内面的な関係性、とりわけ個人の記憶や経験によって行われる傾向が強いことは、種差別が生じる過程を想起させる点で興味深い知見を与えてくれる(第2章)。林耕次は、バカ・ピグミーの肉食認識について興味深い論考を寄せている。バカの人々の食生活の充足は、肉によるものと他の食物によるものとで区別されていることを明らかにした。これは、社会学者や哲学者が、言語上で動物と食肉とを区別することで動物を消費する暴力性を隠蔽していると主張することに対して再検討を促しうる(第3章)。梅﨑昌裕は、パプアニューギニア高地の焼畑農耕民を対象に、食肉を獲得するコストが高い社会における個人の食肉摂取の実態を人類生態学のアプローチにもとづいて検証する。食肉を消費することが集団として必ずしも生態学的に適応しない場合には、食肉の消費を制限する社会関係が作り出されることを示している(第4章)。

第II部では、五百部裕が霊長類学の立場から、類人猿とヒトの肉食行動の比較を通じて、人類における肉食の進化について考察を行っている。チンパンジーとピグミーチンパンジーとの間では、肉を獲得するための狩猟行動もしくは自律的な獲物の獲得行動に対しての積極性に差が見られる一方で、肉への嗜好は同様にあることや、同種のチンパンジーがその生息地域によって異なる動物を捕獲していること、肉の分配が植物性の食物の分配よりも高い頻度で行われるという重要な知見を与えている。どうやら、「肉を食べる」という行動自体は、霊長類全般に広く見られる特徴であり、人類の登場以前に、すでに肉食という特徴が獲得されていたならば、「人間が肉を食べることは自然である」という命題にも重要な意味をもつことになる（第5章）。鵜澤和宏は、肉食も含めた採食戦略とヒト化の関係について、これまでの人類進化史の研究分野で蓄積されてきた知見を丹念にとりあげている。ホモ・エレクトスの段階で植物性の食料資源に依存しながらも、他の霊長類とは異なる肉食への適応を果たしたことで、資源利用のための広範な空間が目前に広がったことは、人類史における「出アフリカ」という大きなインパクトをにらんだ仮説と言えるだろう（第6章）。

人類の進化史における肉食行動の重要性は、それのもつ栄養学的、生態学的な役割と同時に、人間社会のありかたにどのような文化的、社会的意味をもつようになったのかという視点で検証される必要がある。本郷一美の論考はこの問題について、ティグリス川上流域における先土器新石器時代の遺跡の動物考古学的な分析結果にもとづき、狩猟から家畜飼育へという食肉供給の手段の変化が及ぼす社会への影響を論じる。動物種の出現頻度から狩猟と家畜飼育とは補完的であったと解釈したうえで、狩猟で十分な獲物が得られない場合の保険としての家畜飼育の萌芽、家畜飼育の定着と規模の拡大につれて社会が、「所有」という人や物の新たな関係を拡大、強化していった可能性を示唆したことは非常に興味深い（第7章）。

池谷和信は、現代の三つの狩猟採集社会（チュクチ：極北地域、マタギ：中緯度地域、サン：低緯度地域）を比較・考察し、狩猟採集民の肉食をめぐる一般的傾向の抽出を試みる。獲物を獲得する狩猟、食、分配という三つの論点から整理された論考は、狩猟とそれにともなう肉食に関連した諸行為は決して一様ではないということを明確に示している。食べるという点にだけ注目するのではなく、環境や社会の形態、外部社会との交渉は、狩猟という食肉の獲得行為を考えるうえで時代を問わず考えていく必要があるだろう（第8章）。これは、おそらく家畜飼養と動物利用のありかたにもあてはまることである。欧米で慣行されてきた狩猟や家畜飼養のありかたを丁寧に見るだけでは、動物福祉や動物の権利をグローバルな議論に到達させることは困難であることが理解できる。

第Ⅲ部では、永ノ尾信悟が、古代インドにおける肉食行為の様相を、ヴェーダ祭祀を規定するシュラウタスートラと家庭儀礼のグリヒヤスートラの記述にもとづき明らかにしている。法典の記述の分析から浮かび上がる種差別が生じていく過程、供儀と肉食、日常と肉食の忌避という構造は、人間が肉をどのように必要としてきたかということを考えるうえでの視角の広さを求めるものである（第9章）。

原田信男は、日本における動物供儀と肉食に対する穢れとの関係を歴史的に考察し、日本でしばしば権力者側から発せられた動物の殺生禁断令が肉食の忌避と表裏一体であることを指摘したうえで、水田稲作を経済の基盤としてきた日本社会において、穢れの忌避という消極的な禁忌意識、すなわち肉食を慎むという意識や行動が稲作に重要となる雨乞いへとつながる独特の論理と形式を発達させたと結論づけている（第10章）。

山田仁史は、「文明」と「未開」との対称性を示す典型的な行為として人口に膾炙してきたカニバリズムの問題について、これまでのカニバリズム研究を精査し、その研究の傾向が時代によって変わっていくことを明らかにするとともに、実際に慣行されていたカニバリズムの内実も決してひとくくりに扱われるべきものではないことを指摘する（第11章）。

大森美香は心理学的な方法論を用いて、人間が何を肉とみなすのか、肉食に関する規範意識と実際の食行動との関係、肉を食べるという行為につきまとうイメージの問題を論じる。肉食に関する社会的規範と実際の食スタイルとの関係を解明するためには集団の縦断的な調査が必要であることや、社会的要請に対応するため認知的に動物性食品を回避することの生物学的側面からの検証が必要であるという大森の指摘は非常に重要である。規範からの論理展開や道徳論が一人歩きしがちなこの問題についての本質を言い当てている（第12章）。

第Ⅳ部では、グローバル化した肉食の問題として、最初に、小川光が世界的な規模でみた食肉の供給と需要についての将来的な見通しを与える。小川の分析によれば、過去五〇年にわたって世界の食肉生産量は四・一倍となる一方で、世界の人口は二・二倍となっており、我々が食することができる食肉は一人当たりで二倍弱増えている。食肉生産が伸びた要素として指摘されているのは、飼育に必要な投入財価格の安定、技術革新、集約化による生産性の改善であり、とりわけ、冷凍技術や輸送技術の進展は消費地の範囲を拡大することを可能にしてきた。今後、世界規模の人口増加に、食肉の生産はほぼ対応できるとする一方で、集約化や技術革新は、生産体制の多国籍企業化やチェーン化を進め、伝統的な牧畜生産者や小規模畜産業者が、市場から締め出されるリスクにさらされる危険性を小川は指摘する（第13章）。

筒井俊之は、グローバル化した食肉流通において大きな問題となる越境性動物疾病に対する世界的な取り組み状況や今後の課題をとりあげている。口蹄疫や高病原性鳥インフルエンザといった、国境を越えてまん延し、発生国の経済、貿易及び食料の安全保障の重要性に関わるこれらの疾病は近年、世界的な流行が続いており、関連諸機関や専門家はその対応に追われてきた。肉を食べるという行為は、国を越えた関わりの中で存在していることが理解できるであろう（第14章）。

筆者は、土地の長い歴史の中で育まれてきた伝統食品が、グローバル経済圏の中で、土地の人たちと乖離していく状況を、イベリコ半島で飼養されてきたブタから作られるハムの生産と流通を通して論じた。国境を越えた経済域での産地証明や品質の保証は、それまでに自国内で通用していたものとは異なる基準が適用されることが多く、生産者はその対応が求められるようになる（第15章）。

伊勢田哲治は、動物に対する欧米流の倫理観と日本における倫理観の差を考察し、日本的な動物倫理の可能性を探る試みを行った。文化的な慣習がある文化にとってどれだけ重要かということを測るうえで、伝統があることと、実際の行事や感情との結びつきなど、その実体性の強さを哲学者である伊勢田が積極的に評価していることは、欧米流の規範から出発する動物福祉論と対話をしていくうえで心強い支えとなる。そこから生まれる日本流の動物倫理観は、欧米の動物福祉論と対峙するものではなく、両者の存在が相互に認められるものになることが期待される（第16章）。

以上のように、本論集では、肉食という人間の行為を学際的な視点で論じることで、当たり前のように慣行してきた食生活をあらためて問い直すことを試みることになった。肉食という営みを頭から否定的にとらえるのではなく、人間がそれを行ってきた事実を認めるとともに、それが人間社会とどのような関わりをもって今日に至り、これからどのような環境のもとで肉食という営みを位置づけていかなければならないかという議論を行った。

グローバルな環境で生きている現代社会の人間にとって、欧米から発信される動物福祉や動物の権利の議論を無視することはできない。しかしながら、それぞれの社会の中でこれまでに築きあげられてきた基本的な思考方法や価値観、生活様式や経済システム等、非常に多くの部分において、欧米発の動物擁護論とは相反することは否めない。一方で、欧米からの議論を真っ向から否定したり、我々がもつ既存の価値観や考え方のみにしたがって無批判に応答を繰り返すのであれば、そこには衝突の選択肢しか残らない。重要なのは価値観の違いを把握するための対話であり、その対話を行うための基本的な知識を備え、議論を鍛えていくことである。そうした試みの中で、現代文明の中におかれた我々が、何を作り、何を食べて将来を生きていくのかという人間の存在そのものに関わる課題への応答にもつながっていくだろう。

肉食行為という問題の核心には、人類を含めた動物が共生してきた地球という環境を、文明をつくりあげ、世界という概念で近視眼的に見つめてきた人間が、これからの地球環境と次世代の生き物に対して負うべき責任が所在するのである。

謝辞

序論執筆にあたり、伊勢田哲治氏、梅﨑昌裕氏には丁寧に目を通していただき、多大な助言をいただいた。記して感謝の意を評したい。なお、本論はJSPS科研費16H06411の成果の一部をその内容に含むものである。

引用文献

シンガー、ピーター
一九八六［1985］『動物の権利』戸田清訳、東京：技術と人間。
ナイバート、デビッド・A
二〇一六［2013］『動物・人間・暴虐史――〝飼い貶し〟の大罪、世界紛争と資本主義』井上太一訳、東京：新評論。
原田信男
二〇一二『なぜ生命は捧げられるか――日本の動物供犠』東京：御茶の水書房。
松木洋一
二〇一五「オランダにおけるアニマルウェルフェア食品のチェーンおよびブランド開発」『畜産の研究』六九巻七号：五七九―五九〇。
馬淵東一
一九七四［一九四〇］「ブヌン族に於ける獣肉の分配と贈与」『馬淵東一著作集』第一巻、東京：社会思想社、九三―

一七一頁。

Aiello, L. and **P. Wheeler**

1995 The Expensive-Tissue Hypothesis: The Brain and the Digestive System in Human and Primate Evolution. *Current Anthropology* 36: 199-221.

Brambell, R.

1965 *Report of the Techinical Committee to Enquire into the Welfare of Animals Kept under Intensive Livestock Husbandry Systems*. London: Her Majesty's Stationary Office.

Harrison, R.

1964 *Animal Machines: the New Factory Farming Industry*. London: Vincent Stuart Publishers Ltd.

Melanie, J.

2010 *Wny We Love Dogs, Eat Pigs and Wear Cows*. San Francisco: Conari Press.

Rappaport, R. A.

1968 *Pigs for the Ancestors*. New Haven: Yale University Press.

Ryder, R.

1972 [1971] Experiments on Animals. In S. Godlovitch, R. Godlovitch, and J. Harris (eds.) *Animals, Men, and Morals: An Enquiry into the Maltreatment of Non-Humans*. New York: Taplinger Pub Co, pp. 41-82.

2010 Speciesim Again: The Original Leaflet. *Critical Society* 2: 1-2.

Singer, P.

1973 Animal Liberation. *The New York Review* (http://www.nybooks.com/articles/1973/04/05/animal-liberation/)

2009 [1995, 1975] *Animal Liberation*. New York: HarperCollins Publishers.

Wrangham, R.

2009 *Catching Fire: How Cooking Made Us Human*. Philadelphia: Basic books.

I

肉食行為の文化誌

第1章

北アメリカ極北先住民社会における肉食

——その意義と問題点

岸上伸啓

1 はじめに

かつて渡辺仁（一九七八）は、現生狩猟採集民を食性の観点から菜食民、肉食民、その中間に当たる雑食民へと分類し、その比較を試みた。その結果、低緯度地域から高緯度地域に向かうに従い、肉食性が強くなり、高緯度地域から低緯度地域に向かうに従い菜食性が強くなることが判明した。そして進化論的・生態学的視点からみると、肉食は人類の極北地域への拡散と不可分の関係にあるという。

強度の肉食性と狩猟の重要性[1]、植物の採集活動の軽微性を特徴とする肉食民の典型例は、北アメリカ極北地域に住むイヌイットである。イヌイットはかつて「エスキモー」と呼ばれていたが、このエスキモーという言葉は、隣接する亜極北地域のクリーやオジブウェの言葉で「生肉を食べる」や「生肉を食べる人々」を意味する。この名称は、イヌイットが肉を生のままで食べることへの近隣諸民族の驚きを反映しているが、イヌイットが肉食民であることを示している。事実、欧米社会と接触が始まる以前は、極北地域という環境的な制約からイヌイットは陸獣や海獣、魚類、鳥類以外から食料資源を得ることがほとんどできなかったうえ、植生が乏しく十分な燃料がなかったため、肉や魚を生で食べることが多かった。

しかし、イヌイットと欧米社会との接触は、彼らの食性に大きな変化をもたらした。特に一九五〇年代以降、イヌイットは国民国家や世界（経済）システムの中に包摂されていく過程で、多種多様な食料資源を入手し、利用するようになった。本稿の目的は、カナダ・イヌイットを事例として、極北先住民の肉食の歴史的変化と現状について報告し、肉食の社会・文化的意義および肉食に関連してイヌイットが直面してきた問題点について検討を加えることである。

本稿の構成は、次の通りである。続く第2節では、北アメリカ極北地域の自然環境の特徴、同地域の先住民の歴史と彼らの食性の特徴について述べる。第3節では、カナダ・イヌイットが定住生活を開始する一九六〇年頃以前および現在の狩猟漁撈活動と肉食について紹介する。第4節では、同社会における肉食の変化とその社会・文化・経済・栄養学的意義について検討する。第5節では、同地域における現在の肉食をめぐる諸問題を紹介し、検討を加える。最終節では、本稿の成果を要約して提示する。

2　北アメリカ極北地域の自然環境および人類の歴史と食性について

ここでは北アメリカ極北地域における自然環境と人類の歴史を概略したうえで、同地域の食性について人類の環境適応の視点から紹介する。

北アメリカ極北地域の自然環境

北アメリカ北方地域には広大なツンドラ地帯が広がっている。ツンドラ地帯の地下は永久凍土を形成している。沿岸海域は冬季になると結氷し、広大な海氷原を形成する。北半球の高緯度にあるため、夏季の日照時間は長く、冬季は極端に短くなる。北緯六六度三三分以北では、一年のうちに太陽が沈まない日や昇らない日がそれぞれ一日以上出現する。長期にわたる冬季は非常に寒く、気温が零下三〇度以下になることもある。一方、夏季は短く、冷涼で、最暖期である七月の平均気温は一〇度以下である。そして一年は短い夏季と長い冬季の繰り返しであり、年間を通して降水量は少なく、乾燥している。すなわち、低温低湿である。

北アメリカ極北地域の大地は永久凍土であるうえに、滋養分が極端に乏しいため、高木は存在せず、低木や草類、岩に張り付く地衣類以外の植生はほとんど生育しない。したがって、農業や牧畜に適している土地とはいえない。しかし、同地域には驚くほど多種多様な海獣類や陸獣類、魚類、鳥類が生息するとともに、季節ごとに移動してくる。海獣にはワモンアザラシやアゴヒゲアザラシ、セイウチ、シロイルカ、イッカク、ホッキョククジラ、ホッキョクグマなどがいる。陸獣にはカリブー（野生トナカイ）やジャコウウシ、ホッキョクギツネ、ホッキョクウサギなどがいる。魚類にはホッキョクイワナやホワイトフィッシュ、鳥類にはカナダガン、ハクガン、ライチョウ、ケワダガモなどがいる。極北地域は、人間にとって生活しづらい自然環境のように思えるが、多くの種類の動物にとっては快適な生息環境であるといえる。

北アメリカ極北地域における人類の歴史

人類がユーラシア大陸から新大陸に最初に渡来したのは、一万三〇〇〇年ぐらい前であると考えられている。その後も、人類は、いくつかの集団に分かれて新大陸に移動し続けた。アラスカからカナダ、グリーンランドの極北地域に移動した人々は、最後に新大陸に到来した集団であると考えられている。カナダ極北地域やグリーンランドには今から四五〇〇年ぐらい前には人類が生活を営んでいたことが考古学的に明らかになっている。また、極北地域での温暖化や寒冷化の繰り返しの影響によって、異なる文化を担う人間集団の入れ替わりがあったことも判明している。

現在のカナダ極北地域やグリーンランドのイヌイットの直接の祖先は、紀元後一〇世紀頃にアラスカで成立した捕鯨を経済基盤とする人たちであり、チューレ人と呼ばれている。彼らは、ホッキョククジラ猟を中心的な生業としつつ、移動し、約三〇〇年の間にグリーンランドにまで広がった。彼らの文化はアラスカからカナダ極北地域、そしてグリーンランドという広領域に拡散したが、捕鯨を基盤とする地域差が少ない、きわめて画一性の高い文化であった。その後、寒冷化が始まると、ホッキョククジラ（以下、クジラと略称）が極北地域の多くの海域から姿を消し、捕鯨がふるわなくなったため、人々は各地にいるカリブーやワモンアザラシなどを獲るようになった。この結果、各地域の状況によってセイウチ猟やアザラシ猟、カリブー猟をそれぞれ主生業とする生活が成立し、各地で地域差のあるイヌイット文化が成立した。

カナダ極北地域において寒さがピークに達した一六世紀頃になると、イヌイットの主食は鯨肉から各地で獲れるアザラシやカリブーの肉へと変わった。彼らは、おもに春と冬にアザラシを捕獲し、生のままもしくは煮て食べることが多かった。アザラシの毛皮は衣類や靴、手袋の材料となり、その肉と脂身は人間とイヌの食料となった。ワモンアザラシはイヌイットが寒冷環境の中で生きのびるうえでもっとも重要な資源であったのである。

イヌイットもそれ以前の極北民も、極北地域に生息する多様な動物を捕獲し、肉や毛皮、骨、牙などを食料資源や衣類やテントの素材として利用することにより、極北地域の自然環境に適応することができた。イヌイットが極北地域の厳しい自然環境の中で生きることができた理由のひとつは、彼らの特徴的な食性にあった。

北アメリカ極北地域における人類の生存と食性の特徴

北アメリカ極北地域で人類の食料となりうる資源は、海獣や陸獣、魚類、鳥類の動物と、ブルーベリーなどの漿《しょうか》果類のような植物しかない。このような条件下で人類が生存できたのは、独特な食文化を形成したためであった。[2] 彼らの食性には、次の三つの特徴がある。

第一は、肉食であるためタンパク質の摂取量が多いことである。欧米人と接触する以前の極北民は、炭水化物をほとんど摂取していなかった。

第二は、多量の脂肪分の摂取である。極北民は、動物の肉とともに脂身を大量に摂取する。脂身は高エネルギー源であり、体内で脂肪を消費することによって寒さから身を守ることができた。

第三は、動物の肉を生で食べることである。動物の肉や脂身を生で食べることによって、血液中や脂肪中にある各種のビタミンとミネラルを摂取することができた。植物食が極端に不足している北アメリカ極北地域においては、生肉や脂身を大量に食べることによって、必要なビタミンやミネラルを摂取することができた。

渡辺仁が指摘したように、肉食は高緯度にある北アメリカ極北地域における食性の最大の特徴である。欧米社会と接触する以前の極北民は、海獣や陸獣、魚の肉や脂肪を生で食べることによって、人体の健康とその維持に不可欠な栄養素を摂取していた。[3]

3　カナダ・イヌイット社会における狩猟漁撈活動と肉食

ここでは、ヌナヴィク（ケベック州極北部）地域におけるイヌイットの狩猟漁撈活動と肉食について、定住生活を開始する以前（一九五〇年代以前）とそれ以降という時代区分を用いて紹介し、また、それらの変化について検討を加える。

定住生活開始以前の狩猟漁撈活動と肉食

一九五〇年代以前にはイヌイットは食料となる動物が豊富に分布する場所へと季節ごとに移動していた。ヌナヴィク地域のハドソン湾側におけるイヌイットの狩猟漁撈活動と食料は次の通りであった。沿岸の海域が結氷し、海氷原を形成する冬季になると、イヌイットは海氷上に移動し、複数の家族集団が集合して冬季キャンプを作った。キャンプ内の複数のハンターが協力して海氷上のアザラシの呼吸穴を利用した銛《もり》猟《りょう》を行った。冬季のおもな食料はワモンアザラシの肉や脂肪、内臓と、夏季や秋季に捕獲し、海岸部に貯蔵していたカリブーの肉やセイウチの発酵肉であった。

アザラシの肉は、生のままもしくは滑石製鍋で煮て食べられた。生のアザラシ肉を食べるときには、イヌイットは口に入る程度の大きさにナイフで切り取り、アザラシの脂肪片を添えるか、液化したアザラシ脂肪油に浸して食べた。カリブーの肉は生のままか煮て食し、セイウチの発酵肉は生のままで食べた。

春になるとキャンプを海氷原上から沿岸部へと移動させた。この時期には、海氷上で日光浴をしているアザラシを捕獲した。この時期のアザラシ肉も生のまま食べることが多かった。この季節のアザラシ猟は生産性が高いので、余剰は石積貯蔵庫に保存した。また、弓矢を利用したカリブー猟も行った。

海から海氷が消えると、沿岸近くの海域でカヤックと手投げ銛を利用してアザラシやシロイルカを捕獲した。地域によってはセイウチを捕獲することもあった。初夏から夏にかけては鳥の卵を採集し、孵化したばかりのひな鳥を捕まえた。また、晩夏にかけてはブルーベリーなど漿果類を採集した。晩夏になるとカリブーを狩猟し、初秋には川を遡上するホッキョクイワナを、石干見《いしひみ》（石を積んで作った小さなダムの形態をした、干満の差を利用して魚を捕獲する定置漁具）を利用して捕獲した。そして冬が到来し、沿岸近くの海域が結氷し、海氷原が形成されると、イヌイットはそこへ移動した。

春季から秋季にかけてイヌイットは海獣や陸獣、魚類、鳥類の肉を、生のままか、煮て食べていた。鳥の卵は煮て食べた。アザラシやセイウチ、シロイルカ、カリブーの肉やホッキョクイワナを大量に入手した場合には、それらを薄切りにして干し肉や干し魚を作った。これらの乾物は保存食であるとともに、携帯用食料として利用した。また、それ以外の余剰の肉や脂身は、石を積んで作った貯蔵庫で保存し、冬の備えとした。また、セイウチの肉などで発酵肉を作ることもあった。

このようにイヌイットの食料は、海獣、陸獣と鳥類の肉、魚類が中心であり、基本的な調理方法は生のままか、煮る、発酵、乾燥、冷凍であった。塩や胡椒のような調味料はなかったが、脂身や脂肪油、動物の血液とともに食すことにより味に変化をつけることが多かった。

この肉食と関連するイヌイットの行動と考え方について指摘しておきたい。ひとつは、食物分配の実践であり、もうひとつは食料源となる動物とイヌイットとの関係をめぐる特殊な世界観の存在である（岸上二〇〇七）。

イヌイットは、仕留めた獲物をハンターが独り占めすることは社会道徳に反すると考えていた。ハンターは、狩猟や漁撈に参加した他のハンターたちと獲物を分かち合った。また、彼らがキャンプ地に帰ると獲物を他の人々にも分配した。さらにキャンプ地全体での共食を通して、肉はキャンプ地の人々の間にくまなく行き渡った。獲物を分かち合うことや、食べ物を持っている人が持っていない人にあげることは日常茶飯事であった。この分配によって、ハンター間の関係や家族関係、キャンプ仲間との関係など、特定の社会関係も確認され、維持された。この分配によって、変わりやすく、厳しい極北環境のもとで、食料を手に入れることができなかった人々も生き残ることができた。

イヌイットの分配は、彼らの世界観と深く関わっていた。イヌイットは、動物は自らの意志で人間に捕られ、食料になるためにハンターの前に現れると考えていた。ハンターは、目の前に現れた動物を、敬意をもって仕留め、その魂を適切なやり方で動物の主のもとに送り返す限り、同じ動物がそのハンターの前に繰り返し姿を現すと考えていた。さらに仕留めたハンターは、自然がくれた獲物を独り占めしてはならず、他の人々に与えたり、分け合ったりするものだと考えていた。もしハンターが獲物を独り占めするようなことがあれば、その獲物は二度とそのハンターの目の前に姿を現すことはなく、不猟に陥ると考えられていた。したがって、ハンターは、獲物を他の人々と分かち合わなければならないと考えていた。また、食料を粗末にするイヌイットには動物が近づかなくなると信じていたため、イヌイットは獲物のあらゆる部位を無駄にすることなく利用した。

現代の狩猟漁撈活動と肉食

一九五〇年代後半頃からカナダ極北地域では、イヌイットは交易所や小学校、診療所、教会の周りにバラック

おもな捕獲対象物	1月	2月	3月	4月	5月	6月	7月	8月	9月	10月	11月	12月
ホッキョクイワナ	○	○	○	○	○	○	◎	◎	○	○	○	○
陸封ホッキョクイワナ	◎	◎	○	○	○	○	○	○	○	○	◎	◎
ホワイトフィッシュ	◎	◎	○	○	○	○				○	◎	◎
ワモンアザラシ	○	○	◎	◎	◎	○	○	○	○	◎	○	○
アゴヒゲアザラシ	○	○	○	○	○	○	○	○	○	◎	○	○
シロイルカ						○	○	○	○	◎		
セイウチ										◎		
ホッキョクグマ	◎	◎	○	○	○	○	○	◎	◎			
カリブー	◎	◎	◎	◎	◎	◎	○	○	○	○	○	○
ハクガン						○	○	○	○			
カナダガン					○	○	○	○	○			
カ　モ				○	○	○	○	○	○	○		
カモの卵							○					
ライチョウ	○	○	○	◎	◎	○	○	○	○	○	○	○
野イチゴ類							○	○	○			

表1：アクリヴィク村の狩猟漁撈活動の1年（1999年現在）
（太字は中心的な捕獲物［食料］を示す。○は捕獲期、◎は捕獲の最盛期を示す）

小屋を建て、冬を過ごすようになり、季節的な移動生活をやめた。また、夏には村外でキャンプ生活を行っていた。しかし、徐々に村を拠点として狩猟漁撈に行くようになった。時間が経つにつれ、野外で過ごす時間が短くなり、村で過ごす時間が長くなってきた。とくに女性と子どもたちは、夏場のキャンプに出かける以外はほとんど村で過ごすようになり、男性も積極的に狩猟や漁撈に従事する人を除けば、学校への通学や仕事のために村に留まるようになった。また、カナダ南部で加工・製造された食料品や野菜・果物類が定期的に空輸され、極北の村々で販売されるようになったので、イヌイットも現金さえあれば、食料品を入手できるようになった。

一九八〇年代をひとつの契機として、この状況は加速化するとともに、村を離れ、極北地域の大きな村や南部の都市部に移住するイヌイットの数も増加し始めた。

二〇〇〇年前後のケベック州ヌナヴィク地域のアクリヴィク村における生業活動は、表1に示すとおりである。その中心は、冬から初夏にかけてのカリブー猟、春と秋のアザラシ猟、夏のホッキョクイワナ漁である。

狩猟漁撈活動と肉食の変化と持続

一九六〇年にノルウェーでアザラシの毛皮をコート用に加工するための新技術が開発されると、アザラシの毛皮はイヌイットにとって重要な交易品となった。このため、定住生活を開始した一九六〇年頃から一九八〇年代半ばまでイヌイットは捕獲したアザラシの肉を食べ、その毛皮を売ることによって現金を得ていた。この現金を利用して、銃弾やガソリンなどを購入し、狩猟や漁撈を続けていた。この時期には、イヌイットは、狩猟や漁撈をカナダ政府からの補助金に大きく依存せずに継続することができた。

ところが、欧米社会で盛んになった動物愛護運動の影響で一九八四年にヨーロッパ共同体（ＥＣ）がアザラシの毛皮の輸入を全面的に禁止したため、ヨーロッパの毛皮市場が崩壊した。このため、アザラシの毛皮を売ることができなくなったイヌイットは現金収入源を失い、狩猟に必要な銃弾やガソリンを十分に購入できなくなり、アザラシ猟に行く頻度が激減した。その結果、村にもたらされるアザラシ肉の量が減り、イヌイットの間で食料不足を引き起こすこともあった（Wenzel 1991）。

筆者は、一九八四年から二〇〇四年までカナダ国ケベック州極北部にあるアクリヴィク村を毎年訪れ、現地調査を行った。その結果、若者や賃金労働者を中心に狩猟・漁撈離れが進行したことが分かったが（岸上一九九九）、多くの村人はカリブーやアザラシ、セイウチの肉やホッキョクイワナを食べ続けていた。ハンターがいない家庭でも、家族や親族のハンターによる分配やハンター・サポート・プログラム（Hunter Support Program）を利用したシロイルカの脂皮《しひ》やカリブー肉の村人への提供などによって、海獣や陸獣の肉や脂肪を手に入れることができた。このため、ほとんどの世帯では村の生協の店舗で購入した食料品以外にも、地元産の肉や魚をほぼ毎日食べていた。外部から搬入されてくる食料品の消費量は増加してきた一方で、地元産の食料（カントリーフード）の評価は高いままであった。この期間にイヌイットの食生活について、次のような傾向が見られた。

第一に、アザラシ肉の消費量が徐々に減る一方で、カリブー肉やホッキョクイワナ、シロイルカの脂皮へのイヌイットの需要は高いままであった。

第二に、セイウチやシロイルカの肉を好まない若者が増加する一方で、おもに中高年の人々はそれらを好んで食べ続けている。

第三に、調理方法に変化が見られた。かつては煮るか、生のままで、特別な味付けをすることなく食べることが多かったが、一九八〇年代以降、醤油やカレー、食塩、胡椒などで味付けをするようになった。また、欧米の料理をまねてアザラシ肉やカリブー肉でパイやハンバーガーなどを作るようになった。

第四に、牛肉、豚肉、鶏肉、鶏卵、ハム・ウィンナー類とともに、パンやパスタ、米、ジャガイモなどの炭水化物の消費量が急増した。また、調理に加工食用油やバター類を利用するようになった。

さらに、一九八〇年代にアザラシの体内からＰＣＢ（ポリ塩化ビフェニル）やＤＤＴ（ジクロロジフェニルトリクロロエタン）、水銀などの汚染物質が発見されると、カナダ政府はその肉や脂身の摂取量を抑えるようにと警告した。さらに、温暖化の影響で寒冷気候に適応したアザラシの頭数が減少すると、それに比例して捕獲数も減少し、カナダ南部から搬送されてくる加工食品の消費量が増大した。このような経緯で、イヌイットはアザラシ猟を積極的に行わなくなり、イヌイットのアザラシ肉離れが進み、アザラシ肉は実質的にイヌイットの主食ではなくなった。

イヌイットの食生活は徐々に欧米風化してきたが、中高年層を中心として、イヌイットはいまだに地元で捕獲できる海獣や陸獣、鳥類、魚類を好んで食べている（岸上二〇〇五）。彼らはそれらを「真の食べ物」（*niqituinaq*）

と呼び、南から運ばれてくる食料品と区別している。

二一世紀に入り、ヌナヴィク地域のイヌイットにとって三つの新たな変化が見られた。第一に、温暖化の影響によってワモンアザラシの数が激減し、捕獲が困難になった。また、シロイルカは過剰捕獲の影響でその頭数が減少したが、一九九〇年代に入っても回復しなかったため、カナダ政府は捕獲頭数を制限し続けている。このため、イヌイットが食べることができるワモンアザラシの肉やシロイルカの肉と脂皮の量は減少し続けている。

第二に、一九三〇年代頃から一九七〇年代頃までヌナヴィク地域ではカリブーの二つの大きな群れ（リーフ・リバー群とジョージ・リバー群）が消滅したため、カリブーが激減した時期があった。その後、カリブーの頭数は増加したが、再び、二〇一〇年頃から同地域のカリブーの生息頭数が激減し、カリブーを食料資源として利用できなくなってきた。以上の状況からカナダ政府は、近年、東部極北圏の海域で生息頭数が増加してきたホッキョククジラを捕獲し、カリブーやシロイルカの代わりに食料資源として利用することをイヌイットに提案している。ホッキョククジラは成獣で全長二〇メートル、体重が八〇トン近くになるヒゲクジラである。一頭捕獲できれば、大量の肉や脂皮をもたらすことになる。このため、第三の変化として、ヌナヴィク地域で二〇〇八年よりホッキョククジラの捕獲を再開したことをあげることができる。[4] しかし、ヌナヴィク地域のイヌイットは、食べ慣れている食感のシロイルカの脂皮と肉の方をホッキョククジラのそれらよりもはるかに好んでいるため、それはアザラシやシロイルカの代替食料源とはなっていない（岸上二〇一三）。

4　カナダ・イヌイット社会における肉食の意義

肉食の社会・文化的な意義

多くのイヌイットは地元でとれる海獣や陸獣、鳥類の肉、魚類を食料として好む傾向が強く、それらを「真の食べ物」と考えている。彼らはそれらを食べることによって、文化的な満足感を満たすことができるとともに、イヌイットとしてのアイデンティティを確認することができる。

地元で獲れる動物の肉や魚は、狩猟漁撈場でハンターの間で分配した後、それぞれが村に持ち帰ってから、家族や親族にも分配する。イヌイット社会では、両親もしくはどちらかの親が存命の場合は、ハンターは肉や魚を自らの世帯に持ち帰るのではなく、親の世帯に持っていくことが多い。そして自らの家族とともに親のところで昼食や夕食の際に、共食することが多い。時には親のところから自分の世帯に肉や魚をもらって帰ることもある。このような分配や共食は、既存の社会関係を確認する機会になる。

したがってイヌイットがカントリーフード、とくに地元産の肉を食べることは、彼らにとって文化的・社会的な意義を有しているのである。

肉食の経済的な意義

極北地域のイヌイット社会は、加工食料品や電化製品などの商品の生産地から地理的に遠く離れている。このため、食料品をカナダ南部という遠方から海運や空輸で搬入しなければならず、同じ食料品でもその価格が極北の村々とカナダ南部の都市部では一・五倍から二倍ほどの違いを生み出している［表2］。賃金労働職の数が限られている小規模村落では、各世帯の現金収入が少ないため、十分に食料品を購入することができるとは限らない。この問題は、食の安全保障（food security）とも関係してくるが、村人が生きていくうえで必要な食料を確保する

	ケベック州北部ヌナヴィク地域	ケベック市
牛肉　(1キログラム)	7.95ドル	5.52ドル
リンゴ　(1キログラム)	2.84ドル	2.40ドル
ジャガイモ　(4.5キログラム)	7.18ドル	3.17ドル
バター　(454グラム)	4.34ドル	3.17ドル
タマゴ　(12個)	3.11ドル	1.78ドル
牛乳　(1リットル)	2.72ドル	1.38ドル
食パン　(675グラム)	1.99ドル	1.46ドル

表2：ヌナヴィク地域とケベック市における食品価格の比較
(Duhaime et al. 2000: 10をもとに作成。なお、ドルはカナダ・ドルのことである)

ためには、地元の海獣や陸獣、魚類、鳥類を食料として活用することが望ましいと考えられている。一般にイヌイットが牛肉や豚肉を現金で購入するより、狩猟や漁撈で地元産の肉を得る方が、より経済的であると考えられている[5](Wenzel 1991)。

肉食の栄養学的意義

人間が生きていくためには、タンパク質、デンプン質、脂肪分、ビタミン類やミネラル類を適度に摂取することは不可欠である。植物資源が極端に乏しい極北地域では、デンプン質やビタミン類を動植物から摂取することが難しい。一方、地元産の肉類や魚類からは良質なタンパク質や脂肪分、ミネラル類を摂取することができる。

アザラシの肉の栄養価を他の動物や魚の肉と比較してみると、表3のようになる。

また、極北地域の海獣や陸獣、魚類や鳥の卵も全般的に見ると、表4が示すように多様な栄養素を含んでいることが分かる。

このように、地元産の肉や魚などを食料源として活用する方が、カナダ南部や米国で加工された食料品に依存するよりもはるかに安価で、多様な栄養素を摂取できるといえる。したがって、イヌイットが地元産の肉類を食することは、文化・社会的にも、経済的にも、そして栄養学的にも意義

栄養価	アザラシ	牛　肉	豚　肉	鶏　肉	た　ら
タンパク質 (g)	22.3	22.0	22.0	14.6	17.8
マグネシウム (mg)	34	21	27	17	25
鉄分 (mg)	64	1.9	1.0	1.8	0.4
カルシウム (mg)	591	3.5	3.2	78.4	24
ビタミンB12 (ug)	7.7	5.0	5.0	0.8	0.5

表3：アザラシ肉と他の動物の肉の栄養価の比較表
(Shahidi and Synoweicki 1996をもとに作成)

部位の名称	主な栄養素
アザラシやカリブーの肉	タンパク質、鉄分
シロイルカの脂肪	脂肪分、ビタミンA、ビタミンC
シロイルカの脂皮	亜鉛、ナトリウム、ミネラル類、ビタミンC
シロイルカの脂肪油 (長くねかせたもの)	ビタミンA、ビタミンE
イッカクの脂皮	ビタミンC
イッカクの脂肪	脂肪分、ビタミンA、ビタミンE
カリブーの肝臓	ビタミンA、ビタミンE、ビタミンB2、ビタミンB6、葉酸
カリブーの脂肪	脂肪分
カリブーの乾燥肉	ミネラル類
ワモンアザラシの肝臓	ビタミンA、ビタミンE、ビタミンB2、ビタミンB6、葉酸
ワモンアザラシの脳部	脂肪酸、ビタミンC
淡水魚の卵と肝臓、カモの卵	脂肪酸

表4　動物の部位とそこに含まれるおもな栄養素 (岸上 2005: 135)

があることが分かる。

5　肉食をめぐる諸問題

本稿では、地元産の肉類を利用することの多面的な意義を考察してきた。次に現代のイヌイットが地元産の肉や魚をめぐって直面している諸問題を紹介し、検討したい。具体的には、イヌイットの伝統的な肉食慣行を脅かす、環境汚染や温暖化、グローバル化が引き起こす諸問題であり、広義の食の安全保障に関わる問題と呼ぶことができる。

汚染問題と肉食

一九八〇年代後半にカナダ極北地域に住むイヌイット女性と都市部に住むヨーロッパ系カナダ人女性の母乳について化学物質による汚染度を比較する調査が実施された。その結果、予想に反してイヌイット女性の母乳からはるかに高濃度のＰＣＢが検出され、大問題となった（Dewailly, Nantal, Webber, and Meyer 1989）。その後のさらなる調査によって東部極北地域のイヌイット女性の血中から胎児や幼児の成長や免疫システムに悪影響を及ぼすと考えられる量のＰＣＢが検出された。また、カナダ・ヌナヴィク地域の母親の血中から赤ん坊の神経系に悪影響を及ぼすと考えられるＤＤＴも検出された。さらにカナダ・イヌイットの成人の体内から水銀やカドミウム、鉛などの重金属類も検出された。

一九九〇年代に入り極北地域の汚染問題の解明が進み、同地域の汚染物質には残留性有機汚染物質と重金属類が存在すること、またそれらの極北地域への流入経路が判明した。これらは日本で「環境ホルモン」と呼ばれている有害物質である。

極北地域の海獣や人間から検出された残留性有機汚染物質は、ＰＣＢやＤＤＴ以外にもＨＢＣ（ヘキサクロロベンゼン）やＤＤＥ（ＤＤＴの代替物）、ＨＣＨ（ヘキサクロロシクロヘキサン）である。これらは、人工的に合成された化学物質であり、極北地域には本来、存在しない物質である。これらの化学物質が、大気中や海中、河川を介して極北地域に運ばれ、北極海に蓄積されたことが判明した。たとえば、南アジアや東南アジア、中国などで農薬としてやマラリア撲滅のために使用されたＤＤＴなどの殺虫剤が散布後、大気中を上昇し、気流によって北極海まで運ばれ、そこで沈殿していた。多くの電化製品で使用されているコンデンサー（蓄電器）の絶縁体の材料として使用されるＰＣＢは、カナダや米国、ロシアなどの都市や工業地帯から海中や河川、大気を通して運ばれてきたと考えられている。また、極北地域にあるイヌイットの村やかつての軍事基地からの廃棄物も汚染源のひとつであると考えられている。

一方、カドミウムや鉛、水銀のような重金属類も極北地域の動物や人間の体内から検出されている。これらの物質は、鉱山における採掘活動や精錬、化学燃料の燃焼などによって発生する。ひとたび大気中に放出されると、気流によって極北地域に運ばれ、北極海に蓄積される。

これらの有害物質が食物連鎖に入ると、連鎖の上位に位置するアザラシやシロイルカなどの生物体の脂肪部分により高濃度で蓄積され、それらを人間が過剰に摂取すると生殖機能や神経機能、健康に悪影響を及ぼす可能性が高くなる。イヌイットの大好物であるシロイルカの脂皮の部位にはかなりの量のＰＣＢや水銀が含まれていた。また、イヌイットはアザラシの肉やホッキョクイワナを食べる時に、アザラシの脂肪油に浸してから食べていた。このため、子どもや妊娠中の女性が大量に海獣の脂肪（油）を摂取することは健康被害を引き起こす可能性が高かった。二〇世紀末のカナダ・イヌイットは地元の慣れ親しんできた海獣や魚類の肉や脂肪を摂取することによって知らぬ間に健康問題に直面していたのであった（岸上二〇〇二、二〇〇五）。

しかし、この問題の解決を求めて国連を舞台としてイヌイットの代表団体やカナダ政府が政治運動を展開し、各国政府がＰＣＢやＤＤＴの製造および使用の禁止に同意したので、二一世紀になると残留性有機汚染物資による環境汚染問題は、徐々に沈静化を迎えた。

ただし、水銀のような重金属類汚染については問題がいまだに解決されていない。最近の調査によってシロイルカの脂皮や肉の摂取と水銀の摂取との間に相関関係があることが判明している（Lemire et al. 2014）。このため、カナダ政府やイヌイット団体は水銀を大量に含有しているシロイルカの脂皮や肉を、妊婦を中心にイヌイットが過剰摂取しないように呼びかけている。また、イヌイットの体内への鉛の残留量の上昇は、イヌイットのハンターが獲物を撃つショットガンの鉛製散弾に起因すると考えられており、イヌイットに狩猟において鉛製散弾を使用しないように警告を出している。

しかしながら地元の海獣類や陸獣類の肉や脂肪は良質の栄養素を含んでいるため、適度に摂取することは望ましいという環境科学者や栄養学者の主張を受け、カナダ政府やイヌイット団体も地元産のカントリーフードを適度に食べることを奨励している。

温暖化と肉食

歴史的に見ると北アメリカ極北地域の気温は、紀元後五〇〇年頃から上昇し、一〇〇〇年頃にピークに達した後、低下し始め、一五〇〇年頃から一八〇〇年頃にかけて小氷河期に入った。したがって、現在の動植物の分布やイヌイットの生活様式は、寒冷気候に適応したものであるといえる。

ところが一九九〇年代頃からカナダ極北地域では温暖化の傾向が顕著になり、気温の上昇が見られた。興味深いのは、温暖化傾向に伴う年間の平均気温の上昇や冬季の短縮、夏季の長期化以外に、寒い夏季や雨の多い夏季、極端に寒い冬季など多様な気象状況が突発したことである。そしてそれは同地域に生息する動植物やイヌイットの生業活動にさまざまな影響を及ぼしている（岸上 二〇一一）。

あるハンターは、「暖かい冬が続くと思えば、極端に寒さが厳しい冬が突発的に出現することがある。また、同じ冬のうちに外出を躊躇するほど寒い日がある一方、真冬でも気温が〇度近くまで上昇することがある。また、最近は雨が降り続け、寒い夏もある」と語っている。カナダ極北地域のイヌイットにとって問題は、温暖化だけではない。むしろ、予想できない気象が頻発することがハンターを悩ませているのである。

温暖化の動物への影響としては、ワモンアザラシやホッキョクグマの頭数が減少傾向にあることが指摘されている。アザラシは春に海氷上で子どもを産み、巣穴の中で育てるが、温暖化の影響で海氷が溶け、巣穴で子どもを育てることができないという事態が発生している。また、アザラシは寒水に適応しているため、水温が上昇すると、より水温が低い北方へと移動するという現象も発生している。さらに、アザラシなどを捕食するホッキョクグマも海氷原の減少やエサとなるアザラシなどの減少のため、その数が減少傾向にある。また、温暖化の影響かどうかは不明であるが、二〇一〇年頃からヌナヴト準州バフィン島とケベック州ヌナヴィク地域のウンガバ湾東岸地域ではカリブーの頭数が激減し[6]、食卓にのぼることがほとんどなくなった。

一方、温暖化によってヌナヴト準州のクガールク（旧称ペリーベイ）の近海では、多数のイッカクが回遊するようになり、村のハンターがそれらを捕獲するようになっている。また、夏季にハドソン海峡やクガールク近海では、ホッキョククジラが回遊するようになり、捕獲できるようになった。このように見ると温暖化はイヌイットの狩猟漁撈活動に悪い影響と良い影響の両方をもたらしているといえる。

ただし、現在のイヌイットの生活様式は寒冷気候適応型であるため、温暖化によって多くのハンターがこれまでの狩猟に関する経験や知識では対応できない気象状況が頻出している。筆者の調査地であるアクリヴィク村においては、かつては一〇月末頃に見られた沿岸地域の結氷が一二月以降になることや、かつては五月末頃まであった陸地に接続している海氷原が急速に溶け、消滅してしまう時期が四月頃へと早まりつつある。全体的な傾向として、船外機付きボートを海上で利用できる夏季の期間が長くなる一方、スノーモービルを利用できる冬季の期間が短くなってきている。とくに、狩猟活動に関連した象徴的な変化は、かつては八月から九月にかけて行われていたセイウチ猟とシロイルカ猟の遠征が、それぞれ一〇月と一一月頃へと変更になったことである。このため多くのハンターは狩猟漁撈活動をこれまでとは異なる時期に行っている。

温暖化に起因する気象変動によって、イヌイットの狩猟・漁撈活動は以前と比べると不安定になった。このため、村にハンターがいつでも地元産の肉や魚を供給できるとは限らない。したがって、大局的には、温暖化は、イヌイットが地元産の肉を獲得し、食べることに対しては負の影響を及ぼしているといえる。

外部社会の肉食への諸影響

グローバル化や欧米社会の社会運動が、イヌイットの肉食に及ぼすいくつかの影響を検討してみたい。

第一に、グローバル化によってさまざまな料理法、食材、調味料がイヌイット社会に流入し、イヌイットの食生活がこの三〇年間で大きく変わった。筆者が調査を始めた一九八〇年代半ばには、アザラシやカリブー、ハクガンなどの肉を塩味でゆでて食べることはあったが、原則は生食であった。当時、カレーのルーと米を持ち込み、カリブー肉でカレーライスを作り、イヌイットの友人にふるまったところ、香辛料は地元にはない味であり、辛いといって誰も食べることができなかった。ところが、その二〇年後の彼らの食卓を見るとタバスコやカレー、醤油などを使って料理するようになり、味付けが大きく変わった。また、食塩や砂糖を大量に消費し、コーヒーも飲むようになった。パンやパスタ、ジャガイモ、米などのデンプン質の消費量と、カナダ南部もしくは米国で生産された牛肉、豚肉、鶏肉、ソーセージ、ハム、鶏卵などの消費量が増大した。さらに、カナダやアメリカで栽培された野菜のほか、フロリダ産のオレンジやメキシコ産のアボカド、ニュージーランド産のキウイなども消費されるようになった。食材や調味料、料理方法は、欧米社会の影響を受け多様化したが、食料として地元産の海獣や陸獣、鳥類の肉、魚類の消費量は相対的に低下してきた。この食生活の変化は、イヌイットの間で糖尿病や心臓病、高血圧症、肥満症、がん、脳卒中の発症率を引き上げる結果となった（Cameron 2011: 13-24）。

第二に、一九八〇年代半ばからアザラシ狩猟の衰退が始まり、かつてイヌイットの主食であったアザラシの肉や脂肪を摂取する量や頻度が低下してきた。すでに指摘したように、欧米社会で盛んになった動物愛護運動の影響で、ヨーロッパ経済共同体（ＥＥＣ）は、一九八四年に同共同体におけるアザラシの毛皮の輸出入を全面的に禁止した結果、アザラシ猟を行うハンターの数が激減したため、村に持ち込まれるアザラシ肉の量も激減し、時々、村全体が食料不足に陥ることがあった（Wenzel 1991, 2013, 2015; Collings 2015）。

第三に、国際的に展開されている動物愛護運動や環境運動がアザラシ類やクジラ類の狩猟活動に悪影響を及ぼしつつある。その典型が、ＥＵにおけるアザラシ製品購入ボイコット運動（Wenzel 1991）と反捕鯨運動である[7]（河島二〇一〇a、二〇一一、二〇一二）。大半の反捕鯨運動の標的は、大型の鯨類やイルカ類を対象とした商業捕鯨であるが、その矛先は徐々に先住民生存捕鯨にも向かいつつある。たとえば、国際捕鯨委員会を脱退したカナダ政府は、一九九〇年代よりイヌイットによる食料獲得のためのホッキョククジラ猟を容認してきた。この背景には、生息頭数が減少したシロイルカの脂皮と肉やカリブー肉の代替品として、一頭を捕獲すれば大量の脂皮と肉をもたらすホッキョククジラの利用を推奨していること、植物性プランクトンを主食とするホッキョククジラの脂皮や肉は、環境汚染からの影響が少ないこと、極北地域での牛肉や豚肉は価格が高いことなどがあげられる。しかしながら、反捕鯨運動は、国際世論を形成し、カナダ政府やイヌイットに捕鯨やシロイルカ猟などをしないように働きかけている。

このようにグローバル化、ＥＥＣによるアザラシ毛皮の輸出入の禁止、反捕鯨運動などは、イヌイットの伝統的な肉食の維持に悪影響を及ぼしてきたといえる。

カナダ・イヌイット地域における肉食をめぐる「食の安全保障問題」

アザラシの肉やカリブーの肉は、寒冷ツンドラ地域に住むイヌイットにとって、生きていくうえで重要な食料源であった。しかし、一九八〇年代に先鋭化した環境汚染や温暖化、グローバル化、ＥＥＣによるアザラシ毛皮の輸出入の禁止、反捕鯨運動は地元産の肉食の維持に悪影響を及ぼしてきた。また、食料資源の多様化が進み、イヌイットの味の嗜好も変化するとともに、イヌイットによるカロリー摂取量における地元の産物の割合が低下している。

カナダ南部から運ばれてくる食料品に対しイヌイットの依存度が高くなることによって、イヌイットの健康問題と経済問題が浮上した（岸上二〇〇五）。すでに紹介したようにデンプン質や糖分、塩分、加工脂肪分の摂取は、成人病や虫歯などの原因となり、イヌイットの健康を悪化させてきた。また、極北地域の村では、賃金労働職の数が限られているため現金収入が限られている。一方、カナダ南部から空輸されてくる食料品は輸送費がかさむため、価格が一・五倍から二倍と高い。このため十分な現金がなければ、恒常的にそれらの食品を購入することができず、食料不足問題が発生している。[8] 二〇一二年のカナダ統計局による先住民族サーベイでは、ヌナヴト準州のイヌイット世帯の五六パーセント、ヌナヴィク地域のイヌイット世帯の五五パーセント、北西準州のイヌイット世帯の三二パーセントが食料不足を体験したと回答している（Wallace 2014: Chapter 8）。北西準州のウルクハクトック（Ulukhaktok）で調査を行ったピーター・コリングス（Peter Collings）は、成人の約三六パーセントが食料不足の問題に直面していることを報告している。また、ハンターのいない女性が世帯主である世帯の方がより頻繁に食料不足に陥っていると報告している（Collings 2015）。この問題を解決するひとつの方法は、ハンターがより頻繁に狩猟し、地元産の肉をより有効に活用することである。

ところが、現在のイヌイット社会ではハンターが食料となる海獣や陸獣の肉を十分に村人に提供できていないという現状が存在している。ヌナヴト準州のバフィン地域における一九八一年―一九八四年と一九九六年―二〇〇一年における狩猟統計を吟味したウェンゼルは、人口が増加してきた一方、アクティブなハンターの数や狩猟に由来する肉の生産量は増加しておらず、地元産の肉（食料）不足が発生していることを報告している。ウェンゼルは、村に十分な量の地元産の肉をもたらすために必要なのは、ハンターがガソリンやライフルの銃弾などを購入するための現金であると指摘している（Wenzel 2013, 2015）。

では、ハンターの現金不足を解決するためには、どのようにすれば良いのだろうか。そのひとつが、現在、ケベック州極北地域で実施されているハンター・サポート・プログラムの活用であると考える（岸上 二〇一〇；Gombay 2009; Kishgami 2000; Wenzel 2013）。たとえば、アクリヴィク村では、村役場が一九八〇年頃よりジェイムズ湾・北ケベック協定（James Bay and Northern Quebec Agreement）に基づいてケベック州政府がハンター・サポート・プログラムを通して支給する資金で、村のハンターからカリブーの肉やホッキョクイワナを購入したり、村のハンターをシロイルカ猟やセイウチ猟に派遣したりして、肉や魚を集め、それらを、食料を必要としている村人に無償で提供している。この制度を利用すれば、食料の欲しい村人は無償で入手できる一方、ハンターは現金を入手でき、狩猟や漁撈に必要な物資を購入できる（岸上 二〇一〇；Kishgami 2000）。ただし、各村が利用できる予算には限度があるため、それを利用して村全体に常時、肉を供給することはできない。たとえば、人口五〇〇名のアクリヴィク村の二〇一二年と二〇一三年の予算は、それぞれ約二九万カナダ・ドル（約二七五〇万円）と約三〇万カナダ・ドル（約二八五〇万円）であった（Kativik Regional Government 2013, 2014）。なお、ヌナヴト準州のクライド・リバー村では女性が賃金労働で稼いだ現金をハンターである父親や夫、息子に提供していることが報告されている（Quintal-Marineau 2015）。

二〇一六年のカナダ国勢調査によると、カナダには約六万五〇〇〇人のイヌイットが居住しているが、そのうちの約二七パーセントに相当する約一万七〇〇〇人が故地を離れ、カナダ南部の都市部に移住して生活を営んでいる。都市在住イヌイットの大半は低所得者であり、その日の生活にも困っているほどである。彼らがもっとも望んでいることのひとつは、アザラシ肉やカリブー肉、ホッキョクイワナなど極北地域でとれる動物を食材とした、民族食ともいえるカントリーフードを食べることである（Kishigami 2015）。モントリオールでは二〇一五年より先住民団体マキヴィク（Makivik）がアザラシ肉などを女性用シェルター（緊急避難所）や先住民友好センターに月に一度、無償で提供し、都市在住イヌイットが無償でそれらを食べることができる機会を作っている。

6　結論

渡辺仁（一九七八）は、高緯度に住む人類ほど肉食に依存する傾向が強く見られることを生態学的な視点から指摘した。その典型例は、植物相がほとんど存在しない自然環境のもとで生活を営んできたイヌイットの人々である。本稿では、カナダ極北地域におけるアザラシ肉をおもな事例としてイヌイットの肉食およびその社会・文化・経済・栄養学的な意義について論じるとともに、彼らの肉食が直面する諸問題について紹介し、論じた。

イヌイットにとって地元産のアザラシ肉とカナダ南部産の牛肉を食べることは、社会・文化的に見ると同じことではない。イヌイットにとってアザラシ猟のような狩猟、およびその獲物の肉を食べることは、極北地域で一〇〇〇年以上にわたり生活を営んできた狩猟民族としてのアイデンティティの源泉のひとつである。また、狩猟で得たアザラシ肉はハンター間や、家族や親族、隣人の間で分配されるため、それらを分け合って食べることは村内の社会関係の維持にも深く関係している。

さらに、価格の高い牛肉や豚肉、鶏肉、加工肉を購入して食べるよりは、地元産の肉を食べる方が経済的であるとともに、アザラシの肉や脂身の栄養価は加工食品よりも優れているため、食料資源の汚染問題はあるにしても、適度に摂取することはイヌイットの健康を維持・促進させることも分かってきた。このため、現代のイヌイット社会では、地元産の獲物の肉を食べることは、社会・文化的にも、経済的にも、そして栄養学的にも重要であり、極北地域の経済条件と自然環境を考慮に入れると理にかなっていると考える[9]。

現在、グローバル化の影響を強く受けたイヌイット社会では、以上のような理由からアザラシやカリブーなどの地元産の肉を食べるという伝統食への回帰がイヌイット自身によって叫ばれている。しかし、それにはさまざまな政治・経済問題や環境問題を解決しなくてはならない。筆者は、イヌイット社会に地元産の肉を供給する方策として、ヌナヴィク地域で開発されたハンター・サポート・プログラムを活用することを提案したい（岸上二〇一〇）。それによって、イヌイットが望む肉食を維持することに貢献できると考える。

謝　辞

草稿に対して国立民族学博物館外来研究員の中村真里絵氏からコメントを頂戴した。記して感謝の微意を表す次第である。

註

1 渡辺は、極北地域では海獣狩猟が特異なやり方として進化してきたという意味で、「狩猟の特殊化」と表現している。

2 イヌイットの食生活については、スチュアート（一九九三）や岸上（二〇〇五）を参照のこと。

3 欧米社会と接触する以前のイヌイットはビタミン類の摂取量が恒常的に少なかったため、壊血病に悩まされることもあった。

4 ヌナヴィク・イヌイットが捕鯨の復活を決定したのは、自らのハンターとしてのアイデンティティを強化するためであった（岸上二〇一三）。

5 ヌナヴィク地域イヌクジュアク村において一九七〇年代後半に調査を実施したスミスは、村にある店で食料品を購入する方が、狩猟漁撈活動によって食料を入手するよりも安い（経済的である）と指摘している（Smith 1991: 366, 375, 388, 393）。スチュアートはウェンゼル（Wenzel 1991）とスミス（Smith 1991）の計算基準が異なるのでどちらが正しいかは判定することができないとしながらも、金銭的に見ると生業活動の経済的必要性よりも文化的意義の方が重要であると指摘している（スチュアート一九九五：五〇—五一）。

6 ケベック州ヌナヴィク地域では、一九二〇年代後半から一九七〇年代末頃までカリブーの生息数が激減したことがあった。カリブーの生息数の増減には周期があるようである。現時点では、カナダ極北東部地域におけるカリブーの生息数の激減の原因が自然の周期なのか、それとも温暖化の影響なのかは不明である。

7 反捕鯨運動の背景にある欧米人によるクジラの特別視や動物倫理については、河島（二〇一〇b、二〇一一）や石川（二〇一二）、伊勢田（二〇〇八）を参照のこと。

8 カナダ極北地域の食の安全保障問題については、Duhaime and Bernard eds.（2008）のpp. 71-165を参照のこと。

9 二〇〇五年八月にケベック州ヌナヴィク地域クージュアック（Kuujjuaq）村での調査により、同村のイヌイットは多様な食料資源の獲得を目指しているという興味深い事実が判明した。温暖化の進行によって、同村では温室を利用したジャガイモや野菜などの栽培実験を始めている。また、寒さに強い卵鶏を養殖し、地元で鶏卵の生産を開始した。さらに、地元に生息しないホッキョクイワナの魚卵を移入し孵化させ、稚魚を近隣河川に放流する事業を二〇年近く継続している。

引用・参照文献

伊勢田哲治
二〇〇八『動物からの倫理学入門』名古屋：名古屋大学出版会。

石川　創
二〇一二「捕鯨と動物倫理――動物愛護団体の批判に関する考察」岸上伸啓編『捕鯨の文化人類学』東京：成山堂書店、三一七―三三五頁。

河島基弘
二〇一〇a「反捕鯨と抗議ビジネス――環境保護団体の反捕鯨キャンペーンの一側面」『群馬大学社会情報学部研究論集』一七巻：一九―三五。

二〇一〇b「欧米で鯨が特別視される理由の批判的考察」『群馬大学社会情報学部研究論集』一七巻：一―一七。

二〇一一『神聖なる海獣――なぜ鯨が西洋で特別扱いされるのか』京都：ナカニシヤ出版。

二〇一二「「法」の裁きを下すメディア時代の自警団？――シー・シェパードの反捕鯨キャンペーンの一考察」岸上伸啓編『捕鯨の文化人類学』東京：成山堂書店、三〇二―三一六頁。

岸上伸啓
一九九九「イヌイットの青年・中年男性の生業離れについて」『民博通信』八六号：六七―八七。

二〇〇二「カナダ極北地域における海洋資源の汚染問題――その現状と文化人類学者の役割」『国立民族学博物館研究報告』二七巻二号：二三七―二八一。

二〇〇五「カナダ極北の先住民族イヌイット」岸上伸啓編『世界の食文化20　極北』東京：農文協、一二一―一五九頁。

二〇〇七『カナダ・イヌイットの食文化と社会変化』京都：世界思想社。

二〇一〇「カナダ極北地域における食糧の安全保障について――ヌナヴィク・イヌイット社会を事例として」上田晶子編『食料と人間の安全保障』大阪：大阪大学グローバルコラボレーションセンター、四三―五九頁。

二〇一一「地球温暖化とイヌイット」『季刊 民族学』一三五号：五七―七二。

二〇一三　「カナダ・イヌイットのホッキョククジラ猟と先住権」『カナダ研究年報』三三号：一―一六。
スチュアート ヘンリ
一九九三　「極北民族の食生活――エスキモーは何を食べてきたか」『Vesta』一五号：一四―二五。
一九九五　「現代ネツリック・イヌイット社会における生業活動――生存から文化的サバイバルへ」北海道立北方民族博物館編『第九回北方民族文化シンポジウム報告』網走：北方文化振興協会、三七―六七頁。
渡辺　仁
一九七八　「狩猟採集民の食性の分類――進化的生態学的見地から」『民族学研究』四三巻二号：一一一―一三七。

Cameron, E.

2011 *State of the Knowledge: Inuit Public Health, 2011*. Prince George, BC: National Collaboration Centre for Aboriginal Health.

Collings, P.

2015 Understanding the Relationship between Health, Well-Being, and Food Insecurity in Ulukhaktok, NT, Canada. Paper read at the session "Inuit Studies Today: New Approaches to Old Issues" of CHAGS 11 at University of Vienna, Vienna, Austria.

Dewailly, E., **A. Nantal**, **J. Webber**, and **F. Meyer**

1989 High Levels of PCBs in Brest Milk of Inuit Women from Arctic Quebec. *Bulletin of Environmental Contamination and Toxicology* 43: 641-646.

Duhaime, G., **P. Fréchette**, **J-F. Langlas**, and **T. L. Strong**

2000 *Nunavik Comparative Price Index*. Quebec: GETIC, Universite Laval.

Duhaime, G. and **N. Bernard eds.**

2008 *Arctic Food Security*. Edmonton: CCI Press, University of Alberta and Quebec City: CIÉRA, Université Laval.

Gombay, N.

2009 Sharing or Commoditising? A Discussion of Some of the Socio-economic Implications of Nunavik's Hunter Support Program. *Polar Record* 45 (233): 119-132.

Kativik Regional Government

2013 *HSP Annual Report*. Kuujjuak, PQ: Kativik Regional Government.

2014 *HSP Annual Report*. Kuujjuak, PQ: Kativik Regional Government.

Kishigami, N.

2000 Contemporary Inuit Food Sharing and Hunter Support Program of Nunavik, Canada. In G. W. Wenzel, G. Hovelsrud-Broda, and N. Kishgami (eds.) *The Social Economy of Sharing: Resource Allocation and Modern Hunter-Gatherers* (Senri Ethnological Studies No. 53). Osaka: National Museum of Ethnology, pp. 171-192.

2015 Low-income and Homeless Inuit in Montreal, Canada: Report of a 2012 Research. *Bulletin of the National Museum of Ethnology* 39 (4): 575-624.

Lemire, **M.**, **M. Kwan**, **AE. Laoaun-Sidi**, **G. Muckle**, **C. Pirkle**, **P. Ayotte**, and **E. Dewailly**

2014 Local Country Food Sources of Methylmercury, Selenium and Omega-3 Fatty Acids in Nunavik, Northern Quebec. *Science of the Total Environment*. http://dx.doi.org/10.1016/j.scitotenv.2014.07.102

Quintal-Marineau, **M.**

2015 Inuit Women and Subsistence Adaptation. Paper read at the session "Inuit Studies Today: New Approaches to Old Issues" of CHAGS 11 at University of Vienna, Vienna, Austria.

Shahidi, F. and **J. Synowiecki**

1996 Seal Meat: A Unique Source of Muscle Food for Health and Nutrition. *Food Reviews International* 12 (3): 283-302.

Smith, E.

1991 *Inujjuamiut Foraging Strategies: Evolutionary Ecology of an Arctic Hunting Economy*. New York: Aldine de Gruyter.

Wallace, S.

2014 *Inuit Health: Selected Findings from the 2012 Aboriginal Peoples Survey*. http://www.statcan.gc.ca/pub/89-653-x/89-653-x2014003-eng.htm（二〇一五年一一月三〇日閲覧）.

Wenzel, W. G.

1991 *Animal Rights, Human Rights: Ecology, Economy and Ideology in the Canadian Arctic*. Toronto: University of Toronto Press.

2013 Inuit and Modern Hunter-gatherer Subsistence. *Études/Inuit/Studies* 37 (2): 181-200.

2015 Looking Back to the Future: Traditional Resource, Harvest Data and Inuit Food Security. Paper read at the session "Inuit Studies Today: New Approaches to Old Issues" of CHAGS 11 at University of Vienna, Vienna, Austria.

第2章

食べられる肉／食べられない肉

――ボルネオの狩猟民シハンにみる食肉概念のあいまいさ

加藤裕美

1　はじめに

本稿は、マレーシアのボルネオ島に暮らす定住した狩猟採集民シハンをとりあげ、食肉概念のゆらぎと多様性について論じるものである。ボルネオ島は、約二〇〇〇種の哺乳類、六〇〇種の鳥類、七九〇〇種の植物が生息する、生物多様性に富んだ島である。しかしながら、一九八〇年代から大規模な森林伐採やプランテーション開発により、自然環境が大きく変化した。その影響から、森に依拠した生活を行ってきた人々の生活環境もまた変化を余儀なくされている（金沢 二〇〇九；奥野 二〇〇六；Bending 2006）。こうした森林環境の劣化への対策として、持続的な森林管理や野生動物の保全が実施されている。持続的な森林管理としては低インパクト伐採[1]や認証木材の生産が行われ、野生動物保護・保全のためには、野生生物保護条例（wild life protection ordinance）が制定された。一方このような動きのなかで、森の中の動物を自由に狩猟し、食し、交易することが禁止されるようになった。

で、長らく森の中で生活をしてきた人たちが、動物を狩猟し、食することとは、また別の考え方のもとに行われている。本稿では、国家レベルでの人と野生動物に関する規定と、ローカルなレベルにおける人々の動物のとらえ方の間にはどのような差があるのかを論じていく。なかでも、人々の食肉概念に着目し、食べる動物と食べない動物との間にはどのように線引きがなされているのか、その境界の個人間における多様性について考察する。

世界の狩猟採集民はここ数十年で生活環境の大きな変化を経験している。狩猟できる森林の減少、賃金労働の増加など、様々な環境の変化により、狩猟や採集だけに依存している集団は少ない（田口二〇一七：岸上二〇〇七：丸山二〇一〇）。マレーシアのボルネオ島に暮らすシハンにおいても例外ではなく、現金収入の重要性が増し、村外労働に出る若者も増えている。こうした生活環境の変化は、人々と動物の関係や、何を食べるかといった選択とも大きく関わっている。本稿では、生活環境の変化による野生動物との関わり方や、食肉概念の可変性についても論じていく。

本稿は以下のように進めていく。第2節では、野生の食べ物を重視するシハンの食生活について述べ、第3節では、「食べる動物」と「食べない動物」の境界がどのように定められているのか、それが国家レベルの規定とどのように異なるのかについて述べる。第4節では、食べる動物と食べない動物の区別における、個人間の多様性について述べる。そして第5節ではライフスタイルの変化がシハンの食肉概念にどのようなゆらぎをもたらす可能性があるのかを考えたい。本稿で使用する情報は、筆者が二〇〇四年からマレーシア・サラワク州のブラガで行ってきた、シハンの狩猟、動物飼育、食事にみられる行動調査に基づくものである。

2 野生動物を重視したシハンの食生活

シハンはボルネオ島中央部、バルイ川流域に暮らす定住した狩猟採集民である［図1］。先行研究によると、シハンは以前より狩猟採集に依拠した暮らしを営んできたとされている（Low 1882; Sandin 1985; Maxwell 1992）。ボルネオには現在約二万五〇〇〇人の狩猟採集民がいるが、この人数には定住した「元狩猟採集民」も含まれている（Kaskija 2016）。同じボルネオ島の狩猟民プナンと比べてシハンの人口は二百数十人であり、少数民族集団である。定住集落に住まず、森の中を遊動して暮らしていた居住形態や、焼畑を行わず狩猟採集を中心にした生業活動を行っていたという点、少数の家族が集まるバンドで暮らしていたなど、シハンは多くの点でプナンと類似する生活を営んできた（Needham 1972; Rousseau 1990; Sellato 1994; Puri 2005）。一九六〇年代に定住村に暮らし始めるようになる前、シハンは森の中にキャンプを作って生活をしていた。サゴヤシを主食とし、ヒゲイノシシ（*Sus barbatus*）や魚などを食べ、龍脳樹や野生ゴム、ラタンなどの森林産物を交易して暮らしていた。それと同時に小規模な農耕を行っていたと考えられる。一九六〇年代以降はロングハウスと呼ばれる定住村に暮らし始め、近隣の農耕民に焼畑農耕を教わり、コメを栽培し始めた（加藤 二〇一一）［図2］。現在は河川沿いのロングハウスと道路沿いのアブラヤシ・プランテーションの周縁にあるロングハウスで暮らしている。

現在のシハンの生業活動は、狩猟採集と焼畑稲作によるコメの栽培、アブラヤシなどの換金作物の栽培、賃金労働などを組み合わせた複合生業活動である。そのなかでもヒゲイノシシの狩猟が重要な位置を占めている（加藤・鮫島 二〇一三）［図3］。二〇〇四年に行った狩猟調査では、野生動物のなかでもヒゲイノシシがもっとも多く

図1：調査地の地図。

図2：シハンの集落（筆者撮影、以下同）。

図3：狩猟したヒゲイノシシを担いで歩く男性。

狩猟され、他にブタオザル（*Macaca nemestrina*）、マメジカ（*Tragulus* spp.）、ホエジカ（*Muntjacs* spp.）などを狩猟していた。二〇〇八年に行った狩猟調査ではヒゲイノシシのほかに、スイロク（*Cervus unicolor*）、マレーシベット（*Viverra tangalunga*）などが多く狩猟されていた。

狩猟を行うのは主に一〇代から六〇代の男性で、特に三〇代から五〇代の男性において盛んである。しかし高齢の男性も、猟銃を貸したり、銃弾を与えたりして猟に加わることができる。[2] 同様に、女性でも夫の猟について行ったり、追い込み猟の一員となったり、獲物を運んだりして猟に加わる。狩猟の方法は、猟銃を用いた狩猟がほとんどである。[3] それに加え、小型動物のヤマアラシやセイランなどを狙う際には跳ね罠（*ovet*）を用いる。かつては投げ槍（*ucuk*）や吹き矢（*upit*）を使うことが一般的であったが、近年はほとんど使用しない。

狩猟を行う場所は、ロングハウス周辺の天然林や焼畑の二次林が多い。それに加え、近年ではアブラヤシ・プランテーションの中や周辺でも狩猟を行っている。ヒゲイノシシやシベット、ヤマアラシ（*Hystrix brachyura* および *Thecurus crassispinis*）などの動物がアブラヤシの実を食べにプランテーションへやってくるからだ。

シハンの食生活は、野生の食べ物を重視しており、東プナンと同じように非常に多くの種数の動物を食べる（Brosius 1991）。二〇〇四年に食事時間の調査を行った結果、彼らは一日のうち、ほぼすべての時間帯で食事をとっていた（加藤 二〇〇八）。これは獲物が獲れた時に食事が行われるからである。つまり、彼らの食生活は、森の中の動植物に強く依存している。村に電気はなく冷蔵庫がないため、食料の保存はできない。そのため毎日森の中を歩き、その日に必要な食料を森の中から取ってくるのである。これは、労働に対する「即時リターン」(Woodburn 1998)の特徴ともいえる。

彼らの食行動を観察していると、野生の食べ物のなかでも、野生動物の肉を特に重視していることがうかがえる。食べ物のなかでも、肉や魚などの動物性の食料はバオ(*bao*)と呼ばれ、植物性の食料はレル(*lelu*)と呼ばれる。バオのなかでも野生動物の肉を、本当のバオ(*bao totok*/バオ・トット)と呼び、これが食事にあることに満足するからだ。

動物性の食べ物のなかで特に人々が好むのはヒゲイノシシである。ヒゲイノシシは、豊富なタンパク質、脂質、ビタミンを含有する(Caldecott 1988; Puri 2005; Brosius 1986; Pfeffer and Caldecott 1986; Sellato 1994)。特に、数年に一度のフタバガキ科の樹木の一斉開花の季節には他地域から多数のヒゲイノシシが移動してきてイノシシの季節になり、豊かな食生活をもたらす(Kaskija 2016)。加えて、獣肉を分配する慣習があるため、小規模社会におけるセーフティネットとしても重要な動物である(加藤 二〇一〇)。分配をしたか、しないかは日々の関心事で、日常会話によく出る話題である(加藤 二〇〇七)。

人々がもっとも好むのは野生動物の肉であるが、もし何も野生動物が狩れなかった時には、代替として漁撈が行われていた。魚も獲れなかった時には野生植物が採られ、野生植物が採れなかった時に初めて畑から栽培された野菜を採ってきていた。このように、彼らの食生活では野生の食べ物、特に野生動物の肉が好まれる。

さらに、一部の動物は、食べることで薬になると考えられている。ホエジカなどの胎児(*nalou*)は滋養薬として用いられ、リーフモンキー(*Presbytis* spp.)の内臓やマメジカの内臓も非常に苦い味がするものの滋養薬として用いられてきた。またヤマアラシの胃石は解毒剤として用いられてきており、野生動物を食べることは自身の健康に関わることと考えられている。

3 「食べる動物」と「食べない動物」の境界

野生生物保護条例との相違

野生動物の肉を好む人々にとって、その価値観や生活は政府の保護政策とは相容れない場合がある。一九九八年、サラワクでは野生生物保護条例（Wild Life Protection Ordinance）が制定された。野生生物保護条例は、希少な動植物の採取、狩猟、保持、飼育、販売を禁じるものである〔図4〕。哺乳類の中には、ブタオザル、ヤマアラシ、マレーグマ（*Helarctos malayanus*）など人々が食べ物として利用してきた動物も含まれている。これは、全世界的な自然保護運動の影響をうけ、希少化する野生生物の保護保全を目的に実施されたものであるが、そこにはサラワク独自の事情が存在する。

サラワクでは、一九八〇年代から森林伐採が拡大した。加速する伐採に対して、土地や資源を奪われた人々は、一九九〇年前後より伐採反対運動を展開したのである。この時にプナンを中心とする人々が主張したのが、伐採によって動物が狩猟できなくなったので、商業伐採をやめてほしいということであった。この運動は、おりしも当時世界各地で起こっていた先住民運動や自然保護運動の流れに乗ってメディアを通じて世界的に配信された（金沢 二〇〇九：奥野 二〇〇六）。こうした伐採反対運動に対抗する措置として、政府は人々の焼畑農耕を「森林を破壊する行為」と批判し、プナンによる野生動物の狩猟を、法を以って禁止することにしたのである。プナンの人々が狩猟を理由に森林伐採に抗議することができなくなるからだ。政府は野生生物保護条例を制定すること

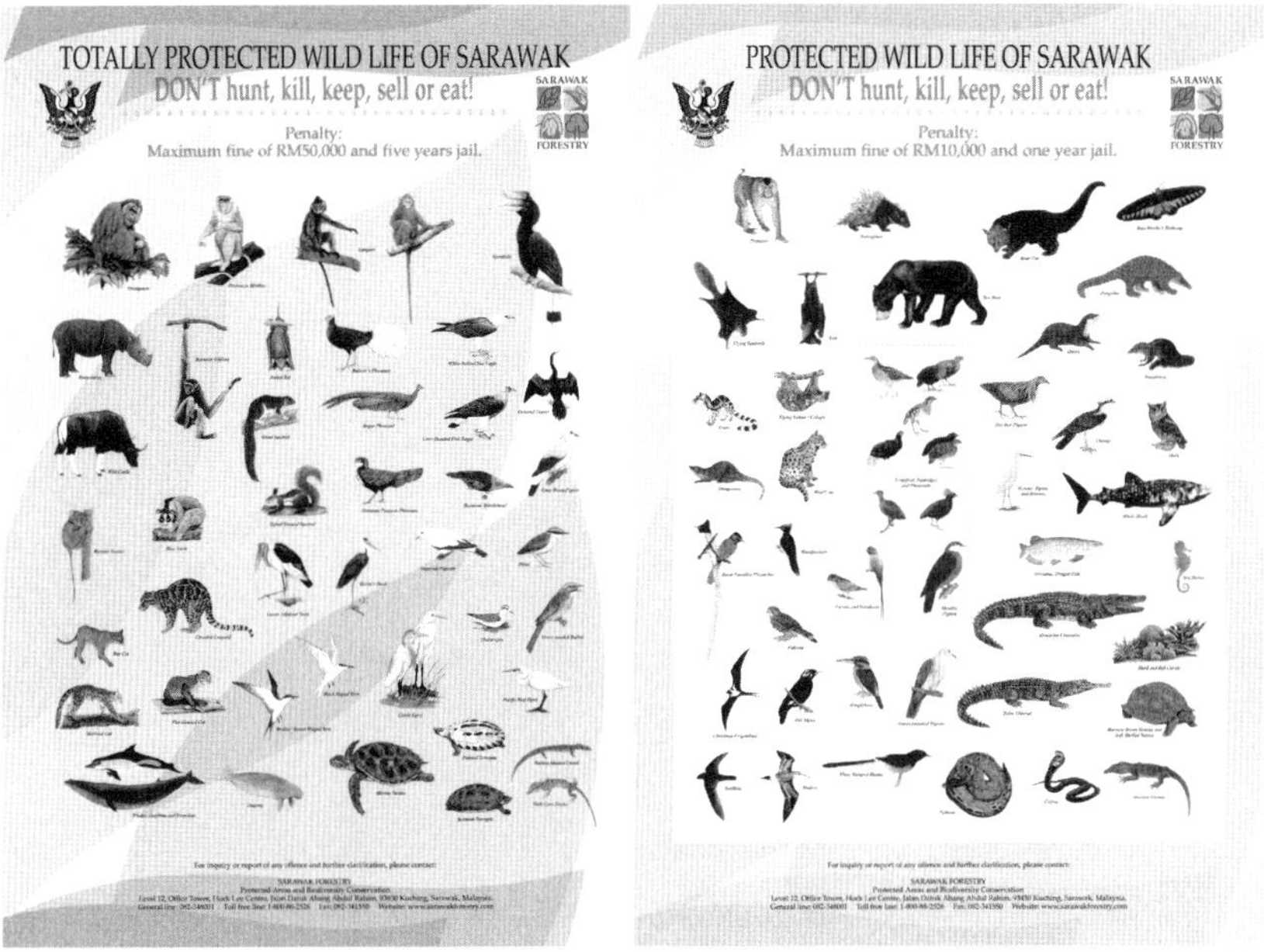

図4：政府が配布する野生生物保護のポスター。

で、人々の行為を野生動物の保全に悪影響を与える要因として貶めると同時に、政府が自然保全を真剣に考えているということを世界にアピールしたのである（Cooke 1999）。

こうした野生生物保護条例が、現在サラワクの内陸部においてどの程度の効力を以って実施されているかはわからない。内陸部へ行くと政府が配布する野生生物保護のポスターがほこりまみれに折りたたまれていることもある。また、こうした条例を取り締まるはずの政府役人が、イノシシやシカなどの肉を好んで購入するところもよく見かける。

保護動物の中には、実生活にそぐわないものもある。例えばブタオザルは保護対象となっているものの、近年生息数を増やし、焼畑のコメや野菜を荒らす害獣として地元の人々から認識されている。同様に、ヤマアラシもアブラヤシの苗やアカシアの幼木を食べる害獣として多くの地域で認識されている（加藤・鮫島 二〇一四）。近年、アメリカや日本をはじめ、獣害問題に悩む先進国の一部では、保護政策を緩める国も出てきているが（田口 二〇一七）、サラワク州ではこういった対応は行われていない。

長年人々が食料として利用してきた一部の動物は条例制定後に狩猟されることもある。その日獲れた動物がその日のメインのおかずになるためだ。例えば、狩猟に出かけ、ヒゲイノシシを探していたが、マレーグマやブタオザルにたまたまでくわしたら、食料のために狩猟してしまうこともある。多くの狩猟採集民はタンパク源を森の中の動物に依存しているため、時に政府が制定した野生生物保護条例と人々の食習慣は齟齬を生む場合もある。

家畜プロジェクトとの矛盾

野生生物保護条例が制定されたのと同時期に、政府は内陸住民の食料自給の向上と、狩猟の抑制のために、村々において家畜飼育プロジェクトを実施した［図5］。これは、ブタやニワトリの雛などを無償で提供する、農業省のプロジェクトである。人々が動物を飼育し自給することで、食料の補助になることを目的としたものだ。シハンにおいても一九九〇年代から農業省のプロジェクトにより、たびたびニワトリが提供されてきた。しかし、これまで野生動物を食料としてきた彼らにとって、一度人の手で育てられた動物は食べ物とみなされない。人々は、毎日一生懸命餌を与え、ニワトリを飼い続ける。ニワトリは放し飼いにするので、時に彼らが育てる菜園の野菜をついばむこともある。しかし彼らは、決してニワトリを食べることはなく、いつの間にかニワトリは病気になって死んでしまう。つまり、食べるためでなく、ただ飼うためだけに飼育しているのである。

二〇一〇年にはある家族がブタ飼育のプロジェクトに当たり、ブタを飼養し始めた。しかし、その家族はついにブタを殺すことはなかった。ある時、飼い主夫婦が森の中でブタを放そうと、森へ連れていき、一緒に二晩寝た後、森に置いて帰ってきた。しかし、そのブタは村に戻ってきてしまったという。このように家畜プロジェク

図5：養鶏プロジェクトにより飼育されるニワトリ。

トは政府の目論見通りには行かないことが多く、なかなか定着していない。

ステファン・セイツは、ボルネオの狩猟採集民プナンにおける、飼育した動物を食べることへの抵抗と家畜飼育の難しさを指摘している。農耕社会においては、動物を維持し再生産し、屠殺することに意識が向けられている。また、牧畜社会では、社会全体で家畜の量を増やすことに関心が注がれる。しかし、狩猟採集社会はある期間飼った動物は殺さないという（Seitz 2007）。ボルネオの狩猟民における家畜の飼育に対する無関心さは、セイツだけではなく、トム・ハリソン（Harrisson 1949）やバーナード・セラトー（Eghenter and Sellato eds. 1999）も指摘している。シハンでは、町で売っている鶏肉や牛肉も、食べ物とはみなさない人が多い。このように人々の食生活では野生動物に対する嗜好が強く、食べる動物と食べない動物の間の線引きが政府レベルでの基準とは異なる様態で設けられている。

4 「食べる動物」と「食べない動物」の個人による多様性

こうした観察結果から、人々の間では「食べる動物」と「食べない動物」が独自の基準で分けられていることがわかる。狩猟採集民は一般に多様な動植物を利用することが報告されているが、食事行動を観察していると、実際には食べない動物も多数存在する［図6］。シハンにおいて集団のレベルで食べ物とみなさない動物は、以下のような動物である。人間を食べる動物であるウンピョウ（*Neofelis diardi*）やワニ、小さすぎる動物とされるネズミや、汚い動物とみなされる小型のトカゲ、稀にしか遭遇しないオランウータン、そして一度飼育した動物であるニワトリやウシ、イヌ、ネコなどである。

ウンピョウやワニなど人間を食べる動物は、その動物を人が食べることによって動物の肉や血の匂いが人間の体臭として表れ、人間もその動物に食べられてしまうと信じられている。稀にしか遭遇しないオランウータンは、動物ではなく霊の化身（*ubo*）であると考えられている。さらに、一度飼育した野生動物も食べ物とはみなされない。例えば、彼らが狩猟を行う際、母親である動物を狩猟した時に、子供の動物も生きたまま捕獲されることがよくある［図7］。このような場合、動物の子供は飼育され、食べ物とはみなされない。

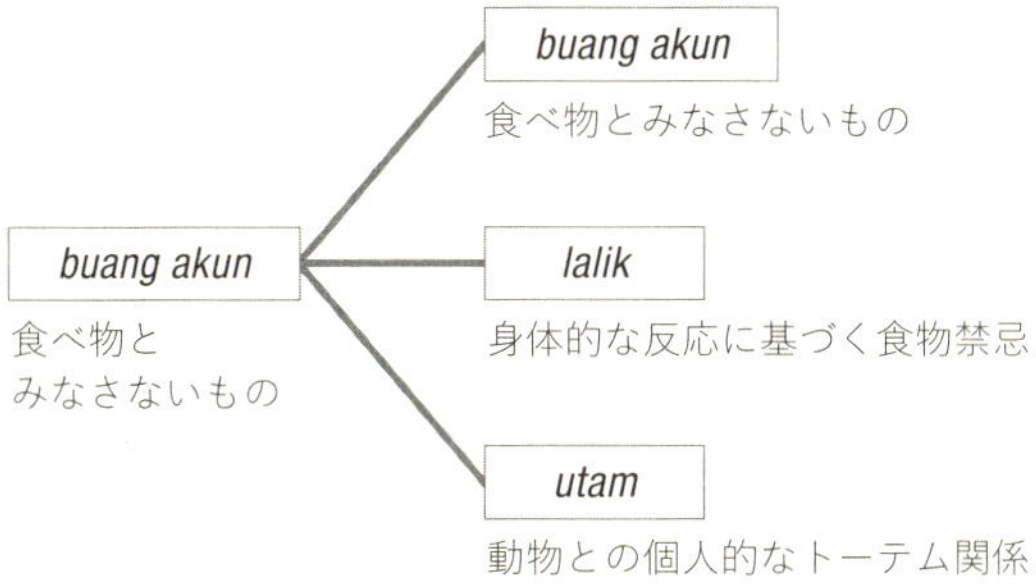

図6：シハンの「食べないもの」をめぐるカテゴリー。

図7：生け捕りされたカニクイザルの子供。

個人の経験に基づく「食肉」の境界

シハンの食事を観察していると、個々人によって食べる動物と食べない動物が多様に異なることがわかった。どの動物を狩猟し、どの動物を食べるかは、それを食べた後の体の反応、つまり健康観に基づいていた。健康観や体調によって食べられない動物は、ラリ（*lalik*）と呼ばれる。かつてその動物を食べた際に、嘔吐や悪心《おしん》、高熱、体が冷たくなるなど体に悪い異変や異常行動が起こり、それをきっかけにこれらの動物を忌避するようになったという。その動物の特徴は、それを食べることによって人間の中に内在化し、人間の行動にまで影響を及ぼすと考えられているからだ。

例えば、ヤマアラシを食べた後に、ヤマアラシのように鳥肌が立ったり、カニクイザル（*Macaca fascicularis*）を食べた後にサルのように家の柱にぶら下がったりする行動が見られたため、以降その動物を食べなくなったと言う人がいた。人々は、動物を食べた後に起こる身体的な異変に敏感であり、動物は人間の健康や安全、命をつかさどるものとして認識されている。また動物の種類によって、若いころには食べていたが、年をとるにつれて嘔吐や失神などの悪い症状が表れ、食べなくなったという人もいる。動物を食べて体に異変を発すること以外にも、呪医（*bayu*）に特定の動物の精霊（*tun liwang*）を使って治癒してもらった場合にも、その動物を食べることができなくなる［図8］。

かつて、医療機関への受診が困難な時代において、自身の健康に害を及ぼす動物を避けることはきわめて重要なことであった。現在、彼らは猟銃の使用によって、あらゆる動物を効率的に狩ることが可能になった。しかし、どんな動物でも好き勝手に狩っているわけではなく、実際には狩猟しない動物、食べない動物も多く存在する。

図8：呪医が治療に用いる道具。

上記の健康に関連したラリに対し、ウタム（*utam*）は逆にそれを狩猟の対象にせず、摂食しないことによって、その動物が守護霊となる考え方である。通常ウタムとなる動物は夢見によって告げられる。二〇世紀前半、この地域で首狩りが横行していた頃、人々は多くのウタム動物を保有していたため、好き勝手に動物を食べることはなく、食べられる動物の種類は今よりも少なかったという。そして、多くのウタム動物に恵まれている人ほど、他民族との戦闘の際に超人的な力を発揮したり、山刀で斬られたとしても大した傷にはならずに済んだり、槍や吹き矢の命中率が高いなど、超人的な力を有すと考えられていた。首狩りが行われなくなった現在でも、高齢の男性たちはウタム動物に関する決まりを遵守している。

現在でも森の動物を粗末に扱うことは禁忌とされている。長年そこから生きる糧を得てきた人々にとって、森の動物をどう扱うか、どう食べるか、食べないかは自身の健康や安全、生命と直結している。そのため、動物に対する振る舞いには細心の注意を払っている。誰しもが持っているわけではない才能である呪医としての力や超人的な体力、狩猟の成功や長命は、個人の才能ではなく、動物から与えられるものと考えられているからだ。狩猟の成功、不成功も動物がつかさどっていると考えら

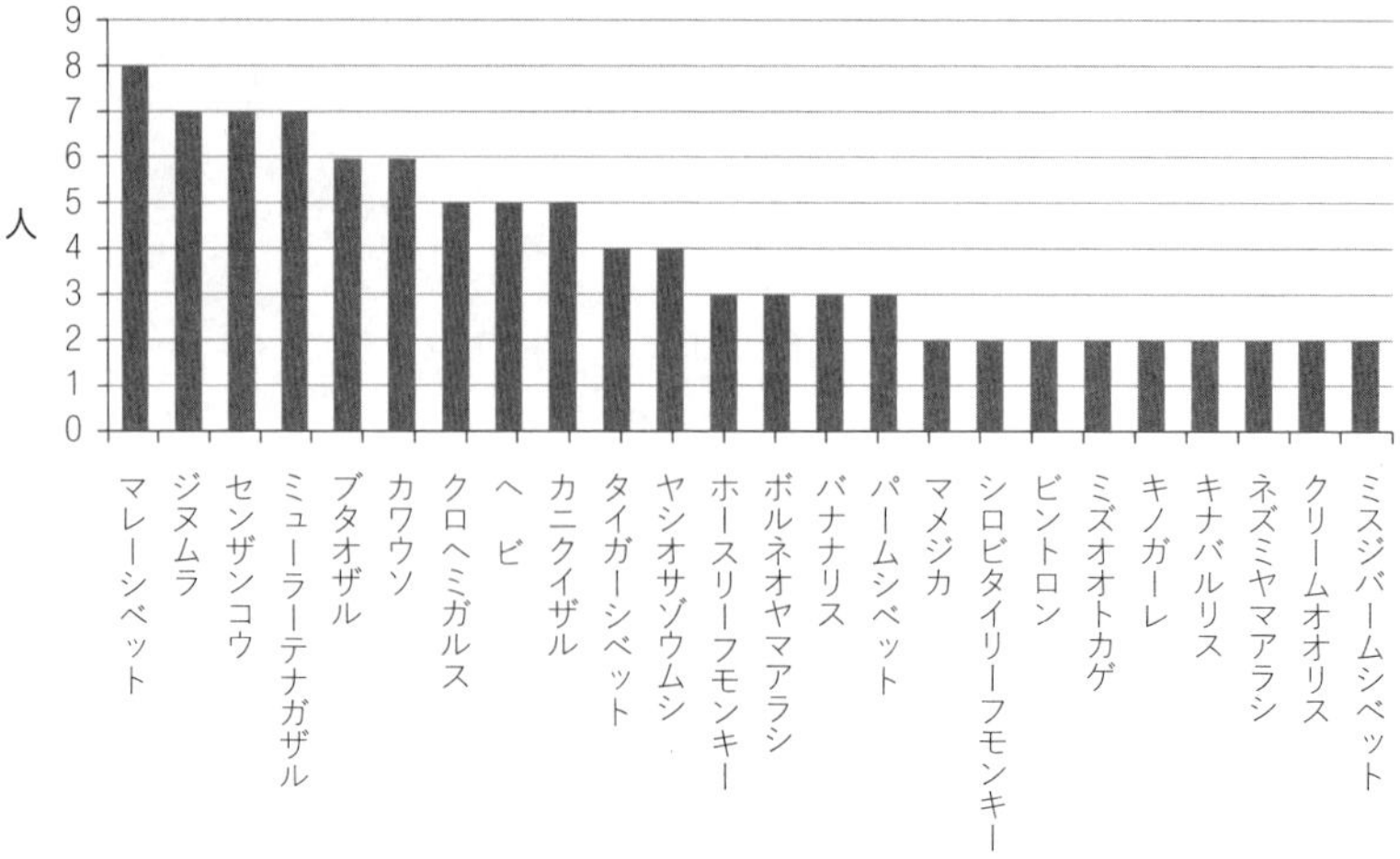

図9：シハンにおける禁忌動物の分布（21-89歳の男女17人への聞き取りの結果）。

れている。動物がハンターの方にやってくると狩猟は成功し、逆に動物がハンターから逃げていくと、狩猟は失敗する。動物は、時に身体に危険を及ぼし、時に守護してくれる両義的な存在である。つまり、森の動物は生命の根源であると同時に、扱い方によっては自身に害を与える二面性を持つものなのである。

動物の希少性と食肉選択の関係

人々が食べない動物を調べていくと、多くはあまり森の中で遭遇しない、生息密度の低い種であった。二一歳から八九歳の男女一七人への聞き取りをした結果、一人あたり一種―一八種のラリとなる動物が確認された。哺乳類以外にも、ミズオオトカゲなどの両生類、魚類、鳥類、キノコなどの菌類、植物も含まれており、四四種の動物のうち、二九種の哺乳類が含まれていた。種別では、マレーシベットが最も多く八人の人が禁忌としており、次いでジヌムラ（*Echinosorex gymnurus*）、センザンコウ（*Manis javanica*）、ミューラーテナガザル（*Hylobates muelleri*）は七人、ブタオザルとカワウソは六人の人が禁忌としていた［図9］。

ヒゲイノシシやシカなど、よく狩猟される動物を禁忌としている人はいなかった。あまり狩猟されることがなく、食べ慣れていない動物は、それを食べた際に体に異変が起こることを恐れて忌避するようだ。つまり、野生生物保護条例によって禁止されている生息密度の低い動物は、人々の間でも食されない傾向にあるといえる。

口頭伝承においても、珍しい動物を食べることに起因した災いについて語り継がれている。例えば一九六〇年代、あるシハンの男性が森の中で、見たこともない大蛇に出くわしたという。それを吹き矢で射ようとしたが、矢が刺さっても蛇は死ななかった。彼は夕方狩猟から戻ると村人にこの話をし、その夜、急に具合が悪くなり、亡くなってしまった。これは、森の中で動物ではない別のものを射止めてしまったことに起因すると、村人たちには語り継がれている。

森の中に一つしかない、あるいは少ししかない果物やキノコ、魚などは獲るべきではないとされている。こういった考え方はアヌン（*anung*）と呼ばれる。それは、果物や魚の形に姿を変えた悪霊であると考えられている。似たような語りは、サラワクの少数民族であるタタウの人たちの間でも語り継がれている。ある日タタウの男性が、森の中でイチジクの実を食べている大蛇を吹き矢で射止め、村に持って帰ってきた。蛇の肉を分配し、二人の孤児の兄妹を除き村人全員がその肉を食べた。それからしばらくして、それらの肉を食べた人たちは全員死んでしまった。このタタウの伝説は、他地域にも伝わり、語り継がれている。オランウータンや大蛇は、霊の化身であると考えられており、森の中でめったに遭遇しないテングザル（*Nasalis larvatus*）やヤマネコ（*Prionailurus planiceps*）などの動物は、それを食べた後に起こる体の変化を恐れて、狩猟をしない、食べないという人がほとんどであった。このように、シハンは生息密度の低い動物を、身体感覚や健康観といった彼らなりの理由により回避している。

5　ライフスタイルの変化による健康観と生命観の変容

近代医療の受診・キリスト教の布教・村外労働の増加

人々がどの動物を食べるか食べないかは生活環境とも多分に関わっている。すでにふれたように、二〇世紀前半にこの地域で首狩りが横行していた頃、人々はどの動物を食べるか食べないかが健康と生命に直接関係すると考えていた。つまり、特定の動物を食べないことによって、その動物から特別な庇護が得られると考え、こうしたタブーが多い人ほど、強壮な身体を手に入れられると考えられていたのである。しかしながら、首狩りが終焉して久しい現在、森の中における自身の安全や強壮のために特定の動物を避ける人は高齢者しかおらず、若年層ではほぼいない。また、体の異変や病気は、誤った動物を食べることによって起因すると考えられてきたが、現在では体調不良や病気は、クリニックで与えられる薬でも治癒できると考えられている。自身の健康や生命は、森の動物との関係に左右されるのと同時に、クリニックによる近代医療によってもコントロールされうるものとなったのである。

こうした状況は、シャーマン（*bayu*）の不在とキリスト教の布教とも関係するであろう。かつて、体調不良の際には、まず村のシャーマンに相談され、精霊と交信するシャーマンの治癒行為（*sangen*）を通じて体調不良は治癒された。そのため、クリニックは二次的な存在であった。しかしながら、二〇一三年に最後のシャーマンが亡くなると状況は変わり、クリニックの重要性が増した。

また、二〇一五年にキリスト教（Borneo Evangelical Mission）の宣教師が村へやってきて以来、キリスト教の影響も大きくなった。これまで、葬儀の際には、シャーマンが死者の霊と遺族の交信に重要な役割を果たしたが、現在はキリスト教の牧師による祈りが行われる。森の中で悪い出来事が起こらないようにするためにも、キリスト教の祈りを行う。

別の要因として、村外労働の増加も人々の肉食の選択に影響を与えると考えられる。近年では、賃金労働の需要により、村外で生活をする若者も増えてきている。町で生活をする場合、野生の肉を食べる機会は極端に少なくなる。雇い主が提供する鶏肉や豚肉を食べるうちに、それらを食べることに抵抗をなくす若者もみられる。小さいころから、森の中ではなく町で育ってきた子供たちも、鶏肉や牛肉に嫌悪感を抱かない人が増えている。森での生活と比べ、町での生活において、狩猟で得られる動物を食べられる機会は減り、商店で購入してきた鶏肉を食べることが多くなるからだ。野生の肉を重視していた人々の食習慣は、今後も生活環境の変化とともに形を変えていく可能性がある。

周辺植生の変化と
マーケット需要の影響

森林伐採による天然林の劣化とプランテーションの拡大も、人々の食肉の選択に関係すると思われる。ボルネオ島では一九八〇年代より森林伐採が盛んになり、二〇〇〇年代からはアブラヤシ・プランテーションの造営が急速に進んでいる。こうした森林環境の変化は、そこに生息する動物の種類や生態にも影響を与えている。

例えば、アブラヤシ・プランテーションの中でシカ類は生息数が減るものの、ヤマアラシやイノシシはプランテーション内の環境にも適応できる（加藤・鮫島 二〇一三）。そのため、アブラヤシ・プランテーション周辺では、イノシシやヤマアラシが多く狩猟される。また、プランテーション周辺では、狩猟がしやすく、マーケットで需要があるヒゲイノシシの狩猟に傾倒しがちである。

プランテーション周辺の天然林では、ヒゲイノシシ以外にシカ、シベット、ブタオザルの猟がたまに行われるものの、プランテーションのない天然林での狩猟と比べると、頻度は少ない。天然林のみの場所では、多様な種類の動物を少しずつ狩猟していたが、プランテーションと天然林の混在地域では、狩猟の八割以上がイノシシ猟であり、狩猟動物の多様性は低いといえる。そのため、これまで天然林で行っていたような、多くの種類の動物を少しずつ食べる機会は減った。今後、プランテーションが拡大し、天然林が減少すると、人々が狩猟可能な動物の種類は減少するかもしれない。その結果、多くの種類の動物を少しずつ食べる機会が減り、そういった動物に嫌悪感を抱いたり、忌避したりする人が現れる可能性もある。何が食べられる動物か、食べられない動物かといった境界や範疇も、周辺の植生により変化する可能性がある。

さらに、人々が何を狩猟し、どの動物を食するのかは、マーケットの需要とも深く関係する。人々はマーケットで需要がある動物の狩猟に傾注するからだ。ボルネオにおける野生動物交易の歴史は古く、かつてはマレーグマの胆、サルの胃石、サイチョウの頭など、その時々華人に需要があるものを人々は狩猟し交易してきた。現在では、ヒゲイノシシ、シカ、マメジカ、センザンコウ、ヤマアラシの需要がある。人々が狩猟する動物は人々が食べる動物と一致する。なぜなら、獲れた動物はすぐさま捌《さば》くのが良いと考えられているからだ。狩猟をしてきたにもかかわらず、動物を食さずに破棄することは絶対にない。結果、マーケットで需要があるものを多く狩猟し、多く食べることによって、その動物を食べることへの嫌悪感が減る可能性もある。

この例を示すのが、センザンコウとヤマアラシの狩猟である。センザンコウの鱗は、漢方において薬として利用される。もともと中国や、東南アジア大陸部、マレー半島で狩猟されてきたが、それらの地域では生息数が減少し、二〇〇〇年代後半からサラワクで需要が急増した。サラワクの内陸部において、マーケットの需要は地元の華人によって瞬く間に伝えられ、様々な地域で狩猟されている（Hon et al. 2013）。ブラガにおいては二〇〇八年頃からセンザンコウの需要が高まり、公の目に触れない形で流通している。つまり、人々は以前よりもセンザンコウの肉を食べる機会が増えてきたといえる。

二〇一七年現在、センザンコウの鱗の取引はほぼ終了し、代わってヤマアラシの胃石（ベゾアール・ストーン）が高額で取引されている。ヤマアラシの胃石は、漢方に利用されてきたが、調査地の人々が過去に胃石をブラガの華人に販売した事例は、一九一〇年頃に一度だけしかなかった。村人の話によると、当時森林産物を取引する際、いつも以上に多くの物資をくれる華人に対して、胃石の価値を理解していなかった村の男性は「もう充分だ、これ以上物資をもらったらあなたが損をしてしまう」といって、少しの物資しかもらわなかったという。それが二〇一二年頃よりサラワク内陸部での需要が急速に高まっている（奥野・市川 二〇一四）。胃石はすべてのヤマアラシの胃の中にできるわけではない。調査地の人々も、むかしからヤマアラシを狩猟していたが、内臓は捨てていたという。胃石が売れるとは知らなかったので、わざわざ胃の中に石があるかどうか確認していなかったからだ。

図10：ヤマアラシの胃石。

図10は二〇一七年二月－三月に取れたヤマアラシの胃石で、一つ一〇〇〇リンギット[4]から三万リンギットほどするという。かなり高額で取引されているため、人々は現在ヤマアラシの狩猟に傾注している。実際に、運よく胃石を見つけてバイクを購入した人や車を購入した人

もいる。胃石のあるヤマアラシはアブラヤシ・プランテーション周辺においてたくさん見つかるようになった。アブラヤシの実が胃石の生成とどう関係するのかは不明であるが、人々はプランテーションの周囲にたくさんの跳ね罠（*owet*）を仕掛けて頻繁に見回りにいっている。このような状況はサラワクの他の地域でも報告されている（奥野 二〇一六）。胃石がなかったとしてもヤマアラシの肉は食べるため、二〇一六年に訪れた時には、頻繁にヤマアラシがおかずに出てきた。このように、人々が食べる動物というのはマーケットの需要の影響も強く受けている。今後、別の動物の需要が出た際には、それらの動物を多く狩猟し、多く食べる可能性が出てくるだろう。人々が食肉とみなす動物は、個々人の食経験に基づいているのに加え、周辺の植生やマーケットの需要とも関係するのである。

6　おわりに

先行研究において、動物を食べること、食べないことは、フード・タブーや食物規制の概念のもとで議論されてきた。例えば、マーヴィン・ハリスは、『食の文化と謎』（ハリス 一九八八［1985］）のなかで、あるものを食べないこと、つまり食の禁忌・タブーは、功利的基準によって決まるという立場をとっている。労力コスト、つまり飼育や屠殺に見合った利益として、タンパク質が得られないなら、その獣肉は食べないことになるという。ヒンズー教で聖なるウシを食べないのは、農耕に用いたほうが有益だったからだという。これは文化唯物論（カルチュラル・マテリアリズム）と呼ばれる立場だ。

他方、フレデリック・シムーンズは、『肉食タブーの世界史』（シムーンズ 二〇〇四［1967］）のなかで、人間の行動は複雑であり、功利性のみで割り切れるものではないと主張する。宗教的戒律、象徴的意味付け、自他集団のアイデンティティなど様々な要素が獣肉を含む食行動の根底に横たわっている。例えば、ヒンズー教の聖牛について言えば、仏教との対立のなかで、それを自らの寛容と非暴力の宗教の象徴として位置づける社会・文化的戦略が重視されていると主張する。

ヴィクトール・ベノ・マイヤーロホは、フード・タブーの機能について以下の七つにまとめている（Meyer-Rochow 2009）。⑴ある特定の集団に属する人々や、ある特定の出来事に関するもの、⑵人間の健康を守るためのもの、⑶出産月経に関わるもの、⑷生態学的な資源を守るためのもの、⑸資源を独占するためのもの、⑹感情移入、同情によるもの（多くの場合はペットに対して）、⑺集団的結合や集団的アイデンティティのためのものである。

本稿で対象とするマレーシアにおいても、フード・タブーの研究事例が主にマレー半島のオラン・アスリで報告されている。例えばマルコム・ボルトンは、オラン・アスリの複数のグループを調べ、人に飼われた動物は、何かしらの「人間性」を持つため、食べることはタブーとされると述べている。また、毒があり、危害を加える可能性がある動物もタブーとされるそうだ。動物は精神的・心理的に忌避されるというよりは、生理学的にタブーとされると報告している（Bolton 1972）。さらにボルトンは、年齢によるタブーの変化についても分析し、早くて三歳からフード・タブーが始まり、二〇歳になると人間の魂が動物の魂に打ち勝てるくらい強くなるので、タブーが減るという。また、妊婦や産後の女性は魂の弱い動物しか食べることができず、妊婦の配偶者にも狩猟規制があり、人間の成長段階やライフステージによるタブーの違いが指摘されている。

同様に、マレー半島のスマブリを調査した口蔵幸雄も、子供、高齢者、月経期間中、妊婦、授乳をしている女性など、ライフステージに応じて生じるタブーの種類を分類している（口蔵 一九八一）。口蔵によると、スマブリは人間の成長段階によって五つの年齢グループに分かれ、年齢が高くなればなるほどタブーの数は減っていくと考察した。そして、各々の動物のタブーがどの成長段階で解除されるかを分析した。そこでは、タブーとされる動物に個人的な多様性はなく、違いはタブーが解除される年齢が数年前後する程度のことであるという。

本稿では、フード・タブーの個人による多様性について述べてきた。そこにあるのは年齢による違いというよりは、個々人が動物を食べた後の体の反応と、呪医との関係であった。また、先行研究では、人々の生態環境や社会環境の変化が食肉概念の可変性とどう関わるのかについて述べられていないが、本稿では周辺の植生や人々の社会環境によってそれが可変的であるということを述べてきた。

サラワク州政府は野生生物保護条例により人々に狩猟をやめさせようと試みたが、実際には人々は別の形で動物をむやみに狩猟しない慣習に従っている。人々が従来実践してきた狩猟規制は、政府の考える野生生物保護条例とは異なるものの保護対象動物は食物規制としている人が多く、また希少種は、そもそも食べ物として考えられていないことが多い。狩猟のありかたや、動物への配慮、動物との内面的な関係性によって何を食べるか、何を食べないかの選択が行われているのである。政府の野生生物保護条例や家畜プロジェクトとは異なるローカルな文脈で、狩猟や肉食の選択が行われている。それは、人々の禁忌や嗜好、健康観、生命観によるところが大きいといえる。

一方で、食べない動物を調べていくと、実際にはあまり生息しない動物が多く挙げられた。それは、ある程度野生生物保護条例に一致するものである。人々は野生生物保護条例により希少動物の狩猟を避けているのではなく、在来の健康観や生命観によって珍しい動物を狩猟し食することを忌避している。つまりは、より個人の記憶や経験によって動物との関係が築かれているのである。

天然林が減少し、天然林とプランテーションの混在地域が増えるなか、シハンの食生活は、多くの種類の野生動物を少しずつ食していたものから、入手しやすく野生でないものを多く食すものへ変わってきている。こうした肉の選択の結果、人々が何を禁忌とし、何を狩猟し、何を食すのかは今後も自在に変化していくと考えられる。

謝辞

本研究は、サラワク州政府より調査許可を取得して行った。現地調査のカウンターパートになってもらったサラワク開発研究所（Sarawak Development Institute）とマレーシア・サラワク大学（Universiti Malaysia Sarawak）には感謝を申し上げる。現地調査は、松下国際財団アジアスカラーシップ（07-009）、日本学術振興会特別研究員奨励費（22-1236）、および科学研究費補助金（15K21109）の助成を受けて行った。現地調査に協力をして下さったシハンの人々に感謝を申し上げる。本稿は、二〇一三年五月一八日に国立民族学博物館で発表した「食べられる肉／食べられない肉——食肉概念のあいまいさと多義性」をもとに執筆した。国立民族学博物館共同研究「肉食行為の研究」代表の野林厚志先生、および共同研究会のメンバーの皆さんには、有益なコメントをいただいたことに感謝いたします。

註

1　低インパクト伐採とは、環境への負荷を軽減した伐採方法である。具体的には、最短の伐採道路を設けたり、伐採と伐採の期間を長くしたり、保存林を設けるなどする。

2　こういう形で猟に加わることを *masuk hun* という。この場合にも同等の分け前がもらえる。

3　猟銃を用いる場合、犬を連れていくこともある。この場合は *nagak* と呼ばれる。

4　一リンギットは約三〇円（二〇一七年四月現在）。

引用文献

内堀基光
一九九六『森の食べ方』東京：東京大学出版会。
奥野克巳
二〇〇六『帝国医療と人類学』神奈川：春風社。
二〇一六「森と楽園——ブラガの森のプナンによる動物殺しの民族誌」シンジルト・奥野克巳編『動物殺しの民族誌』京都：昭和堂、二〇九—二四五頁。
奥野克巳・市川哲
二〇一四「ベゾアール・ストーンの現在——ヤマアラシの胃石と先住民・ミドルマン・華人」『熱帯バイオマス社会』一八号：一—一〇。
加藤裕美
二〇〇七「ボルネオの豊かな動物世界」『アジア・アフリカ地域研究』七巻一号：一二七—一三二。
二〇〇八「サラワク・シハン人の森林産物利用——狩猟や採集にこだわる生計のたてかた」秋道智彌・市川昌広編『東南アジアの森で何が起こっているのか』京都：人文書院、九〇—一一〇頁。
二〇一〇「ボルネオのヒゲイノシシと猟師」『ビオストーリー』一四号：六〇—六一。
二〇一一「マレーシア・サラワクにおける狩猟採集民社会の変化と持続——シハン人の事例研究」京都大学大学院アジア・アフリカ地域研究研究科提出博士論文。
加藤裕美・鮫島弘光
二〇一三「動物をめぐる知——変わりゆく熱帯林の下で」市川昌広ほか編『ボルネオの「里」の環境学——変貌する熱帯林と先住民の知』京都：昭和堂、一二七—一六三頁。
二〇一四「プランテーション化の進むランドスケープにおける人々の狩猟活動」『熱帯バイオマス社会』一六号：一—一〇。
金沢謙太郎
二〇〇九「熱帯雨林のモノカルチャー——サラワクの森に介入するアクターと政治化された環境」『東南アジア・南

アジア――開発の人類学』東京：明石書店、一一九―一五四頁。
岸上信啓
二〇〇七『カナダ・イヌイットの食文化と社会変容』京都：世界思想社。
口蔵幸雄
一九八一「オラン・アスリと動物――マレー半島の狩猟採集民 Semap Beri の食物規制」『季刊人類学』一二巻三号：三―四九。
シムーンズ、フレデリック
二〇〇四［1967］『肉食タブーの世界史』山内昶他訳、東京：法政大学出版局。
田口洋美
二〇一七「狩猟文化研究と文化継承というやっかいな問い」『社会人類学年報』四三号：九一―一〇四。
ハリス、マーヴィン
一九八八［1985］『食と文化の謎――Good to eat の人類学』板橋作美訳、東京：岩波書店。
丸山淳子
二〇一〇『変化を生きぬくブッシュマン――開発政策と先住民運動のはざまで』京都：世界思想社。

Bending, T.
2006 *Penan Histories: Contentious Narratives in Upriver Sarawak*. Leiden: KITLV Press.
Bolton, J. M.
1972 Food Taboos among the Orang Asli in West Malaysia: A Potential Nutritional Hazard. *American Journal of Clinical Nutrition* 25: 789-799.
Brosius, J. P.
1986 River, Forest and Mountain: The Penan Gang Landscape. *Sarawak Museum Journal* 36 (New Series 57): 173-184.
1991 Foraging in the Tropical Rain Forests: The Case of the Penan of Sarawak, East Malaysia (Borneo). *Human Ecology* 19 (2): 123-50.
Caldecott, J.
1988 *Hunting and Wildlife Management in Sarawak*. Gland, Switzerland and Cambridge, UK: IUCN Publications Services.

Cooke, F. M.

1999 *The Challenge of Sustainable Forests: The Policy of Forest Resource Use in Malaysia, 1970-1995*. Sydney: Allen and Unwin/ Honolulu: University of Hawaii Press.

Eghenter, C. and **B. Sellato eds.**

1999 *Kebudayaan dan Pelestarian Alam: Penelitian Interdisipliner di Pedalaman Kalimantan*. Jakarta: WWF Indonesia.

Harrisson, T.

1949 Notes on Some Nomadic Punans. *Sarawak Museum Journal* 5 (New Series 1): 130-146.

Hon, J., S. Sakai, Y. K. Choy, M. Koizumi, K. Kishimoto-Yamada, M. Ichikawa, Y. Kato, T. K. Takano, T. Itioka, R. Soda, and **H. Samejima**

2013 Distribution and Trend of Animal Abundance in the Rajang and Baram Regions, Sarawak, Based on Questionnaire Survey. In S. Sakai, R. Ishii, N. Yamamura (eds.) *Collapse and Restoration of Ecosystem Networks with Human Activity*. Kyoto: Research Institute for Humanity and Nature, pp.190-197.

Kaskija, L.

2016 Devolved, Diverse, Distinct? Hunter-Gatherer Research in Borneo. In V. T. King, Z. Ibrahim, and N. H. Hassan (eds.) *Borneo Studies in History, Society and Culture*. Singapore: Springer, pp. 125-158.

Langub, J.

1996 Penan Response to Change and Development. In C. Padoch and N. L. Peluso (ed.) *Borneo in Transition: People, Forests, Conservation, and Development*. Kuala Lumpur: Oxford University Press, pp. 103-20.

Low, H. B.

1882 Journal of a Trip Up the Rejang. *Sarawak Gazette* 12.

1884 Mr. Low's Diary (1884). *Sarawak Gazette* 14.

Maxwell, A. R.

1992 Balui Reconnaissances: The Sihan of the Menamang River. *The Sarawak Museum Journal* 43 (64): 1-45.

Meyer-Rochow, V. B.

2009 Food Taboos: Their Origins and Purposes. *Journal of Ethnobiology and Ethnomedicine* 5: 18-27.

Needham, R.

1972 Punan-Penan. In Frank M. Lebar (ed.) *Ethnic Groups in Insular Southeast Asia*, Vol. 1. New Haven: Human Relations Area Files Press, pp. 176-180.

Okuno, K.

2012 Natural Disaster, Men and Animals among the Penan: Beyond "Thunder Complex." *Malaysian Studies Journal* 1: 59-72.

Pfeffer, P. and J. Caldecott

1986 The Bearded Pig (*Sus barbatus*) in East Kalimantan and Sarawak. *Journal of the Malayan Branch of the Royal Asiatic Society* 59: 81-100.

Puri, R. K.

2005 *Deadly Dances in the Bornean Rainforest: Hunting Knowledge of the Penan Benalui*. Leiden: KITLV Press.

Rousseau, J.

1990 *Central Borneo: Ethnic Identity and Social Life in a Stratified Society*. Oxford: Clarendon Press.

Sandin, B.

1985 Notes on the Sian (Sihan) of Belaga. *The Sarawak Museum Journal* 34 (55): 67-76.

Seitz, S.

2008 Game, Pets and Animal Husbandry among Penan and Penan Groups. In P. Sercombe and B. Sellato (eds.) *Beyond the Green Myth: Borneo's Hunter-Gatherers in the Twenty-First Century*. Denmark: Nordic Institute of Asian Studies, pp. 177-191.

Sellato, B.

1994 *Nomads of the Borneo Rainforest: The Economics, Politics, and Ideology of Settling Down*. Honolulu: University of Hawaii Press.

Woodburn, J.

1998 Sharing Is Not a Form of Exchange: An Analysis of Property-Sharing in Immediate-Return Hunter-Gatherer Societies. In C. M. Hann (eds.) *Property Relations: Renewing the Anthropological Tradition*. Cambridge: Cambridge University Press, pp. 48-63.

第3章

ネズミからゾウまで
——アフリカ熱帯における狩猟採集民の狩猟・調理・摂取・禁忌

林 耕次

1 はじめに——狩猟採集民と採集狩猟民

狩猟採集民の研究を続けているなかで、「狩猟＝肉食」ありきであることは当然の前提としていた。そんな狩猟採集民でも、摂取する肉食の割合・カロリー量の比率が高い民族として、現在のように近代化やグローバル化の影響がみられるようになった以前では、イヌイットなどの存在が知られていたものの（岸上 二〇〇七）、その他の多くの狩猟採集民の生活においては、採集活動による植物系の食物が摂取物の多くを占めていることも事実である（Lee and DeVore eds. 1968）。その点において、「狩猟採集民」という用語が研究者によっては「採集狩猟民」と逆転されて使われるのも納得できる（スチュワート 一九九六）。実際に、本稿で対象とするアフリカ熱帯に暮らす定住したピグミー系狩猟採集民であるバカ（Baka）の人びとにおいても同様であり、食物の摂取量やレパートリー、それらの食物獲得に費やす時間をみても、「狩猟」よりも「採集」によって獲得された植物性の食物が圧倒的に多い。

それでも筆者を含めた研究者のあいだで、「採集狩猟民」ではなく「狩猟採集民」と広く呼称され続けるのは何故なのであろうか？　おそらく、その回答のひとつとしては、人間にとっての狩猟活動、あるいはその結果としての「肉の獲得」、すなわち「肉食」というものが、単に生存維持のための食料獲得行動ではなく、狩猟活動や肉食という行為自体が特別な意味を含んでいるからなのであろう。

2　バカ・ピグミーの生活と肉食

カメルーン東部州の熱帯雨林地帯を含む、アフリカ中部のコンゴ盆地に生きるピグミー系狩猟採集民のバカ（以下、バカ・ピグミー、あるいはバカ族）は、一九五〇年代からの定住化政策により、現在では幹線道路沿いに定住集落を構え、一年の大半を定住集落で過ごしている。定住生活では農作業に勤《いそ》しみつつ、日常における主食であるプランテン・バナナ、キャッサバ、タロイモなどの農作物を栽培して調理し、キャッサバの若葉やココとよばれる蔓性の葉を収穫・採取して副食とすることが多い。通常の味付けは、塩とトウガラシ、ヤシ油などを使ったシンプルなものだ。季節に応じて、集落近くの森で採集した様々なキノコや昆虫なども食卓に並ぶが、いわゆる動物性タンパクはバカ・ピグミーの人びとにとっては毎回の食事で口にできるものではない。他方で、季節に応じて、集落近郊の森に仕掛けた罠の見回りをおこなったり、共生関係にある近隣の農耕民や商人から借り受けた銃（おもに散弾を使用）を使った狩猟で仕留めた野生動物を持ち帰る。

また、乾季になって森への移動に適した時期になると、ブッシュ・マンゴーといわれるペケの実[1]や主食となる

学　名	和　名	バカ語	重量（kg）*	狩猟方法
Loxodonta cyclotis	マルミミゾウ	*ya*	2500 ［♀］*	（散弾）銃
Tragelahus euryceros	ボンゴ	*mbongo*	200	跳ね罠
Gorilla gorilla	ニシローランドゴリラ	*ebobo*	100 ［♀］*	（散弾）銃
Potamochoerus porcus	カワイノシシ	*pame*	60	跳ね罠、（散弾）銃
Cephalophus silvicultor	コシキダイカー	*bemba*	55	跳ね罠
Cephalophus dorsalis	ベイダイカー	*ngbomu*	20	跳ね罠、槍
Cephalophus callipygus	ピーターズダイカー	*ngendi*	20	跳ね罠、（散弾）銃、槍
Felis aurata	アフリカゴールデンキャット	*ebie*	15	跳ね罠
Hyemoschus aquaticus	ミズマメジカ	*akolo (geke)*	13	跳ね罠
Cercocebus galeritus agilis	アジルマンガベイ	*tamba*	12	跳ね罠、（散弾）銃、槍
Colobus guereza	アビシニアコロブス	*kalu*	11	（散弾）銃
Cercopithecus nictitans	オオハナジログエノン	*koi*	8	跳ね罠
Cephalophus monticola	ブルーダイカー	*dengbe*	5	跳ね罠
Neotragus batesi	ベイツピグミーアンテロープ	*samba*	5	跳ね罠
Manis tricuspis	キノボリセンザンコウ	*kokolo*	5	素手
Bdeogale nigripes	クロアシマングース	*buse*	3	跳ね罠
Atilax paludinosus	ヌママングース	*nganda*	3	跳ね罠、槍
Atherurus africanus	フサオヤマアラシ	*mboke*	3	跳ね罠
Genetta servalina	サーバルジェネット	*mboka*	3	跳ね罠
Perodicticus potto	ボスマンズポットー	*katu*	2	素手
Varanus niloticus ornatus	ナイルオオトカゲ	*mbanbi*	4	槍
Bitis gabonica	ガボンバイパー	*buma*	2	槍
Kinixys erosa	モリセオリガメ	*kunda*	1	素手
Pelusios sp.	ドロガメ	*lende*	1	素手
Guttera edouardi	カンムリホロホロチョウ	*kanga*	1	跳ね罠

*捕獲された動物の平均。ただし、ゾウとゴリラは推定値。

表1：バカ・ピグミーによる狩猟対象種の一例（Hayashi 2008を一部改変）

図1：ブルーダイカー（左：*Cephalophus monticola*）とベイダイカー（右：*C. dorsalis*）（筆者撮影、以下同）。

野生ヤムの採集、あるいは川での漁撈活動を伴った森でのキャンプ生活を数日から数週間、長いときでは数ヶ月におよび営むことがある（Hayashi 2008）。

現在のバカ族による狩猟活動は、工業製品である金属製のワイヤーを使った跳ね罠によるものが主流であるが、前述のように銃を借り受けた猟をおこなうこともあるほか、まれに、偶然見つけたリクガメやセンザンコウなどの小動物を槍や素手で捕らえることもあれば、一緒に森を移動していた飼い犬が獲物を追い詰めて捕らえることもある［表1］。

カメルーンにて「実験的な狩猟採集生活」の調査を実施した佐藤弘明のプロジェクトチームは、調査時期やキャンプ地を変えながら、できる限り同じグループを対象として定住集落からの農作物や商品の食物を持ち込まない状況下で、どのような食物を獲得するのかという目的のもと多角的な調査をおこなった（佐藤他 二〇〇六；Sato et al. 2012, 2014）。

一連の調査結果の一部として、二〇〇三年八月（小乾季：六夫婦）と二〇〇五年一〇月（小雨季：八夫婦）の調査結果によれば、いずれも二〇日間実施した調査から、食料となる狩猟採集、漁撈活動で得たすべての食材について計量され、その後の摂取量についてのカロリー推定値が示された。二〇〇三年の調査結果では、期間中三四三・一キログラムの哺乳類が捕られ、獲得された全食糧の総重量の三〇・九パーセントを占めた。同じく、二〇〇五年の結果では、二九〇・六キログラム、一九・九パーセントであった。なお、主食となる野生ヤムの採集重量は、二〇〇三年の調査結果で六六〇・七キログラム（五九・四パーセント）、二〇〇五年では、一〇九二・九キログラム、七四・七パーセントであった。一日一人あたりのエネルギー摂取量は、二〇〇三年の小乾季二五二八―二八六五キロカロリーのうち、約五三パーセントが野生ヤム、約二六パーセントが獣肉類から摂取された（佐藤他 二〇〇六）。

狩猟の対象となった動物は、仕掛けられた跳ね罠により捕獲され、ブルーダイカーやベイダイカー、ピーターズダイカーといった小型・中型の森林性カモシカ類が中心であった［図1］。罠の設置や見回りは男性の仕事とされ、捕獲後の解体作業や保存にかかる燻し作業も男性が行うことが多い。対して調理に関しては女性に委ねられ、塩とトウガラシを中心に、場合によっては森で採取した木の実などを加えて煮込み料理として食される。

3 バカ・ピグミーのライフステージにおける狩猟活動と肉食行為

定住集落に暮らすバカ・ピグミーの子ども（男児）の日常を観察していると、遊びの一環として近くに生えている植物性の材料で弓矢を作り、それで実際に草むらに棲息する野ねずみを射ることがある［図2］。捕らえた野ねずみは、その後子どもたちだけで調理された。ナイフで内臓が切り出され、薪の火で毛を焼きつつ炙り、おやつ代わりに食する。また、森でのキャンプ生活では、大人が作る跳ね罠に似せた小さな罠を、蔓や小枝を使って作る幼児の姿をみることもある。大人と罠作りに同行するうちに見よう見まねで覚えていき、その後、細めのワ

図2：手製の弓矢で「遊び」の一環として捕らえられた野ねずみも食用とされる。

図3：はじめはぎこちない手さばきだが、徐々に解体作業にも慣れてゆく。

イヤーを託されて、小型の獲物を狙った罠を作る。

跳ね罠は、ワイヤーの太さと素材となる灌木を用いた支柱の丈夫さによって捕獲対象となる動物が異なる。ワイヤーが太くなり、支柱が頑丈なほど狙う動物のサイズが大きくなりレパートリーが広がる。そのためには、動物が罠にかかったあとに暴れても大丈夫なように、しっかりとした罠を仕掛けることが不可欠である。とくに、切り出した支柱となる灌木を、地面に深く差し込む必要がある。また、より大型な動物を狙う場合には、集落から遠方の森に罠を設置する傾向が強まる。森での狩猟を伴うキャンプ経験の蓄積も狩猟技術の向上には欠かせないだろう。森では狩猟そのもののみならず、動物の痕跡（糞や足跡等）を観察するほか、捕獲後の動物を解体する機会も多い。子どもたちは大人に伴ってそうした知識を体得してゆくほか、獲物の捕獲後には解体作業のサポート役をこなすなかで解体の技術も覚えてゆくのである［図3］。

バカ・ピグミーの男性は、概ね一五歳前後の青年期になると、森へ入る際に自身の槍を携帯するようになる。ただし現在、槍を使用した狩猟は滅多に行われず、実際には護身用の意味合いが強いが、まれに森で偶然遭遇した動物に向けて槍を投げたり、罠にかかった生きた動物を屠《ほふ》る際に用いられる。槍を担ぐ姿が馴染むようになった青年は、森での生活や狩猟経験を経て狩猟技術や動物の解体方法など、身体的技法と狩猟に関する様々な知識を取得してゆく。また同時に、みずから捕獲した肉の分配行動を通じて、狩猟採集社会に特徴的な平等性の慣習も習得しながら社会性を身につけていくのである。

4　肉食の意味するところ

バカ・ピグミーの言葉では、「ソ（*so*）」とは「肉」をあらわすことばであるが、同時に「虫」や釣りの餌となる「ミミズ」などを含む「動物全般」と同義である。後述するように、いくつかの食物規制や例外はあるものの、バカ・ピグミーの人びとにとっては、「動物」はすなわち「肉」であるのだろう。

また、バカ語でいわゆる「空腹」をあらわすことばは「フォテ（*pote*）」という。文字通り、お腹が空いたときに使われることばであるが、この「空腹」にはもう一つのことば「フェネ（*pene; pɛnɛ*）」というものがある。これは、端的に言えば「肉」に対する渇望を示す意味であり、また脂肪に対する欲求を示す意味でもある（Brisson 2010）。

集落でいくら農作物に恵まれていても、肉をしばらく食べないとバカ・ピグミーの人びとは口々に「フェネ」を訴える。そうしてバカ族の男たちは肉を求めて森へ狩猟に赴くのである。森では動物や魚を捕り、定住集落とは異なる食生活をおくる。ただし、肉や魚に十分恵まれた場合でも、主食にあたるプランテン・バナナやキャッサバ、あるいは森で採集される野生ヤム類を伴わないと満足な食事とはいえないようだ。「フォテ」と「フェネ」が共に満たされる、そうした状況こそがバカ族の人びとにとっての理想的な食事といえるようである。

そんなバカ族の人びとにとっては、「すべての食物は〝美味しい〟（*joko*）」ものであり、味や好みの優劣を積極的に語ってくれる人はいない。しかし、粘り強く尋ね続けてみると、ある種の傾向が明らかになった。まず、バカ族の人びとは甘いもの（バカ語で*lokoloko*）に目がない。彼らの生活において象徴的な甘い食物とは蜂蜜であり、森で蜂蜜の季節になると男たちは常に蜂の羽音を気にしながら、見上げた木の〝うろ〟に蜂の巣がないか気にとめる。ミツバチが巣と思われるところから出入りするのを見つけると、他の用事を差し置いてでも蜂蜜採集に励むことになる。ときには数時間をかけて小さな斧一本で大木を切り倒すことも、蜂蜜採集の際に何度もミツバチに刺されることも厭わないほどである。

バカ族の人びとにとっての「甘さ」については、食材に対してやや抽象的な喩えになるが、一般的に魚は肉よりも「甘い」と認識されている。また、肉では「甘さ」にも通じる要素として、「脂（脂肪）」が珍重されるのもバカ族の人びとにとっては共通しているといえるだろう。脂身をたっぷりと蓄えたイノシシや爬虫類などは、肉のなかでも上位に位置づけられる。通常の食事では動物性タンパク同様に脂肪分が不足がちということもあり、食における脂肪にはある種の執着ともいえるほどの強い嗜好性がある。

また、直接的に「味」の表現にはあたらないが、「量をたくさん食べることができる肉」ということで、大型の哺乳類、すなわちゾウやバッファロー（アカスイギュウ）が珍重される。それらの動物は、捕獲後に食物分配がされたあとでも、ときには数日にわたって十分な肉を口にすることができる。「肉によってお腹が満たされる」ことが、バカ族の人々にとっては食についての価値観として、大きな要因と考えられているのである。

5　狩猟と肉食にまつわるタブーと規制

前述の大型哺乳類には、ゾウやバッファローのほかにもゴリラ、チンパンジーなどが該当する。これらはいずれもバカ族にとっては狩猟対象種であり食物としても認識されている。しかし、現在ではバカ・ピグミーが暮らすカメルーンの熱帯林を含む広い国と地域で、絶滅危惧種として保護の対象動物とされている。

例えば、アフリカ熱帯に棲息するゾウはマルミミゾウ（*Loxodonta cyclotis*）という種であるが、サバンナ性のアフリカゾウ同様、おもに象牙を目的とした密猟被害に晒されてきた。一九八〇年代前後には大規模な密猟が横行し、地域によってはゾウの絶滅にまで追い込まれたといわれる。そのため現在、アフリカ熱帯地域の国々において、マルミミゾウはゴリラやチンパンジーなどと並んで野生動物の「絶滅危惧種・保護種」に指定されており、通常、狩猟対象としては禁止されている。しかし、筆者の調査地であるカメルーン共和国では、象牙が五キログラム

図4：狩猟したマルミミゾウを解体する男たち（2002年撮影）。

以上の個体については、地区によって商業狩猟（スポーツ・ハンティング）の対象にも指定されている。外貨獲得のために、多額のライセンス料が徴収できる先進諸国から訪れる外国人ハンターの存在は、国家の財源としても貴重なものなのである。

他方でバカ・ピグミーを含めた森での地域住民にとっては、生活の一部として行われてきた狩猟活動が厳しい規制を受けることになり、その背後に伴う民族固有の知識や技術なども同時に廃れようとする事態に陥っている。

バカ・ピグミーによる狩猟では、近隣の農耕民や商人から借りた銃を使って行われることがあると前述したが、その場合、狩猟者が単独で行うことが多い。かつては槍で行われていたこの狩猟方法は、設置してから獲物がかかるのを待つ罠猟とは異なり、狩猟者自らが積極的に生きた動物を追い求める。その狩猟活動で、ある種の権威をもつのが、ゾウやゴリラを対象とした狩猟とされる（林 二〇一〇；安岡 二〇一二）。とくに、バカ・ピグミーの男性にとってはゾウを自ら狩ることは、「誇り」であることを幾人もの人びとが語っていた。ゾウ狩猟を極めた狩猟者は「トゥーマ（*tuma*）」と呼ばれ、バカ族はもちろん、近隣に住む他の民族からも一目置かれる存在となる［図4］。しかし、銃を携えているとはいえ、多くの危険を伴うゾウ狩猟では、自ら仕留めたゾウは決して食べてはいけないというバカ族特有の明確なルールが存在する（林 二〇一〇；安岡 二〇一二）。その掟を破ると、今後はゾウを獲ることができないと信じられている。また、ゴリラとチンパンジーは、それぞれ「人間の姿に似ている」ということから、バカ族の中では食べることを避ける人が多い。ただし、近隣に暮らす農耕民や商人など、銃と弾を提供する民族によっては、ゴリラ猟や大型霊長類の食習慣は儀礼との結びつきをもつほか（大石 二〇一六）、人間の姿に似ているからこそ、それを食することで「力をとりこむ」と考えられているようだ。

現在では野生動物保護の観点から、バカ族をはじめとする地元住民にとっては全面的な狩猟の禁止が大前提となっているが、実際の現場では、筆者がカメルーンで調査を始めた二〇〇〇年前後までは、慣習的な生活権として一部でゾウの狩猟活動が黙認されていた。他方で、殺傷力の強いライフル銃を使ったゾウ狩猟や、象牙目的に一度に群れごと殺傷するほどの性質を持つ自動小銃は摘発の対象となっている。近年でも大規模な密猟者の掃討作戦が実施され（大石 二〇一六）、狩猟活動そのものに対して住民は以前にも増して神経質になっている様子が窺える。

こうした野生動物の保護や、周辺の森を野生動物保護区として制定、あるいは国立公園化などが進む一方で、森林伐採に伴うゾウやゴリラを含めた野生動物の生息域減少も大きな問題とされている。また、狩猟の制限を設けることが、ひいては野生動物の住処はおろか、地域住民の生活権や文化をも圧迫する事態を引き起こしていることも忘れてはならない。

6 おわりに

本稿で述べてきたように、狩猟採集民であるバカ・ピグミーの狩猟行動と肉食行為を通じて、野生動物の生態や捕獲、解体の様子や調理に至る生業形態を観察してきた。狩猟活動に費やす時間や肉食の量的、栄養学的な重要性は言うまでもないことであるが、それらは独自の技術を伴う実際の行動とともに、語られる知識や言語のなかで体系化されてきた。また、バカ族の人びとは、定住化と近年の市場経済社会に巻き込まれることで、いわゆるブッシュミート問題に代表される過剰な商業目的の狩猟に加担してきたという側面がある。しかしその一方で、狩猟活動を通じて食文化や内在的な個体数維持の知識も伴いながら野生動物との多様な関係を築いてきた。そうした文化的背景をも踏まえながら、アフリカ熱帯雨林における狩猟活動、すなわち野生動物を対象とした肉食行為について考えてゆくべきであろう。

註

1 *Peke* (*Irvingia gabonasis*) は英語で「ブッシュ・マンゴー」「イルビンギア・ナッツ」ともいわれ、おもに種子の胚部分を食する。栄養価が高く、おもにペースト状にしたものを料理のソースとして使用する。保存食、換金商品としても価値が高い。

参考文献

市川光雄
一九八二『森の狩猟民——ムブティ・ピグミーの生活』京都：人文書院。

大石高典
二〇一六『民族境界の歴史生態学——カメルーンに生きる農耕民と狩猟採集民』京都：京都大学学術出版会。

岸上伸啓
二〇〇七『カナダ・イヌイットの食文化と社会変化』京都：世界思想社。

佐藤弘明・川村協平・稲井啓之・山内太郎
二〇〇六「カメルーン南部熱帯多雨林における〝純粋〟な狩猟採集生活——小乾季における狩猟採集民 Baka の二〇日間の調査」『アフリカ研究』六九号：一—一四。

スチュアートヘンリ編
一九九六『採集狩猟民の現在——生業文化の変容と再生』東京：言叢社。

林　耕次
二〇一〇「バカ・ピグミーのゾウ狩猟」木村大治・北西功一編『森棲みの生態誌——アフリカ熱帯林の人類学I』京都：京都大学出版会、三五三—三七二頁。

安岡宏和
二〇一〇「バカ・ピグミーの狩猟実践——罠猟の普及とブッシュミート交易の拡大のなかで」木村大治・北西功一編『森棲みの生態誌——アフリカ熱帯林の人類学I』京都：京都大学出版会、三〇三—三三一頁。
二〇一二「純粋贈与されるゾウ——バカ・ピグミーのゾウ肉食の禁止とシェアリングをめぐる考察」松井健・野林厚志・名和克郎編『生業と生産の社会的布置——グローバリゼーションの民族誌のために』国立民族学博物館論集1、東京：岩田書院、三〇一—三四一頁。

Brisson, R.
2010 *Lexique Français-Baka Sud-Cameroun*. Paris: L'Harmattan.

Hayashi, K.
2008 Hunting Activities in Forest Camps among the Baka Hunter-gatherers in Southeastern Cameroon. *African Study Monographs* 29 (2): 73-92.

Lee, R. B. and **DeVore, I. eds.**
1968 *Man the Hunter*. Chicago: Aldine.

Sato, H., K. Kawamura, K. Hayashi, H. Inai, and **T. Yamauchi**
2012 Addressing the Wild Yam Question: How Baka hunter-gatherers Acted and Lived during Two Controlled Foraging Trips in the Tropical Rainforest of Southeastern Cameroon. *Anthropological Science* 120 (2): 129-149.

Sato, H., K. Hayashi, H. Inai, K. Kawamura, and **T. Yamauchi**
2014 A Controlled Foraging Trip in a Communal Forest of Southeastern Cameroon. *African Study Monographs Supplementary Issue* 47: 5-24.

第4章

パプアニューギニア高地における肉食

梅﨑昌裕

1　肉食の生態学的意味

本稿の目的

本稿の目的は、いくつかの経緯と偶然が重なり、生態学的な意味においても、文化的な意味においても、肉が貴重な食べ物になったパプアニューギニア高地に暮らす人々にとっての、肉食の栄養学的・社会的位置づけを紹介することである。

現在では、化石燃料の発生するエネルギーを活用した効率的な食肉の生産が可能になり、肉は比較的容易に入手できる食べ物になった。それに対して、人間が自然生態系の一員として生きていた産業革命以前には、肉は野菜よりも貴重な食べ物であった。もちろん、極北地域の先住民など、肉を主食としていたケースも知られてはいるが、被食‐捕食の連鎖のなかでバイオマス(生物量)が減少していくという生態学の原理により、野菜に比べて肉の生態学的な生産コストが高いことにはある程度の一般性があっただろう。パプアニューギニア高地において消費される肉は、その地域で生産される餌で飼養されたブタが主なものであり、日本のように効率的な技術で生産された食肉が安価に入手できる状況にはない。パプアニューギニア高地でみられる食生活は、産業革命による食肉増産技術が導入される前の人類社会における肉食の状況を知るための手がかりになる。

「肉」の生態学的位置づけ

本稿でいう「肉」とは、生物のもつ筋肉を中心にした部分である。肉という言葉から一般的にイメージされるようなウシやブタの「肉」に限るものではなく、たとえば魚の筋肉組織もその範疇に含めることとする。

菜食主義というのは、「肉」を食べない、あるいはなるべく食べないようにする信条のことである。しかし考えてみれば、逆に植物を食べない肉食主義というのはあまり一般的ではない。最近は、炭水化物をなるべく摂取しないで、肉を中心にした食生活を採用するダイエット法が流行しているが、その実行者は米やパンなどの主食をなるべく食べないようにしているだけであり、必ずしも肉ばかりを食べるわけではない。

栄養学的に考えれば、人間の体の組成は、植物に比べれば動物に似かよっており、必然的に、肉は私たちの体をつくり動かすために必要な栄養素をバランスよく含んでいる。肉の主要な栄養素であるタンパク質の良質さ、いいかえれば人間にとっての有用性をあらわす指標であるアミノ酸スコアをみると、牛肉、豚肉、鶏肉がいずれも一〇〇であるのに対して、米は六五、小麦四四、ジャガイモ六八、トウモロコシ七四である(科学技術庁資源調査会 二〇〇〇)。動物のタンパク質のほうが植物のものよりも人間にとって都合のよい特徴をもっているのは明らかであろう。

食品の特徴をあらわすための指標としては、食品ごとに含まれるタンパク質に対するエネルギーの比（エネルギー－タンパク比）もよく使われる。穀類やイモ類は、それなりの量のタンパク質を含む一方で、糖質由来のエネルギーを豊富に含んでおり、エネルギー－タンパク比が高いという特徴をもっている。したがって、穀類やイモ類から十分な量のタンパク質を摂取しようとすると、エネルギーの摂取過剰になる。肉は、このエネルギー－タンパク比の低い食品であり、穀類やイモ類と組み合わせて摂取することで、過剰なエネルギーを摂取することなく十分量のタンパク質を摂取することが可能となる。

食品の選択

生物が何を食べるかということは、生態系のなかでその生物がどのようなニッチでの生存に成功したかという、多分に偶然の要素によって決まるものである。草食動物は草本を大量に食べることで自らの生存を可能にしたグループであり、肉食動物は草食動物を食べることによって生存を可能にしたグループである。人類はその進化の過程で、肉食への依存度と植食への依存度を変動させてきたことが知られている。初期人類が何を食べていたかについては諸説あるものの、たくさんの猿人のグループのなかで唯一原人へと進化したホモ・ハビリスは、解剖学的な特徴から肉食傾向が強かったと考えられ（中山・市石 二〇一五）、また、骨のコラーゲンに含まれる窒素安定同位体比の分析により、ネアンデルタールも頻繁に肉を食べていたと推測されている（米田 二〇一三）。現生のホモ・サピエンスのうち、現金経済の影響の少ない地域に暮らす集団は、一般的に植物への依存が強い。

食物としての特性を考えると、前述のように、肉は栄養学的に効率のよい食べ物である。一方で、生態系ピラミッドの上位に位置しており、バイオマスが少ないために、自然生態系の中では持続的な大量消費が可能な食べ物ではない。植物は、私たちとは異なる栄養組成、私たちが消化できないような栄養素を含むため、栄養学的には非効率な食べ物であるが、生態系ピラミッドの下部を形成するものであり、自然生態系のなかでの生産量が多く、人類が持続的に消費可能であるという特徴をもっている。現代社会では、野菜は健康的な食べ物であるというイメージがもたれがちだが、その背景には、良質のタンパク源・エネルギー源である肉や油、穀類が容易に入手できるようになったために、野菜を食べることでタンパクやエネルギーの取り過ぎによって生じる健康上の問題を予防するという逆説的な側面がある。

産業革命によって、肉の生産が人為的な管理下でおこなわれるようになると、肉は栄養学的に効率的な食べ物でありながら、持続的に大量の生産が可能な食べ物になり、人類は全体として大量の肉を食べることができるようになった。産業革命以前と以後では、肉食の位置づけを区別して考える必要があろう。

2　パプアニューギニア高地における肉食

人類学のフィールドワークを経験した友人と調査地での話をしていて気づくことは、パプアニューギニア高地がいかに肉の貴重な社会であるかということである。調査地では、みなそれぞれに苦労や困難があるものだが、肉を食べられない渇望感という意味では、パプアニューギニア高地での調査がぬきんでているのではないかと感じる。ここでは、パプアニューギニア高地が生態学的にも社会的にも肉が貴重な社会であるということについて、その歴史的経緯と現在の肉食をめぐる社会的状況と関連づけながら説明していきたい。なお、パプアニューギニア高地社会にはたくさんの言語グループがあり、生業や社会の成り立ちはさまざまである。本稿ではことわりのない限り、私が調査をおこなった南高地州タリ盆地（南高地州のタリ盆地を含むエリアは二〇一二年にヘラ州として分割された）に居住するフリ語を話す人々の事例を中心に紹介する。

肉が貴重となった生態学的背景

現在のパプアニューギニア高地には、サツマイモ耕作とブタの飼養に特化した生業が成立している。その背景には、およそ四〇〇年前にニューギニア島の北側にある火山が爆発し、大量の火山灰がパプアニューギニア高地に降り注いだことと、南米原産のサツマイモが大航海時代のヨーロッパ人によってアメリカ大陸からヨーロッパへ運ばれ、さらにそれが何らかのルートでおよそ三〇〇年前のパプアニューギニア高地にもたらされたという二つの偶然の重なりがある（Blong 1982; Watson 1965）。鹿児島の火山灰土壌でサツマイモがよく育つことからわかるように、サツマイモは水はけのよい土壌を好むため、パプアニューギニア高地のサツマイモ耕作は、パプアニューギニアの沿岸部や島嶼部などに比較すると、圧倒的に高い生産性をほこっている。

サツマイモ耕作はパプアニューギニア高地の西側部分に最初に導入され、次第に高地の東側あるいは辺縁部へと拡がった（Feil 1987）。考古学者の推定によれば、高地の西側部分でサツマイモ耕作が始まったのがおよそ三〇〇年前であり、それから一五〇年ほどかけて東側部分にまで拡がったとされている。サツマイモ耕作が始まると、その高い生産性により地域の人口は増加を始め、一九三〇年代にオーストラリア人のパトロールオフィサーがパプアニューギニア高地を探検したときの報告書には、その時すでにニューギニア島の沿岸部などに比較すると、はるかに高い人口密度で人々が暮らしていたという記述がある。現在、西側の高地では人口密度が一平方キロメートルあたり一〇〇人以上、東側では五〇人から一〇〇人となっており、これはサツマイモ耕作が導入されたタイミングの違いを反映していると考えられている。

南高地州タリ盆地の平坦なサツマイモ畑では、休耕期間をおくことなく連続的な耕作がおこなわれてきた。たとえば、私が調査をしたタリ盆地の川沿いの湿地にある畑では、化学肥料を投入することなく、一〇〇年以上連続してサツマイモ耕作が続けられてきた（Wood 1985）。

このような持続的な耕作が可能になった背景には、畑への選択的な植林と除草という在来知に裏打ちされた農耕システムが一定の役割を果たしてきた（梅﨑 二〇〇七）。植林されるのは、その落とす葉っぱが土壌の肥沃さに貢献すると考えられている樹種であり、一方除草されるのは、土壌の肥沃さに悪い影響を及ぼすと考えられている草本である。逆にいうと、土壌の肥沃さに貢献しないと考えられている種類の樹木は抜き去られ、土壌の肥沃さによい影響を及ぼすと考えられている種類の草本は除草されずに畑のなかに残される。結果的に、タリ盆地のサツマイモ畑には、そこを耕作する個人が土壌の肥沃さに貢献すると考える樹木と草本が繁茂することになる。私の調査によると、サツマイモ畑の外側にある二次植生にも、人々が土壌の肥沃さに貢献すると考える樹種が多いという傾向がみられ、絶え間ない植生への介入によって、サツマイモ耕作を有利にするような人為生態系がタリ盆地全体に形成されてきたようにみえる。

パプアニューギニアのなかでも高地以外の地域では、焼畑耕作の休耕地として生じる二次林が、狩猟の対象となる有用な野生動物の生息場所となっている。しかし、タリ盆地に代表されるような休耕を前提としないサツマイモ耕作をおこなう高地では二次林がほとんどなく、耕作放棄地があったとしても、その分布はパッチ状であり、狩猟の対象となる野生動物の生息できる環境はほとんどない。しかも、過去三〇〇年間の人口増加によって、耕作可能な場所は大部分がサツマイモ畑になっており、人々の居住する地域の近隣にはほとんど森林は存在しない。

考古学の調査によれば、かつてのパプアニューギニア高地では、焼畑によって栽培されるコロカシア属のタロイモおよびバナナが主食であり、大型の有袋類などの野生動物が狩猟の対象とされていた（Lilley 1992）。コロカシア属のタロイモはしだいにサツマイモに置き換わり、サツマイモ耕作の拡大とともに野生動物はその生息地を失い絶滅した。沿岸部などでさかんに狩猟されるワラビー、バンディクート、カモなどの比較的大型の野禽、カミキリムシの幼虫などの動物性資源も、ほとんど存在しない。

ウォーレス線（生物地理学で東洋区とオーストラリア区を分ける境界線）の東側にあるニューギニア島に、ブタがいつごろ導入されたかについては議論があるものの、数千年前にウォーレス線を越えて移住したオーストロネシアンが家畜として連れてきたというのが有力な説である（Hide 2003）。パプアニューギニアの高地以外の地域には野生化したブタも存在し、それを対象にした狩猟もおこなわれている。しかし、現在、大部分のパプアニューギニア高地、少なくともタリ盆地周辺には野生化したブタは存在しない。ウシ、ウマ、ヒツジなどの家畜がニューギニア島にもたらされたのは、最近のことである。

肉が貴重である社会的背景

タリ盆地における基本的な親族集団はハメイギニと呼ばれ、血縁を基本としながらも、集団のメンバーシップが普段のつきあいのなかで形成されるという特徴をもっている（Glasse 1968）。ハメイギニは土地所有の単位ともなっている。ハメイギニは、現在から五―一〇世代前の始祖の子孫全員（男女を問わず）を潜在的なメンバーとする。ただ実際には、そのハメイギニに居住する、あるいは畑を耕作する一部のメンバーが実質的なハメイギニのメンバーとみなされている。ハメイギニは外婚の単位でもあり、これらの原則にしたがえば、一人の個人は潜在的にはたくさんのハメイギニのメンバーとなりうるが、実際には五つくらいのハメイギニの実質的なメンバーであるとの認識をもっていることが多い（梅﨑 二〇〇九）。

パプアニューギニア高地は基本的に男性優位の社会であるといわれる。世襲によってではなく、実績によってリーダーとみなされるようになった男性たちが、親族集団内あるいは親族集団間の利害調整、土地の耕作権をめぐる争い、資源の分配など、さまざまな場面で主導的な役割を果たす。リーダーとしてみなされるようになるための実績となる行動にはいろいろなものがあるが、なかでも重要なのは、婚姻や部族内戦争によって生じる親族集団間の人的資源の不均衡を解消するためのブタの贈与（あるいは人的資源との交換）において、実際にブタを拠出することである。

たとえば、一九九〇年代に、ある男性が結婚をした際に、棒を使って二人で担ぐくらいの大きさのブタ（*nogo iremi*）を一八頭と、それより小さいサイズのブタを九頭、あわせて二七頭が、婚姻の相手方の親族にわたされた。当事者の男性が、全てのブタを自分で準備することはできないので、大部分のブタは男性がメンバーとして認識されているハメイギニのメンバーによって拠出される。この際、男性の父親など近い親族がブタの拠出をするのは当然として、比較的遠い親族がブタを拠出する場合もあり、そのような男性は面倒見のよい人であると賞賛され、リーダーとしての発言権を獲得していくようである。ブタの拠出においては、以前拠出してもらったことがあるから、今回は自分が拠出しなければならないというような、互酬性の原理も働く。したがって、より多くの機会でブタを拠出してきた個人は、自分およびその近しい親族が結婚する機会において、より多くの人からの拠出の申し出を受けることができる。

部族内の戦争でメンバーが死亡した場合の補償としてのブタのやりとりの理屈も同様である。戦争は、たいていはささいなきっかけで始まるものである。それは、自分の妻が誰かと浮気しているのではないかという嫉妬心、自分のブタを誰かが盗んだのではないかという疑い、自分が耕す権利をもっているはずの畑を勝手に耕されたという憤りなどの、日常的に起こりうる不満である。ほとんどの不満はうやむやになるが、その不満に同調して加勢をする人が現れ、それに対して相手側にも加勢する人が加わり、お互いに味方の人数が増えていくことによって、しだいに緊張が高まることになる。そうなると、もはや争いの当事者の意向とは関係なく物事は展開し、偶発的なこぜりあいなどが起こると、全面的な戦いとなる。

戦争では、その当事者と親族関係にある男性は加勢をすることが期待される。争う二つのグループのどちらとも親族関係にあることも多く、その場合には、それまでどちらの当事者によりお世話になったかを勘案して加勢する側を決めるか、どうしても決められない場合は、都市部などに一時的に避難する。中立という選択肢はない。

戦争の目的は、敵側のメンバーを殺すことである。そうはいっても、削った細い木の鏃《やじり》をつけた矢を使って離れたところからお互いに射かけるような戦いをしている間は、そうそう人は死ぬものではない。それでも、時に、頭や心臓など急所にあたり、死者がでることもある。ひとたび戦死者がでると、殺された側はお返しに相手側のメンバーを殺そうとさまざまな手段を使う。よくあるのが、竹などからつくった幅の広い鏃をつけた弓矢をもって敵側のメンバーが通りそうなところで待ち伏せをして、至近距離から射かけるという戦術である。幅の広い鏃をつけているために射程距離は短いものの、体にあたれば切れる断面積が大きいので、殺傷能力は高い。近年は、自動車のシャフトから手作りした散弾銃や、警察から奪った銃が使われることも多くなった。ただし、敵側も警戒するので、この待ち伏せ作戦はなかなかうまくいかない。本人にその自覚がないにもかかわらず、これまでの経緯を勘案すれば敵側であってもおかしくないと判断される男を、敵側であると見なして攻撃することもある。よその土地にいて部族内戦争が起こっていることを知らずに家に帰ってきた男が、状況を飲み込めないままに攻撃の対象となることもある。

そうして通常は数週間から数ヶ月、戦いが続き、多いときには数人の男性が犠牲となり、戦争が終わる。戦争の間は、サツマイモを耕作することができないために、次第に食べるものがなくなるのも戦争終了のひとつの理由である。戦争が終わると、死亡した個人をどのように補償するかが話し合われる。戦争で亡くなった個人を補償するのは、戦争の原因をつくった男性およびその親族であり、その個人を攻撃して死に至らしめた敵側ではない。死亡した男性の親族に対して、戦争の原因をつくった男性の親族が拠出したブタがわたされる。一九九〇年代に観察された事例では、死亡した男性の補償として、肩に担ぐサイズ（*nogo pajeni*）以上のブタを九〇頭と、それよりは小さいサイズのブタ一八〇頭がわたされた。ちなみに、戦争の相手側から補償がおこなわれるのは例外的で、あり得るとすれば、争いの初期段階で、一方のグループが本格的な戦争を回避したい場合に、数頭のブタを相手側に贈ることで手打ちを試みるケースがあるくらいである。

このような社会においては、ブタを拠出すべき場面で、ブタを拠出できない男性は、親族あるいは仲間としての義務を果たしていないことになり、自分自身が何らかのトラブルに巻き込まれた場合にも、親族あるいは仲間のサポートを受けることができない。さらには、フリ社会では、土地を耕作する権利など生存の基本にかかわる部分さえもが、親族からのサポートによって認証される側面もあり、必要に応じてブタを拠出するということは、個人の生存にとって大変重要なことである。ブタを飼養するということは、食肉の生産である以上に、フリの社会での生存基盤を構築する活動である。

肉食の実際

タリ盆地の人々が食べる肉は、家畜として育てるブタおよびニワトリ、最近になって導入されたヒツジ、ヤギ、そして町の商店で売られるようになった冷凍ブロイラーおよびヒツジの冷凍バラ肉、缶詰のサバ、コンビーフなどである。このなかで、相対的に摂取される頻度が高いのは、ブタと缶詰のサバ、ヒツジの冷凍肉であり、他の肉は摂取される可能性があるとはいえ、それはクリスマスなど特別なイベントに限られ、日常的な食べ物ではない。また、冷凍ブロイラーや缶詰のサバ、ヒツジの冷凍肉などを購入するためにはお金が必要であり、現金収入源の乏しいパプアニューギニア高地では、それらの肉を食べるのは、市場でサツマイモを売ったり、都市に暮らす親族に現金をもらうなど現金を入手した機会に限られる。ブタは自分たちで飼養している家畜であるために、

	ヘリ（1994）		ウェナニ（1994）		ウェナニ（1993）	
	重　量	タンパク	重　量	タンパク	重　量	タンパク
ブタ（肉）	11	2	53	9	6	1
ブタ（脂）	3	0	0	0	5	0
魚	0	0	1	0	0	0
コンビーフ	3	1	0	0	1	0
缶詰のサバ	27	5	11	2	12	2
ヒツジ（バラ肉）	10	2	7	1	2	0
合計	55	10	72	12	26	3

表1：タリ盆地の2地域における肉の摂取量（成人1人あたり換算、単位はグラム）

他の肉に比べると相対的には摂取頻度が高いと考えられるが、後に詳述するように、やはり日常的な食品とはいえない。

表1には、一九九〇年代にタリ盆地で実施した食事調査のなかで観察された肉の摂取量を示している。ここに示された結果のうち、一九九四年のものは天候不順によってサツマイモの生産性が大きく低下した時期に私が実施した食事調査の結果で、そのときには餌のサツマイモの不足によりブタを屠殺して市場で売るという事例、そして都市の親族から送られたお金でブタを購入するという事例がみられた。また天候不順にともなう食糧不足を緩和するために、慈善団体から小麦粉やサバの缶詰などが提供された。したがって、一九九四年のデータは、タリ盆地のなかでも相対的に肉食の多い時期のものである。一方、一九九三年のものは、共同研究者である口蔵幸雄氏（岐阜大学）が実施した食事調査の結果であり、天候不順もなく、ふだんの食生活を反映したものであるとみなすことができる（口蔵 一九九四）。

一九九三年のデータ（ウェナニという地域）をみると、成人一人あたり一日に豚肉を六グラムとブタ脂を五グラム食べていたことがわかる。これは半月の摂取量に換算すると、豚肉九〇グラム、ブタ脂七五グラムに相当する。ようするに、半月に一度、一六五グラムの豚肉を食べるイメージである。一方、同じ地域の一九九四年のデータでは、成人一人あたり一日に豚肉を五三グラム食べていたことがわかる。これは一週間の摂取量に換算すると、三七一グラムであり、週に一度の頻度で大きな豚肉の塊を食べることをイメージするとわかりやすい。上述のように一九九四年のデータには、ブタに与えるサツマイモが不足したために、屠殺されたブタが地域に流通したこと、それを購入するためのお金が都市の親族などから送られたことなどが反映されている。もうひとつの調査地（ヘリ）も一九九四年には長雨によるサツマイモ不足に直面したが、ウェナニと比較すると飼養されているブタが少なかったため、自分の食べるサツマイモを減らして、そのサツマイモを優先的にブタに与えるという対処法で、ブタを屠殺することなく飼養していた。その理由についての人々の説明は「人間は空腹を我慢できるけれども、ブタにはそれができない」というものであった。その結果、ブタを食べる量は、肉と脂をあわせて一日あたり一四グラムであり、一九九三年のウェナニのデータとほとんど変わらない。

興味深いことに、豚肉に次いで摂取量が多かったのは缶詰のサバであった。一九九四年の天候不順時には緊急避難の食品として摂取量が大きくなったという背景はあるにしても、一九九三年のデータでも成人一人が一日に一二グラムの缶詰のサバを食べていた。サバの缶詰は大きいサイズのものが内容量四五〇グラムなので、これは五人家族で一週間に一つの缶詰を食べるくらいの頻度である。

肉食をめぐる制限

日本社会においては、肉を食べるかどうかは個人が決めることである。もちろん高価な肉を食べるかどうかには、個人の経済状況が影響を与えることもあるとはいえ、おかずとして肉を食べるか、野菜を食べるかという選択には経済的な理由はほとんどないといってもよいだろう。たとえば、私の住む地域には肉を安く売るスーパーがあり、そこでは豚肉や鶏肉が一〇〇グラムあたり一〇〇円以下で売られている。一方で、トマトには一個一〇〇円、トウモロコシは一五〇円、ホウレンソウや小松菜は一束で二〇〇円くらいの値段がつけられており、重量で換算しても肉が野菜より高価な食べ物というわけではない。一方、一九九〇年代のパプアニューギニア高地では、サツマイモが一〇キログラムあたり約二〇〇円で売られていたのに対して、同じ重さのブタは一頭あたり一万円ほどで売買されていた。肉は圧倒的に高価な食べ物であった。

家畜のブタは、その飼養に大変な手間のかかる動物である。生産されるサツマイモの半分以上が餌としてブタに与えられ、ブタ小屋の建設・メンテナンス、小屋からヌタ場へのブタの移動、ブタの侵入をくいとめるための畑の柵作りなど、ブタの飼養にともなう作業に人々は長い時間を費やしていた。

餌資源と時間の投入に見合った肉の生産が可能にならないひとつの背景として、先進諸国の養豚業などに比較して、パプアニューギニア高地社会で飼養されるブタの成長が極端に遅いことが指摘されている。日本などの食肉生産現場では、ブタは生後六ヶ月後には体重が一〇〇キログラムを超え、そこで屠殺して食用にするのが最も効率がよいとされている。一方で、パプアニューギニア高地で飼養されるブタは、一週間あたりの体重増加量は〇・二―〇・五キログラムと推定されており（Hide 2003）、この推定値に基づけば、生後六ヶ月の体重は六キログラムから一三キログラム程度にすぎない。パプアニューギニアで飼養されるブタの成長が遅い背景には、与えられる餌の種類と量に加えて、ブタの品種そのものの特徴が関連しているとされている。

一方、パプアニューギニア高地では、上述のようにブタは交換財として認識されており、生まれてから死ぬまでの間に、婚資あるいは戦争で亡くなった人の補償として交換され、飼い主がかわる。大きなブタほど交換財としての価値が高いために、自分が飼養するブタを食べる目的で屠殺して食べることは稀である。ブタは、婚姻や戦争の終結などの機会にわたされたうちの数頭を皆で分けあって食べるものである。繰り返しになるが、お世話になった人が結婚や戦争の終結などでブタが必要になったときに、その人のためにブタを拠出することは人間関係の維持、ひいては自分の生存のために重要であり、ブタは食べたいからといって肉にするような存在ではない。

タリ盆地では、ブタは大変おいしいものとして人々に認識されている。ブタは人の目の前で食べてはいけないものである。なぜかというと、おいしいブタを食べている姿は人々を羨ましがらせることになり、そのことはブタを食べた人に腹痛を引き起こすとされている。また、ブタを家に持ち帰ったときには、たまたまその場にいた全員に分配するのが普通である。自分の家族など一部の人にだけ配分すると、配分されなかった人が羨ましいと思う気持ちによって、ブタを食べた人は腹痛を引き起こすのだという。いくつかあるおいしさを表すしぐさのうち、指で耳を引っ張りながら首をかしげて「テンデビー」という言葉を発するしぐさは、ブタを食べたときにだけに使われる。パプアニューギニア高地社会においてブタが重要な交換財になった理由については検証が難しいが、その「おいしさ」も、ブタが交換財としての価値を維持するひとつの条件となっているのではないかと推測される。

3　肉食の男女差

タリ盆地で、肉がどのように分配されているかということが、次の問題である。最初に述べたように、肉を食べるかどうかということについては、肉がその社会でどれほど貴重かということが大きくかかわっている。現代の日本のように、肉の入手にかかわるコストが野菜とそれほど変わらない状況では、肉を食べるかどうかには個人の嗜好や健康観がかかわるだろう。肉を食べないことによる栄養学的な不利益についても、さまざまなアミノ酸組成あるいはエネルギー‐タンパク比をもつ多様な食品からの選択が可能な状況であれば、ほとんど問題になることはない。対照的に、パプアニューギニア高地のように、肉のコストあるいは価値が他の食べ物よりも高い社会では、肉を食べるかどうかは、社会の中での価値の分配の問題でもある。また、栄養学的な価値の高い肉が公平に分配されるかどうかは、タンパク摂取量が不十分な社会においては、個人の生存に直結する。ここでは、パプアニューギニア高地における肉食の男女差を検討することによって、生態系のなかでの価値がどのような原理で分配されてきたかの議論につなげたい。

評価の方法

肉食の男女差を検討するためのシンプルな方法は、個人を対象にした食事調査をおこない、肉の摂取量を直接秤量《ひょうりょう》することである。しかしながら、パプアニューギニア高地社会のように、肉食の頻度が少なく、しかも人前で肉を食べることが望ましくないとする規範のある社会では、この方法はかならずしもうまくいかない。個人を対象にした食事調査では、原則的に、一名の調査者が一日に観察できる対象者は一名であり、一四日間の調査をしたとしても、記録することのできる肉食のエピソードは一〜二回である。この方法では、肉食の男女差についての一般化可能なデータを入手することは難しい。

ふだんの肉食の程度を評価する手法として、考古学の分野では、髪の毛や爪などの生体組織に含まれる窒素の安定同位体比がよく使われる。窒素には質量数が一四のものと一五のものがある。大気中の窒素はほとんどが質量数一四のものであり、質量数一五の窒素はわずかである。自然界のなかではいわゆる窒素固定細菌が大気中窒素から大量のアンモニアをつくりだしており、それが生物の生存に欠かせない窒素化合物の材料となっている。したがって、生態系のなかでも栄養段階の低い植物プランクトンなどの生物は、その生体組織の窒素の重さが大気とそれほど変わらない。窒素の重さは、被食‐捕食のプロセスをへて栄養段階が上がるごとに重くなること、すなわち質量数一五の窒素の割合が多くなることが知られている。これは生物学の分野で窒素濃縮といわれる現象で、植物よりもそれを食べる草食動物、草食動物よりもそれを捕食する肉食動物の方が、体組織（髪の毛、爪などタンパク質を含む組織）に含まれる窒素はすこしずつ重くなる。その帰結として、主に植物を食べる人間と、主に動物を食べる人間を比較すると、体組織に含まれる窒素の重さは、後者が前者よりも重くなる。

この現象を利用して、タリ盆地における肉の分配についての検討をおこなった（Umezaki et al. 2016）。タリ盆地では、一九九五年に爪のサンプルを収集した。一九九五年は、タリ盆地のなかで、現金経済の影響の程度の異なる二地域（ヘリとウェナニ。ヘリがウェナニよりも現金経済の影響が少ない）と、首都ポートモレスビーにあるタリ盆地からの移住者集落を対象地として、手の爪のサンプルを収集した。タリ盆地のウェナニ地域では、二〇一二年にも毛髪のサンプリングを実施した。

一九九五年時点の三地域における肉食の男女差を検討することによって、現金経済の浸透と肉食の男女差との関連性を検討できると考えた。また、パプアニューギニアは一九九五年から二〇一二年にかけてＧＤＰが三倍に増大するなど急速な経済発展を経験したと想定される。また、一九九〇年代にはほとんどの男性が妻とは別に共同生活をしていた地域で、二〇一二年にかけて次第に夫婦でひとつの家に住むケースが増加したことに象徴されるように、社会の成り立ちや日常の行動規範に西欧社会の影響がより強くみられるようになった。一九九五年と二〇一二年にウェナニ地域で収集したサンプルの分析結果の比較は、肉食の男女差が経時的にどのように変化したかの検討を可能にすると考えた。爪と毛髪の窒素安定同位体比を比較するための調整など、方法の詳細については、拙論（Umezaki et al. 2016）を参照されたい。

規範と現実の乖離

図1は、それぞれの時期・地域で収集したサンプルについて、男女双方のサンプルの窒素安定同位体比の平均の差とその九五パーセント信頼区間をプロットしたものである。この値は、地域、性別、年齢グループ、地域と性別の相互作用項を投入した最小二乗回帰モデルによって計算した。この図の縦軸の値が大きいほど、男性が女

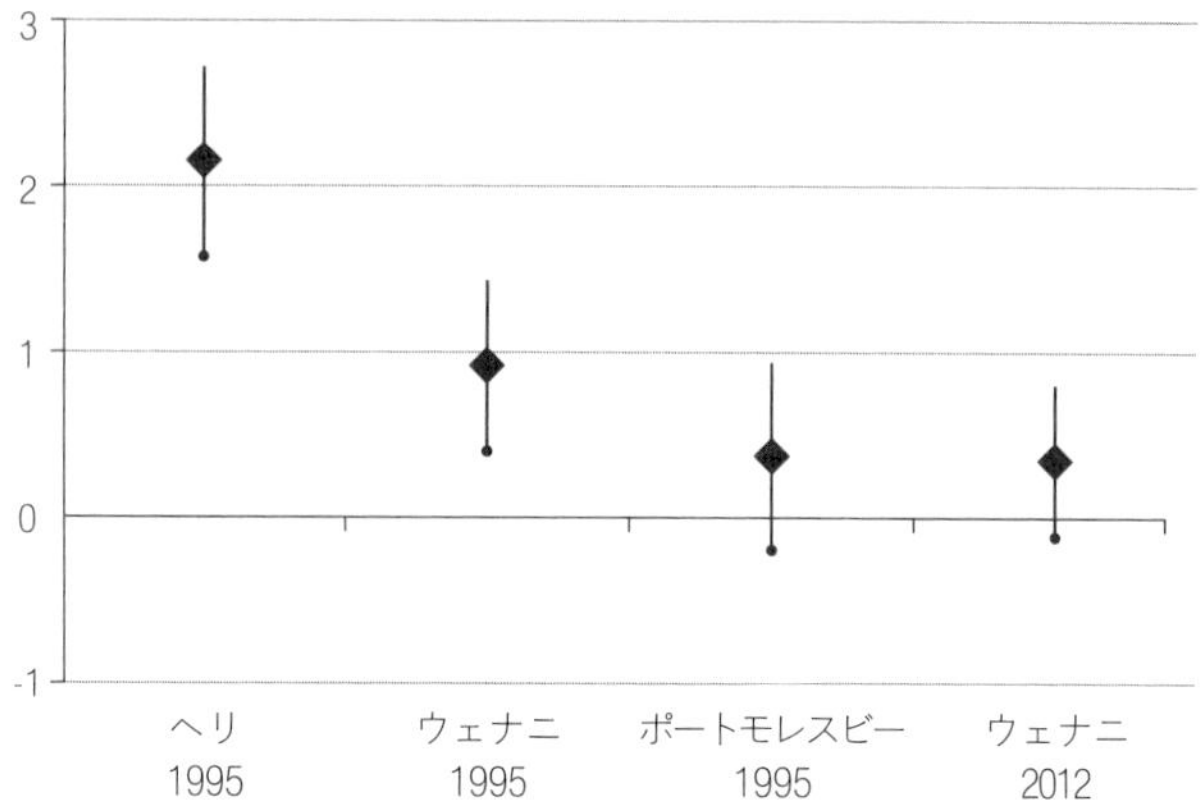

図1：パプアニューギニア高地の4つの集団を対象に、窒素安定同位体比の最小二乗平均値の男女差と、その95%信頼区間を示した。窒素安定同位体比は生態系のなかでの栄養段階の高い生物において高い値をとるので、肉食の程度の指標とみなすことができる。

性に比べて多くの肉を摂取していることを示す。縦軸の値が〇であれば、肉食に男女差はないと判断される。

対象にしたサンプルのなかで、男女差が最も大きいのは一九九五年のヘリ地域（タリ）であり、その次が一九九五年のウェナニ地域（タリ）であった。この二つの地域で観察された窒素安定同位体比の差の九五パーセント信頼区間は、〇をまたいでいないので、統計的にはこの差に意味があったと判断することができる。対照的に、一九九五年のポートモレスビー、二〇一二年のウェナニ地域では、窒素安定同位体比に男女差が観察されなかった。

これらの結果は、ふたつのことを示している。まずひとつめは、一九九五年のタリ盆地では、男性が女性よりも多くの肉を食べていたこと、そしてその傾向は、現金経済の影響の少ない地域で顕著であったことである。ふたつめは、一九九五年のポートモレスビー、二〇一二年のウェナニ地域など、現金経済の影響を強く受けた集団では、肉食の男女差がみとめられなくなったことである。

一九九五年当時、ヘリはウェナニに比較すると、現金経済の影響が少なく、より在来の規範や慣習を維持していた。たとえば、ヘリのほとんどの男性は妻とは別に共同生活をしていたのに対して、ウェナニでは妻や子どもと同じ家で暮らす男も少なくなかった。おもしろいことに、当時、肉食にかかわる規範についての話をすると、男たちは、豚肉ごときで騒ぎ立てるのはみっともないことだ、豚肉なんかは女や子どもにやってしまえばいいんだ、などと言うのが印象的であった。タリ盆地に隣接する地域に暮らすドゥナで調査したモジェスカは、ドゥナの規範では肉は男女平等に分配するものだと報告している（Modjeska 1982）。

いずれにしても、男たちの語る規範に反して、フリの男性が女性よりも多くの肉を食べていたことは興味深い。実際、私が観察したかぎりでも、男たちは豚肉の配分を受けると、その一部を妻と子どもに分け、残りを男の家にもちかえって食べるのが普通であった。男の家では、そこにいる全員に配分する。ふだん男の家に寝泊まりするメンバーだけではなく、たまたま訪問していた男にも分配する必要があるので、その分量を見込んで妻や子どもに分配するより多くの肉を自分に分配していたのだろうか。規範としては女性に多く分配するのがよいと語りながら、実際には男性の方が肉の摂取量が多いというデータは、語りと観察の齟齬という人類学の研究にとって本質的な問題を提起しているともいえる。

この肉食にかかわる男女差は、現金経済の浸透とともに縮小していったようである。すなわち首都ポートモレスビーと、二〇一二年のウェナニ地域では、もはや肉食の男女差はみられなかった。男性の優先する社会で、生業構造が変化することによって女性のエンパワーメントが起こるのはよくあることである。男性が政治的な場面で拠出するブタを生産する役割をになっていたパプアニューギニア高地の女性は、サツマイモや換金作物を市場で売ることにより男性に依存することなく経済力をつけ、それによってサバの缶詰などの購入食品を食べることができるようになってきた。男性の優位性という強固にみえた構造が、意外にあっさりと変容するプロセスが、肉食の男女差を検討することによって明らかになったといえよう。なお、本研究の方法論には、豚肉を食べることとサバ缶を食べることを区別することができないという限界がある。

4 肉が貴重な社会における肉食について

ここまで説明してきたように、パプアニューギニア高地は肉が貴重な社会であった。サツマイモの導入と火山の爆発は、地域の人口支持力を高め、生業社会にしては非常に高い人口密度で人々は生活ができるようになった。しかし、その結果、パプアニューギニア高地では狩猟の対象となる野生動物の生息地が減少し、食用になる野生動物資源はほとんど絶滅した。家畜として飼養されるブタは、社会の安定維持のために不可欠な財産であり、食肉生産のための効率を考慮しない飼養パタンが一般的である。結果的に、人々の肉食の機会は限られており、肉は女性や子どもに食べさせればいいんだと強がる男性が、実際にはより多くの肉を食べているというように、肉食はその規範と実践にずれがみられる行動となっていた。近年の現金経済の導入によって、全体としての肉食の頻度と量は増加傾向にあり、特に、女性のエンパワーメントにより肉食の男女差がほとんどなくなったことは、大きな変化であろう。

ここまでの議論は、パプアニューギニア高地の人々が、肉をあまり食べなくても、なんとか生きることができるという前提のもとで進められてきた。しかしながら、実際にはパプアニューギニア高地の人々のタンパク摂取量は、現代栄養学の想定する必要量よりも少ないことが報告されている。ＷＨＯ（世界保健機関）などが、これまでの栄養学の知見をまとめたタンパクの摂取必要量は、体重一キログラムあたり〇・六六グラムとされている（WHO/FAO/UNU 2007）。この値は、食事のアミノ酸スコアが低い場合には、それを勘案してすこし高めの基準値が設定される。パプアニューギニア高地の場合、成人の体重をおよそ六〇キログラムと仮定すると、タンパク

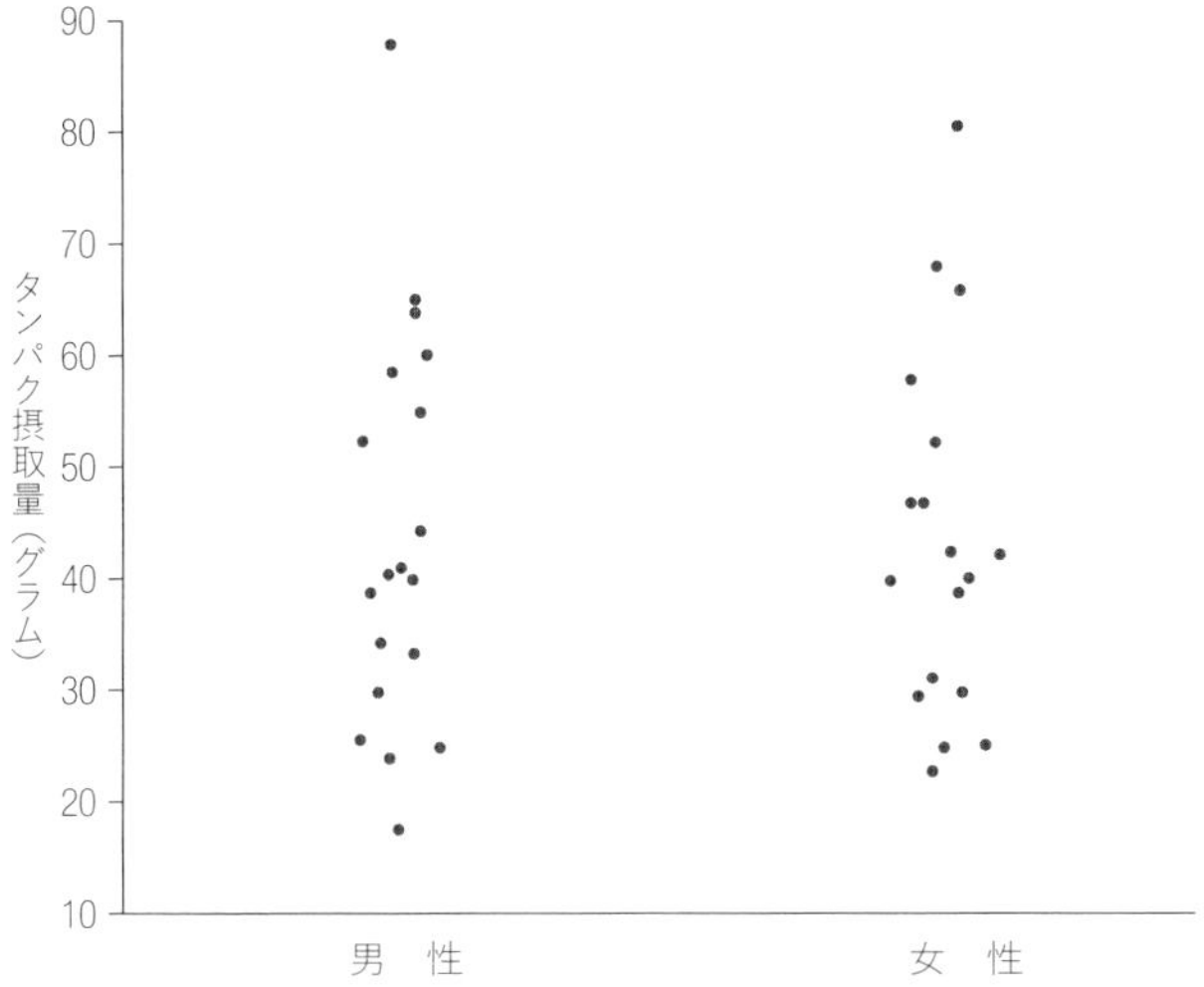

図2：タリ盆地のウェナニ地域における個人のタンパク摂取量（Morita et al. 2015をもとに作成）。

摂取の必要量は一日あたり五〇グラム弱となる。図2は、タリ盆地のウェナニ地域で二〇一二年に調査をしたときの個人ごとのタンパク摂取量をプロットしたものである。男性・女性ともに半分以上が摂取量五〇グラム未満であり、タンパク不足にともなう深刻な健康問題が蔓延していると予想される。

しかしながら、実際には、パプアニューギニア高地の人々はタンパク不足というよりも、むしろ筋肉隆々であり、医学的な調査によってもタンパク欠乏にともなう症状がほとんどみられないことが報告されてきた。ここでは詳しくは説明しないが、この現象は「低タンパク適応」と呼ばれ、パプアニューギニア高地の人々の身体にはタンパク質の摂取量が少ない状況で機能する何らかの生物学的機能が備わっているのではないかと考えられている（たとえばIgai et al. 2016; Naito et al. 2015）。

植物を食べることに比べて、肉を食べることは、人間にとって栄養学的には効率的な行動である。自然生態系のなかでは、肉は生態系ピラミッドの上部にある貴重なものであり、たくさんの人口を持続的に支持する食糧資源としては適していない。パプアニューギニア高地の人々は、植物を効率的に生産する在来の農耕技術を発達させ、貴重な食べ物であるはずの肉を、争いや婚姻などで交換する財として活用することで、安定した社会の仕組みをつくりあげてきた。そしておそらく、パプアニューギニア高地の人々に特異的な栄養適応のメカニズムもここでは大きな役割を果たしていると考えられる。

本稿で紹介したパプアニューギニア高地の事例は、現代社会のように、肉食をするかどうかの判断が、個人の嗜好や経済状況によってではなく、集団の意思決定によってなされてきたひとつの事例である。世界のほかの人類集団を対象に、同じように肉食に依存しない生存システムをつくりあげてきた事例を収集、比較することによって、肉食が人類の生存に果たしてきた位置づけがより明らかになると考えている。

引用文献

梅﨑昌裕

二〇〇七 「パプアニューギニア高地農耕の持続性をささえるもの――タリ盆地における選択的植樹と除草」河合香編著『生きる場の人類学――土地と自然の認識・実践・表象過程』京都：京都大学出版会、二七一―二九五頁。

二〇〇九 「昨日の友は今日の敵――パプアニューギニア高地・フリの社会」河合香編著『集団――人類社会の進化史的基盤』京都：京都大学出版会、一七一―一七九頁。

科学技術庁資源調査会

二〇〇〇 『五訂日本食品標準成分表』東京：文部科学省。

口蔵幸雄

一九九四 「パプアニューギニア高地社会の生業適応――南高地州フリ族の生業活動と食物摂取」『岐阜大学教養部研

究報告』三四号：一一五－一四四。
中山一大・市石博編
二〇一五 『つい誰かに教えたくなる人類学63の大疑問』東京：講談社。
米田 穣
二〇一三 「同位体生態学からみた人類の移動――食生態の変化が支えた人類の拡散」印東道子編著『人類の移動誌』京都：臨川書店、三一五－三二七頁。

Blong, R. J.
1982 *The Time of Darkness: Local Legends and Volcanic Reality in Papua New Guinea*. Seattle: University of Washington Press.
Feil, D. K.
1987 *The Evolution of Highland Papua New Guinea Societies*. Cambridge: Cambridge University Press.
Glasse, R. M.
1968 *Huli of Papua: A Cognatic Descent System*. Paris: Mouton & Co.
Hide, R.
2003 *Pig Husbandry in New Guinea: A Literature Review and Bibliography*. Camberra: Australian Centre for International Agricultural Research.
Igai, K., M. Itakura, S. Nishijima, H. Tsurumaru, W. Suda, T. Tsutaya, E. Tomitsuka, K. Tadokoro, J. Baba, S. Odani, K. Natsuhara, A. Morita, M. Yoneda, A. R. Greenhill, P. F. Horwood, J. Inoue, M. Ohkuma, Y. Hongoh, T. Yamamoto, P. M. Siba, M. Hattori, K. Minamisawa, and **M. Umezaki**
2016 Nitrogen Fixation and nifH Diversity in Human Gut Microbiota. *Scientific Reports* 6: 31942. DOI: 10.1038/srep31942.
Lilley, I.
1992 Papua New Guinea's Human Past: The Evidence of Archaeology. In R. D. Attenborough and M. P. Alpers (eds.) *Human Biology in Papua New Guinea: The Small Cosmos*. New York: Oxford University Press, pp. 150-171.
Modjeska, N.
1982 Production and Inequality: Perspectives from Central New Guinea. In A. Strathern (ed.) *Inequality in New Guinea Highlands Societies*. Cambridge: Cambridge University Press, pp. 50-108.

Morita, A., K. Natsuhara, E. Tomitsuka, S. Odani, J. Baba, K. Tadokoro, K. Igai, A. Greenhill, P. Horwood, K. Soli, S. Phuanukoonnon, P. Siba, and **M. Umezaki**

2015 Development, Validation, and Use of a Semi-Quantitative Food Frequency Questionnaire for Assessing Protein Intake in Papua New Guinean Highlanders. *American Journal of Human Biology* 27: 349-357.

Naito, Y., A. Morita, K. Natsuhara, K. Tadokoro, J. Baba, S. Odani, E. Tomitsuka, K. Igai, T. Tsutaya, M. Yoneda, A. Greenhill, P. Horwood, S. Kevin, S. Phuanukoonnon, P. Siba, and **M. Umezaki**

2015 Association of Protein Intakes and Variation of Diet-Scalp Hair Nitrogen Isotopic Discrimination Factor in Papua New Guinea Highlanders. *American Journal of Physical Anthropology* 158: 359-370.

Umezaki, M., IY. Naito, T. Tsutaya, J. Baba, K. Tadokoro, S. Odani, A. Morita, K. Natsuhara, S. Phuanukoonnon, G. Vengiau, M. P. Siba, and **M. Yoneda**

2016 Association between Sex Inequality in Animal Protein Intake and Economic Development in the Papua New Guinea Highlands: The Carbon and Nitrogen Isotopic Composition of Scalp Hair and Fingernail. *American Journal of Physical Anthropology* 159: 164-173.

Watson, J.

1965 From Hunting to Horticulture in the New Guinea Highlands. *Ethnology* 4: 295-309.

WHO/FAO/UNU

2007 Protein and Amino Acid Requirements in Human Nutrition. *World Health Organization Technical Report Series* 935: 1-265.

Wood, A. W.

1985 The Stability and Permanence of Huli Agriculture. *Department of Geography Occasional Paper* No. 5 (New series). Port Moresby: University of Papua New Guinea.

II

肉食行為の人類史

第5章 肉食行動の進化
――ヒト以外の霊長類の肉食と比較して

五百部 裕

1 肉食行動の起源

はじめに

われわれヒトは、健康上や宗教上の理由がない限り、日常的に哺乳類や鳥類の「肉」を食べている。しかしこれは、サルの仲間である霊長類の中にあって極めて変わった性質である。ヒト以外の霊長類の食物は多岐にわたるが、動物性食物の中心は昆虫をはじめとした無脊椎動物である。彼らは、ときに肉を食べることが知られているが、ヒトほど頻繁に肉を食べる種はいない。こうしたこともあり、肉食行動は、人類進化のどこかの段階で獲得され、かつその進化において大きな役割を果たしたと考えられてきた。本稿では、ヒト以外の霊長類、とくに系統的にヒトにもっとも近いと考えられている類人猿とヒトの肉食行動の比較を中心にして、人類における肉食の進化を考えてみたい。

霊長類の肉食行動

たぶん多くの方が「サル」の食べ物というと、果実や葉を思い浮かべるだろう。確かに多くのサルの仲間が、植物性食物を主食にしているのは間違いない。しかし、そもそもサル、すなわち霊長類は、昆虫を主食とするいわゆる食虫類（モグラやトガリネズミなど）の仲間から進化してきたと考えられている。進化の出発点において、サルは昆虫をはじめとした動物性食物を主食にしていたのだ。そのため、原始的なサルの仲間と考えられている夜行性の原猿類では、今でも昆虫を主食としているものも少なくない。すなわち、霊長類は動物性食物を食べる習性をもって生まれてきたといえる。その後、体の大型化や昼行性への変化にともなって、果実や葉といった植物性食物を主食とする種が現れたと考えられている。しかし、彼らも植物性食物のみを食べているわけではなく、昆虫などの無脊椎動物を食べていることが多い。われわれヒトも、植物性、動物性、両方の食物を食べる雑食だと言われるが、ヒト以外の多くの霊長類も雑食なのである。

では「肉」についてはどうだろう。まったく食べないわけではないが、ヒトに比べるとその頻度は著しく低いというのが実態だ。例えば、日本に生息する唯一のサルであり、野生下での観察が六〇年以上続けられているニホンザルでは、長らく哺乳類や鳥類の肉を食べた観察例はなかった。最近になって北アルプスに生息するニホンザルが、特別天然記念物であるライチョウのヒナを食べたという観察例が出てきたが、それまではトカゲやカエルなどの爬虫類や両生類の捕食が観察されていただけだった（Suzuki et al. 1990）。そしてこうした爬虫類や両生類の捕食の観察例はごく少数に過ぎない。一方で、ニホンザルは日常的に昆虫などの無脊椎動物を食べている。すなわち、彼らは動物性食物を日常的に食べている一方で、肉はほとんど食べていないのだ。

図1：ウガンダ、カリンズ森林で撮影されたネズミを食べるロエストモンキー。このようにヒト以外の霊長類でも、肉を食べることが観察されている(筆者撮影、以下同)。

これはニホンザルに限ったことではない。私の最近の研究対象である、アフリカ産の樹上性のオナガザルの仲間でも同じようなことが言える。彼らは、アフリカの森林で樹上生活を送っており、主食は果実や葉である。一方でニホンザルと同じく、毎日、けっこうな量の昆虫をはじめとした無脊椎動物を食べている（Tashiro 2006）。では、彼らはまったく肉を食べないのか。実はニホンザルと同じく、少ない頻度ながらも肉を食べることが知られている（Butynski 1982）。例えばウガンダ西部からコンゴ東部にかけて生息し、ウガンダのカリンズ森林において継続的に観察されているロエストモンキーと呼ばれるサルでは、平均すると数十時間の観察に一回程度の頻度で、ネズミやリスといった小型の哺乳類を食べることが知られている（五百部・田代 二〇一六）［図1］。そしてたいへん興味深いのは、ごく稀にしか肉を食べないと考えられるにもかかわらず、多くの個体が肉に強い関心を持っているということである。すなわち、肉を食べている個体のまわりに他個体が接近し、ときに肉を食べている個体の口元に自分の口を近づけたりする行動も観察されている。加えて、オナガザルの仲間ではたいへん珍しい肉の分配行動も、このロエストモンキーでは観察されているのだ（五百部・田代 二〇一六）。一般にヒト以外の霊長類は、「独立生計の原則」に基づいて生活していると言われている。自分で必要な食べ物は自分で手に入れるという原則だ。確かに小さな赤ん坊の時期は母親のミルクに依存して生活しているが、離乳後は、母親ですら子どもに食べ物を分け与えることはほとんどない。ましてや非血縁個体間では、食べ物の分配はまず起こらない。そうした中、後述するように、チンパンジーなどでは、食物分配行動が観察されているが、その主要な対象が肉なのだ。そしてこれと同じような現象がロエストモンキーでも観察されているのである。植物性の食物の分配行動が観察されていないロエストモンキーにおいて、肉の分配が観察されたということは、肉食の頻度は低いものの、彼らが肉に対して高い価値をおいているからかもしれない。ヒト以外の霊長類において、分配対象となる食物が肉であることが多いという事実は、人類における肉食の進化を考える上でたいへん興味深いことである。

このように、多くの霊長類の仲間が、昆虫をはじめとした動物性食物を日常的に食べつつ、たまに肉も食べるという特徴を持っている。こうした特徴を基盤にして、人類の肉食行動が進化してきたと考えられる。そして、われわれヒトにもっとも系統的に近い類人猿では、肉食に関して、他の霊長類の仲間とは少し違った特徴を持つことが知られている。

類人猿の肉食行動

われわれヒトに系統的にもっとも近い霊長類の仲間が、類人猿と総称されるグループである。現在地球上に生息する類人猿の仲間は、東南アジアに生息し比較的からだの小さいテナガザル類、同じく東南アジアに生息するオランウータン、そしてアフリカに生息するゴリラとチンパンジー、ピグミーチンパンジー（ボノボ）のみである。彼らは、いずれも果実を中心とした植物性の食物を主食にしている。加えて、類人猿以外の霊長類同様、アリやシロアリをはじめとした昆虫などの無脊椎動物も食べることが知られている。そして、テナガザル類を除く四種は、からだの大きさから大型類人猿と呼ばれることもある。

類人猿の仲間のうち、野生のテナガザルとゴリラについては、肉食行動の証拠はまったく得られていない。テナガザルは、樹上生活を送っており、地上に降りることはほとんどない。こうした特徴が、テナガザルで肉食がみられない理由と考えられている。一方ゴリラは、現生の霊長類の中でもっともからだが大きく、またよく地上も利用する。こうした点から考えると、ゴリラが肉食をしても不思議ではない。しかしゴリラは、果実とともに繊維質の多い植物性食物をよく食べるために、消化管、とくに腸が長いという特徴をもっている。こうした消化管を進化させてきたということが、ゴリラが肉食しない理由かもしれない。

一方残りの三種では、野生状態における肉食が観察されている。まずオランウータンでは、頻度はたいへん低いものの、スローロリスと呼ばれるサルの仲間や子どものテナガザルを肉食したという報告がある（Utami and Van Hooff 1997）。ただ長期にわたる観察が続けられているにもかかわらず、肉食の観察例はごくわずかで、後述するチンパンジーと比べて、肉食の頻度はたいへん低いと考えられている。頻度だけみれば、これまで紹介してきたニホンザルやアフリカ産のオナガザルと変わらない、あるいはそれ以下であると言えるだろう。からだは大きいものの、樹上で生活する時間が長く、そのために肉食の頻度がたいへん少ないのかもしれない。

同じ類人猿の仲間でも、ピグミーチンパンジーやチンパンジーは、オランウータンよりも高い頻度で肉食していると考えられている。とくにチンパンジーは、ヒト以外の霊長類の中でもっとも頻繁に肉食し、その量も他の霊長類に比べてずば抜けて多いと考えられている。

2　類人猿の肉食行動の種間差、地域差

ピグミーチンパンジーの肉食行動

ピグミーチンパンジーは、アフリカのコンゴ民主共和国（旧ザイール共和国）のみに生息する類人猿である（加納一九八六）。樹木がまばらな疎開林と呼ばれる環境に生息する個体群もいるが、彼らの分布の中心はコンゴ盆地に広がる熱帯林である。そしてこうした環境のもと、果実を中心とした植物性食物を主食にして生活している。「チンパンジー」という名前がついていることからわかるように、多くの方がご存知であろう「チンパンジー」に近縁な種である。分類学的にはチンパンジーと同じ「Pan属」に属している。二〇世紀初頭に発見されたときには、チンパンジーの「亜種」と考えられていたが、その後の研究で別種であると考えられるようになった。チンパンジーの野外研究が、一九五〇年代終わりに開始されたのに対して、コンゴの政治情勢やその生息環境から、一九七〇年代になるまで野外研究は行われなかった。そしてその後の野外研究から、ピグミーチンパンジーの行動や生態は、チンパンジーとは似ている点も数多くあるものの、相違点も多いことが明らかになってきている。その一つが、肉食の頻度や肉食対象となっている動物の種類である。

後述するように、チンパンジーはけっこう頻繁に肉食することが知られている。肉食が数多く観察されている調査地では、平均すると数日に一回程度、肉を食べていると考えられている。一方ピグミーチンパンジーの肉食

の頻度はそれほど高くない。例えば、私も調査に参加していたワンバという調査地では、四〇年近くにわたりピグミーチンパンジーの観察が行われているものの、肉食行動が直接観察されたのは一〇回に満たない（Ihobe 1992など）。このように、ピグミーチンパンジーの肉食の頻度は、他の霊長類の仲間同様、決して高くない。場合によっては、前述したロエストモンキーよりも低い可能性もある（五百部・田代二〇一六）。

　では、ピグミーチンパンジーはどのような動物を肉食の対象としているのか。ワンバで直接観察された事例は、すべてウロコオリスと呼ばれる、ムササビと同じく滑空することができる齧歯《げっし》類の仲間である。ワンバ以外の調査地では、コウモリや小型の有蹄類であるダイカーなどが食べられている（Badrian and Malenky 1984; Bermejo et al. 1994）。また最近の報告では、チンパンジーの主要な狩猟対象となっているサル類の捕食も観察されている（Hohman and Fruth 2008）。ただ、チンパンジーに比べて、肉食対象の幅は狭く、それぞれの調査地では、限られた種のみが肉食の対象となっている。またそのほとんどが、体重が数キログラムにも満たない小型の哺乳類である。

　そしてピグミーチンパンジーは、こうした対象を機会的に捕まえていると考えられている。肉食の頻度が少ないだけに、対象動物を捕まえる場面の観察はたいへん少ないが、観察されたかぎりにおいては、単独個体がたまたま出会った動物を捕まえていることが多い（田代二〇〇一）。すなわち、ウロコオリスが昼間寝ていることが多い木のうろにピグミーチンパンジーが手を突っ込んだところ、たまたま捕まえたといった感じである。ワンバでの観察では、ピグミーチンパンジーがこうしたうろに手を入れて、中を探索することもときどき観察されるが、チンパンジーほど積極的に肉食の対象となる動物を探しているようには見えない。まして、チンパンジーではごくふつうに観察される、複数個体による狩猟の場面はほとんど観察されていない。

　一方で、ピグミーチンパンジーは肉に対して高い関心を持っていると考えられている。誰かが肉を手に入れるとその周りに個体が集まってきて、さかんに物乞い（ベギング）行動を行う（Ihobe 1992）。すなわち、肉の所有者に対して、手を延ばしたり、口を近づけたりして、肉を分配してくれるように促すのだ。このような行動は、肉だけでなく大きな果実に対しても行われることもあるが、その頻度はたいへん低い（加納 一九八六）。ふだんから口にしている植物性の食物に対して、物乞い行動や分配行動が起こることはほとんどないのである。一方肉食の場面では、ほぼ間違いなくこうした行動が観察される。ロエストモンキーなどと同様、肉食の頻度は高くないものの、彼らは肉に対して強い関心を持っている可能性が高い。とすれば、なぜチンパンジーのように積極的に肉食の対象となる動物を探して捕まえようとしないのかという点は、大きな謎であるが。

このように見てくると、ピグミーチンパンジーの肉食の特徴は、オナガザル類の肉食の特徴と共通する点が多い。すなわち、頻度は少なく、限られた対象を機会的に捕まえるといったような点、そして肉に対して強い関心を持っている点などである。たぶんピグミーチンパンジーは、オナガザルとの共通祖先の段階ですでに獲得されていたと考えられる、このような特徴を保持しつつ進化してきたのであろう。

チンパンジーの肉食行動

ヒト以外の霊長類の中で、もっとも頻繁に肉を食べていると考えられているのが、チンパンジーである。初めて野生チンパンジーの肉食行動が観察されたのは、一九六〇年、タンザニア共和国のゴンベ国立公園という調査地であった（Goodall 1963）。以来、野生チンパンジーの調査が行われたほとんどの場所で、チンパンジーの肉食行動の証拠が得られている。チンパンジーは、アフリカに生息する類人猿の中で、もっとも幅広い環境に生息している。ゴリラやピグミーチンパンジーと同じく熱帯林を中心に分布しているが、非常に乾燥した地域にも分布域を広げているのである。そしてこうした生息環境の相違にもかかわらず、チンパンジーは肉を食べることが知られている。

一九六五年に調査が開始され、それ以来継続的な野生チンパンジーの調査が行われてきた、タンザニア共和国のマハレ山塊国立公園においても、チンパンジーの肉食に関する資料が大量に蓄積されている（Hosaka 2015）。まずその頻度であるが、平均すると数日に一回程度、肉食していると推定されている（Uehara et al. 1992）。そして、彼らの肉食行動には、季節差が認められるのだが、肉食が多く観察される季節には、ほぼ毎日のように、群れの誰かが肉を手に入れているという計算になっている。

こうした傾向はマハレに限ったことではなく、マハレ同様、チンパンジーの長期研究が行われている、タンザニアのゴンベ（Stanford et al. 1994）、ウガンダ共和国のキバレ森林（Watts and Mitani 2002）、そしてコートジボアール共和国のタイ森林（Boesch and Boesch 1989）でも認められている。この四調査地は、環境条件が異なるものの、いずれでもかなりの頻度でチンパンジーは肉食している。すなわち、チンパンジーの肉食行動自体は、環境条件の相違を超えた、彼らにとって一般的な特徴であると言えるだろう。

一頭のみで動物を捕まえたときには、その個体のみが肉を消費してしまうこともある。しかしたいていの場合、肉の所有者の周りに個体が集まってきて、物乞い行動や肉の分配行動が観察される（Hosaka 2015）。肉に対して強い関心を持つという特徴は、オナガザルの仲間やピグミーチンパンジーと共通していると言えるだろう。

チンパンジーの肉食対象の特徴

ヒトの主要な肉食の対象は、地上性の動物である。直立二足歩行を獲得し、地上をおもな生活空間とするヒトでは、当然と言えば当然のことであろう。確かに弓矢や吹き矢といった道具を用いて、樹上を生活空間とする霊長類などを捕まえて食べることはあるが、地上性の動物に比べるとその割合は小さい。

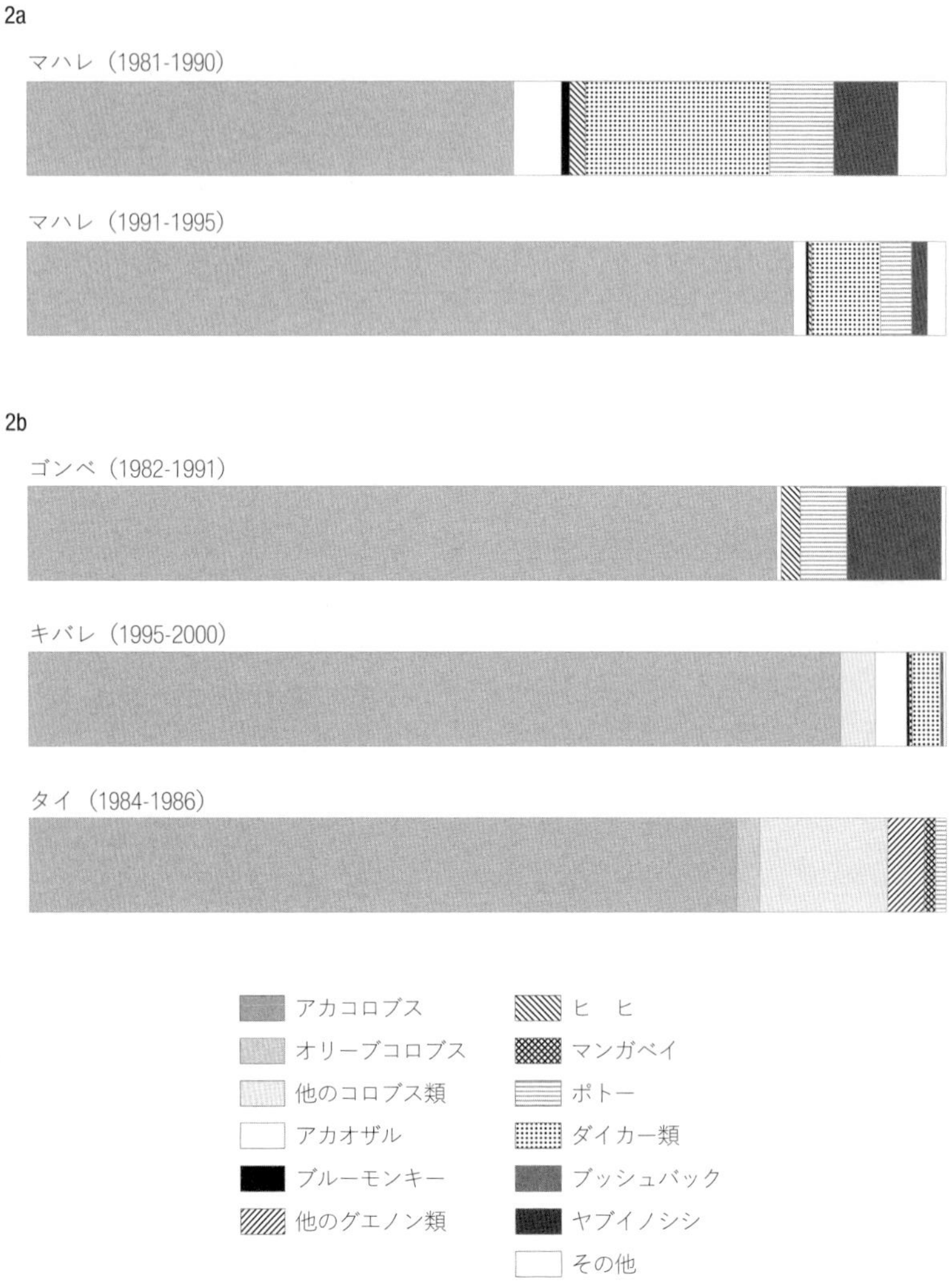

図2a：タンザニア、マハレにおけるチンパンジーの肉食対象の割合。上の図は、1981年から1990年に得られた資料によるもの。下の図は、1991年から1995年に得られた資料によるもの。ダイカー類（ブルーダイカー）の割合が減少し、アカコロブスの割合が増加している。（　）内は資料が得られた年。
図2b：タンザニアのゴンベ、ウガンダのキバレ、そしてコートジボアールのタイのチンパンジーの肉食対象の割合。いずれの調査地においても、霊長類、とくにアカコロブスの割合が高くなっている。

図3：タンザニア、マハレのアカコロブスのおとなのオスと子ども。さまざまな場所で、チンパンジーにもっとも食べられているサルである。

一方チンパンジーの主要な肉食対象は、同所的に生息する霊長類であることが明らかになっている。例えば、タンザニアのマハレで得られた資料では、霊長類の割合が五〇パーセント以上を占めている。またコートジボアールのタイでは、霊長類の割合が九〇パーセント以上となっている。こうした傾向は、ゴンベやキバレでもまったく同じである〔図2a、2b〕。とくに興味深いのは、これら四か所の調査地すべてで、もっとも頻繁に肉食されている霊長類がアカコロブスと呼ばれる種であることである（五百部 二〇〇二）〔図3〕。アカコロブスは、アフリカ大陸の森林地帯に広く分布する霊長類で、チンパンジーの分布域と重なる部分が多い。彼らは、コロブスと呼ばれるサルの仲間で葉を主食としている。サルの食べ物というと、葉を想像する方も多いと思うが、葉には繊維質や消化阻害物質が含まれており、一般的な霊長類は、葉を大量に食べることはできず、果実を主食にしているものが多い。葉を大量に食べることができないという特徴は、われわれヒトも同様である。ところがコロブスの仲間は、ウシと同じような胃を進化させた。すなわち、胃が複数の部屋に分かれており、その一つにバクテリアを共生させている。そして自分自身では消化することができない葉を、バクテリアの助けを

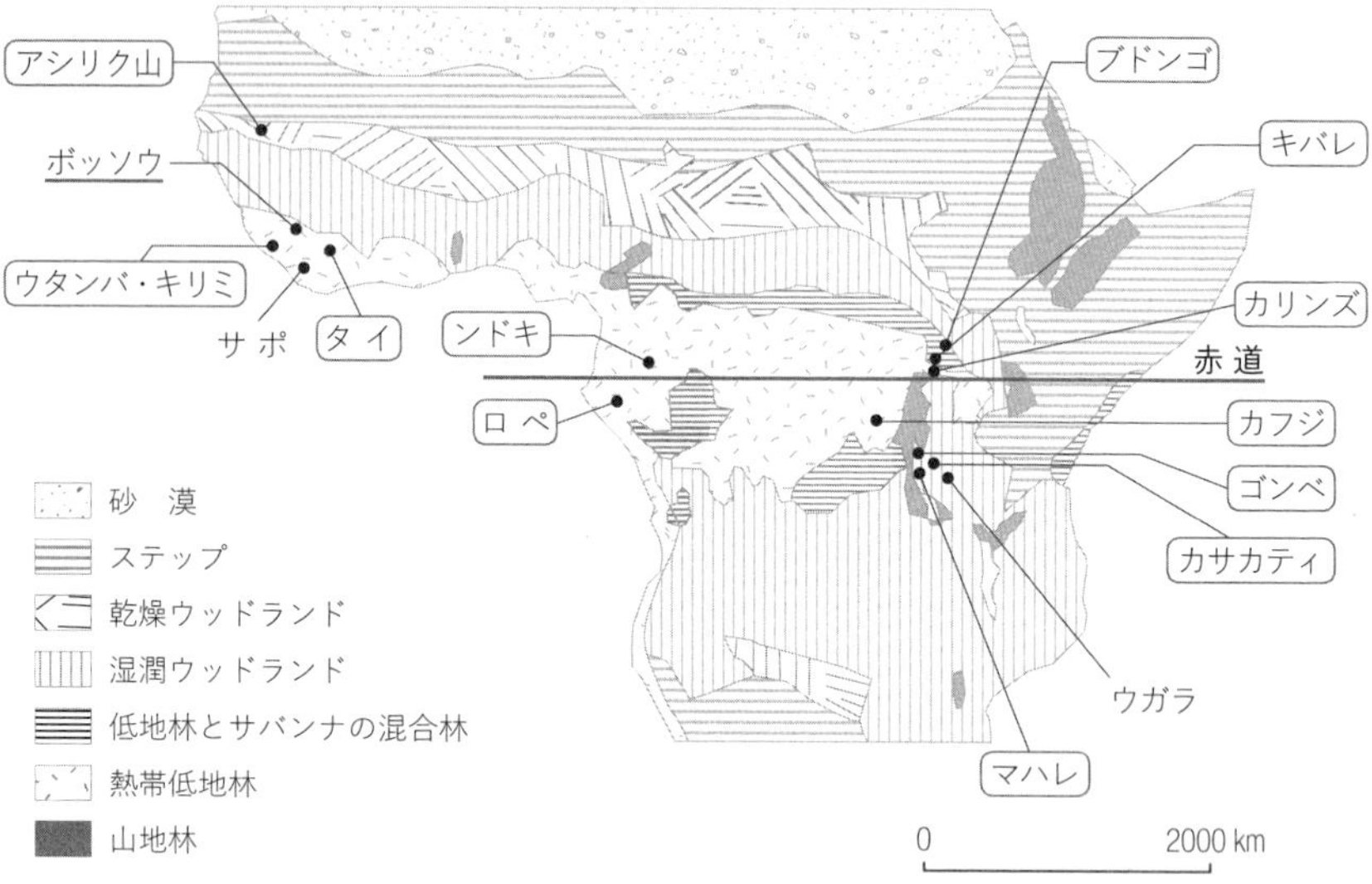

図4：チンパンジーの調査地とアフリカの植生。チンパンジーの肉食の証拠が得られている15の調査地を示した。四角で囲った12の調査地では、チンパンジーの肉食対象に霊長類が含まれている。下線をつけたボッソウでは、チンパンジーのよる肉食の証拠は得られているが、霊長類はその対象に含まれていない。サポとウガラでは、肉食の対象が特定されていない（五百部2000の図3-2を改変）。

借りて消化・吸収している。そのため、他の霊長類とは違って大量の葉を食べることができるのだ。さて、ではこのような特徴をもったアカコロブスを、なぜチンパンジーは好むのか。チンパンジーの肉食行動の進化を考える上で、たいへん興味深い点なのだが、いまだにはっきりとした結論は得られていない。ただアカコロブスの生息密度が高いといったような単純な理由ではなく、アカコロブスの生態やチンパンジー狩猟に対する対応の仕方のまずさといった要因が影響していると考えられている（五百部 二〇〇二）。

またある程度の期間、チンパンジーの野外研究が行われた調査地は一〇か所以上にのぼるが、このうち肉食の対象が明らかになった地域のほとんどで、同所的に生息する霊長類が対象に含まれている［図4］。唯一、西アフリカのボッソウという調査地のチンパンジーにおいて霊長類が対象に含まれていないが、それはこの地域にチンパンジー以外の霊長類が生息していないからである。このように見てくると、肉食するという特徴と並んで、チンパンジーの主要な肉食対象は霊長類の仲間であるという特徴も、生息環境の相違にかかわらず彼らにとって一般的なものであると言えるだろう。

チンパンジーの肉食対象の地域差

こうした共通した特徴がみられると同時に、当然のことながら、調査地によって異なる点もある。とくに肉食の対象においてこの傾向が顕著である。こうした違いをもたらしている一つの要因は、それぞれの調査地に生息する哺乳類種の違いであるのは間違いない。ボッソウのように、チンパンジー以外の霊長類が生息していないのであれば、チンパンジーが霊長類を肉食することは不可能である。しかし興味深いのは、同じ種が生息しているにもかかわらず、ある地域のチンパンジーは肉食し、別の地域のチンパンジーはその種を肉食しないという違いが存在することだ。その代表が、ブルーダイカーと呼ばれる有蹄類である。この動物は、おとなの体重が数キログラムと有蹄類の仲間ではたいへん小型である。森林を中心に、アフリカ大陸に広く分布している。そのため、チンパンジーの分布域と重なる部分が大きい。そしてタンザニアのマハレでは、ブルーダイカーはチンパンジーの代表的な肉食対象の一つになっている(Uehara et al. 1992)。一方、コートジボアールのタイでは、ブルーダイカーは生息しているものの、チンパンジーが肉食した証拠はまったく得られていない。それどころか、ブルーダイカーがすぐ横を通っても、チンパンジーがまったく見向きもしなかったという観察すらある(Boesch and Boesch 1989)。マハレでは考えられない光景だ。こうした調査地間の肉食対象の違いは、「Prey image」と呼ばれる考え方で説明されることが多い(Boesch and Boesch 1989; 五百部 一九九三)。Prey imageとは、直訳すれば「獲物のイメージ」ということで、このイメージに含まれている動物は肉食するが、含まれていない動物は肉食しないということだ。いわば、ある動物を「食べ物」として認識しているかどうかの基準と言ってもよい。すなわち、タイのチンパンジーにとってブルーダイカーはこのイメージに含まれておらず、マハレのチンパンジーのイメージには含まれていると考えられる。なぜこのようなイメージを持つようになったか、あるいはなぜタイのチンパンジーの獲物のイメージにブルーダイカーが含まれていないのかという点は、未解決の問題として残る。しかし、少なくとも私たちがある動物を「食べ物」として認識する一方、別の動物をそのようには認識しないのと同様の現象がチンパンジーにも存在すると言ってよいだろう。いわば「食文化」とも言えるようなことがチンパンジーにも存在するのだ。

また肉食対象が、一つの調査地の中で異なる現象も知られている。マハレでは、かつてブルーダイカーの割合がもっとも高かったのだが（Uehara et al. 1992）、前述したように最近ではアカコロブスの割合がもっとも高くなっている（Hosaka 2015）［図2a］。実は、マハレにおけるチンパンジー研究の初期には、Kと名づけられた集団をおもに観察していたのだが、この集団が最終的に消滅してしまったので観察対象はM集団になった。そのため、この肉食対象の変化は、チンパンジー集団の相違に起因する可能性もある。しかし、両集団が利用する地域は大きく重なっており、植生や生息している動物の種類や密度にほとんど違いはない。そこで、生息環境の違いが肉食対象の違いの原因であるとは考えにくい。むしろそれぞれの集団の「文化」と考えられなくもない。

他方で、こうした地域差、ないしは地域内での変異が、環境要因の相違から説明できる可能性もある。肉食対象そのものの相違ではないが、チンパンジーとアカコロブスの種間関係やチンパンジーがアカコロブスを捕まえる際の方法に地域差が見られることが明らかになっている（Boesch et al. 2002; Hosaka and Ihobe 2015）。タンザニアのマハレでは、チンパンジーが近づいてくると、アカコロブスは蔓が茂った樹上に隠れようとする。それでもチンパンジーがアカコロブスを発見し、捕まえようとするとアカコロブスのオスが反撃に出ることが多い。一方、コートジボアールのタイでは、このようなアカコロブスの行動は観察されていない。こうした違いが生じるのは、チンパンジーとアカコロブスの大きさの相違と森の構造の違いからある程度説明できるとされている。まず両種の大きさであるが、マハレのチンパンジーはタイのチンパンジーに比べ平均的に小さく、逆にアカコロブスはマハレの方が大きい。すなわち、マハレの方がチンパンジーとアカコロブスの体格差が小さいのだ。このため、マハレでは、アカコロブスの反撃という手段が有効であると考えられる。またマハレの方が乾燥しているため、樹冠が不連続であることが多い。そのため、チンパンジーに襲われた際にアカコロブスは、孤立した木の上に追い込まれてしまうことが多くなる。そこで「窮鼠猫を嚙む」ではないが、切羽詰まったアカコロブスが反撃に出ると考えられている。それに対してタイでは、ほぼ樹冠が連続している。そのため、タイではチンパンジーが襲ってきたときに、アカコロブスは容易に逃げることができる。このように、形態や生息環境といった要因が、チンパンジーとアカコロブスの関係を変えていると考えられている。そして、同じようなことが肉食対象の地域差においても生じている可能性がある。例えば、対象となり得る動物の生息密度の相違などが、肉食の対象とするかどうかを決める要因の一つになっている可能性は十分に考えられるだろう。

加えて、肉食対象の地域差が遺伝的な背景を持つ可能性もある。最近の研究から、チンパンジーの味覚に関する遺伝子の特徴に地域差が見られることが明らかになっている。とくに「苦み」に関わる遺伝子において、その多型（個体差）に地域差が見られ、この違いが「苦い味」の植物性食物の採食頻度に影響を与えている可能性が指摘されている（Hayakawa et al. 2012）。すなわち、ある地域のチンパンジーにとって「苦い」ものも、別の地域のチンパンジーにとっては、「苦く感じない」可能性があるということだ。もし同じような違いが、「肉の味」に関わる遺伝子にも存在するならば、肉食対象の地域差が見られる原因は、「文化」というよりも遺伝的な違いと言えるかもしれない。それどころか、ヒトに見られる食物の地域差、すなわち「食文化」も、場合によってはこのような味覚の遺伝子の地域差に起因する可能性すら考えられるということだ。

3 肉食行動における ヒトとの相違点

肉食と狩猟

さて、ここまでヒト以外の霊長類における「肉食」についてみてきたわけだが、ここで一つ指摘しておきたいことがある。それはどのような方法で肉を手に入れるかということだ。ここまでみてきたように、たぶん肉を食べるという性質そのものは、決して私たち人類、ないしはヒトに固有なものではないことがはっきりしていると考えられる。そして、彼らは、基本、自らの手で鳥や哺乳動物を殺し、その肉を手に入れているのだ。すなわち「狩猟」しているのである。そもそも「狩猟」という行為をどのように定義するかは、決して単純なものではない。しかし、一般的には自らが動物を殺してその動物を利用する行為を狩猟と呼ぶであろう。このように考えれば、少なくとも肉食をしているヒト以外の霊長類は狩猟していると言って間違いない。

一方で、肉を手に入れる方法は狩猟だけではない。その一つが「スカベンジング（死肉漁り）」と呼ばれる方法だ。これは、自ら動物を殺すことなく、肉食獣などが捨てていった肉をあさるという行為である。例えばハイエナやハゲワシといった動物が、この方法で肉を手に入れていることは有名だ。しかし意外に思えるかもしれないが、多くの肉食獣や肉食性の鳥がこの方法をとっていることが知られている。あのライオンですら、ときにこのような方法で肉を手に入れているのだ。しかし、ヒト以外の霊長類がスカベンジングによって肉を手に入れたという報告は少ない。前述したように、チンパンジーはけっこうな頻度で肉食しているが、彼らが肉を手に入れる方法は基本「狩猟」である。すなわち自らが動物を殺して肉を手に入れている。そして、彼らがスカベンジングしたという報告はごく限られたものとなっている。このようにヒト以外の霊長類の肉の入手方法は、「狩猟」が原則であると言える。他方後述するように、初期人類はスカベンジングによって肉を手に入れていた可能性が指摘されている（Potts and Shipman 1981）。この点は、肉食をめぐる特徴の中で、人類（ヒト）とヒト以外の霊長類の大きな違いかもしれない。

ここでもう一つ考えねばならないのは、「動物を殺す」ことが肉の入手を目的としているかということだ。ヒト以外の霊長類の場合、確かに自らが動物を殺すことによって肉を手に入れる場合が多いが、一方で殺した動物を食べないこともある。言い換えれば、肉の入手を目的とせずに動物を殺すことがあるらしいということだ。ではなぜ殺すのか。正直言ってその理由はよくわからない。ただ、飼育下のピグミーチンパンジーの例などをみると、もしかしたら「遊び」なのかもしれない（Ingmanson and Neary 1987）。近代社会におけるスポーツハンティングのように、もしかしたらヒト以外の霊長類もある種の「楽しみ」のために動物を殺すことがあるのかもしれない。チンパンジーの「狩猟」の場面を見ていると、単に肉を手に入れるためということだけでは説明できない興奮をともなうことが多い。それは、狩猟採集民における狩猟にも、大きな興奮をともなうことがあると言われている（市川 一九八二）のと共通している。人類における「狩猟」という行為の進化を考えるためには、こうした視点も必要かもしれない。

ヒトとヒト以外の霊長類の共通点

ここまで見てきたように、そもそも「肉を食べる」という行動自体は、人類やヒトの発明品ではないと考えられる。動物性の食物を利用するということは、霊長類全般に広く見られる特徴であり、肉の利用も限られた種のみに見られるものではない。すなわち、人類の登場以前に、すでに肉食という特徴は獲得されていたと考えられるだろう。

また、肉に対して強い関心を示すという点も多くの霊長類に共通している。オナガザルの仲間でも、ピグミーチンパンジーでも、そしてチンパンジーでも、誰かが肉を持っていると、その周りに個体が集まってくる。なぜこのように、多くの霊長類が肉に対して強い関心を抱くのかはいまだに謎である。食べる機会が少ないから、貴重なものとなっているのか。しかしそうであれば、もっと頻繁に肉食してもよさそうにも思える。あるいはなにか栄養上のメリットがあるのか。しかし、場合によっては数年に一回程度しか食べないものに、栄養上のメリットは考えにくい。いずれにしても、われわれヒトは、こうしたヒト以外に見られる肉に対する強い関心という特徴を受け継いでいるのは間違いないだろう。

そして、肉が分配対象の中心になっているという点も、ヒト以外の霊長類との共通点として指摘できるだろう。ピグミーチンパンジーなどでは、非血縁個体間における植物性の食物の分配が観察されてはいるが（加納一九八六）、植物性食物の採食頻度を考えれば、分配される食物はごくわずかと言ってもよい。それに対して、肉はかなりの高確率で分配される。またチンパンジーでは、肉の分配が社会関係の構築や調整にすら使われている（Hosaka 2015）。さらに、植物性食物の分配行動がこれまでまったく観察されていないロエストモンキーでは、限られた観察例とはいえ肉が分配されている（五百部・田代二〇一六）。このように見てくると、肉を分配することがある、あるいは分配の対象として肉が用いられることが多いという特徴もまた、ヒトだけに見られる特徴ではないと考えられる。

ヒトとヒト以外の霊長類の違い

一方肉食行動において、ヒトとヒト以外の霊長類の間に相違点が見られるのも確かである。まず大きく異なるのは、やはり肉食の頻度、ないしは肉の消費量ということだろう。現代の日本社会においては、健康や宗教といったような理由がない限り、ほぼ毎日のように肉を食べるというのが一般的な食生活だ。この傾向は、近代化された社会だけではなく、自然に強く依存しながら生活している狩猟採集民と呼ばれる人たちにおいても知られている。確かに狩猟という活動によって得られる肉は、いつも手に入るわけではないという意味において「賭け」という側面がある。しかし、狩猟採集生活を送る人たちは、知識や道具を駆使して、なんとか肉をコンスタントに手に入れようとしている。そして熱帯林で生活している狩猟採集民の人たちは、実際に、毎日のように肉を食べていることが多い(市川 一九八二)。このように、肉に対する依存度がたいへん高いのがわれわれヒトの特徴だろう。

ちなみに、一頭のチンパンジーが一年間に捕獲する肉の量は、三―一一キログラム程度と推測されているのに対し、熱帯林で生活する狩猟採集民では、一人が一年間に捕獲する量は、八〇―二八五キログラム程度になると推測されている(五百部 一九九六)。このように、もっとも頻繁に肉を食べていると考えられているチンパンジーでも、ヒトの一〇分の一程度の消費量しかないことになる。

また頻度が高いことと並んで、肉食の対象となっている動物の種類がたいへん多いのも、ヒトの特徴と言えるだろう。現代の日本では、日常的に食べている肉は、ウシ、ブタ、ニワトリくらいのものかもしれない。しかし、狩猟採集民の人たちの肉食対象はもっと幅広い。例えば、アフリカの熱帯林で生活するムブティという人たちの場合、彼らの周りに生息するほとんどの哺乳類を肉食の対象とみなしている(市川 一九八二)。確かに、こうした人たちの場合、性や年齢、あるいは妊娠しているか否か、病気を患っているか否かといったような体の状態によって、利用できる、ないしは食べることが許されている動物に違いが見られるのが一般的である。しかし、その民族にとって食べることができる種類かどうかという視点で見れば、ほとんどの哺乳類が肉食の対象となっているのである。いわば、Prey image に多くの動物が含まれていると言ってよいだろう。

一方ヒト以外の霊長類においてもっとも頻繁に肉食しているチンパンジーですら、彼らの肉食の対象は、周囲に生息する哺乳類のうちの限られたものでしかない（五百部 一九九六）。例えばタンザニアのマハレにおいて、チンパンジーが集中して観察されている地域には、約五〇種の哺乳動物が生息している（Ihobe 2015）。このうち、チンパンジーが肉食の対象としているのは、一七種に過ぎない（Hosaka 2015）。ましてや他の霊長類では、肉として利用されている動物、Prey image に含まれている動物は、ごく限られたものとなっている。すなわち、ヒトの肉食のもう一つの大きな特徴は、肉食の対象が幅広い、言い換えると「肉であればなんでも食べる」ということである（五百部 一九九三）。頻度が高く、対象が広い。これがヒトの肉食の特徴と言えるだろう。

4 人類における肉食の進化

では、このような特徴を持ったヒトの肉食はどのように進化してきたのか。この点については、これまで数多くの考え方が提出されてきた。その中にあって有力な考え方に共通しているのが、乾燥した環境に対する適応として、われわれの祖先は肉食行動を発達させたというものだ。

そもそも私たちに近縁な類人猿の仲間は、熱帯林をホームグラウンドにしている。こうした特徴から考えると、われわれの祖先も熱帯林で生活していたのは間違いない。ここまで述べてきたように、肉を食べるという行動そのものは、類人猿に限らず広く霊長類に見られる行動である。とすれば、チンパンジーやピグミーチンパンジーと人類の共通祖先は、すでに熱帯森の中で、肉を食べていた可能性が高いだろう。たぶん、現在のピグミーチンパンジーに見られるように、小型の哺乳類を機会的に手に入れていたのではないだろうか。そして肉食の頻度はそんなに高くなかったものの、肉に対する強い関心は持っていただろうし、ときに肉は分配されていたかもしれない。このように、ヒト以外の霊長類の肉食の特徴から、肉を食べること、そしてそれを分配することは、人類以前の段階で獲得されていたと考えるのが妥当であるということを指摘できるだろう。

その後、造山活動などの影響により、暮らしていた地域の乾燥化が進行し、人類の祖先は、乾燥した環境、すなわち疎開林やサバンナといった環境での生活を強いられるようになったと考えられている。人類がどのようにして直立二足歩行を獲得し、地上での生活に適応していったのかという点については、いまだにさまざまな仮説が提出されており、決着をみていない。しかし多くの仮説は、環境の変化、すなわち乾燥した環境での生活が、直立二足歩行の獲得に大きく影響したと考えている。こうした中、われわれの祖先が直面した問題が、いかに食料を安定的に獲得するかという問題であった。熱帯林の中で生活していれば、主食となる果実をはじめとした植物性の食物は、多少の季節性はあるものの比較的安定して手に入る。しかし乾燥した環境下では、雨の降り方に季節性があったり地域差があったりして、植物性の食物、とくにそれまでの主食であった果実を安定的に手に入れることが難しくなったと予想できる。一方乾燥した環境では、森林に比べ草食の哺乳類の数は多く、またこれを狙う肉食の哺乳類も多い。そこで、乾燥した環境下で比較的手に入りやすい肉の利用頻度を増やしたのではないだろうか。ただしこの段階では、われわれの祖先は、まだ複雑な道具は手に入れていなかった。野生チンパンジーでも、食物を手に入れるために道具を使うことが知られている（McGrew 1992）。そう考えれば、われわれの祖先も簡単な道具は使っていた可能性が高い。しかし、自らの手で動物を殺すことができるような道具は、まだ手に入れていなかったと考えられている。とすればどのようにして肉を手に入れたのか。ここで考えられるのが、スカベンジングという方法である（Potts and Shipman 1981）。すなわち、肉食獣の食べ残しを利用して肉を手に入れていたのではないか。この方法であれば、鋭い爪や草食獣なみのスピードで走る能力を持たない人類が、複雑な道具を使わなくとも肉を手に入れることが可能だろう。道具を使わずに、小型の哺乳類の肉を「狩猟」によって手に入れることもあったかもしれない。しかし、より安定的に肉を手に入れる手段はスカベンジングだったのではないだろうか。また直立二足歩行を獲得したことで、樹上での敏捷性を失い地上生活に適応したことも、スカベンジングという方法で肉を手に入れることを促進したかもしれない。そしてこの方法で肉を手に入れていたからこそ、われわれの祖先は「肉であればなんでも食べる」という特徴を獲得したのだろう（五百部 一九九三）。

複雑な道具使用の証拠や頻繁な肉食の証拠が出てくるのは、ホモ属の登場以降とされている。すなわち、自ら動物を殺す「狩猟」によって安定的に肉を手に入れるようになったのは、ホモ属の登場以降、とくに原人（ホモ・エレクトス）の登場以降だろう。このように、人類の肉食の進化は二段階に分けて考えた方がよいのかもしれない。初期人類は、乾燥した環境への適応として、肉の消費を増やしていったが、その段階ではスカベンジングにより肉を手に入れていた。そしてホモ属の段階になり、複雑な道具を使い、狩猟によって安定的に肉を手に入れられるようになった。人類以前の段階で獲得していた肉食という性質を受け継ぎ、その対象の幅を広げ、道具を用いて狩猟することで消費量を飛躍的に増やした。それが、われわれヒトの肉食における最大の特徴と言えるのではないだろうか。

引用文献

市川光雄
一九八二『森の狩猟民――ムブティ・ピグミーの生活』京都：人文書院。

五百部裕
一九九三「肉と獣――ボノボ、チンパンジー、そしてヒトの狩猟対象のイメージ」『アフリカ研究』四二号：六一―六八。

一九九六「人間のはるかなる過去――人類以前の物語」『人間史をたどる――自然人類学入門』東京：朝倉書店、一―三二頁。

二〇〇〇「アカコロブス対チンパンジー――霊長類における食う‐食われるの関係」杉山幸丸編著『霊長類生態学――環境と行動のダイナミズム』京都：京都大学学術出版会、六一―八四頁。

二〇〇二「アカコロブスの対チンパンジー戦略」西田利貞・上原重男・川中健二編著『マハレのチンパンジー――パンスロポロジーの37年』京都：京都大学学術出版会、二四五―二六〇頁。

五百部裕・田代靖子
二〇一六「ウガンダ、カリンズ森林におけるロエストモンキーの肉食・食物分配行動」第五三回日本アフリカ学会大会。

加納隆至
一九八六『最後の類人猿――ピグミーチンパンジーの行動と生態』東京：どうぶつ社。

田代靖子
二〇〇一「ワンバ森林で新たに観察されたボノボの肉食」『霊長類研究』一七巻三号：二七一―二七五。

Badrian, N. and **R. Malenky**
1984 Feeding Ecology of Pan paniscus in the Lomako Forest, Zaire. In R. L. Susman (ed.) *The Pygmy Chimpanzee: Evolutionary Biology and Behavior*. New York: Plenum Press, pp. 275-299.

Bermejo, M., G. Illera, and **Pi J. Sabater**

1994 Animals and Mushrooms Consumed by Bonobos (*Pan paniscus*): New Records from Lilungu (Ikela), Zaire. *International Journal of Primatology* 15: 879-898.

Boesch, C. and **H. Boesch**

1989 Hunting Behavior of Wild Chimpanzees in the Tai National Park. *American Journal of Anthropology* 78: 547-573.

Boesch, C., **S. Uehara**, and **H. Ihobe**

2002 Variations in Chimpanzee-Red Colobus Interactions. In C. Boesch, G. Hohmann, and L. F. Marchant (eds.) *Behavioural Diversity in Chimpanzees and Bonobos*. Cambridge: Cambridge University Press, pp. 221-230.

Butynski, T. M.

1982 Vertebrate Predation by Primates: A Review of Hunting Patterns and Prey. *Journal of Human Evolution* 11: 421-430.

Goodall, J.

1963 Feeding Behaviour of Wild Chimpanzees: A Preliminary Report. *Symposia of the Zoological Society of London* 10: 39-48.

Hayakawa, T., **T. Sugawara**, **Y. Go**, **T. Udono**, **H. Hirai**, and **H. Imai**

2012 Eco-Geographical Diversification of Bitter Taste Receptor Genes (TAS2Rs) among Subspecies of Chimpanzees (*Pan troglodytes*). PLOS ONE 7: e43277.

Hohmann, G. and **B. Fruth**

2008 New Records on Prey Capture and Meat Eating by Bonobos at Lui Kotale, Salonga National Park, Democratic Republic of Congo. *Folia Primatologica* 79: 103-110.

Hosaka, K.

2015 Hunting and Food Sharing. In M. Nakamura, K. Hosaka, N. Itoh, and K. Zamma (eds.) *Mahale Chimpanzees: 50 Years of Research*. Cambridge: Cambridge University Press, pp. 274-290.

Hosaka, K., **T. Nishida**, **M. Hamai**, **A. Matsumoto-Oda**, and **S. Uehara**

2001 Predation of Mammals by the Chimpanzees of the Mahale Mountains, Tanzania. In B. M. F. Galdikas, N. E. Briggs, L. K. Sheeran, G. L. Shapiro, and J. Goodall (eds.) *All Apes Great and Small vol.1: African Apes*. New York: Kluwer Academic/ Plenum Publishers, pp. 107-130.

Hosaka, K. and **H. Ihobe**

2015 Interspecific Relationships. In M. Nakamura, K. Hosaka, N. Itoh, and K. Zamma (eds.) *Mahale Chimpanzees: 50 Years of*

Research. Cambridge: Cambridge University Press, pp. 213-224.

Ihobe, H.

1992 Observations of Meat-eating Behavior of Wild Bonobos (*Pan paniscus*) at Wamba, Republic of Zaire. *Primates* 33: 247-250.

2015 Mammalian Fauna. In M. Nakamura, K. Hosaka, N. Itoh, and K. Zamma (eds.) *Mahale Chimpanzees: 50 Years of Research*. Cambridge: Cambridge University Press, pp. 195-212.

Ingmanson, E. J. and P. B. **Neary**

1987 Interspecific Interactions in a Group of Captive Pygmy Chimpanzees (*Pan paniscus*). *American Journal of Primatology* 12: 350.

McGrew, W. C.

1992 *Chimpanzee Material Culture*. Cambridge: Cambridge University Press.

Potts, R. and P. **Shipman**

1981 Cutmarks Made by Stone Tools on Bones from Olduvai Gorge, Tanzania. *Nature* 291: 577-580.

Stanford, C. B., J. **Wallis**, H. **Matama**, and J. **Goodall**

1994 Patterns of Predation by Chimpanzees on Red Colobus Monkeys in Gombe National Park, 1982-1991. *American Journal of Physical Anthropology* 94: 213-228.

Suzuki, S., D. A. **Hill**, T. **Maruhashi**, and T. **Tsukahara**

1990 Frog- and Lizard-eating Behavior of Wild Japanese Macaques in Yakushima, Japan. *Primates* 31: 421-426.

Tashiro, Y.

2006 Frequent Insectivory by Two Guenons (*Cercopithecus lhoesti* and *Cercopithecus mitis*) in the Kalinzu Forest, Uganda. *Primates* 47:170-173.

Uehara, S., T. **Nishida**, M. **Hamai**, T. **Hasegawa**, H. **Hayaki**, M. A. **Huffman**, K. **Kawanaka**, S. **Kobayashi**, J. C. **Mitani**, Y. **Takahata**, H. **Takasaki**, and T. **Tsukahara**

1992 Characteristics of Predation by the Chimpanzees in the Mahale Mountains National Park, Tanzania. In T. Nishida, W. C. McGrew, P. Marler, M. Pickford, and F. B. M. de Waal (eds.) *Topics in Primatology, Vol. 1: Human Origins*. Tokyo: University of Tokyo Press, pp. 143-158.

Utami, S. S. and J. A. R. A. M. **Van Hooff**

1997 Meat-eating by Aadult Female Sumatran Orangutans (*Pongo pygmaeus abelii*). *American Journal of Primatology* 43: 159-165.

Watts, D. P. and J. C. **Mitani**

2002 Hunting Behavior of Cchimpanzees at Ngogo, Kibale National Park, Uganda. *International Journal of Primatology* 23: 1-28.

第6章 ヒト化と肉食
——初期人類の採食行動と進化

鵜澤和宏

1 はじめに

二本の脚でまっすぐに立って歩く霊長類をヒトと呼ぶ。生物としてのヒトの定義はじつに簡潔だ。大きな脳と発達した知能、道具の製作と使用、言語をもちいたコミュニケーション、さらには長く維持される婚姻関係や父親の育児参加、複雑な社会行動など、人類を他の生物から際立たせている様々な特徴はすっかり無視されている。これはなぜだろうか。

チンパンジーとの共通祖先から分岐して、最初のヒトがアフリカに出現したとき、われわれの祖先は直立二足歩行すること以外に、ほとんどチンパンジーとの見分けがつかない生き物であった。生物としてのヒトの定義は、現生人類にのみみられる特徴を除外して、初期人類を含めたヒト科の特徴の最大公約数だけを抽出している。すなわち直立二足歩行だけは、最初期のヒトにさかのぼっても人類に固有の特徴であったというわけである。

ヒトとその他の霊長類を区別する特徴が姿勢と移動様式にあったとすると、現在、人類が示す形態、行動、社会組織における様々な特徴は、その後の進化の過程で獲得されたことを意味する。つまり、人類は七〇〇万年をかけて人間らしさを獲得してきたといっていい。

この「ヒトになる」過程をヒト化＝ホミニゼーション（hominization）という。人類の起源をさかのぼることは興味深いテーマであるが、それと同様に、いかにしてヒトはヒトになったのかを問うことも重要な課題である。人類の進化は、チンパンジーとの共通祖先から現生人類に向かってまっすぐにのびる一本のレールのうえを進む列車のように、単調なものではなかった。進化のレールはいくつもの支線に枝分かれしており、複数種の人類が同時期に併走する複雑なものだった。種分化を繰り返し、過去七〇〇万年間に現れては消えていったヒト科の生物は二〇種を超える。しかし、ホモ・サピエンス一種を残し、現在それらはすべて姿を消してしまった。なぜ併走する線路を進んでいたヒトは絶滅し、われわれだけが生き残ったのか、高度な知能や複雑な社会行動といった現生人類がもつ特徴は進化の過程でどのように獲得され、生き残りに貢献したのか。その進化の物語の様々な局面をたんねんに復元していくことが、人類はいつどのように誕生したかを問うということの本質だろう。

生物の進化をうながすのは、刻々と変化する環境に対してどのように適応するかという生存戦略であるが、そのなかでも重要な要素として生物を特徴づけるのは採食戦略である。本稿では、ヒト化の過程を食性の視点からふりかえる。

2 人類進化と肉食に関する学説

肉食への関心

ヒトにかぎらず生物が生きていくためには食べなければならない。しかし植物にせよ、動物にせよ、食べられる側も身を守るために工夫をこらす。また食べる側にも食料をめぐって競争がおきるので、捕食者は獲物よりも強いだけでは不十分で、競争相手よりも効率的でなくてはならない。こうして生物の形態や行動は、よりよく食べて生き残るために淘汰され、その生物固有の特徴を発達させていく。ヒト化の過程も、初期人類による採食戦略が影響を与えているはずである。

現在、約二〇〇種を数える霊長類は、果実、葉、菌類、昆虫などを食べている。いずれの種も複数の食物を組み合わせており、それぞれの種が適応した環境に応じて、多様な食性を進化させている。しかし大半の種において主要な栄養は植物から得ていることは間違いなく、霊長類全体としてみれば、森林に適応した植物食者といえるだろう。

こうしたなかにあって、ヒトの肉食率は際だって高い。居住環境や季節、さらには宗教によっても変動するが、現代人の食事に占める肉の割合は、先進工業国で全栄養摂取量の二〇パーセント以上、牧畜民や極北の狩猟民では五〇パーセント以上などとなっている。集団によっては九〇パーセント以上を占める場合すらあるという(Lee and DeVore 1968; Leonard 2002)。ヒトにもっとも近縁なチンパンジーは、類人猿のなかでは肉食率が高いことが知られているものの、それでも全栄養摂取量に占める肉の割合は五パーセント程度と推定される(Stanford 2001)。ヒトの進化を採食行動の観点から考えるとき、その鍵をにぎる食物として常に肉食が注目されてきたのも当然といえるだろう。

狩猟仮説

肉食とヒトの進化のあいだに因果関係を見いだそうとする試みは、ほぼ一世紀にわたって続いてきた。肉食の影響はヒトの生活の多様な局面に及んでいることが想定され、肉食をめぐる学説は賛否渦巻いて百家争鳴の様相を呈している。ここでは代表的な説を二つ紹介しておこう。

肉食がヒトの進化と結びついているという視点を最も強く打ち出した初期の学説に「狩猟仮説」がある。肉食の栄養的な側面だけでなく、肉の獲得にともなって生じる社会行動の変化までを含む複数のモデルをとりまとめたものだ。狩猟仮説は、二〇世紀初頭、南アフリカで最初の猿人化石が発見されたことを発端として提唱される。タウングの採掘場でみつかった、当初はサルの子どものものと思われた頭骨を分析したレイモンド・ダートは、この化石がヒトの系統に属するものと見抜き、アウストラロピテクス・アフリカヌスと命名して最初期の人類の位置を与えた（Dart 1925）。同時に、ダートは猿人とともに出土した動物化石が人類の食料残滓《ざんし》であったと解釈した。最初期の人類はハンターとして地上に現れたとする見方を示し、狩猟活動こそが人類の進化の鍵をにぎる重要な役割を果たしたとする学説の口火をきったのである。

森林での植物食を中心とする霊長類が生活するには、カラハリ砂漠に隣接した南アフリカの環境は過酷である。本来の生息地である森林を離れて南アフリカに進出した猿人は、厳しい環境に迫られて、肉食動物から逃げ回りながら、自らも小動物を殺し、死肉を漁る生活を始めたとダートは解釈していた。しかし、南アフリカでつぎつぎに化石資料が発見され、猿人化石と一緒に出土する動物化石に大型の草食動物が含まれることが明らかになると、ダートはこの解釈を変えていく。アウストラロピテクスは十分に優秀なハンターであり、大型の動物をも狩っていたと見なすようになったのである。そして森林を離れて乾燥した草原に進出したのも、そもそも肉を手に入れることを目的としたためと考え、いわゆるキラー・エイプ説を唱えるようになる（Dart 1949; Dart and Craig

1959)。

ダートが想定した肉食と人類進化の関係は、ジョージ・バーソロミューとジョセフ・バードセルらによって社会行動の側面にも拡張されていった（Bartholomew and Birdsell 1953）。彼らは、オスが競争に勝ってメスを手に入れるには、より大きくて攻撃的な個体となることが有利であり、同時にそのような特徴は狩猟においても効果的であったと考えた。一方で、群居性の動物を襲うためにはオス同士の協力も必要であり、狩猟は社会行動の発達にもつながったというのである。つまり狩猟行動はメスをめぐる性淘汰の副産物として発生し、のちには狩猟行動そのものが社会行動を促進したと主張した。

ウィリアム・エトキンはさらに踏み込んで、性による分業という考えを初期人類の社会にもちこみ、狩りをおこなうのはおもにオスの役割であり、メスはオスが手に入れた肉の分配を受けていたとする家族モデルを提唱した（Etkin 1954）。オスによる専従的な狩猟活動でもたらされる食料をあてにできるようになると、メスはより安全な場所で育児に取り組むことができる。母親から十分な世話を受けられるようになると、子どもは他の動物のようにいち早く成長して親離れする必要から解放され、長い幼少期を楽しむことができる。その間に、道具の作り方や狩猟の技術、育児の方法など、大人になるために必要なことを学ぶようになったというのである。家族の起源、知識・技術の伝達などヒト化にとって重要なことがらの多くが、狩猟と結びついて花開いたという想定がなされたのである。

このような狩猟仮説は、作家ロバート・アードリーの著作などを通じて、一九六〇年代には一般にも広く知られるようになったが、学界の評価は冷ややかだった。人類学の専門家たちのあいだには、アウストラロピテクスが捕食動物であったという点について疑う意見が強かったのである。一メートルそこそこの身長と、チンパンジーなみの小さな脳をもち、石器すら作れなかった猿人が、獰猛な肉食動物にまざって草食動物を捕食するという想定は受け入れがたいものだったのである。

人類学研究者のあいだでは、アウストラロピテクスが依然として植物食に依存していたとみなす意見が主流であった。また、エトキンらの家族モデルに対しても、現在の社会を投影したものであるとか、男性優越主義の悪しき反映であるとかいった批判がなされ、狩猟仮説は興味深いがいささか問題のある説とみなされるようになっていった。

高価な組織仮説

ただし、狩猟仮説が学界の評価を勝ち取らなかったからといって、肉食とヒト化の関係までもが否定されてしまったわけではない。人類と他の霊長類を比較したとき、肉食率の増加によって引き起こされたと考えられる特徴はやはり存在するのである。肉食とホミニゼーションを関連づける、もうひとつの学説についてみておこう。

レスリー・アイエロとピーター・フィーラーは生理学的な側面からヒトの体型の変化に着目する。一般に草食動物の消化管は長く、肉食動物の消化管は短い。これは、植物の細胞壁が消化不可能なセルロースでできているためだ。草食動物は、消化酵素だけでは分解できない植物繊維を消化器官内に共生するバクテリアの力を借りて分解し吸収する。カロリーが低い植物を食べて生きるためには大量の葉や草を消化しなければならず、必然的に長大な消化管と長い消化時間が必要になってくるのである。

植物食を基本とする霊長類も、他の草食動物と同じように大きな消化器官をそなえているため胴部が長い。しかし、ヒトの胴部の容量は小さく、消化管も他の霊長類に比べて小さ目で、大腸は六〇パーセント以下である。アイエロらは人類における消化管の縮小が、人類進化のいずれかの段階で、食事に占める植物食の割合が減少し、かわりに消化が容易な高エネルギーの食事を摂るようになったことの反映だと想定する。そしてこの消化器官の縮小が、脳の増大を引き起こしたというのである。脳は体重の二パーセントに過ぎないが、身体維持に必要なエネルギーの二〇パーセントを消費する。この高価な組織を維持するためには、どこかでエネルギーの帳尻を合わせなければならない。食べ物を消化するというのは、それ自体がエネルギーを必要とする働きであり、長大な消化管をもつことは高いコストのかかる仕組みである。アイエロは、人類が消化管を短縮することによって浮いたエネルギーを脳の発達にまわせるようになったと考えたのである（Aiello and Wheeler 1995）［図1］。

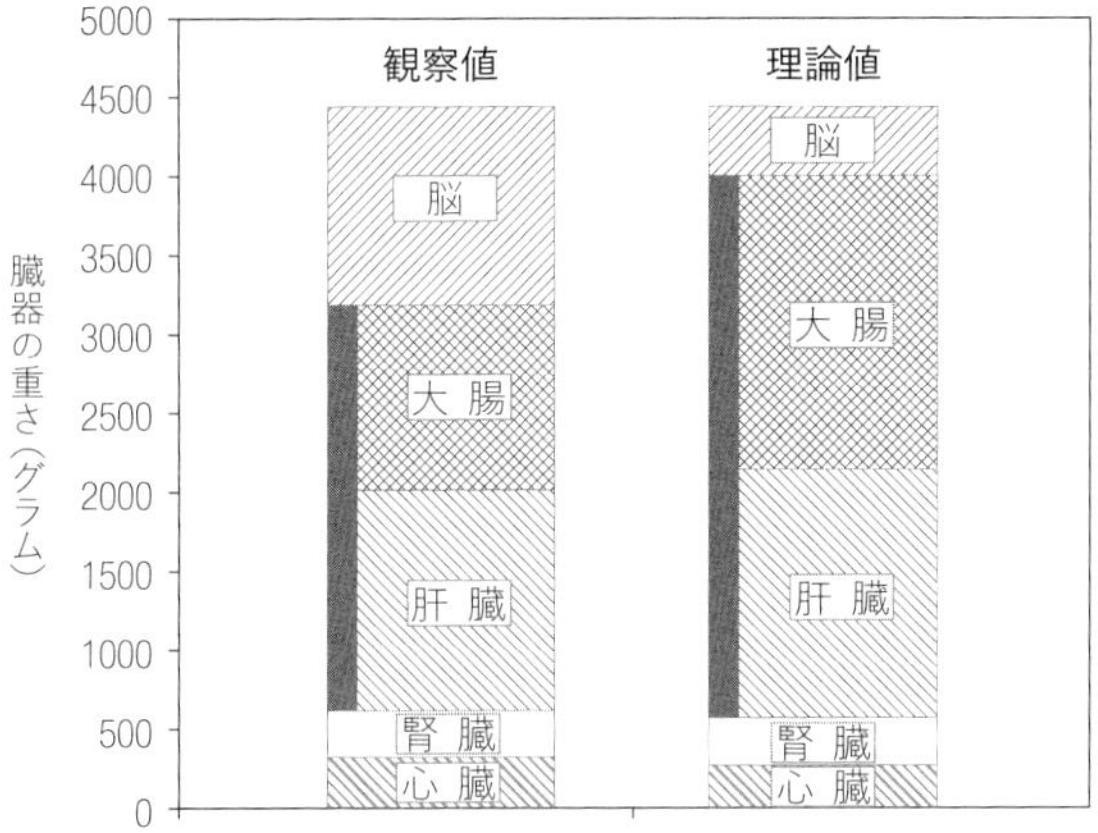

図1：体重65kgの現代人を基準として実際に観察された各器官の重量（左）と、霊長類の平均値から導き出された理論的な値（右）の比較。現代人の大腸は理論値の60％に過ぎず、その減少分が脳の増大に振り向けられている（Aiello and Wheeler 1995, Fig. 3を改変）。

　つまり、脳の発達によって肉などの高栄養の食物を獲得することができるようになったのではなく、高栄養食物を食べることによって脳を発達させることが可能になったということである。そうして、いちどこのサイクルが回り始めると、発達した脳を使ってますます効率的に栄養価の高い食物を手に入れることが可能になり、消化管はさらに縮小して、エネルギー効率を高めることができるという循環が起こることが予測される。近年では、アイエロの主張を補強する説として、人類が火で調理した食料を摂取することによって消化効率が増し、消化管の縮小が生じたとする「料理仮説」も提唱され、重要な視点として注目されている（Wrangham and Conklin-Brittain 2003; Wrangham 2009）。

　さて、肉食とヒトの進化を関連づける新旧ふたつの仮説から得られる教訓は、初期人類がどれほどの肉を食べていたかという問題と、肉をどのように手に入れていたかを分けて考える必要があるということだろう。狩猟仮説がつまずいたのは、肉の入手方法を狩猟と決めてかかったことに

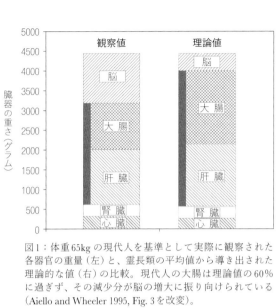

ある。一方で高価な組織仮説がとなえるように、肉食率の向上がヒトの進化を促進した可能性は十分に考えられるのである。今日では、ダートの時代から格段に調査が進み、豊富な人類化石が知られるようになってきた。個々の化石人類がもつ形態は肉食と結びつけて説明できる特徴をもっているのだろうか。とくにアイエロが指摘するような、食性の変化による脳の発達というサイクルは、人類進化のどの段階ではっきりしてくるのだろうか。もちろん、化石の証拠だけではなく、それらと一緒にみつかる動物化石、石器などの道具からもホミニゼーションの過程を復元することができるだろう。

次節からは、肉食が人類進化に与えた影響をさぐることを基本的な着眼点として、初期人類の形態、考古学的証拠に関する最近の研究をまとめていくことにしよう。

3 化石人類の特徴と肉食

現在知られているもっとも古い人類化石は、アフリカのチャドで出土したサヘラントロプス・チャデンシスである。チンパンジーとの共通祖先から分岐して間もない時期の種と考えられ、その年代は約七〇〇万年前にさかのぼる。サヘラントロプスの出現からのち、私たちホモ・サピエンスにいたる道筋にはおよそ二〇種の人類が知られている（例えばCarroll 2003）［図2］。しかし人類史の復元は、すき間だらけのジグソーパズルを組み上げる作業にも喩えられるように、それぞれの種について得られている情報は断片的で、系統関係を推定することは容易ではない。そこで議論の見通しをよくするために、最古の人類から我々までをいくつかのグループに分けて話を進めていきたい。

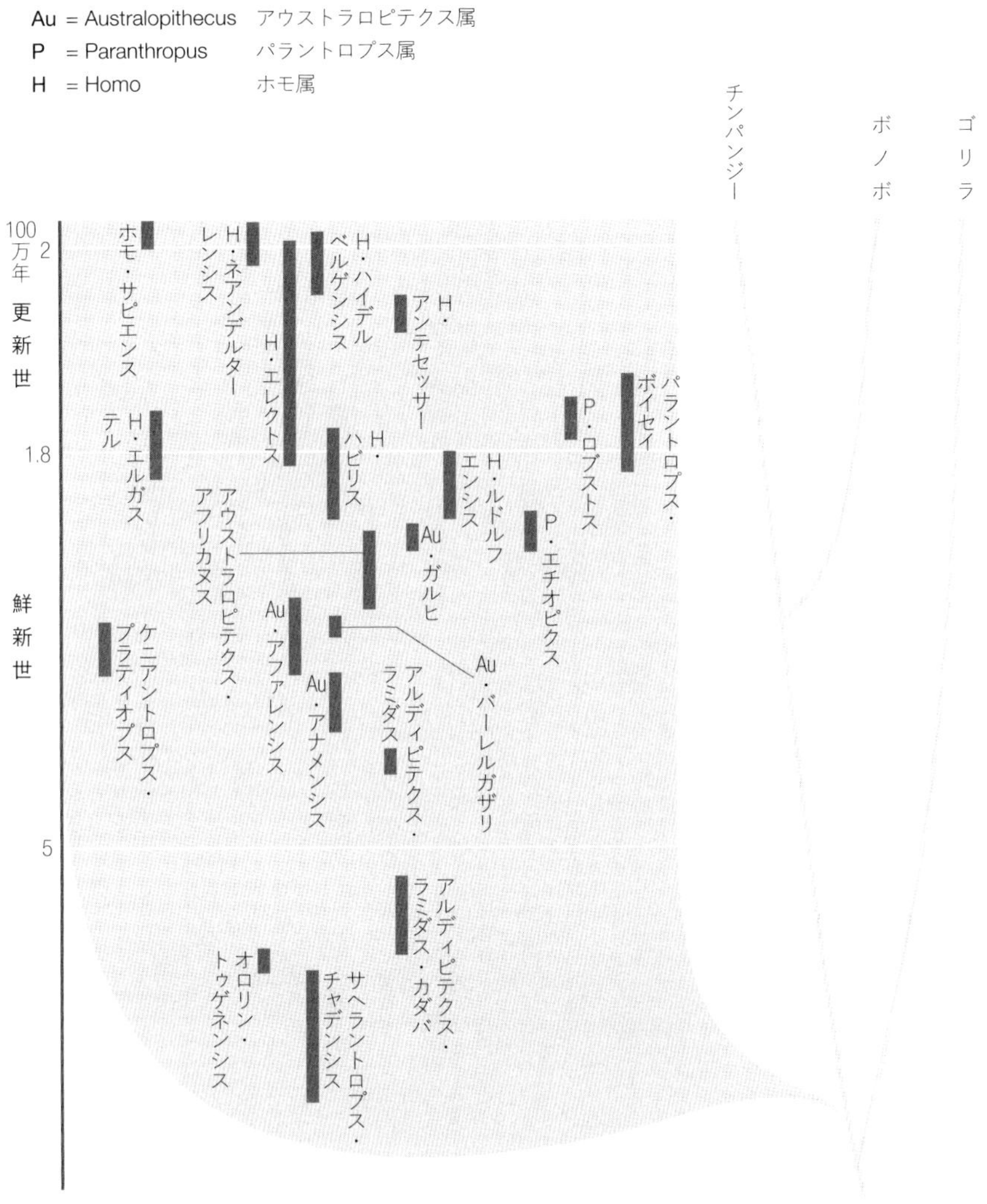

図2：人類系統図。サヘラントロプス・チャデンシスは、チンパンジーとの共通祖先と分岐して間もない700万－600万年前のいずれかの時期に生息していた。ホモ・サピエンスの出現までに少なくとも19種の人類が出現し、複数種の人類が併存していた時期が長い（Carroll 2003を改変）。

サヘラントロプスにはじまる最初期の人類群については特に情報が乏しい。チャド、ケニア、エチオピアなどから、複数の属が報告されているが、系統や生態を復元できるだけの化石資料は集まっていない（White et al. 1994; Senut et al. 2001; Brunnet et al. 2002）。ただし、エチオピアで出土したアルディピテクス属については比較的研究が進んでおり、おぼろげながらその実態が判明しつつある。そこで四〇〇万年前より古い、最初期の化石人類集団を便宜的にアルディピテクス群[1]と呼び、その食性について検討することにしよう。

最初期の人類のなかで、全身の形態や生活の様子が推定できるのはアルディピテクス属のなかでもラミダス一種である。一九九四年に一例目が報告された本種は、その後二〇年間にわたって資料の追加がはかられている。なかでも二〇〇九年に報告された部分骨格は、この種について多くの情報をもたらすことになった（Suwa et al. 2009; Wite et al. 2009）。四四〇万年前の地層から出土した個体は、身体と犬歯のサイズから女性と推定され、アルディという愛称を与えられている。まず注意を引くのは、アルディの歯がチンパンジーとも、後のアウストラロピテクスとも異なっている点である。完熟した果実を食べるチンパンジーは、果物にかじりつくのに適した大きな門歯（前歯）と犬歯を持ち、臼歯は柔らかい果肉をすりつぶすために歯と歯の噛み合わせの面が広い。また咬頭と呼ぶ歯の噛み合わせ面の凹凸が発達しており、エナメル質は薄い。これに対して、アウストラロピテクス属では臼歯のサイズそのものが大きく、エナメル質も分厚く発達する。後述するように、こうした特徴は果実とは異なる、より硬くて、土や砂が付いた状態の食べ物をアウストラロピテクス属が口にしていたことを示している。ラミダスの歯は、犬歯も臼歯も小さく、エナメル質の厚さもアウストラロピテクス属ほど発達していない。柔らかいものをすりつぶすのでもなく、硬いものを噛み切ることにも特化しない、どっちつかずな形態である。歯牙形態から推定される食性は、森林での果実食をおこないながら、時おり樹上から地上にも降りてくる雑食性を示唆している。

歯の形態から推定される食性は、手足など他の身体形態ともつじつまがあうようだ。脚は骨盤から真っ直ぐに伸び、直立二足歩行をおこなっていたことを示すものの、足の土踏まずには現生人類にあるアーチが形成されておらず、長時間の歩行は難しかったと推定される。その一方、足の親指は可動性が高く、チンパンジーほどではないが、つま先でものをつかむことができたらしい。腕の形態も大型類人猿と現生人類の中間的な特徴を示している。樹上での枝渡りに適応して、チンパンジーやゴリラは脚よりも腕が長く、二足歩行を完成させている現生人類では、脚は腕よりもかなり長い。ラミダスはちょうどその中間にあり、腕と脚がほぼ同じ長さであった。腕や脚の形態は、アルディが地上での二足歩行と樹上での木登りの両方に適応していたことを示している。つまり、樹上と地上を生活空間として、果実食を含む雑食性の強い食性をもっていたとの推定とよく整合するのである。

アルディピテクス群が生息していた鮮新世は比較的温暖であり、彼らが分布していた東アフリカには森林が点在し、そのあいだに草地が広がっていたと考えられる。実際にラミダスといっしょに出土した化石には、イチジクやエノキなどの植物、トガリネズミやヤマアラシ、サイ、ゾウ、キリンなど、大小の哺乳類が含まれており、森林とサバンナの両方がモザイク状に分布する環境に暮らしていたことがうかがわれる。森林とサバンナの境界で、両方の環境から得られる資源を組み合わせて折衷的な生活を営んでいたのであろう。肉食という点に関しては、例えば小動物をつかまえるなどして食べていた可能性はあるが、主たる食料となっていたとは考えられない。

アウストラロピテクス属

アルディピテクス群につづいて出現するグループは、四〇〇万年前から二五〇万年前まで生息していたアウストラロピテクス属である。一般に猿人と呼ばれるグループだ。東アフリカから南アフリカにかけて複数の種が確認されているが、このうち東アフリカで約三〇〇万年前まで生息していたアウストラロピテクス・アファレンシスは三〇〇個体分をこえる化石が見つかっており、もっとも化石証拠が豊富な初期人類である。猿人についてはアファレンシスについての知見を中心として食性を概観する。

アルディピテクス群がヒトとチンパンジーの中間的な特徴を色濃く残していたのに対し、これにつづいて出現したアウストラロピテクス属は、チンパンジーとの共通祖先とは明確に異なる特徴を備えていた。脳のサイズはチンパンジーとさほどかわらず五〇〇ccに満たない（Holloway 1988）。顔面の形態も一見するとチンパンジー的であった。しかし、歯と身体は祖先たちとは異なる形態へと進みはじめたことを示している。アウストラロピテクス属には、時代、地域の異なる五種[2]が認められるが、いずれの種も臼歯のサイズが大きくなり、エナメル質も格段に厚みを増しているのである。つまり、食物をすりつぶすための臼歯の機能と耐久性が向上しており、柔らかな完熟果実とは異なる、硬くて砂混じりの食物を食べることへの適応を示す。おそらく地中から掘り出した根茎類なども食べていたと推定される（Laden and Wrangham 2005）。

このような歯牙形態の進化は、じつは人類において特異的に生じたものではない。むしろ地球規模の気候変動によって引き起こされた、植物相の変化に伴う現象の一部としてとらえることができる。鮮新世も終わりに近づくにつれ、南極の氷床が成長して劇的な海面低下が生じる。地中海はたびたび干上がり、ここを給源とする水蒸気に依存していた森林を減少させた。多くの動物がこの変化に対応できず絶滅したが、乾燥した環境に強いウシ科は急速に発展し、分布域の広さ、種の多様性においてアフリカにおける最も支配的な動物となった（Vrba 1995）。ウシ科の歯は歯冠（歯茎から上に出ている部分）が高く、摩耗に強い構造をもっている。草を食むグレイザー（草本食）の代表的な歯牙形態である。初期人類遺跡にともなう動物化石の六〇－八〇パーセントがウシ科によって占められており（Klein 1999: 249）、人類の生活環境にも草本類が優占する植生が発達していたことを示唆する。アウストラロピテクス属の臼歯の大型化とエナメル質の発達は、アルディピテクス群が依存していた森林から離れ、より乾燥したサバンナへの適応が進んだことを示しているだろう。

では、乾燥化する環境のなかでアウストラロピテクス属は具体的には何を食べていたのだろうか。かつてダートが想定した優秀な狩猟者というレベルには達していなかったとしても、サバンナに群居する豊富な草食動物をある程度は食料としてあてにすることができたのだろうか。狩猟仮説が盛んに議論されていた際にも問題となったのだが、ここではアウストラロピテクス属とともに出土する動物化石の解釈が鍵をにぎっている。たとえば動物の骨に肉を切り取った痕跡が残されていれば、肉食の直接の証拠となるだろう。しかし最古の石器の出現は、アウストラロピテクス属の最後の種とホモ属が交代する二五〇万年前を待たなければならず、それ以前の時代に人類による動物の解体痕跡は見いだすことができない。ダートは動物の骨そのものが狩猟具として利用されていたとする骨歯角文化(osteodontokeratic culture)を主張したが、道具として利用するための骨の改変や使用痕跡はみられず、考古学者はその存在に否定的であった(Dart 1957)。二五〇万年前以前のアウストラロピテクス属について、考古学的証拠から行動を復元することは困難なのである。

肉食の程度については、人類化石そのものから得られる情報にもとづいて推定するしかなく、いずれの特徴もアウストラロピテクス属が本格的な肉食をおこなっていなかったことを示唆している。まず平坦な臼歯の形態は、肉を切り裂くこととは結びつかず、植物をすりつぶすことに向いていることは前述した。同様に、身体プロポーション、生息範囲、化石の出土状況などからも植物食に依存していたことが示唆されている。順に見ていこう。

ルーシーの愛称で知られる、約三〇〇万年前のアウストラロピテクス・アファレンシスの保存状態の良い骨格がある。その体幹部分に注目してみると、現生人類の特徴とチンパンジーの特徴がモザイク状に現れている。骨盤はサラダボウル状でほとんど現代人とみわけがつかない[図3]。脚と胴体はまっすぐ関節し、直立二足歩行がほぼ完成していたことが確認できる。一方、胸郭はチンパンジーとよく似ており、上部から下部に向かって拡がっている。胸郭の全体が円筒状になっている現代人と比べ、腹部が膨らんでおり、かなり大きな消化器官をもっ

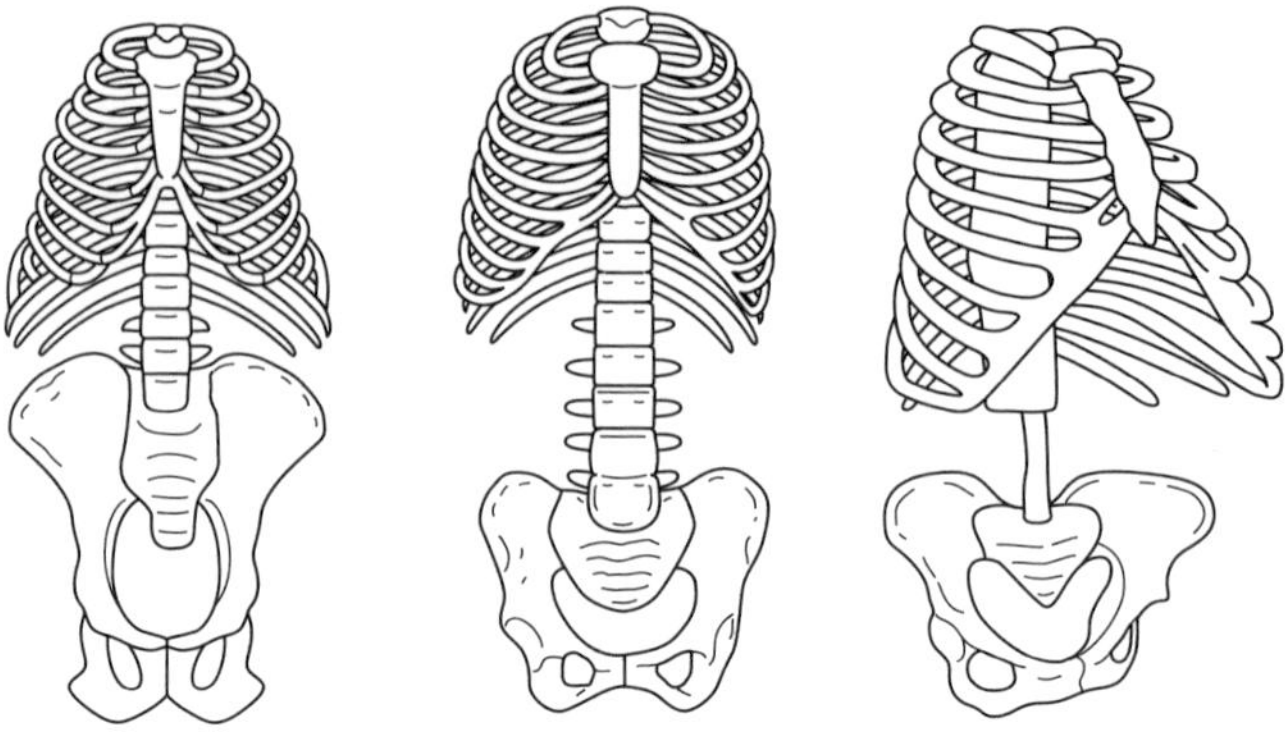

図3：チンパンジー（左）、現代人（中央）、アウストラロピテクス属（右）の胸郭の形態。チンパンジーは大きな消化器官を収納するため腹部が張り出している。このため胸郭は末広がりで三角形をしている。現代人は小さな消化器官を反映して円筒形である。アウストラロピテクス属はチンパンジーと類似した胸郭の形態をもっており、消化器官が大きかったことが推定される（Aiello and Wheeler 1995, Fig. 8を改変）。

ていたことがうかがわれる。果実を中心とする植物を消化するため、大きな胃腸を持つチンパンジーと同様に、ルーシー（アウストラロピテクス属）は、いぜんとして植物食を中心とした食事を営んでいたのであろう。

アウストラロピテクス属の分布様式も、肉食への依存が小さかったことを示している。一般に生態系の高位にある動物種の人口密度は低く、ホームレンジが広い傾向がある（McNab 1963）。これに対して草食獣は多様な種がそれぞれ制限された地域内に高密度で分布する。草食獣が食料とする植物の種類は種によって限定されているため、生息できる植生も制限を受けるのに対し、肉食獣は複数の草食獣を捕食することにより、ひとつの種が異なる環境をまたいで分布することができるためだ。

霊長類も複数の大陸にまたがって生息するものはきわめて例外的であり、植物食依存の特徴を反映している。アウストラロピテクスは属全体をみると東アフリカと南アフリカで出土しているものの、一つの種が両地域にまたがって分布していた証拠はない。アファレンシス、ガルヒは東アフリカで、バーレルガザリはチャド、アフリカヌスは南アフリカでしか出土しないのである。アウストラロピテクス属の分布パターンは草食獣的であり、生態系の高位に位置していたとは考えにくい。もちろん人類の肉食について、肉食獣と同等の完全な肉への依存を想定するわけではないから、この特徴は参考程度に考えておけばよい。ただし、現在、ホモ・サピエンスただ一種が地球の全域にわたって分布していることを考えると、ホームレンジの拡大はホミニゼーションにおいて重要な要素であったことは間違いなく、アウストラロピテクス属の段階においては分布域がかなり制限されていたという事実は重要だろう。

最後にアウストラロピテクス属化石の産出状況について触れておこう。人類化石はごく稀にしかみつからず、むしろ肉食動物の出土量が多い。初期人類遺跡でみつかる化石でもっとも数が多いのはウシ科であることはすでに述べた。鮮新世から更新世のアフリカには、ヒョウなどの大型ネコ科動物とその祖先種、ハイエナ、ジャッカル、さらには絶滅したサーベルタイガーなど一〇種を超える肉食動物が生息していた。初期人類はこれら危険な肉食動物と同所的に生息しており、両者の関係が問題となる。

生物の遺体が土中に埋没し化石として保存される過程を明らかにする研究分野をタフォノミーと呼ぶが、人類遺跡におけるタフォノミー研究の先鞭をつけた分析から人類と肉食獣の関係を端的に示す証拠が得られている。南アフリカのステルクフォンテイン、クロムドライ、スワルトクランスなどの洞窟遺跡では、猿人化石と多様な動物化石が出土している。チャールズ・ブライン、エリザベス・ヴルバらは洞窟から発掘された化石の種構成、骨格部位の頻度、それぞれの骨にみられる破砕パターンを調べ、それぞれの動物が洞窟堆積物に含まれることになった要因を推定した。その結果、かつてダートが猿人による捕食の痕跡と考えたヒヒ化石の損傷も、肉食獣による捕食の痕跡であることが確認された。さらに明確な事実として、アフリカヌス自身の骨に残されていた損傷も、肉食獣の咬痕であることが同定されている。ダートが提唱したキラー・エイプという想定は完全に逆転し、アウストラロピテクス属は肉食獣の餌のひとつであったことが明確になったのである（Brain 1970; Vrba 1975, 1980）。

肉食獣の獲物となっていたこととは、自身も肉食することとは排他的な関係にはない。チンパンジーもときとして小動物やサルを捕食していることを考えれば、アウストラロピテクス属が肉食獣からの被食におびえつつ、自らも多少の肉食を植物食中心の食性のなかに織り込んでいたとしても不思議はない。むしろ彼らの生息環境は植物資源が貧弱で、動物資源が豊富であったからチンパンジーと同等の肉食をおこなっていた可能性はあるだろう。

実際に、サンディ・コープランドら（Copeland et al. 2011）は、歯のエナメル質に含まれるストロンチウムなどの微量元素同位体比を分析し、アウストラロピテクス・アフリカヌスの食の多様性は後続する初期ホモ属や、頑丈型猿人のパラントロプス属よりも食性が多様であったことを明らかにしている。また、これまで外傷だと考えられていたアフリカヌスの変形性脊椎症の事例について、伝染性のブルセラ症の初期段階による病理学的変化ではないかと指摘されている（D'Anastasio et al. 2009）。ブルセラ症はウシを感染源とし、その肉を食べることによって罹患することから、アフリカヌスの肉食の証拠ではないかとの推定もある。

新しい研究法の発達により、より詳細な食性復元が可能になっていくものと期待されるが、現状ではアウストラロピテクス属は機会に恵まれれば日和見的に肉食をおこなっていた可能性があるものの、植物食から肉食への本格的なシフトは生じていなかったと結論できる。

初期ホモ属

人類が本格的に肉食にむかったのは、アウストラロピテクス属から初期のホモ属が派生する、おおむね二五〇万年前以降であった。これをアウストラロピテクス属からホモ属への移行にともない肉食が本格化したと説明するとわかりやすいのだが、実際はそれほど単純ではなかった。

考古学的に確認できる最初の肉食行動は、エチオピアのブーリ遺跡の二六〇万年前の地層から出土した世界最古の石器と、それによって切りつけられた動物化石である。問題は、これらの遺物にともなって出土したのが、アウストラロピテクス属の最後の種、ガルヒだったことである（De Heinzelin et al. 1999）。つまり人類はアウストラロピテクスの段階で石器を製作し、肉食を始めていたことになる。また、最初のホモ属であるホモ・ハビリスは二四〇万年前に出現するが、身長に対して腕が不釣り合いに長いなど、なお原始的な形質がみられる（Johanson et al. 1987）。またハビリスとは異なる形質をもつ、ルドルフエンシスという別種のホモ属がおよそ二〇〇万年前に現れ、二種のホモ属は東アフリカで約五〇万年にわたって共存していたとみられる。つまり肉食はホモ属の出現とともに始まり、それが後の人類進化の道筋を決定したという単純なモデルは成立しないのである。

複雑な初期ホモ属の進化は、二五〇万年前を中心とする時代に人類にあらたな適応をせまる環境の変化が生じ、アウストラロピテクス属の一部に石器製作と肉食をおこなうグループを発生させたものの、自然淘汰はひとつの方向に人類の進化を収斂させず、いくつかの異なった生存方法を模索させたと理解するのが適当であろう。この時期にはアウストラロピテクス属がもっていた頑丈な顎と大きな臼歯をさらに発達させた、パラントロプス属も現れる。二五〇万年前を中心とする数十万年間は、少なくとも五種の人類がつぎつぎに現れ、つねに複数種が共存する時期であった。人類史における激動期において、肉食はひとつの選択肢にすぎなかったと考えるべきだろう。

ホモ・エレクトスの出現

ハビリス、ルドルフエンシスが共存した混乱期をへて、ホモ属にはいよいよヒト化の度合いを高めたエレクトス[3]が現れる。脳の増大、歯と顎の縮小、消化器の縮小をともなう体型の変化、分布域の拡大、洗練された石器、解体された動物化石の痕跡など、肉食と結びつく、あるいはその直接的な証拠が顕著になる。およそ一八〇万年前に現れたエレクトスは、解剖学的にも行動の上でも現生人類に直接つながる特徴を示す最初の人類であったといえる。

エレクトスの形態、行動上の特徴に関する詳細に触れる前に、一八〇万年前ころにどのような淘汰圧が働いたのか、環境に関する情報に目を向けてみよう。海洋底に堆積した陸源堆積物の量や、土壌に含まれる炭酸塩の安定炭素同位体構成比、さらに動植物化石の変化など様々な分析から、東アフリカでは気候の乾燥化と降雨の季節性化が急速に進んだことが推定されている（例えばdeMenocal 1995）。このうち植物相の変化に着目すると、東アフリカに分布する主要な草本が、比較的涼しく日陰に適応した種から高温と乾燥に強い種に置き換わったことが重要である（Ségalen et al. 2007）。現在の東アフリカに発達する植物相は、およそ一八〇万年前に生じたこの変化に基盤をおいており、干ばつへの抵抗力が強い種で構成されている。つまり、乾燥した草原とサバンナという現在のアフリカの環境は、エレクトスと同時期に出現したのである。

エレクトスは高身長で脚が長く、ケニアのナリオコトメで出土した一〇代のはじめと推定される少年の骨格は、すでに身長が一六〇センチメートルを超えていた[4]（Ruff and Walker 1993; Graves et al. 2010）。現在のサバンナに生活する人々も、やせ形で手足が長く高身長という身体プロポーションをもっており、乾燥熱帯地域への適応をよく示している。高温の平原を移動するうえで、高い身長は地面の放射熱から脳を守り、遠くまで見通すのに役だったであろうし、長い脚は効率よく長距離を踏破するのに貢献したことだろう。また、ハビリスまで継承されていた長い腕を失ったことは、樹上生活にわかれを告げて完全な地上性に移行したことも示している。

エレクトスの進化においてもっとも注目される脳の大型化も、完全な地上生活への移行と無関係ではない。アウストラロピテクス属の五〇〇ccに満たない脳と比べるとたしかに大型化しているものの、ハビリスの脳容量は五五〇cc程度にとどまっていた。エレクトスはこれをいっきに九〇〇ccにまで拡大し、後期には一〇〇〇ccを超えるようになる（Halloway 1988）。頭部の大きな子どもを産むのは難産の危険があるため、大脳化は未熟児の出産と長期にわたる育児を引き起こすが、新生児はチンパンジーとちがって生後すぐに母親にしがみつくことができず、母親が子を抱きかかえて運ばなければならない。子を抱く生活は樹上生活では難しく、完全な地上生活に移行してはじめて可能になったと考えられるのである。

しかしエレクトスの大脳化においてもっとも大きな影響を与えたのは、やはり食性の変化であっただろう。アイエロが高価な組織仮説で指摘した消化管の縮小と脳の増大というバーター関係は、エレクトスにおいてはじめて成立したことが確認できる。もはや彼らの胸郭はチンパンジーやアウストラロピテクス属のように下部が拡がっておらず、胃腸をおさめる腹腔は小さくなっている。植物食依存から肉食を含む食性への変化は物的証拠からも確認でき、石器で切りつけた痕跡がはっきりと観察される動物化石は、エレクトスの遺跡にともなう、ありふれたものとなっていた。さらには、石器の製作と使用は脳神経系の活用と同時に咀嚼器の退縮をうながし、頭蓋骨をしめつけていた側頭筋を弱めることにつながった。脳の成長を阻害していた外圧が取り除かれたことによって、脳はさらに拡大したと考えられる。

エレクトスの食性に占める植物食と肉食の割合を具体的に示すことはできないが、機会があったら食べるというアウストラロピテクス属の日和見的な肉食とは明らかに異なる、日常的に肉を手に入れるための採食行動がとられていたことは間違いない。エレクトスが捕食動物と化したことの傍証として、アフリカの食肉類の減少を挙げる研究者もいる。鮮新世において十余種を数えた大型食肉類のうち、複数の種が絶滅し、生き残った種も個体数を減少させているという。もちろん、人類進化に大きな影響を与えた乾燥化が、食肉類の生存に厳しい淘汰圧をかけた可能性はある。例えば、巨大な犬歯と大きな身体をもつサーベルタイガーは、茂みに身を潜めて獲物を狙う待ち伏せ猟に特殊化していたと考えられるから、乾燥化によって植生が取り払われてしまうと非常に不利な状況に追い込まれたはずだ（Marean 1989）。しかし同時に、大型食肉類が摂取していた肉の取り分を、エレクトスが捕食するようになったため、食肉獣の生存にも大きな影響を与えたと想定されているのである（Walker

1984)。

生態系の上位にある種はホームレンジが広いことは先に述べた。エレクトスは東アフリカから南アフリカ南端まで分布した最初の人類となっただけでなく、アフリカから外への拡散にも成功している。ジョージアのドマニシ遺跡で出土したエレクトスの頭蓋骨は、ほぼ一八〇万年前のものであることが年代測定から確認され、アフリカでの出現からほとんど時をおかずにユーラシア大陸へと進出していたことが明らかになったのである（Ferring et al. 2011）。こうした広い生息域も、複数の動物を捕食する食性に支えられたものであっただろう。

狩猟か死肉漁りか

エレクトスが本格的に肉食をはじめたことは多くの研究者が認めるところであるが、どのようにして肉を手に入れていたかについては論争が重ねられてきた。南アフリカで狩猟仮説が議論されているころ、東アフリカではメアリー・リーキーらによるオルドヴァイ遺跡の発掘調査が成果をあげ、石器と動物化石が同一面に散らばった状態で出土する〝生活面（living floor）〟を検出していた。考古学者のグリン・アイザックは、これが初期人類のホームベースであると考え、初期ホモ属は狩猟によって獲得した肉をこの場所に持ち帰ってグループ内で分配していたこと、さらには性による分業をふくむ複雑な社会活動がおこなわれたことを想定した（例えば Isaac 1978）。いわば、エトキンの家族モデルのリバイバルである。

これに対してルイス・ビンフォードは強力な反論をおこなう（Binford 1981: 249-297）。オルドヴァイで出土した動物化石の破砕パターンは食肉類による捕食行動を示しており、人類は生態系の底辺で肉食獣の食べ残しを食べる、死肉漁り屋だったと結論づけたのである。狩猟か死肉漁りかという論争は、一九八〇年代後半からほぼ二〇年にわたって続き、遺跡から出土する動物化石の分析を精緻化させることになった。結論を先取りすると、ハビリスはもちろんエレクトスの段階においても、初期ホモ属は動物性タンパク質の入手方法として、死肉漁りを積極的に利用していたとする推定が受け入れられるようになる。アイザックも肉の入手方法として死肉漁りがおこなわれたことを認め、ホームベースを〝中心的な場所（central place）〟と改称するなど、主張を後退させた。しかし、死肉漁りにもいくつかの段階があり、ビンフォードがいうような底辺の存在とはかぎらず、肉食獣の倒した獲物を横取りする強力な死肉漁りがおこなわれたとする、折衷的な解釈が展開された（Bunn and Kroll 1986）。なお、ここで肉の意味を拡張しておかなければならない。一般に動物の筋肉を肉と呼んでいるが、動物の可食部は脳や内臓など全身におよんでいる。むしろ死肉漁りにとっては、肉食獣が食べ残した骨に含まれる骨髄が重要であった。骨髄はゼリー状の造血細胞でタンパク質、脂質に富む。骨中に密閉されているため、熱帯の平原に放置された死体であっても、骨髄は死後しばらくのあいだ食べられる。死体を探し歩く死肉漁りにとって、骨髄は天然の缶詰として利用できる便利な食料であった。遺跡から出土する動物化石が破砕されているのは、ハイエナによる食痕のほか、人類による骨髄採取がおこなわれたことを反映している。

死肉漁りを重要な動物性タンパク質の供給方法だと想定すると、危険な肉食獣と近接して人類が生活していたことも理解しやすい。食料を手に入れる機会を増やすためには、自然死した個体を探索するだけでなく、肉食獣が殺した獲物のおこぼれを頂戴するか、奪うことが有効であったのだ。

ただし、哺乳動物のなかに純粋な死肉漁り屋というものが存在しないことにも注意しておきたい。死肉漁りをおこなうクマやイヌ科は雑食性であり植物も食べる。もっぱら死肉を漁っている印象のあるハイエナも実際には積極的に獲物を狩る。これはスカベンジングがそれに費やす時間に対して得られる報酬が少なく、陸棲の恒温動物にとってはエネルギー効率が極端に悪いことが原因である（Houston 1979）。仮にエレクトスがすべての動物性タンパク質を死肉漁りによって手に入れていたとすると、より安定して入手できる基幹的な食料をもっていなければならなかったはずだ。本格的な肉食をはじめた一方で、植物の利用も継続しておこなっていたことは間違いない。つまり、肉の入手方法に応じて、食性に占める肉食と植物食のバランスが変動していたことが予測される。

ホモ・サピエンスへの移行期

ホモ・エレクトスはアフリカからユーラシア大陸に拡散し、およそ一五万年前まで継続する。その後期には、ヨーロッパ、アジアにおいて、いわゆる旧人と呼ばれる解剖学的にはやや原始的な特徴をのこしたサピエンス種を派生させた。ヨーロッパと西アジアに分布したネアンデルタール人はそのひとつである。

ネアンデルタール人に代表される旧人は、高い狩猟技術をもち、日常的に大型動物を捕獲していたことがわかっている。木製の槍がゾウの肋骨に刺さった例がドイツのレーリンゲン遺跡で、また石製の槍先がウマの頸椎にめり込んでいる例がシリアのウンム・エル・トレル遺跡で検出されている（Jacob-Friesen 1956; Boeda et al. 1999）。こうした技術的発達によって動物由来の栄養が食事に占める比率は高まりをみせ、特に高緯度寒冷地域に適応したネアンデルタール人においては、中核的な食糧資源として大きく肉食に依存していったことが推定される。これを裏付けるように、同位体分析の結果によれば、ヨーロッパのネアンデルタール人が植物由来のタンパク質を摂取していた痕跡は乏しく、オオカミなみの肉食摂取レベルであったことが示されている（Richards et al. 2000）。氷期の進展と植物資源の劣化を背景として、ネアンデルタール人は人類進化史上、もっとも肉食への依存度を高めた種であった。

私たち現生人類の直接の祖先は、おそくとも一六万年前までに、アフリカに留まっていた人類集団から出現する。ホモ・サピエンスはなんどかの失敗ののちに寒冷環境への技術的適応をとげ、五万年前までには海洋と南北アメリカ大陸をのぞく世界各地に拡散する。彼らは旧人をしのぐ狩猟技術をもち、たとえば後期旧石器時代には弓矢を発明して安全に大型動物をしとめることを可能にした。

しかし、ヒト化におけるインパクトという点では、旧人やサピエンスにおける肉食は、エレクトスにおいて実現された植物食依存からの移行ほどの影響を及ぼさなかったと考えられる。つまり肉食の程度は上がっているが、それは量的な変化に留まっており、ヒトという生物の存在の根幹にかかわる部分では、エレクトスの段階で基本設計が定まったと考える。この点を補足するために、次節では肉食が与えたヒト化への影響について、社会行動の側面にかかわる点を検討しよう。

4 肉食の社会生態学

本節では食糧資源としての肉がもつ特性に注目し、植物食と比較しながら、人類の社会行動への影響について論じる。ここで想定する人類グループは、肉食の傾向が現れはじめたホモ・ハビリスから、本格的に肉食をおこなったと推定されるホモ・エレクトスまでの、初期ホモ属である。

霊長類の社会構造に影響を与える要因として、食物の分布パターンと捕食者から受ける攻撃（捕食圧）を重視するモデルが社会生態学の研究から提示されている。とくに食物の分布については、それぞれの食糧資源がどれほどの大きさの塊（パッチ）で存在しているか、その塊はどれほどの密度で環境中に分布しているのか、さらにその分布は一様なのか偏在するのかなどに注目する（van Schaik and van Hooff 1983; 中川 一九九九）。群のサイズや、グループ内における性構成は、捕食者からの攻撃を避けながら、効率よく採食するために最適な数と構成が選択されるというのが基本的な考え方である。

更新世のアフリカで初期ホモ属が肉食をおこなう場合、社会生態学的な視点からみると、どのような社会構造、あるいは社会行動が生じると予測できるだろうか。またそれは人類学・考古学的な証拠と整合しているだろうか。

この領域における先行研究として、ロバート・フォーリーらの研究を参照しながら概観してみたい。

食糧資源としての肉は植物にくらべて希薄かつ偏って存在するが、獲得できれば高栄養をもたらす。例えば体長一メートル、体重三〇キログラムほどの小型のアンテロープからは約五万二〇〇〇キロジュール（kj）のエネルギーと、二六〇〇グラムのタンパク質、二〇〇グラムの脂肪を得ることができる（Leung 1968）。これをチンパンジーの好物であるイチジクに換算すると、エネルギーとしてはイチジク三〇〇個分、タンパク質としてはイチジク二〇〇〇個分、脂肪としては六六六個分に相当するという（Wrangham et al. 1993; Foley 2001）。より大型のクードゥーは一七万五〇〇〇キロジュール、ゾウでは二〇〇万キロジュールのエネルギーを供給するから、肉の栄養価の高さは際立っている。ただし、一本の木には一〇〇〇キログラムのイチジクがなるため、動き回る動物に比べてはるかに入手しやすく、資源量そのものも安定している（Foley 2001）。食糧資源としての肉の特徴を考慮すると、初期ホモ属における肉食へのシフトは、環境に断片的に偏在する、高栄養だが予測不可能な資源へ向かうことを意味する。

ここでいう予測不可能性とは、具体的には食物（肉）パッチの大きさ、密度、分布様式が、食料とする動物の生態に依存し、不安定に変動することを意味する。アフリカの草食動物の多くは雨季と乾季で離合集散するため、季節によって肉の探索範囲は変動し、入手できる肉の量も増減する。社会生態学のモデルに従えば、初期ホモ属の社会も季節的な資源変動にともなって変化したはずだ。つまり、大型動物、あるいは小型動物のパッチを複数獲得できる場合には、ホモ属の社会も拡大し複雑化したという具合である。このとき、社会の規模拡大には二つのパターンがあり得たとフォーリーは想定する。第一には、（とくに女性の）流動個体を取り込むことによって群のメンバーを増やして人口増加に進むケース、第二に基本となる群のサイズはかえずに資源量に応じて複数の群が統合するケースである。エレクトスにおいて性的二型が縮小していくことを考慮すると、男女一対のペアが成立し、父親の育児参加を含む核家族が形成されはじめていた可能性もある。第二のパターンがとられたとすると、核家族を単位とした群が資源量に応じて離合集散していたことも考えられるだろう。

ところで、人類の社会行動に関して、霊長類一般の社会生態学モデルを適用できないものがひとつある。食料の分配である。ヒト以外の動物でも他個体に食物を渡す種はあるが、日常的に個体間で食料の譲渡がおこなわれるのはヒトとチンパンジーに限られる（Kano 1980）。人類における分配行動の発生は、肉食と関係しているのだろうか。

まず大きな食物パッチを手に入れた場合、これを一個体で食べきることはできない。そもそも、肉の探索は多くの目でおこなう方が効率的であり、肉の所在地をグループ内で伝達することができると収益が増加するというシミュレーション研究もある（Foley 2001）。またさらに、大きな食物パッチは他の群からも狙われるため、群内で協力してこれを防衛しなければならない。肉の探索と入手は複数個体による共同作業としておこなうことが適応的であり、かつ群と群との強い競合〈群間コンテスト〉にさらされることは群内協力の強化をもたらすだろう。その結果、同じ群に属するメンバー間の利他行動を強めることになったと考えられる。ただし、これだけでは食料調達に参加する個体間の協力にとどまる可能性がある。

捕食圧の観点からすると、肉の探索と入手においては群のすべてのメンバーが参加することはなかった可能性が高い。初期ホモ属による肉の入手は、おもに死肉漁りによっていたことを思い起こしてほしい。彼らは自然死した動物を探すだけでなく、より積極的に肉食獣に接近することで、肉にありつく機会を増やしていたのである。肉食獣と隣り合わせの肉の獲得は、高い捕食圧を覚悟しなければならない危険な行為だったはずだ。幼い個体や妊娠中あるいは未熟児をかかえた母親は、肉の入手に関わらないことが、採食戦略のなかで選択されたとしてもおかしくない。このとき、入手した肉を持ち帰り、群内で分配する行動がとられれば、集団の適応度を大きく向上させることになる。これはエトキンの家族モデル、アイザックの中心地モデルと対応する推定だ。肉の調達に関わらないメンバーへの食料分配は、繁殖戦略に関わる行動として進化した可能性が高い。

さらに論を進めてみよう。食料の分配など群内における高度な協力関係が成立すると、メンバーのあいだに利益の供与と享受にバランスを欠く個体が現れる危険が生じる。つまり、自らが他個体に分け与える食料は少なく、他個体から受け取る量は多くする、フリーライダーである。こうした利己的な個体をいち早く見つけ出し、排除するメカニズムを備えることは、社会の維持にとって重要な要件になっていただろう。つまりエレクトスにおける肉食への本格的な傾斜がはかられた段階で、ヒト化に関わる重要な社会的要素が刺激されたと考えられる。

5 おわりに

哺乳動物を見渡して、肉食性の種をあげると、陸棲で完全に動物性タンパク質に依存しているのは、ほぼネコ科の種に限られる。食肉目に分類され、肉食といわれる動物もいくぶんかは植物を食べている。一方、草食動物はほとんど肉食傾向をみせない。草食獣の歯と顎、それを駆動する咀嚼筋の配置、消化管の草食適応が、植物以外の食性を受けつけないほど特殊化した結果だという解剖学的な理由と、食物連鎖の低い位置にいる動物は上位のものより安定した食料基盤に立っているため、そもそも雑食という逃げ道を用意しておく必要がないという生態学的な理由があるらしい（遠藤 二〇〇二：二一〇）。

植物食に依存する霊長類のなかにあって、肉食を含む雑食性に移行した時点で、安定はしているが特殊化を迫るローカルな環境への適応から人類は抜けだした。肉への依存を高め、本格的に食性の一部に取り込んだホモ・エレクトスは、不安定であってもより汎用性の高い採食戦略を採用したのである。そのことが、生物学的なレベルでみれば、広範な領域にホームレンジを拡張することにつながったといえる。

くわえて、肉の獲得が群間コンテストへの防衛と、高い捕食圧への対応を覚悟しなければならない採食行動であったことが、群内協力を強化し、高度な社会性を生み出すことにつながった。もちろんヒト化の過程をすべて肉食にひきつけて説明することはできないが、形態、行動、社会構造など、様々な要素とからみあう共進化の一要素として肉食が重要な役割を果たしたことは間違いない。

註

1 サヘラントロプス属、オロリン属、アルディピテクス属にくわえ、説明の便宜上、もっとも古いアウストラロピテクス属であるアナメンシスもアルディピテクス群にまとめている。

2 同前。

3 約一八〇万年前にアフリカで出現する初期のエレクトスを、ホモ・エルガスターとして区別する考えもあるが、本稿ではこれらもエレクトスに含めて記述した。

4 ナリオコトメで出土したエレクトスの少年が、成長した際には一八五センチメートルに達したとする推定値が提示されていたが（Brown et al. 1985; Ruff and Walker 1993）、近年ではエレクトスの思春期スパートは早期に始まり、短期間で終わったとみなされるようになり、ナリオコトメの個体もほぼ成長の上限に達していたとする見方が強い（Graves et al. 2010）。

引用文献

遠藤秀紀
二〇〇二『哺乳類の進化』東京：東京大学出版会。

中川尚史
　一九九九　「食は社会をつくる——社会生態学的アプローチ」西田利貞・上原重男編『霊長類学を学ぶ人のために』京都：世界思想社、五〇－九二頁。

Aiello, L. C. and **P. Wheeler**
　1995　The Expensive Tissue Hypothesis. *Current Anthropology* 36: 199-222.

Bartholomew, G. A. and **J. B. Birdsell**
　1953　Ecology and the Protohominids. *American Anthropologist* 55: 481-498.

Binford, L. R.
　1981　*Bones: Ancient Men and Modern Myths*. New York: Academic Press.

Boeda, E., **J. M. Geneste**, and **C. Griggo**
　1999　A Levalloirs Point Embedded in the Vertebra of a Wild Ass (*Equus africanus*): Hafting, Projectiles and Mousterian Hunting Weapons. *Antiquity* 73: 394-402.

Brain, C. K.
　1970　New Finds at the Swartkrans Australopithecine Site. *Nature* 225 (5243): 1112-1119.

Brown, F. H., **J. Harris**, **R. Leakey**, and **A. Walker**
　1985　Earky *Homo erectus* Skeleton from West Lake Turkana, Kenya. *Nature* 316: 788-792.

Brunet, M., **F. Guy**, **D. Pilbeam**, **H. T. Mackaye**, **A. Likius**, **D. Ahounta**, **A. Beauvilain**, **C. Blondel**, **H. Bocherens**, **J. R. Boisserie**, **L. De Bonis**, **Y. Coppens**, **J. Dejax**, **C. Denys**, **P. Duringer**, **V. Eisenmann**, **G. Fanone**, **P. Fronty**, **D. Geraads**, **T. Lehmann**, **F. Lihoreau**, **A. Louchart**, **A. Mahamat**, **G. Merceron**, **G. Mouchelin**, **O. Otero**, **P. Pelaez Campomanes**, **M. Ponce De Leon**, **J. C. Rage**, **M. Sapanet**, **M. Schuster**, **J. Sudre**, **P. Tassy**, **X. Valentin**, **P. Vignaud**, **L. Viriot**, **A. Zazzo**, and **C. Zollikofer**
　2002　A New Hominid from the Upper Miocene of Chad, Central Africa. *Nature* 418 (6894): 145-151.

Bunn, H. T. and **E. M. Kroll**
　1986　Systematic Butchery by Plio/Pleistocene Hominids at Olduvai Gorge, Tanzania. *Current Anthropology* 27: 431-452.

Carroll, S. B.
　2003　Genetics and the Making of Homo sapiens. *Nature* 422 (6934): 849-857.

Copeland, S. R., **M. Sponheimer**, **D. J. de Ruiter**, **J. A. Lee-Thorp**, **D. Codron**, **P. J. le Roux**, **V. Grimes**, and **M. P. Richards**
2011 Strontium Isotope Evidence for Landscape Use by Early Hominins. *Nature* 474 (7349): 76-78.

Dart, R. A.
1925 *Australopithecus africanus*: The Man-ape of South Africa. *Nature* 115: 195-199.
1949 The Predatory Implemental Technique of *Australopithecus*. *American Journal of Physical Anthropology* 7: 1-38.
1957 The Osteodontokeratic Culture of *Australopithecus africanus*. *Memories of the Transvaal Museum* 10: 1-105.

Dart, R. A. and **D. Craig**
1959 *Adventures with the Missing Link*. New York: Viking Press.（R・ダート『ミッシング・リンクの謎』山口敏訳、東京：みすず書房、一九七四年）

D'Anastasio, R., **B. Zipfel**, **J. Moggi-Cecchi**, **R. Stanyon**, and **L. Capasso**
2009 Possible Brucellosis in an Early Hominin Skeleton from Sterkfontein, South Africa. *PLoS ONE* 4 (7): e6439.

De Heinzelin, J., **J. D. Clark**, **T. White**, **W. Hart**, **P. Renne**, **G. Woldegabriel**, **Y. Beyene**, and **E. Vrba**
1999 Environment and Behavior of 2.5-Million-Year-Old Bouri Hominids. *Science* 284 (5414): 625-9.

deMenocal, P. B.
1995 Plio-Pleistocene African Climate. *Science* 270 (5233): 53-59.

Etkin, W.
1954 Social Behavior and the Evolution of Man's Mental Faculties. *American Naturalist* 88: 129-142.

Ferring, R., **O. Oms**, **J. Agustí**, **F. Berna**, **M. Nioradze**, **T. Shelia**, **Tappen**, **A. Vekua**, **Zhvania**, and **D. Lordkipanidze**
2011 Earliest Human Occupations at Dmanisi (Georgian Caucasus) Dated to 1.85-1.78 Ma. *Proceedings of the National Academy of Sciences of the United States of America* 108 (26): 10432-10436.

Foley, R.
2001 The Evolutionary Consequences of Increased Carnivory in Hominids. In C. B. Stanford and H. T. Bunn (eds.) *Meat Eating and Human Evolution*. Oxford: Oxford University Press, pp. 305-331.

Graves, R. R., C. A, **C. Lupo**, **R. C. McCarthy**, **D. J. Wescott**, and **D. L. Cunningham**
2010 Just How Strapping was KNM-WT15000? *Journal of Human Evolution* 59 (5): 542-554.

Holloway, R. L.

1988 "Robust" Australopithecine Brain Endocasts: Some Preliminary Observations. In F. E. Grine (ed.) *Evolutionary History of the "Robust" Australopithecines*. New York: Aldine de Guyter, pp. 97-106.

Houston, D. C.

1979 The Adaptations of Scavengers. In A. R. E. Sinclair and M. Norton-Grifiths (eds.) *Serengeti, Dynamics of an Ecosystem*. Chicago: University of Chicago Press, pp. 263-286.

Isaac, G. L.

1978 The Food Sharing Behavior of Proto-human Hominids. *Scienfitic American* 237 (4): 90-108.

Jacob-Friesen, K. H.

1956 Eiszeitliche Elefantenjager in der Luneburger Heide. *Jahrb Rom-German Zentralamuseum Mainz* 3: 1-22.

Johanson, D. C., F. T. **Masao**, G. G. **Eck**, T. D. **White**, R. C. **Walter**, W. H. **Kimbel**, B. **Asfaw**, P. **Manega**, P. **Ndessokia**, and G. **Suwa**

1987 New Partial Skeleton of Homo habilis from Olduvai Gorge, Tanzania. *Nature* 327 (6119): 205-209.

Kano, T.

1980 Social Behavior of Wild Pygmy Chimpanzees of Wamba. *Journal of Human Evolution* 9: 243-260.

Klein, R. G.

1999 *The Human Career: Human Biology and Cultural Origins*. 2nd Edition. Chicago: The University of Chicago Press.

Laden, G. and R. **Wrangham**

2005 The Rise of the Hominids as an Adaptive Shift in Fallback Foods: Plant Underground Storage Organs (USOs) and Australopith Origins. *Journal of Human Evolution* 49: 482-498.

Lee, R. B. and I. **DeVore**

1968 Problems in the Studies of Hunters and Gatherers. In R. B. Lee and I. DeVore (eds.) *Man the Hunter*. New York: Aldine, pp. 3-12.

Leonard, W. R.

2002 Food for Thought. Dietary Change was a Driving Force in Human Evolution. *Scientific American* 287 (6): 106-115.

Leung, W. W.

1968 *Food Composition Table for Use in Africa*. Rome: FAO.

Marean, C. W.

1989 Sabertooth Cats and Their Relevance to Early Hominid Diet and Evolution. *Journal of Human Evolution* 18: 559-582.

McNab, B. K.

1963 Bioenergetics and the Determination of Home Range Size. *American Naturalist* 97: 130-140.

Richards, **M. P.**, **P. B. Pettitt**, **E. Trinkaus**, **F. H. Smith**, **M. Paunović**, and **I. Karavanić**

2000 Neanderthal Diet at Vindija and Neanderthal Predation: The Evidence from Stable Isotopes. *Proceedings of the National Academy of Sciences of United States of America* 97 (13): 7663-7666.

Ruff, **C. B.** and **A. Walker**

1993 Body Size and Body Shape. In A. Walker and R. Leaky (eds.) *The Nariokotome Homo Erectus Skeleton*. Cambridge: Harvard University Press, pp. 234-263.

Ségalen, L., **J. A. Lee-Thorp**, and **T. Cerling**

2007 Timing of C4 Grass Expansion across Sub-Saharan Africa. *Journal of Human Evolution* 53 (5): 549-559.

Senut, B., **M. Pickford**, **D. Gommery**, **P. Mein**, **K. Cheboi**, and **Y. Coppens**

2001 First Hominid from the Miocene (Lukeino Formation, Kenya). *Comptes Rendus de l'Académie des Sciences, Series IIA - Earth and Planetary Science* 332 (2): 137-144.

Stanford, C. B.

2001 A Comparison of Social Meat-Foraging by Chimpanzees and Human Foragers. In C. B. Stanford and H. T. Bunn (eds.) *Meat Eating and Human Evolution*. Oxford: Oxford University Press, pp. 122-140.

Suwa, G., **R. T. Kono**, **S. W. Simpson**, **B. Asfaw**, **C. O. Lovejoy**, and **T. D. White**

2009 Paleobiological Implications of the *Ardipithecus ramidus Dentition. Science* 326 (5949): 94-99.

Van Schaik, **C. P.** and **J. A. R. A. M. van Hooff**

1983 On the Ultimate Causes of Primate Social Systems. *Behavior* 95: 91-117.

Vrba, E. S.

1975 Some Evidence of Chronology and Paloeecology of Sterkfontein, Swartkrans and Kromdraai from the Fossil Bovidae. *Nature* 254 (5498): 301-304.

1980 The Significance of Bovid Remains as Indicators of Environment and Predation Pattern. In A. K. Behrensmeyer and A.

P. Hill (eds.) *Fossils in the Making*. Chicago: University of Chicago Press, pp. 247-271.

1995 The Fossil Record of African Antelopes [Mammalia, Bovidae] in Relation to Human Evolution and Paleoclimate. In E. S. Vrba, G. H. Denton, T. C. Patridge, and L. H. Burckle (eds.) *Paleoclimate and Evolution with Emphasis on Human Origins*. New Haven: Yale University Press, pp. 24-48.

Walker, A. C.

1984 Extinction in Hominid Evolution. In M. H. Nitecki (ed.) *Extinctions*. Chicago: University of Chicago Press, pp. 119-152.

White, T. D., G. **Suwa**, and B. **Asfaw**,

1994 *Australopithecus ramidus*, a New Species of Early Hominid from Aramis, Ethiopia. *Nature* 371 (6495): 306-312.

White, T. D., B. **Asfaw**, Y. **Beyene**, Y. **Haile-Selassie**, O. C. **Lovejoy**, G. **Suwa**, and G. **WoldeGabriel**

2009 *Ardipithecus ramidus* and the Paleobiology of Early Hominids. *Science* 326 (5949): 75-86.

Wrangham, R.

2009 *Catching Fire: How Cooking Made Us Human*. Basic Books.

Wrangham, R. and N. **Conklin-Brittain**

2003 Cooking as a Biological Trait. *Comparative Biochemistry and Physiology. Part A, Molecular & Integrative Physiology* 136 (1): 35-46.

Wrangham, R. W., N. L. **Conklin**, G. **Etot**, J. **Obua**, K. **Hunt**, M. D. **Hauser**, and A. P. **Clark**

1993 The Value of Figs to Chimpanzees. *International Journal of Primatology* 14: 243-256.

第7章 家畜化は肉食に貢献したか
——狩猟から牧畜への肉食行為の変化

本郷一美

1 はじめに

果実などの植物性食料を主に摂取していた人類の祖先が、進化の過程において肉を食べるようになったことは、栄養的にも行動の面でも重要な意味を持つといわれてきた。栄養面では、高いカロリーを消費する脳の進化に肉食が貢献したとの考え方があり、ホモ・エレクトス段階の人類にみられる脳容量の増加は、肉食の機会が増加した証拠とされる。当初は主に他の肉食獣の食べ残しをあさっていたようだが、狩猟具である石器の発達からみて、積極的に大型獣をも対象にした狩猟を行うことができるようになったのは約五〇万年前だったと考えられる。集団での狩猟と、得られた獲物の分配は、言語等のコミュニケーション能力および社会性の発達を促した（Isaac 1978）。一方、狩猟よりも採集活動により安定的に植物性食料を獲得し、仲間に分配したことが、カロリー摂取と社会性の進化においては遥かに重要であったという考え方も提出されている（O'Connell et al. 1999;

Hawkes et al. 1998)。

過去の人類による動物の利用に関して研究するための材料は、石器などの狩猟具、落とし穴など狩猟のための遺構、図像表現といったヒトの手により作られたものと、食料残滓である動物骨に大別される。本稿は、主に後者の出土動物骨の分析にもとづき、約一万年前に人類が動物の飼育を始めたことにより、人類進化の根幹とも考えられている「肉食」にどのような変化があったかについて考察する。

2 人類の肉食に関する動物考古学研究

先史時代の狩猟採集民

人類はその歴史の大部分の期間、狩猟と採集による自然資源の利用をその生業基盤としてきた。遺跡から出土する石器や動物骨から、ネアンデルタール人と私たちの直接の祖先である現生人類が並存し、やがて現生人類が主流となっていく数万年前(中期旧石器時代末から後期旧石器時代)は、ウシ、バイソン、ウマなどの大型草食獣の狩猟が生業の重要な部分を占めていたことがわかる。尖頭器を使い、集団で狩猟が行われていたと考えられる。動物性食料と植物性食料がそれぞれどのぐらい重要であったかは、その集団がおかれた環境と動植物資源の分布によるところが大きい。先史時代の狩猟採集民の栄養・カロリー摂取において、実際のところ肉がどのくらい貢献していたかについては、ほとんどわかっていない。現生の狩猟採集民に関する民族学的研究にもとづく肉食の貢献度に関する報告の一例が、一九六〇年代に行われたアフリカの狩猟採集民クン(!Kung)の生態人類学的調査によって得られたデータである。それによると、肉と植物性食料がカロリー摂取に占める割合は三対七であり（Lee and Devore eds. 1968）、植物性食料の重要性を示唆する。多くの狩猟採集民の民族誌は、狩猟という行為が単なる食料獲得手段にとどまらず社会的意味を持ち、得られた肉が直接狩猟に参加したものだけでなく共同体の成員間に分配されること（たとえばMarlowe 2010）を報告している。これらの民族誌は、狩猟と肉食に関わる先史時代の狩猟民の行動を類推するための材料となる。

遺跡出土の動物骨資料による「肉食」研究の制約

考古遺跡から出土する動物骨の大部分は、その遺跡で食料とされた動物に由来する。したがって、出土動物骨はそこに暮らしたヒトがどのような動物資源を選択し、遺跡に持ち込み消費し、残滓をどこに廃棄したかを反映する。ヒトの行動が関与しているため、遺跡の立地環境や動物相を直接反映するものではないが、そこに暮らした人々の「肉食」に関連する情報を得ることができる資料と言える。しかし、肉が消費された後に残された動物骨が考古学者によって掘り出され、動物考古学者によって動物種の同定や出土部位の構成などに関するさまざまな分析が加えられるまでには、「食べられた肉」に関する情報に偏りを生じさせる多くの自然・人為的な要因が加わる。たとえば、狩猟拠点など居住地外で動物が解体され肉だけが持ち帰られた場合のように、解体場所と消費場所が異なる場合、居住遺跡から出土する骨は消費された肉の部位と必ずしも一致しない。調理の方法、分配、骨の廃棄場所や廃棄の仕方、捨てられた骨をイヌなどの動物があさったかどうか、骨の一部が道具の材料にされたかなど、さまざまな状況が出土する動物骨の構成に影響する。また、土壌や気候の条件、骨が由来する動物の年齢、部位による骨の硬さの違いなどが地中での保存のされやすさを左右する。遺跡の中で発掘が行われる地点や出土資料の採集方法も、出土動物骨の構成に大きく影響を与える。これらのタフォノミー要因（廃棄から分析に至るまでに、遺物に影響を与えるさまざまな内的・外的作用）については、Meadow（1980）が詳しく述べている。

過去の人類による肉食について考察する際の最大の問題は、ヒトが摂取した食料中に占める肉の割合を正確に測る方法がないことである。遺跡から出土する動物骨を分析し、種が同定された動物骨の破片数と、骨の重量にもとづき、利用された動物の種構成、年齢、異なる種の相対的な重要度を定量的に比較することは可能である。骨の重量は肉の重さとおおよそ相関することから、各動物種の出土骨重量を比較し、肉としての相対的な貢献度を推定することも可能である。しかし、遺跡で実際に消費された肉の総量を知ることは難しい。出土動物骨の破片数から動物種ごとの最少個体数を計算し、その種の一頭あたりの平均的な肉の重量をかけて消費された肉量を推定するという方法がしばしばとられる。しかし、上記のようにさまざまな要因が廃棄後の動物骨の保存に影響を与えるうえ、一つの遺跡における居住は数百年から時には数千年にわたることがあり、そこで同時代的に暮らした人口を推定することが困難な場合が多い。このような条件下で「少なくとも○頭のヒツジが消費され、その肉量は○キロであった」という推定をしても、多くの場合ほとんど意味をなさないであろう。

出土する動物骨、魚骨、種子などの植物遺存体は、それぞれ分析と定量化の方法が異なるため、食料資源としての重要性を比較することは難しい。後述するように、人骨に含まれる窒素と炭素の安定同位体の比率を用いた食性推定は、肉、魚、植物性食料がそれぞれどのぐらいの割合で摂取されていたかを測る唯一の方法だが、個人あるいは集団が消費した肉の絶対量を知ることができるわけではない。

家畜化以前の肉食

現代の畜産において、ヒツジ、ヤギ、ウシ、ブタは、食肉あるいは毛などの生産物の供給源として特に重要な家畜である。これらはいずれも約一万年前に、西アジアの「肥沃な三日月弧」とよばれる地域の北部から東部、タウルス山脈とザグロス山脈の山麓部（現在の北シリアからトルコ南東部、イラン西部にかけての地域）で飼育され始めたと考えられている。後氷期の気候温暖化により、この地域には野生のオオムギ、エンマコムギ、アインコルンコムギが自生するようになった。さらに、ウシの野生祖先種であるオーロックス（*Bos primigenius*）、ヤギの祖先種ベゾアール（*Capra aegagrus*）、ヒツジの祖先種アジアムフロン（*Ovis orientalis*）、イノシシ（*Sus scrofa*）がすべて自然分布していた。豊富な食料資源を利用できる条件が整っていたこの地域には一万二〇〇〇年前ごろから定住度が高い（継続的に居住された）遺跡が形成され始めた。これらの初期定住集落が形成されたのは、山地から平野への移行帯である標高七〇〇―八〇〇メートルの河川沿いで、山麓地帯や川辺の森林、草原、湿地、川などのさまざまな環境の自然資源を利用できるような場所であった。

動物の飼育は、このような自然条件（野生祖先種の分布と多様で豊富な食料資源）と文化的な条件（定住集落の形成）が整った場所で始まった。長期にわたって営まれた集落における人間活動は、集落周辺の植生の二次林化を招き、そこでは有用動植物の集中利用と有用でない動植物の排除が継続的に行われることになった。このような環境改変は、「動物を人間の生活圏にとりこみ人為的な環境に適応させ、野生群から遺伝的に隔離する」家畜化を進行させる前提条件を提供したのである。ブタの家畜化は多元的で、西アジア、東アジアほか世界のいくつかの地域で独自に家畜化されたことが指摘されているが、ウシ、ヤギ、ヒツジは西アジア起源の家畜がユーラシア東西に拡散したと考えられ、分子系統学的な研究においてもこのことが支持されている。このことは、家畜化の初期過程において、野生動物をヒトの管理下で繁殖させ世代を重ねさせるためには、飼育技術の面でも人の側の

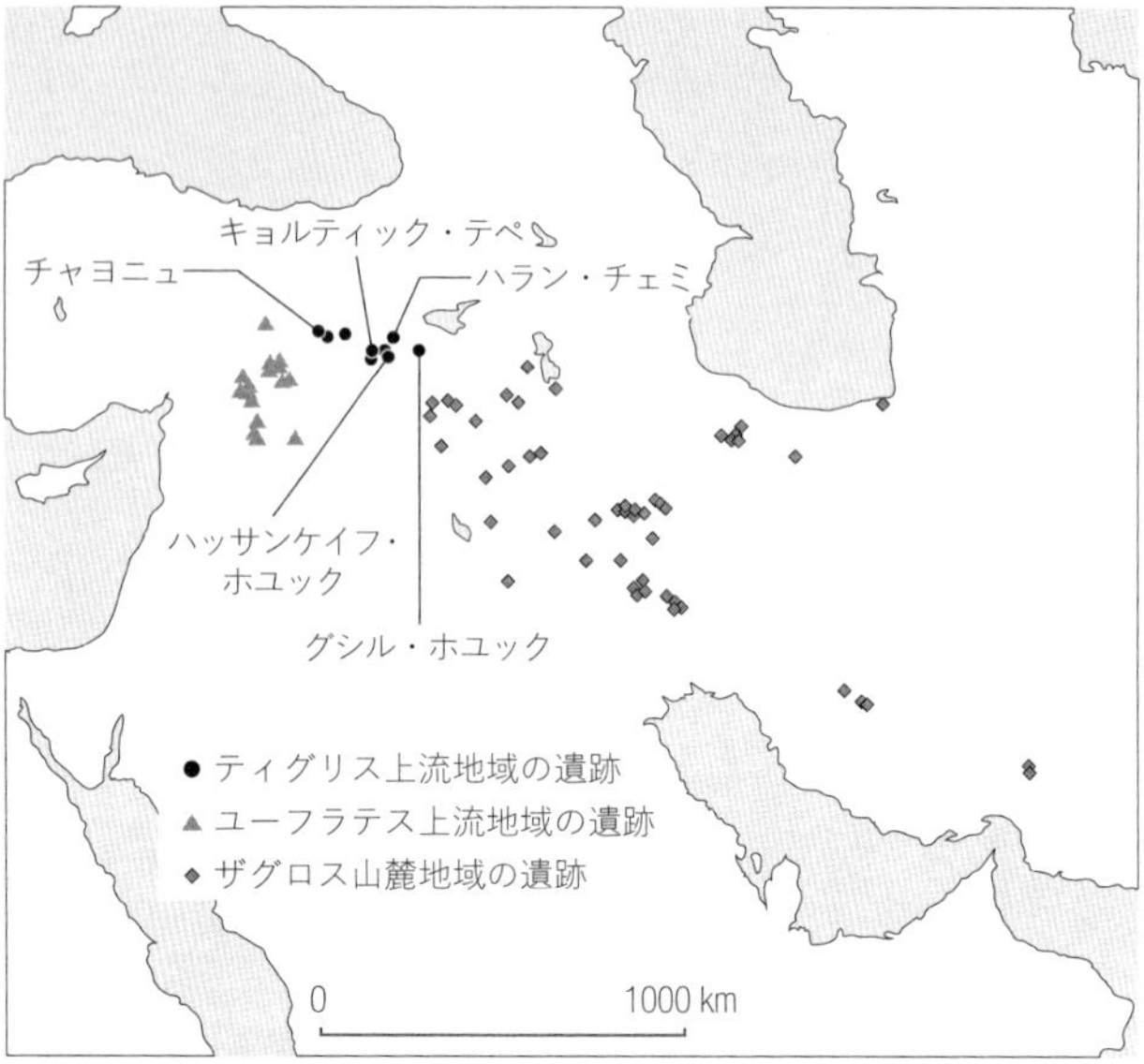

図1：「肥沃な三日月弧」の新石器時代遺跡（Arbuckle et al. 2016をもとに作成）。

文化的・心理的な面でもかなり高いハードルを越えなければならなかったこと、それはどこでも起こりえた出来事ではなかったことを示唆している。

「肥沃な三日月弧」の北東部のティグリス川上流域では、紀元前九八〇〇―九三〇〇年頃（先土器新石器時代A期＝PPNA期）に居住された遺跡がいくつも見つかっている［図1］。このうち、筆者は西部のチャヨニュと東部のハッサンケイフ・ホユックから出土した動物遺存体の分析を行った。ハラン・チェミ、キョルティック・テペから出土した動物遺存体は一部がすでに報告され、グシル・ホユックでも分析が進んでいる。ティグリス川流域でも西部に位置するチャヨニュを除いて、これらの遺跡はPPNA期のみ居住され、出土する動物骨はすべて野生個体由来のもので、植物遺存体の分析でも栽培種の種子は検出されていない。遺構や出土遺物から、これらの定住狩猟採集民は、食糧生産こそ始めていなかったものの、集落を率いるリーダーが存在するようなある程度複雑化した社会をもち、墓制、儀礼、象徴的なモチーフなどが集落間で広く共有されていた

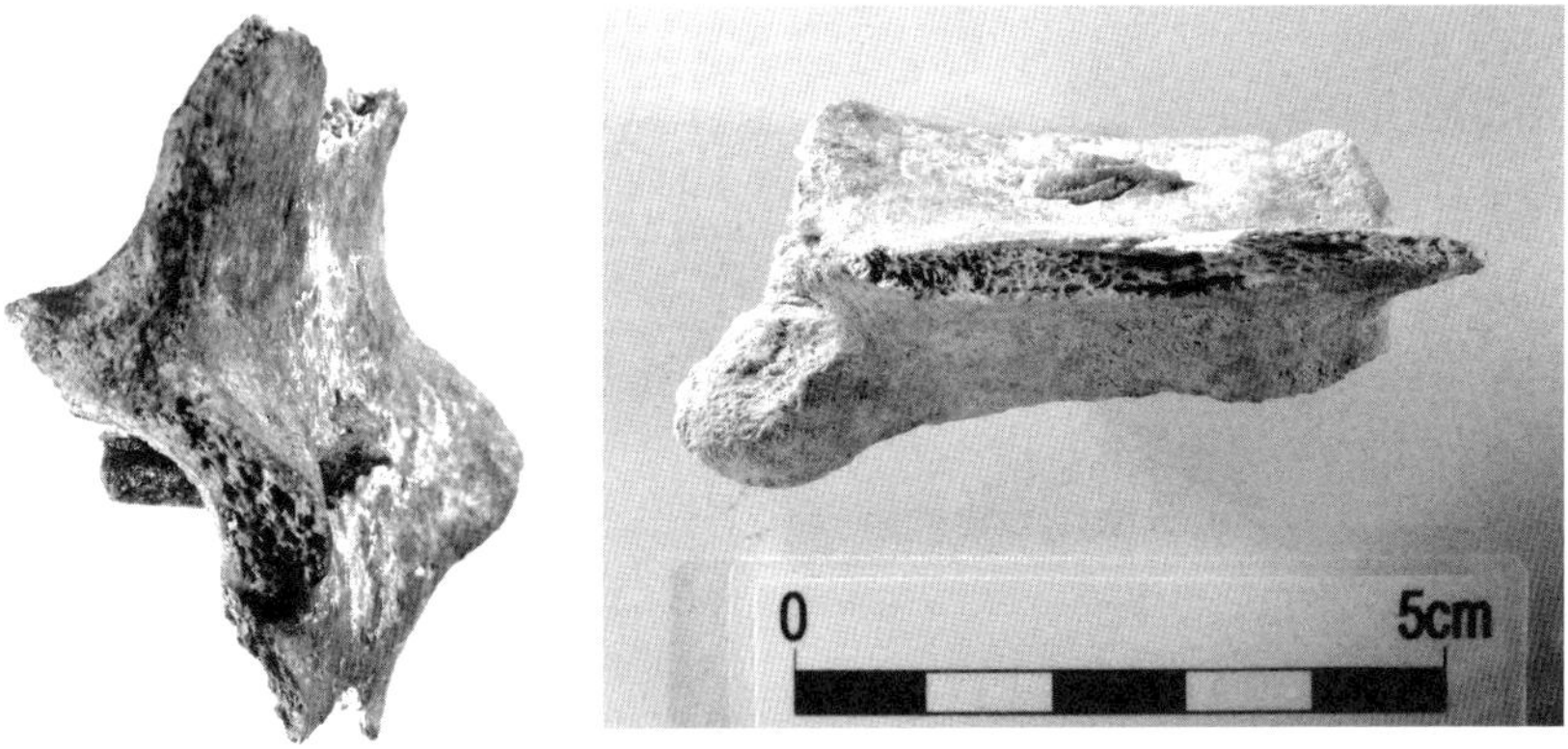

図2：ハッサンケイフ・ホユック遺跡から出土したヒツジの頚椎。フリント製の石器が、骨を貫通している(ハッサンケイフ・ホユック調査隊撮影)。

ことがわかっている。洗練された製作技術によりかなりの時間をかけて生産され、実用向きではなく権威や象徴に関わったとみられる工芸品(威信財)が多数出土する(三宅他 二〇一二、二〇一三、二〇一四)。生業基盤は野生動植物の狩猟と採集においていたが、食料獲得に追われるのでなく豊かな自然資源をバランスよく利用し精神的にも物質的にも繁栄した、いわゆるコンプレックス・ハンターギャザラーズ(Price and Brown eds. 1985; Zvelebil ed. 1986 など)の社会だったと考えられる。

ハッサンケイフ・ホユックはそのようなPPNA期の定住集落の一つで、二〇一一―二〇一四年の調査で約一五万点の動物骨が出土し、筆者らはこれまでにその約一五パーセントを分析した。動物種が同定された破片約五六〇〇点にもとづく分析結果から、野生ヒツジが出土動物骨の破片数においても重量においても約四五パーセントを占め、最も重要な狩猟対象だったことがわかった。ヒツジはおそらく遺跡の背後の丘陵と山麓地帯に多数生息しており、日常的に最も狩猟しやすい獲物だったのだろう。野生ヤギの骨の出土量はヒツジの五分の一程度で、ヤギが好んで生息する険しい山岳地帯での狩猟はそれほど行われなかったとみられる。出土するヒツジ、ヤギ、イノシシの骨のサイズを調べると、家畜個体のものよりかなり大型で、すべて野生個体と同定された。この遺跡に存在した家畜はごく

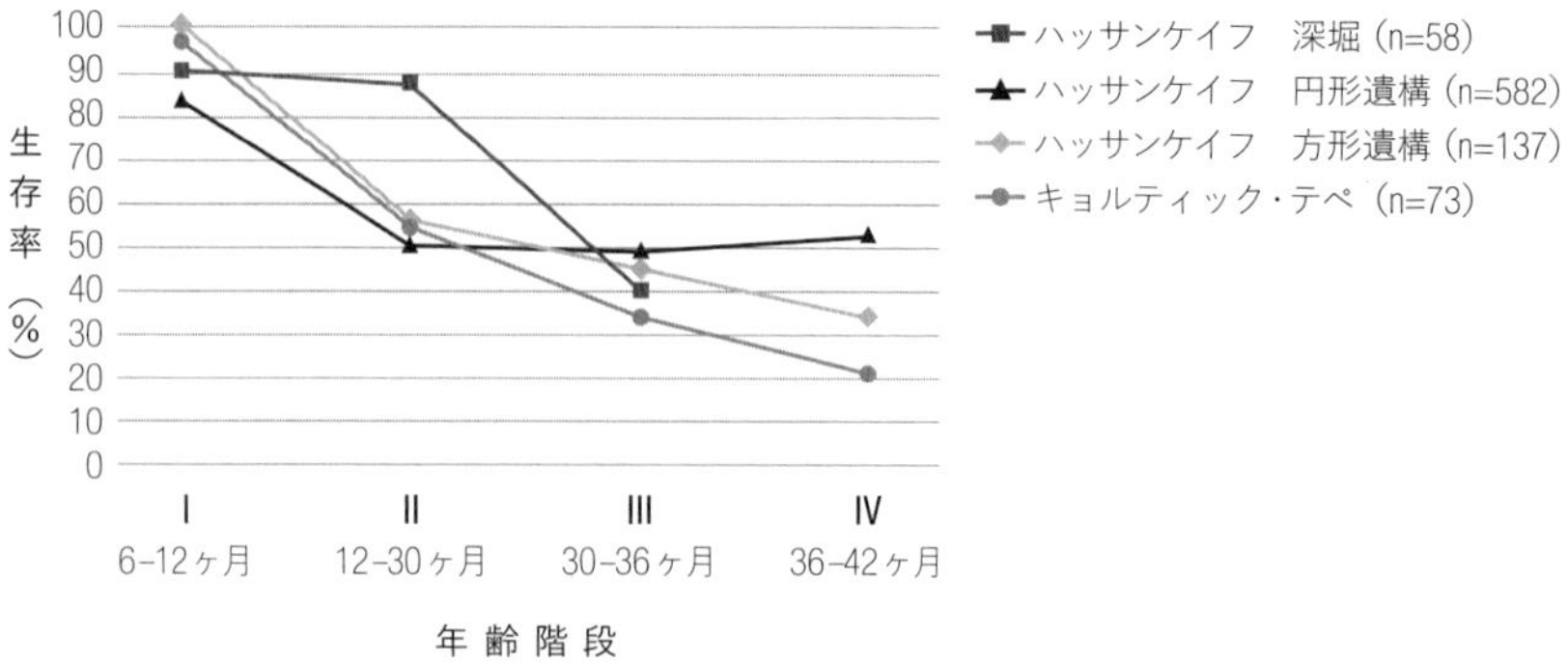

図3：ハッサンケイフ・ホユックから出土したヒツジおよび「ヒツジまたはヤギ」と同定された四肢骨の骨端癒合にもとづく生存曲線（キョルティック・テペのグラフはArbuckle and Özkaya 2007をもとに作成）。

少数のイヌだけである。フリント（石器を作るための石材の一種）製の尖頭器がヒツジの頸椎を貫通したものがみつかっており、弓矢かやりを使った狩猟が行われていたことがわかる［図2］。

ハッサンケイフ・ホユック遺跡から出土したヒツジの年齢構成を調べると、約五〇パーセントが一歳から二歳半の間に殺されていた。同時期のキョルティック・テペ遺跡でも同じ傾向がみられ、亜成獣が狩猟対象になっていたようである［図3］。狩猟対象となった動物の典型的な年齢構成は三歳程度以上の成獣が多いが、それに比べやや若い個体に利用が集中していたように見える。資料数が少ないので確実なことは言えないが、この場所での居住が始まった時期（グラフの「深堀」）の出土骨だけをみると、二歳半から三歳で殺されたものが多く、若干年齢が高い個体が狩猟対象となっていたようである。遺跡の最盛期（グラフの「円形遺構」）から末期（同「方形遺構」）は狩猟圧がやや高い状況にあった可能性がある。しかし、季節や場所などの狩猟戦略の変化により、亜成獣が多く含まれるような群れが狩猟の対象となったという別の解釈も現時点では可能である。

ハッサンケイフ・ホユック遺跡では、イノシシも約三歳以上の成獣に達したものは約二〇パーセントにすぎず、比較的若い年齢の個体が狩猟対象になっていたことがわかった［図4］。同時期の他の遺跡で出土するイノシシの六〇パーセント程度が三―四歳以上であることと比

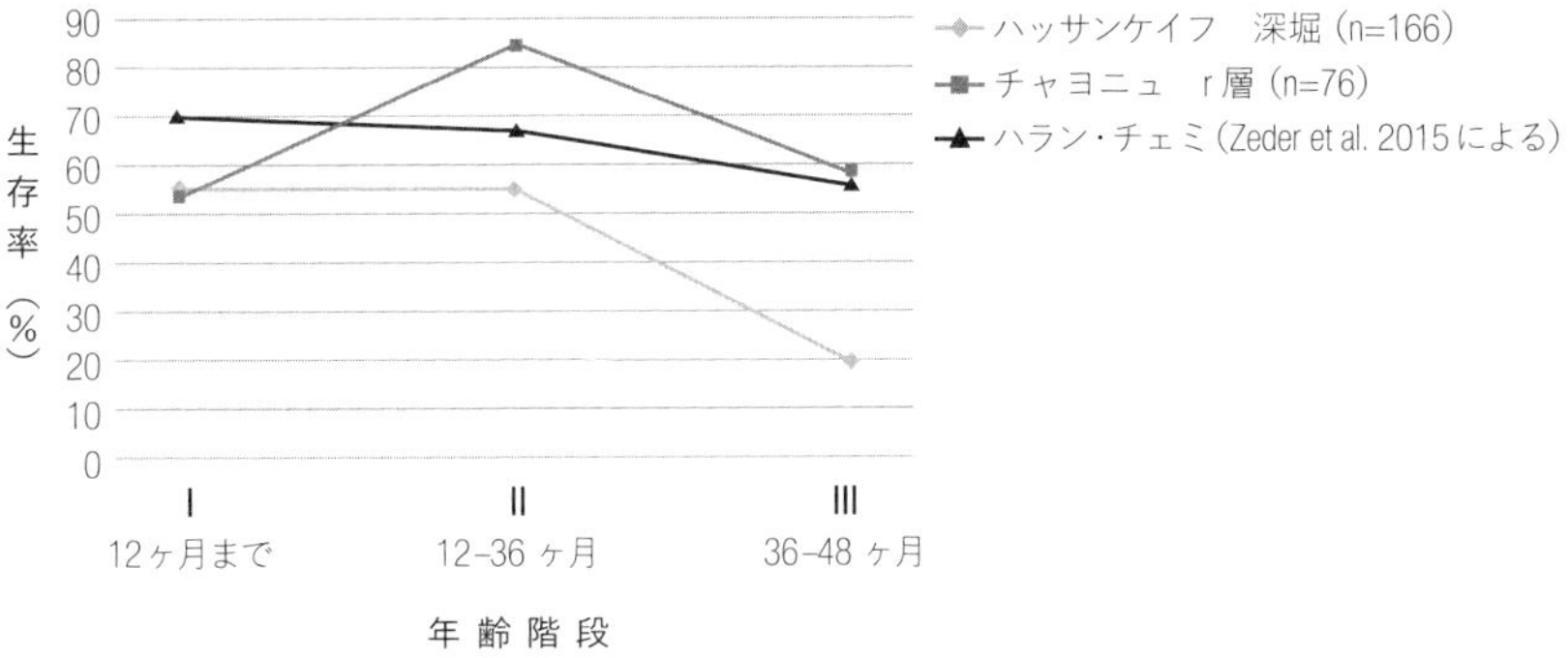

図4：ハッサンケイフ・ホユック、チャヨニュ、ハラン・チェミから出土したイノシシの死亡年齢構成。

較すると、イノシシに関してもハッサンケイフ・ホユックでの狩猟圧の高さが示唆される。ただし、イノシシに関しても狩猟法の違いによるという解釈も現時点では可能である。残飯などに惹きつけられて集落周辺に出没するイノシシを罠で捕獲していたとすれば、比較的若齢の個体が多くとらえられる傾向があったかもしれない。

食料生産が始まる直前の定住集落における狩猟・採集による典型的な資源獲得戦略は、「地産地消」と「多様な自然資源の利用」である。遺跡の近隣で最も手に入りやすい中型偶蹄類（ティグリス川上流の東部地域の遺跡では野生ヒツジ）を集中的に狩猟する一方、多様な動物資源が幅広く利用された。ハッサンケイフ・ホユック遺跡では、野生ヒツジが主な狩猟対象だったが、アカシカ、イノシシ、野生ヤギ、ガゼル、キツネ、ウサギ、鳥類やカメなど多種多様の動物が出土する。アカシカは出土破片数の一〇パーセントほどを占め、ヒツジより大型なので、食肉としての貢献度は高かったとみられる。現在の景観からは想像しがたいが、河辺林などアカシカの生息する森林環境が遺跡の周辺に存在したのであろう。しかし、ハッサンケイフ・ホユックからはアカシカと同じく森林に生息する野生ウシの骨は、ほとんど出土しない。ティグリス川上流域の東部の遺跡は概してウシの出土量が非常に少ないが、ハッサンケイフ・ホユックから直線距離で数十キロしか離れていないキョルティック・テペでは野生ウシが出土骨の一〇パーセントを占める（Arbuckle and Özkaya 2007）。新石器時代初期の定住集落は、一見するとよく似た環境に立地しているが、実際はわずか数十キロ離れただけで資源環境が異なり、狩猟対象獣が異なっていたことが示唆される。このように、遺跡の近隣を自然資源獲得の場とし、そこで最も手に入りやすい資源を利用する「地産地消」型の戦略は、植物遺存体の分析成果からも示唆される。

ハッサンケイフ・ホユック遺跡はティグリス川の岸に立地しており、入手しやすいタンパク源として川魚が重要だったことは間違いない。ティグリス川・ユーフラテス川流域の遺跡から出土した魚骨資料の報告例は少ないが、ハッサンケイフ・ホユック遺跡では発掘された土をフルイにかけて微細な遺物を抽出する作業が行われたおかげで、多くの魚骨を採集することができた。キョルティック・テペ遺跡でも釣針が数多く出土していることから、魚が利用されていたことが示唆されるが、おそらく発掘の際に魚骨が見逃されたため、魚骨の出土量は少ない。ハッサンケイフ・ホユック遺跡から出土する魚骨の大部分を占めるのはコイ科の二種類の魚（*Barbus* 属と *Capoeta* 属）である。目の前の川で簡単にとれる魚だけを利用したのであろうが、もともとティグリス川の魚類相は貧弱だったようである。ハッサンケイフ・ホユック遺跡に暮らした人々がどの程度淡水魚を食べていたかを調べるため、板橋悠らは出土人骨に含まれるアミノ酸を用いた窒素安定同位体分析により、淡水魚と陸生動物がそれぞれタンパク源としてどのような割合で摂取されていたかを検討した。その結果、ハッサンケイフ・ホユックには、陸生動物の肉ばかりを食べていた人々と、淡水魚も食べていた人々の二つのグループが存在したことがわかった。後者の、肉と魚を両方食べていたグループは、タンパク質の一三パーセントあまりを淡水魚から摂取していたと推定されている（Itahashi et al. 2017）。魚を食べるか否かは性別や年齢とは関係がなかったようだが、それが嗜好による違いなのか、帰属集団の文化的な要因による肉、魚それぞれの食材へのアクセスの差異によるものかはわからない。

ハッサンケイフ遺跡から約二〇〇キロ西方のチャヨニュ遺跡のＰＰＮＡ期の層では、出土破片数の約四〇パーセントをイノシシが占めており、野生ウシの割合も二〇パーセント前後と比較的高いが、ヒツジは数パーセントにすぎない（Hongo et al. 2004）。ユーフラテス川上流域の新石器時代遺跡においてもウシの割合は比較的多い。家畜化の起源地であるティグリス川・ユーフラテス川上流域を含むタウルス・ザグロス山麓は「四種の家畜の野生祖先種の分布域が重なる地域」とされているが、当然ながら局所的な地形や植生などの環境の違いにより野生動物資源の分布に濃淡があったことが示唆される。考古遺跡からの野生ウシの出土状況を考慮すると、家畜ウシの起源地はおそらくティグリス川上流域の西部からユーフラテス川上流域であり、家畜ヒツジの起源地はティグリス川上流域の東部かさらに東方のザグロス山麓地域であったと推定されるのである。また最近、トルコ中央部でも紀元前七九〇〇年ごろから独自にヒツジの家畜化が進行した可能性が論じられ、ヒツジの家畜化は多元的だった可能性が指摘されている（Stiner et al. 2014）。

初期の定住狩猟採集民集落の終焉

ティグリス川上流東部の集落はすべて、紀元前九三〇〇年ごろに居住が途絶え放棄される。続く先土器新石器時代B期（PPNB期）の集落の多くは西方のユーフラテス川上流域に形成されるようになる。「地産地消」型でうまく機能していたPPNA期の資源利用戦略が何らかの理由で立ちいかなくなったのか、あるいは別の文化的・社会的要因があったのか、理由はまだ明らかになっていない。

出土した炭化種子の分析から、東部のPPNA期の初期定住集落における資源利用の特徴として、野生のムギ類が利用されず、ピスタチオ、アーモンドなどのナッツ類を利用する旧石器時代以来の植物利用の伝統が続いていたことが明らかになっている。それに対し、西部のユーフラテス川上流域では野生のオオムギ、コムギ類が

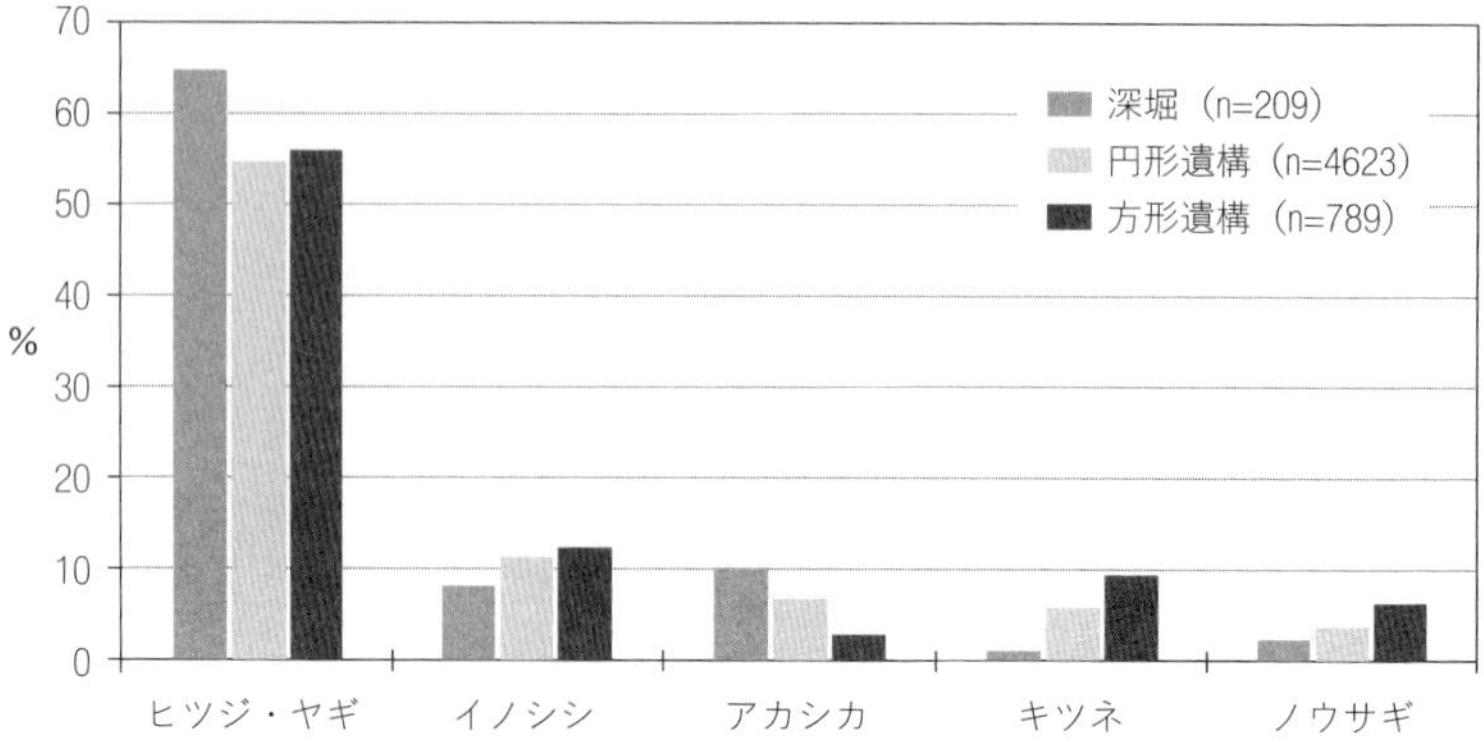

図5：ハッサンケイフ・ホユック遺跡の主な出土動物種の割合。

積極的に利用され、やがて栽培化に至る。食料生産が始まったことが、居住の中心が西部に移ったことと関連していた可能性はある。集落が放棄される理由の一つがそれまでの食料資源利用に行き詰まりが生じたことにあったかどうかも検討する必要がある。この点に関しては、少なくともハッサンケイフ・ホユック遺跡においては、上述したように若齢個体も狩猟対象とするような動物資源の過利用が生じていた可能性が考えられる。このことは出土する動物種の相対的な割合からも示唆される。図5は、出土動物骨を、居住開始期（図の「深堀」）、中期（同「円形遺構」）、末期（同「方形遺構」）に分け、利用された動物種の割合を比較したものである。居住開始期にはアカシカの割合が比較的高く、時期が下るほどウサギやキツネなどの小動物の割合が増加することから、アカシカが生息するような森林が減少し、ウサギやキツネが生息する開けた草原が増加した可能性がある。また、末期には前述のように最も重要な狩猟対象だったヒツジに高い狩猟圧がかかった可能性がある。しかし、出土する動物骨の総量からみて、資源の枯渇を招くまでの過利用が生じていたとは考えにくいことから、居住地が放棄された理由を生業だけに求めることは難しく、西部でのムギ栽培の開始、それに伴う社会的な変化など、複合的な要因があったことが推定される。

家畜飼育の開始

ヤギ、ヒツジ、ウシの三種のウシ科偶蹄類のうち、最も早い時期に家畜化されたとみなされるのはヤギであり、ザグロス山麓の遺跡で飼育の証拠が見つかっている。ヒツジに関しては家畜化の起源地は明らかでないが、ユーフラテス川上流域の新石器時代遺跡では紀元前八五〇〇年頃（ＰＰＮＢ期の前期）までに飼育が始まった（Zeder 2006; Peters et al. 2000; Hongo et al. 2009）。ウシはユーフラテス川の上流域でヤギやヒツジより若干遅れて飼育されるようになった（Helmer et al. 2005; Hongo et al. 2009）。ブタが飼育され始めたのもヤギやヒツジよりは遅いと言われていたが、後述するチャヨニュ遺跡の出土資料から、ヤギやヒツジと同時期か、むしろ早くＰＰＮＢ期初頭から ブタが飼育されていた可能性が指摘されている（Ervynck et al. 2001）。

ティグリス川上流域の初期定住集落のうち、紀元前九〇〇〇年以降も居住が継続したのは、唯一、西部に位置し地理的にはユーフラテス川上流域に近いチャヨニュ遺跡である。ＰＰＮＡ期の紀元前一万年頃に居住が始まり、ＰＰＮＢ期から紀元前六〇〇〇年頃の土器新石器時代に至るまでの居住が確認されている。このチャヨニュ遺跡で出土した動物骨をもとに、狩猟により野生動物を利用していた時期から、家畜が飼育され始め、やがて牧畜に依存した動物利用形態が確立するに至る過程を知ることができる。

チャヨニュ遺跡のＰＰＮＡ期においては、イノシシが出土動物骨の四〇パーセント弱を占める一方、野生ウシ、アカシカ、ガゼル、クマ、野生ロバ、ウサギ、キツネ、カメなどさまざまな野生動物が利用され、東部の同時期の遺跡と同様の「地産地消」「多様な資源の利用」という自然資源利用戦略の特徴がみられた。チャヨニュ遺跡では、ＰＰＮＢ期初頭の層から、標準的な野生個体より小型のイノシシの骨が出土し始め、まずイノシシから家畜化が始まった可能性がある（Ervynck et al. 2001）。ヒツジ、ヤギ、ウシの体のサイズの変化などから、これらも紀元前八三〇〇年頃（ＰＰＮＢ前期末―中期）に飼育され始めたことがわかる（Hongo et al. 2009）。次第に出土動

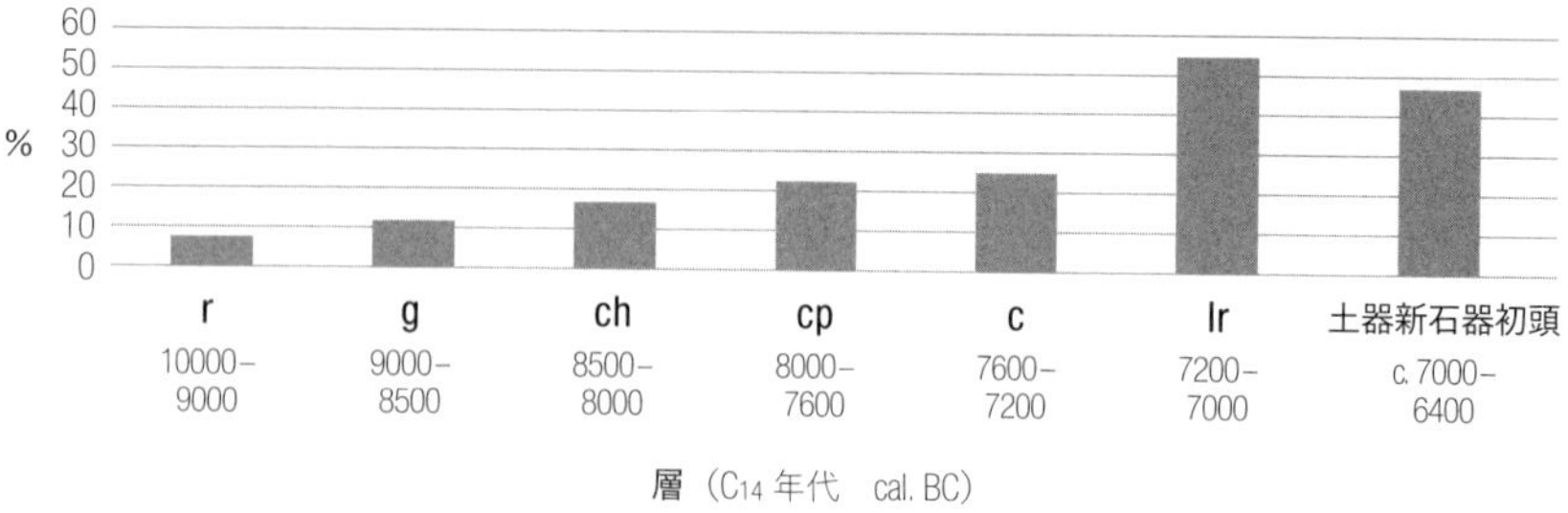

図6：チャヨニュ遺跡におけるヒツジとヤギの割合の増加。

物骨中に家畜ヒツジが占める割合が増加するいっぽう、イノシシを中心にした野生動物の狩猟も依然として継続する。野生動物の割合は徐々に減少し、動物性食料の供給源を家畜に依存するようになり、紀元前七五〇〇―七〇〇〇年頃までに出土動物骨の九〇パーセント以上を家畜の骨が占めるようになる。その中でもヒツジの重要性は飛躍的に増し、家畜の増加はすなわちヒツジの増加であった［図6］。これはこの地域の遺跡に共通する現象で、先土器新石器時代末にはどの遺跡でもヒツジとヤギを合わせた割合が出土動物骨全体の五〇―七〇パーセントを占め、その大部分がヒツジである。家畜の導入は一気におこったのではなく、多様な野生動物を狩猟する生業戦略からヒツジを中心とする家畜飼育への移行は一〇〇〇年近くかかり徐々に進んだのである。

そもそも、家畜を飼育することは、その初期の段階で肉の安定供給をもたらしたとは思われない。ヒツジ、ヤギ、ウシなどの偶蹄類は一年に一頭（まれに二頭）の子を産む。成熟して繁殖年齢に達するには二―三年を要する。繁殖群を維持するためにはメスを殺して食べることを避けなければならないので、肉を得るためには多くの若オスを生産できるような大規模な群れが必要となる。多産のブタは例外として、家畜化の初期の段階では、餌を与えて世話をする手間に見合う経済的なメリットはなかったことが、家畜の導入が一気に進まなかった理由のひとつであり、肉の供給源としては野生動物の狩猟が続いた。それでは動物を飼育するという行為がそもそもなぜ始まったかという疑問については、確たる証拠はないが、動物を威信財として手元に置いた、不猟の時に儀礼的な場での共食に供

図7：チャタル・ホユック遺跡の壁画（Mellaart 1967より）。

するための保険として飼った、などの理由が考えられる。

ギョベクリ・テペ遺跡（紀元前一万―八五〇〇年）は、食料生産が始まる以前の遺跡で、高さ六メートルほどの石柱が円形に並ぶストーンヘンジのような遺構がいくつも出土している。先土器新石器時代には祭祀に伴う饗宴が共同体の紐帯を維持する重要な役割を果たしていたと推測され、この遺構は狩猟採集民が集う祭祀センターとして機能していたとみられている。石柱の一本一本に野生ウシ、イノシシ、キツネ、ツル、サソリ、クモなどの浮彫がほどこされているが、これらの動物はそれぞれ、異なる狩猟採集民集団のシンボルであったと推測されている（Peters and Schmidt 2004）。ギョベクリ・テペ遺跡から最も多く出土する動物はガゼルで、出土動物骨の破片数の五一パーセントをガゼルが占めるにもかかわらず、図像表現にガゼルは登場しない。野生のウシの骨は約一七パーセントで、供給する肉の量で比較するとウシが最も重要な狩猟対象だったと言え、彫刻に表現される頻度も高い。この遺跡の調査者は、巨大で力強い野生のウシを狩猟し、その肉を饗宴で消費することが狩猟採集民の祭祀において重要だったと考える（Peters and Schmidt 2004）。

野生ウシ狩猟の象徴的な重要性が長く続いたことは、ギョベクリ・テペ遺跡より一五〇〇年ほど後のチャタル・ホユック遺跡

（トルコ中央部）の出土遺物からうかがわれる。チャタル・ホユックは、農耕と牧畜に基盤をおく新石器文化がすでに確立していた時期の遺跡である。家畜ヒツジの飼育は比較的早くから始まっていたが、家畜ウシの受容は遅れ、紀元前七〇〇〇年ごろまでは大型のオスの野生ウシが好んで狩猟されていた（Perkins 1969; Russel et al. 2005）。この遺跡の住居址で見つかった壁画には、ハンターが集団でオスの野生ウシを狩る様子が描かれており、野生ウシの角をいくつも壁にはめ込んだ住居も見つかっている（Mellaart 1967）［図7］。このように、狩猟と野生動物の肉は牧畜に依存するようになって以降も社会的、象徴的な意味を持ち続けたのである。

考古遺跡から出土する資料から十分に証明することは困難であるが、家畜飼育が定着したことによる重要な変化は、集団の構成員の間で肉へのアクセスの差が生じたことであろう。上述のように、野生動物の狩猟には共同体の祭祀と共食が伴っていた形跡があり、現生の狩猟採集民が狩猟で得た肉を集団内で分配する行為との類似点がみられる。一方、農耕と牧畜への依存度が高まるＰＰＮＢ期末には、それまでの集落内の祭祀の場や共同スペースが放棄されたことが指摘されている（Özdoğan and Özdoğan 1998）。飼育し、子供を産ませ、育てるという手間ひまをかけた結果、特定の人のみがその動物を殺すことを決め食用に供する権利を有するようになったことは想像に難くない。この時点で、誰でもがアクセスできる野生動物と、特定の人（家族）やグループだけが消費することができる家畜に、肉食が二分されたのではないだろうか。ウシではなくヒツジが急速に普及し主要家畜となった背景には、飼育に必要な餌の量が少ないことや扱いやすさに加え、家族あるいは親族の小グループで消費するのに適したサイズだったという理由もあっただろう。

乳利用の開始

さらに、ＰＰＮＢ期末（紀元前七五〇〇年頃）、急激に家畜、特にヒツジへの依存度が増したのは、このころ偶蹄類の乳が利用され始めた（Vigne and Helmer 2007）ことによると推定できる。ミルクは家畜を殺さずに繰り返し得られる生産物であり、チーズ等に加工する技術が開発されたことで、初めてヒツジ、ヤギ、ウシを飼育する経済的メリットが生まれ、家畜の増加と牧畜に基盤をおく社会の成立を促したのであろう。ヒツジはウシに比べ小型で扱いやすいことに加え、ウシのように子を使って催乳をしなくても搾乳できる。ヒツジが急激に増加し主要家畜の地位を占めた理由はその乳の利用にあると思われる。この段階で、家畜は肉よりむしろ生きたままミルクをとおして動物性タンパク質を供給してくれる財産となり、家畜の肉を食する機会はさらに減ったことであろう。肉の供給源はますます野生動物に求められることになった。

4 肉の供給

「肉食度」の差

新石器時代の集落の構成員間に、社会的地位、性別、帰属集団などによって肉食の程度の差があったかどうか、人骨を分析することによって調べる試みが行われている。チャヨニュ遺跡には、四〇〇体分ほどの人骨が埋葬され「スカル・ビルディング」と呼ばれる特殊な遺構がある。この建物から出土する人骨は、ＰＰＮＢ前期末―中期に、白骨化してからこの建物内に収められたものである。同時期に、スカル・ビルディングに再葬されず他の場所に埋葬された人骨もあることから、スカル・ビルディング内に葬られた人々は集落内で特別な集団に属していた可能性がある。ジェシカ・ピアソンらは、スカル・ビルディング内から出土した人骨と、それ以外の墓から出土した人骨に含まれる窒素の安定同位体比を分析し、これら二つのグループで肉食の程度が異なっていたかどうかを調べた（Pearson et al. 2013）。その結果、スカル・ビルディング内に埋葬された人々の骨は有意に高い窒素同位体比を示すことがわかった。高い窒素同位体比の原因は、スカル・ビルディングに埋葬されたグループが肉の摂取量が多かった、豚肉よりウシ、ヒツジなどの反芻類の肉を多く摂取していた、植物性食料に関しては豆類よりも穀類を多く摂取する機会があった、など、いくつか考えられる。いずれにしろ、スカル・ビルディング内に埋葬されたグループはそれ以外の墓に埋葬されたグループと少し異なる食事をし、私たちの価値観に照らすと「上質」なものを食べていたことが示唆される。墓の副葬品からみると両グループの経済的、社会的地位に差異はないが、肉その他の食物へのアクセス度の差異は生じていた可能性がある。スカル・ビルディングは、植物栽培が始まり家畜が導入され始めた時期の埋葬施設である。また、家畜への依存度が急激に増すＰＰＮＢ後期の人骨では、男性の方が女性より肉食度が高いという分析結果が出ている。

肉の供給源としての野生動物

最後に、家畜導入後に生じた、家畜の肉と野生動物の肉に対する扱いの違いについて述べたい。文字が発達し、文献記録が残る時代になると、文書の中で言及される動物と実際に遺跡から出土する動物の食い違いにしばしば遭遇する。文字を使うことができる階層に属するのは社会のごく一部の人々であり、その一握りの人々が関心を持ち記録にとどめようとする動物だけが文献に登場し、それは必ずしも食料としての動物の重要性とは一致しないからである。言及される頻度は、支配階級にとって財産であり、肉や毛の供給源として経済的価値が高いヒツジが圧倒的に多い。表1は、ハブール川流域のテル・シェイク・ハマド（アッシリア時代のドゥル・カトリンム）の、紀元前一三世紀の宮殿地区から出土した動物骨を分析し、種ごとの割合を出土骨の重量にもとづいて示したものである（Becker 2008）。出土した骨の重量から、それぞれの動物が肉の供給源として、どの程度の割合を占めていたかをおおよそではあるが測ることができる。家畜の中ではヒツジとヤギ（主にヒツジ）、ついでウシが重要であった。これらの動物は粘土板文書の中にもしばしば記述されている。ブタの骨は出土骨重量の一〇パーセント近くを占め、肉の生産においてかなり重要な家畜だったはずだが、文書にはブタへの言及はない。これは、ブタが個々の家庭で飼育され消費される動物で、財産として支配階級の管理を受けなかったためである。オネガー（ノロバ）、ダマジカなどの野生動物も、家畜に匹敵する量の肉を供給していたようだが、粘土板文書には言及されていない。支配階級が所有権をもつ動物ではなかったからであろう。一方、主に荷駄用で、肉の供給源としての重要性は低く、遺跡からの出土数も少ない家畜ロバに関する記述は比較的多い。出土骨から宮殿地区に住む人々の方がより多く野生動物の肉を食べていたとみられ、一般の居住区では家畜の割合の方が高い。社会

家　畜	ヒツジ、ヤギ	29.8
	ウ　シ	12.6
	ブ　タ	9.5
	ウマ科	0.6
	フタコブラクダ	2.2
	イ　ヌ	1.2
	家畜　合計	55.9
野生動物	ガゼル	2.9
	アカシカ	1.1
	ダマジカ	12.1
	オネガー（ノロバ）	26.8
	イノシシ	0.4
	ゾ　ウ	0.4
	ノウサギ	0.4
	野生動物　合計	44.1

（哺乳類合計　39,671 g）

表1：テル・シェイク・ハマドの前13世紀の宮殿地区から出土した動物骨（骨の重量での比較、単位は％、Becker 2008をもとに作成）

的地位により、アクセスできる動物が異なったことがわかる（Becker 1991）。一般庶民が財産的価値を持つ家畜を消費する機会が限られていたことを考慮すると、より野生動物の肉にアクセスできる、社会的地位が高い人々の方が肉食の頻度は高かったと考えることができる。

古代の日本にも野生動物と家畜の肉に対する認識の差があったとみられる。日本では七世紀ごろから仏教の思想にもとづきたびたび殺生を禁止する政令が出され、動物の肉を食べなくなったと言われている。肉食を禁ずる最初の政令は六七五年に出され、罠、落とし穴等を使った猟と、四月から九月の間に簗《やな》などをおくこと、ウシ、ウマ、イヌ、サル、ニワトリを食べることを禁じた。ただし、その他の動物を食べることは禁じないとの文言もあり、これは殺生全般ではなく特定の動物、主として家畜・家禽を食べることを禁じた政令だったと解釈できる（松井 二〇〇二；原田 一九九三）。先史時代以来、狩猟対象獣とされてきたシカとイノシシに関しては、特定の猟法を禁じただけで、狩猟そのものも、肉を食べることも禁じられていない。ウシ、ウマは五世紀に日本に導入されたが、当初からその生産と流通は支配階級の管理下にあった。ニワトリも時を告げる鳥として朝鮮半島から導入された家禽である。したがって、日本においても、特定の人や階層に所有権が属するがゆえに食べてはならない家畜と、狩猟で手に入れれば誰もが肉食に供することができる野生動物、という区別が生じていたとみられる。

家畜化は肉食に貢献しなかった？

私たちは、約一万年前に家畜の飼育が始まったことにより、人々が野生動物を狩りに出かけなくとも動物の肉をいつでも食べられるようになった、という漠然としたイメージを抱いている。しかし、本稿でみてきたように、家畜化が肉の安定的な供給や肉食の普及をもたらしたとはむしろ考えられないのである。家畜の肉の消費は、少なくとも家畜化当初は限定的なものであり、野生動物の狩猟が継続した。食料生産の開始により、家畜飼育が徐々に普及し農地が拡大するにしたがって、野生動物の生息域が狭められ、猟がしにくくなったであろうことは想像できる。このような野生動物資源の減少と、ヒツジ、ヤギ、ウシの乳を利用する技術が発達したことがあいまって、これらの家畜の飼育が普及したと考えられる。家畜は誰かが所有する財産であるが故にかえって、自由に殺してその肉を食べることができない動物だった。家畜を飼育するようになったことで、消費する肉の絶対量が増加したか減少したかについては、現在のところ定量的に調べる方法がない。しかし、家畜を食用に供する際に、その肉にアクセスできる者とできない者がうまれたことが、人骨に含まれる窒素安定同位体の分析結果から示唆される。家畜化によって、手元においても経済的・社会的制約から自由に食べるわけにはいかない動物である家畜と、狩猟で手に入れられればいつでも食べてよい野生動物が並存するという皮肉な状況が生じたのである。

参考・引用文献

原田信男
一九九三『歴史の中の米と肉——食物と天皇・差別』東京：平凡社。
松井　章
二〇〇二「古代における馬の利用例」『考古学ジャーナル』四八三巻：一二―一六。
三宅裕・前田修・アブドゥセラーム・ウルチャム
二〇一二「初期定住集落の姿を探る——トルコ、ハッサンケイフ遺跡二〇一二年度の調査」日本西アジア考古学会編『平成24年度考古学が語る古代オリエント——第20回西アジア発掘調査報告会報告集』二六―三二頁。

二〇一三「初期定住集落の姿を探る――トルコ、ハッサンケイフ遺跡二〇一三年度の調査」日本西アジア考古学会編『平成25年度考古学が語る古代オリエント――第21回西アジア発掘調査報告会報告集』二二―二七頁。

二〇一四「初期定住集落の姿を探る――トルコ、ハッサンケイフ遺跡二〇一四年度の調査」日本西アジア考古学会編『平成26年度考古学が語る古代オリエント――第22回西アジア発掘調査報告会報告集』二〇―二五頁。

Arbuckle, B. S. and **V. Özkaya**

2007 Animal Exploitation at Körtik tepe: An Early Aceramic Neolithic Site in Southeast Turkey. *Paléorient* 32 (2): 113-136.

Arbuckle, B. S., M. D. Price, H. Hongo, and **B. Oksüz**

2016 Documenting the Initial Appearance of Domestic Cattle in the Eastern Fertile Crescent (Northern Iraq and Western Iran). *Journal of Archaeological Science* 72: 1-9.

Becker, C.

1991 Erste Ergebnisse zu den Tierknochen aus Tall Šhē Hamad-die Funde aus Raum A des Gebäudes P. In H. Kühne (ed.) *Die Rezente Umwelt von Tall Šhē Hamad und Daten zur Umweltrekonstruktion der Assyrischen Stadt Dur-Katlimmu, 1. Berichte der Ausgrabungen Tall She Hamad/Dur-Katlimmu.* Berlin: Dietrich Reimer, pp. 117-132.

2008 The Faunal Remains from Dur-Katlimmu-Insights into the Diet of the Assyrians. In E.Vila, L. Gourichion, A. M. Choyke and H. Buitenhuis (eds.) *Archaeozoology of the Near East* VIII. Lyon, Archéorient: Maison de l'Orient et de la Méditerranée, pp. 561-580.

Ervynck, A., K. Dobney, H. Hongo, and **R. H. Meadow**

2001 Born Free? New Evidence for the Status of Sus scrofa at Neolithic Cayonu Tepesi (Southeastern Anatolia, Turkey). *Paléorient* 27 (2): 47-73.

Hawkes, K., J. F. O'Connell, N. G. Blurton Jones, H. Alvarez, and **E. L. Charnov**

1998 Grandmothering, Menopause, and the Evolution of Human Life Histories. *Proceedings of the National Academy of Sciences USA* 95: 1336-1339.

Helmer, D., L. Gourichon, H. Monchot, J. Peters, and **M. Sana Segui**

2005 Identifying Early Domestic Cattle from Pre-Pottery Neolithic Sites on the Euphrates Using Sexual Dimorphism. In J.-D. Vigne, J. Peters, and D. Helmer (eds.) *The first Steps of Animal Domestication: New Archaeological Approaches. Proceedings of the 9th ICAZ Conference, Durham 2002*. Oxford: Oxbow, pp. 86-95.

Hongo, H., **R. H. Meadow**, **B. Öksüz**, and **G. İlgezdi**

2004 Animal Exploitation at Çayönü Tepesi, Southeastern Anatolia. "Featuring Complex Societies in Prehistory: Studies in Memoriam of the Braidwoods." *TÜBA-AR* (Turkish Academy of Sciences Journal of Archaeology) 7: 107-119.

Hongo, H., **J. Pearson**, **B. Öksüz**, and **G. İlgezdi**

2009 The Process of Ungulate Domestication at Çayönü, Southeastern Turkey: A Multidisciplinary Approach Focusing on *Bos* sp. and *Cervus elaphus*. *Anthropozoologica* 44 (1): 63-78.

Isaac, G.L.

1978 The Food-Sharing Behavior of Protohuman Hominids. *Scientific American* 238 (4): 90-108.

Itahashi, Y., **Y. Miyake**, **O. Maeda**, **O. Kondo**, **H. Hongo**, **W. Van Neer**, **Y. Chikaraishi**, **N. Ohkouchi**, and **M. Yoneda**

2017 Preference for Fish in a Neolithic Hunter-gatherer Community of the Upper Tigris, Elucidated by Amino Acid d15N Analysis. *Journal of Archaeological Science* 82: 40-49.

Lee, **R. B.** and **I. DeVore eds.**

1968 *Man the Hunter*. Chicago: Aldine Publishing Company.

Marlowe, F. W.

2010 *The Hadza: Hunter-Gatherers of Tanzania*. Berkeley: University of California Press.

Meadow, R. H.

1980 Animal Bones: Problems for the Archaeologist Together with Some Possible Solutions. *Paléorient* 6: 65-77.

Mellaart, J.

1967 *Çatal Hüyük: A Neolithic Town in Anatolia*. London: Thames and Hudson.

O'Connell, J. F., **K. Hawkes**, and **N. G. Blurton Jones**

1999 Grandmothering and the Evolution of Homo erectus. *Journal of Human Evolution* 36 (5): 461-485.

Özdoğan, M. and **A. Özdoğan**

1998 Buildings of Cult and the Cult of the Buildings. In G. Arsebük, M. J. Mellink, and W. Schirmer (eds.) *Light on Top of the Black Hill: Studies Presented to Halet Çambel*. Istanbul: Ege Yayınları, pp. 581-593.

Pearson, J. A., **M. Grove**, **M. Özbek**, and **H. Hongo**

2013 Food and Social Complexity at Çayönü Tepesi, Southeastern Anatolia: Stable Isotope Evidence of Differentiation in Diet According to Burial Practice and Sex in the Early Neolithic. *Journal of Anthropological Archaeology* 32 (2): 180-189.

Perkins, D.

1969 Fauna of Çatal Hüyük: Evidence for Cattle Domestication in Anatolia. *Science* 164: 177-179.

Peters, J., D. **Helmer**, A. **von den Driesch**, and M. **Saña Segui**

2000 Early Animal Husbandry in the Northern Levant. *Paléorient* 25/2 (1999): 27-47.

Peters, J. and K. **Schmidt**

2004 Animals in the Symbolic World of Pre-Pottery Neolithic Göbekli Tepe, South-Eastern Turkey: A Preliminary Assessment. *Anthropozoologica* 39: 179-218.

Price, T. D. and J. A. **Brown eds.**

1985 *Prehistoric Hunter-Gatherers: The Emergence of Cultural Complexity*. San Diego: Academic Press.

Russell, N., L. **Martin**, and H. **Buitenhuis**

2005 Cattle Domestication at Çatalhöyük Revisited. *Current Anthropology* 46: Supplement S101-108.

Stiner, M. C., H. **Buitenhuis**, G. **Duru**, S. L. **Kuhn**, S. M. **Mentzera**, N. D. **Munro**, N. **Pöllath**, J. **Quadeg**, G. **Tsartsidouh**, and M. **Özbasaran**

2014 A Forager-Herder Trade-Off, from Broad-Spectrum Hunting to Sheep Management at Asıklı Höyük, Turkey. *Proceedings of National Academy of Science* 111 (23): 8404-8409.

Vigne, J.-D. and D. **Helmer**

2007 Was Milk a "Secondary Product" in the Old World Neolithisation Process? : Its Role in the Domestication of Cattle, Sheep and Goats. *Anthropozoologica* 42 (2): 9-40.

Zvelebil, M. **ed.**

1986 *Hunters in Transition*. Cambridge: Cambridge University Press.

Testart, A.

1982 The Significance of Food Storage among Hunter-Gatherers: Residence Patterns, Population Densities, and Social Inequalities. *Current Anthropology* 23: 523-537.

Zeder, M. A.

2006 A Critical Assessment of Marker of Initial Domestication in Goats (*Capra hircus*). In M. A. Zeder, D. G. Bradley, E. Emshwiller, and B. D. Smith (eds.) *Documenting Domestication: New Genetic and Archaeological Paradigms*. Berkeley: University of California Press, pp. 181-208.

Zeder, **M. A.**, **X. Lemione**, and **S. Payne**

2015 A New System for Computing Long-Bone Fusion Age Profiles in *Sus scrofa*. *Journal of Archaeological Science* 55: 135-150.

第8章

現代の「狩猟採集民」にとっての肉食とは何か

池谷和信

1　はじめに

人類の歴史の九九パーセント以上は、狩猟採集民の時代であったといわれる（池谷編 二〇一七）。アウストラロピテクス、ホモ・エレクトス、ネアンデルタール、そして私たち人類の祖先であるホモ・サピエンスなどもまた狩猟採集民であった。[1] 彼ら・彼女らは、農業を知らず家畜を飼わない民のことである。およそ数百万年という人類の歴史のなかの、それぞれの時代と空間において、槍、弓矢、罠、吹き矢などの狩猟具や狩猟方法の違いは認められるが、人類は野生動物を狩猟してその肉や皮や骨を利用することを共通に行ってきた。なかでも肉利用は、人類の進化にとって、その動物利用のなかで食糧獲得の点からも最も重要なものであると考えられる。

その後、西アジアではおよそ一万年以上前に農耕や牧畜という生業が地球上で初めて生まれた後に、それらの生業を中心とする農耕民や牧畜民がそれぞれ誕生した。両者が、世界的に生活域を拡大していくにつれて、狩猟採集民の生活域は縮小していったといわれる。しかしながら、近現代から現在においても、地球上には狩猟採集民と呼ばれる人々が生き続けている［図1］。ただし、彼らの生活と先史時代の狩猟採集民のそれを比較して、両者を類似したものとみるのは危険である。例えば、過去においては狩猟、採集、漁撈などの自然に依存した生業は人類の生存のために不可欠であったが、現在ではそれらは商業的生業として維持されていたり、彼らが住む地域の文化を表象する活動として、つまり民族のアイデンティティを示すものとして行われることも多くなっているからである。

筆者は、これまで人類の生活様式のなかでも狩猟と採集に関心を持ち、主として生態人類学の視点から現存する狩猟採集民の生業と自然とのかかわり方を把握してきた（池谷編 二〇一七）。対象地域としては、ホモ・サピエンスの誕生したアフリカに焦点を当てながらも、アフリカ大陸以外への人類の移動にともない、ユーラシアの熱帯、温帯、寒帯、そして南北のアメリカ大陸に暮らす狩猟採集民にも対象を拡大してきた。その結果、筆者は私たち人類が寒帯から熱帯までの多様な環境のなかでどのように技術の進歩をはかり、社会を展開してきたのかを、現地調査（フィールドワーク）の結果をベースに考察することができる。

本稿では、現存する世界の狩猟採集民の生業と食の多様性を把握するという目的のもとに、肉食と密接に関わる三つの社会の事例について紹介する。三つの社会とは、地球の緯度に応じて高緯度から低緯度の順に、⑴ベーリング海に面するロシア北東部の極北地域、⑵日本列島を含めたアジアの中緯度地域、そして⑶アジア、アフリカ、南アメリカにおける熱帯の低緯度地域に該当している。最後に三つの社会を比較・考察することから、狩猟採集民の肉食についての一般的傾向を抽出する。研究方法としては、世界の狩猟採集民の食や生業の資料については既存の文献を、三つの社会の事例については一九九〇年前後から現在までに行われた筆者による現地調査の成果をおもに利用している。

ここで、現存する狩猟採集民の居住域について紹介する。世界の狩猟採集民は、地理的探検や民族学的調査に

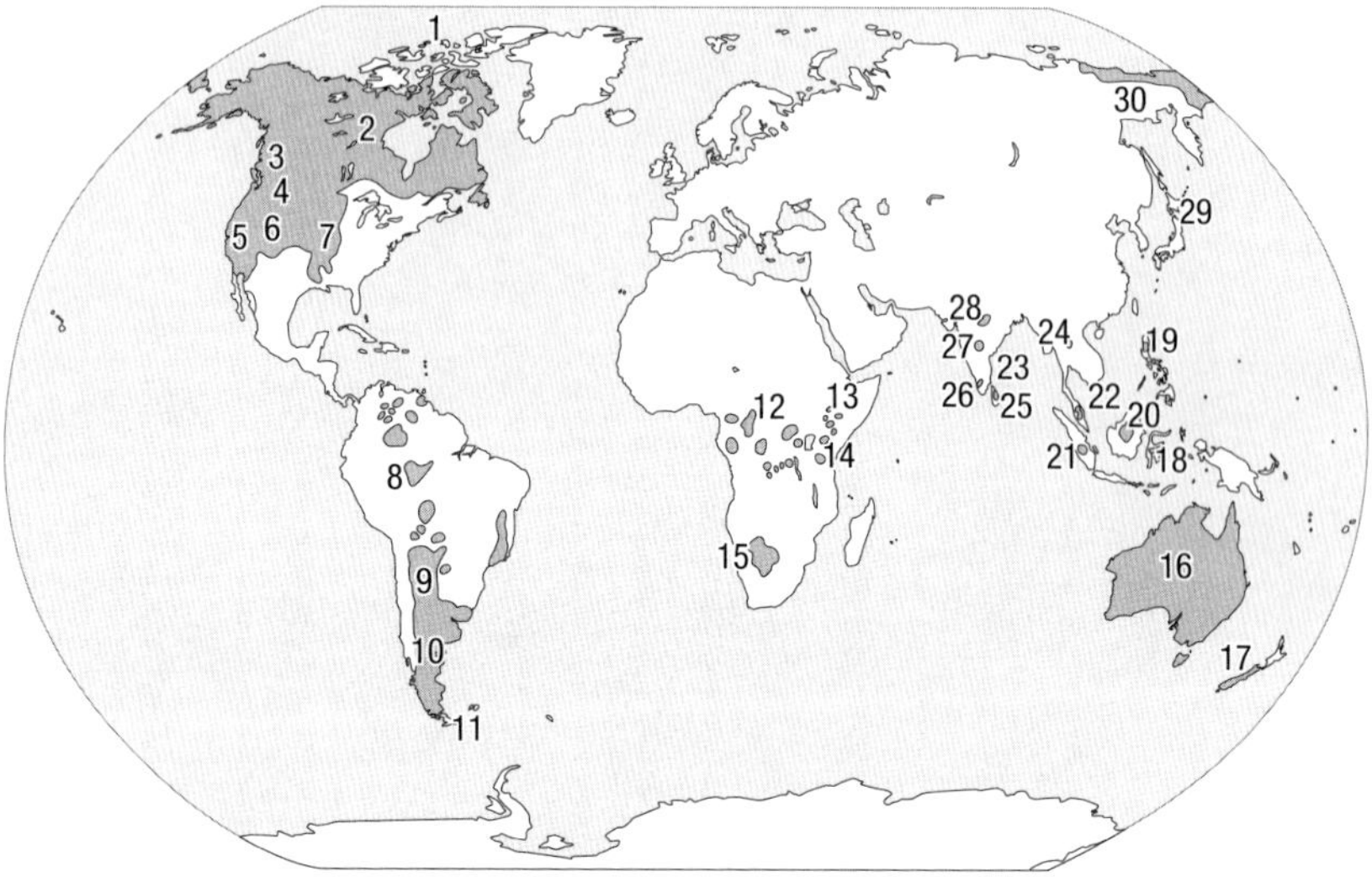

1　エスキモー（イヌイット）	11　フエゴ島民	21　クブ
2　極北インディアン	12　ピグミー	22　セマン
3　北西海岸インディアン	13　オキエク	23　アンダマン島民
4　高原インディアン	14　ハァツア	24　ムラブリ
5　カリフォルニアインディアン	15　サン（ブッシュマン）	25　ヴェッダ
6　大平原インディアン	16　オーストラリア・アボリジニ	26　カダール
7　平原インディアン	17　マオリ	27　チェンチュ
8　アマゾン盆地の狩猟採集民	18　トアラ	28　ビホール
9　グランチャコインディアン	19　アエタ	29　アイヌ
10　テフエルチェ	20　プナン	30　チュクチ

図1：19世紀における狩猟採集民の分布（池谷編 2017: 4をもとに作成）。

よって、主に一七世紀以降の歴史のなかで知られてきた［図1］。

彼らの居住域をみると北アメリカとオーストラリアで占める割合が高いが、マレー半島やインド亜大陸などを除いてユーラシア大陸ではあまり存在が知られていない［図1参照］。それは、この地域が古代文明や王国や帝国など、前近代国家が盛衰してきたことなどと関係すると思われ、狩猟採集民の暮らしがすでに消えているからであると推察される。また、狩猟採集民の定義についてもふれておこう。現存する狩猟採集民の場合、狩猟と採集のみで生活を維持している人々はもはやいないであろう。農耕や家畜飼育のほかに賃金労働を行っている人も多い。本稿では、現在でも狩猟採集を生業の一部として行っており、農耕民や牧畜民とは異なる文化をもつ人々を「狩猟採集民」であると定義する。

2 世界の狩猟採集民における生業と食

世界の狩猟採集民の食に関する基礎資料を得ることは容易ではない。先史時代の狩猟採集民の場合、近年では同位体分析によって食資源の割合がしだいに明らかになってきた。例えば、日本の縄文人の場合、東北日本ではサケ、中部日本では木の実のように主食の中身が異なっていたという指摘がある（西田 一九八〇）。これらは、同位体分析の結果として、北海道では海獣類やサケなどの魚類、本州ではドングリやクリといった木の実などの野生植物の割合が高くなっていることが裏付けになっている。また、南アフリカの先史狩猟民の場合には、同位体分析による食資源利用の実態が示されたことで、これまでは一つの集団が海岸と内陸の両方の資源を利用してきたというのが定説であったが、海岸部と内陸部とにそれぞれ別々に暮らす集団が存在したことが示唆されたた

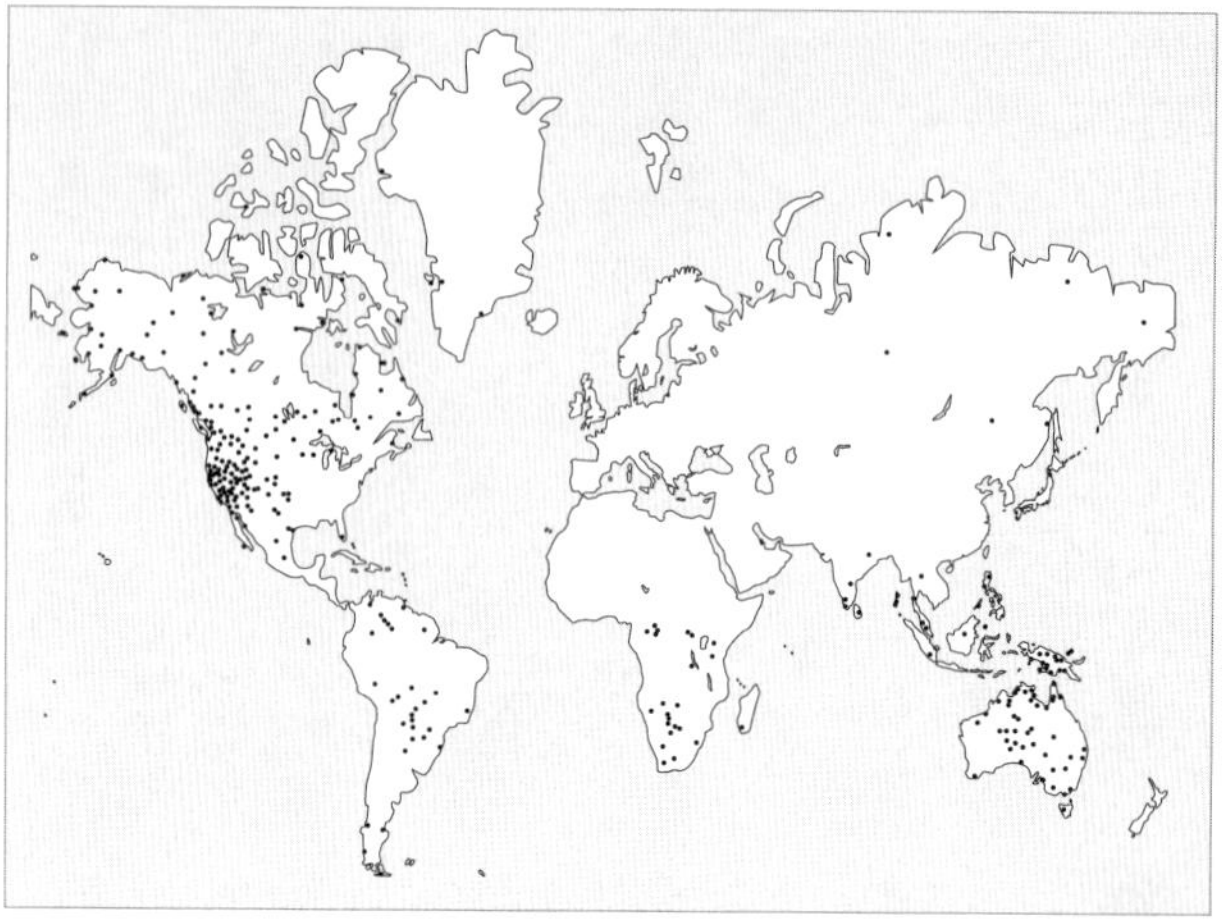

図2：サンプルに使用された狩猟採集民の分布（Marlowe 2005をもとに作成）。

（池谷二〇〇九）。

一方で、現存する狩猟採集民の食や生業を対象とする場合には、調査年代は異なるが、世界各地の民族誌資料が利用されてきた。具体的には、一九六八年にシカゴで世界初の狩猟採集民会議が行われ、地球的な視野から緯度による生業の違いが明らかにされた。そこでは過去の民族誌資料をもとに、世界における五八事例を利用することから、六〇度以上の高緯度では狩猟（六例）、四〇－五〇度にかけての中緯度では狩猟、採集、漁撈（一二例）、三九度以下の低緯度では採集（二五例）が大きな比重を占めるという生業の違いが初めて示されたのである（Lee 1968: 43参照）。これらは、緯度に応じて食における素材の自然資源が異なることとも対応している。

その後、人類学者フランク・マーローによる新しい研究が生まれている（Marlowe 2005）。彼は、現存する多数の狩猟採集民は、農耕社会と関係を持ち影響を受けてきたので、それらの影響をふまえていない民族誌から狩猟採集民の過去の暮らしを類推することへの批判を受け止めながらも、民族誌資料は過去の人間の行動をめぐる仮説を検証するうえで有効であるとした。マーローは、世界中の四七八集団におよぶ民族誌などを新たに整理している［図2］。この図からは、北米の太平洋岸やオース

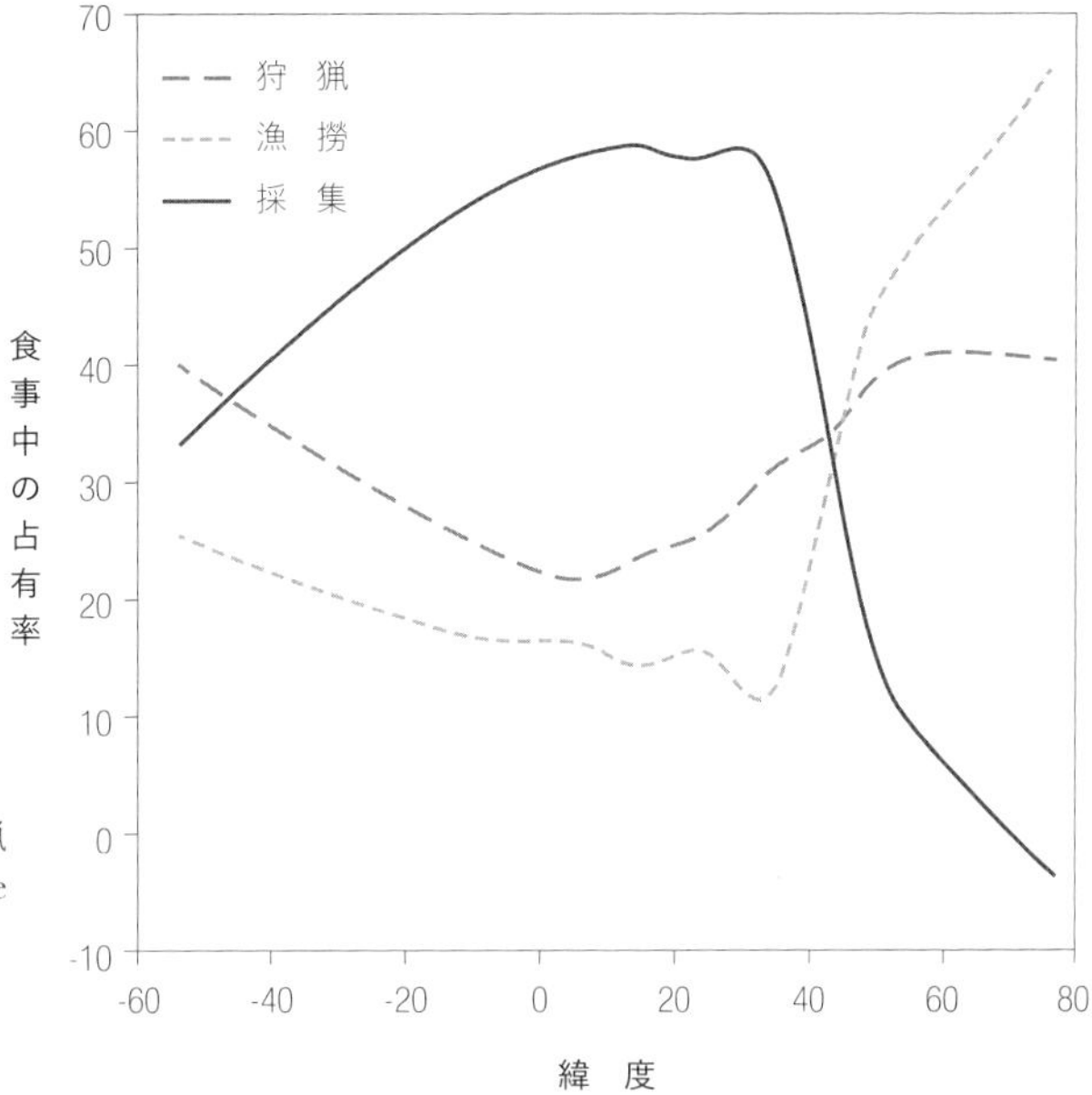

図3：地球の緯度と狩猟採集民の生業（Marlowe 2005をもとに作成）。

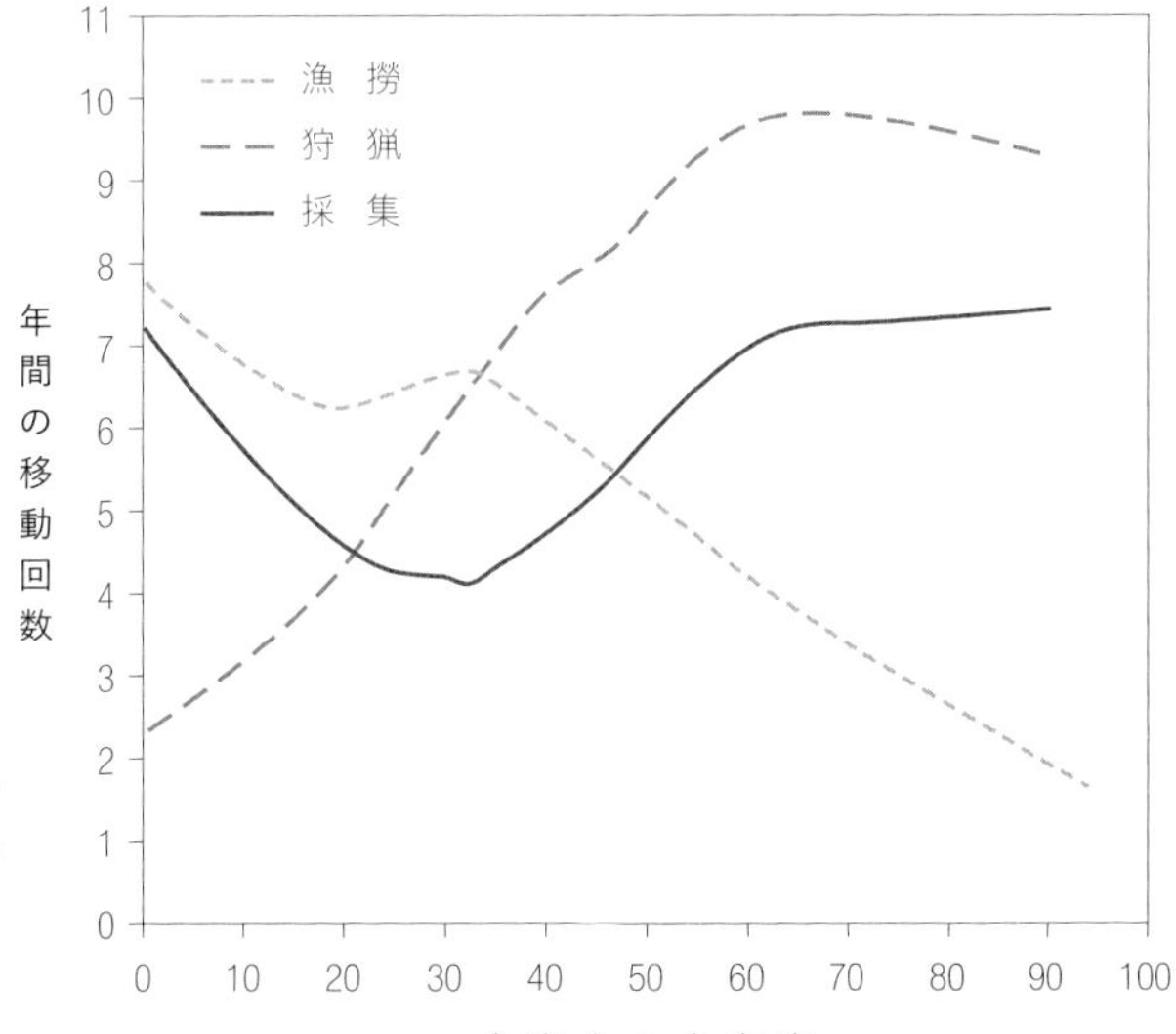

図4：地球の緯度と移動の回数（Marlowe 2005をもとに作成）。

トラリアなどの資料は多いが、ユーラシア大陸の事例は少ないことが読み取れる。サハラ以南のアフリカや南米のアマゾンも多くはないが複数の事例があり、民族誌の対象になっている。

調査の結果マーローは、北半球の高緯度では狩猟より漁撈の比重が高い点を明らかにした［図3］。狩猟は、南半球の高緯度のみで最も比重の高い生業として示された。また、漁撈は高緯度で高く低緯度で低くはなるが、地球上のどこでも比重が高いということが新たに示された。さらに、採集は赤道地帯を中心に最も比重が高く、とくに北半球の高緯度ではそれが低くなっていることも示された。一方で、年間における移動の回数と食との関係も興味深い［図4］。漁撈への依存が高くなると、移動の回数が少なくなっていることがわかる。狩猟の場合は、漁撈と反対の傾向を読み取ることができる。採集における移動の回数は、高緯度と低緯度でいずれにおいても高く、中緯度で回数が減少している。

以下、現代世界の狩猟採集民を便宜的に、熱帯、温帯、寒帯の三つのゾーンに分け、おのおのの人々の暮らしのなかでの肉食の状況について詳述する。

3 低緯度熱帯の砂漠・サバンナと人
――カラハリ砂漠のサン

世界の低緯度熱帯においては、とりわけ湿潤熱帯に現在でも多くの狩猟採集民が暮らしている。アフリカのコンゴ盆地のピグミー、ボルネオ島のプナン、マレー半島のオラン・アスリ、アマゾンのワオラニなどである。これらの人々の多くは、近隣に暮らす農耕民との共生関係を維持して自らの暮らしを成り立たせている側面もみられる。また、砂漠やサバンナではカラハリ砂漠のサン（ブッシュマン）、東アフリカのハッツア、そして南米のアチェなどがよく知られている。現在、近代化の浸透によって彼らの伝統的生活は変貌した部分も大きいが、狩猟や採集の生計活動は現在でも維持されている。ここでは、筆者が長期間にわたって調査してきたサンの生業や食生活に焦点を当ててみよう（池谷 二〇〇二）。

調査地の概観

カラハリ砂漠は、アフリカ南部の内陸部に広がり、植生は砂漠というよりはサバンナに近い景観の地域である。そこは、自然景観としてみると部分的に林や森はあるが、大部分は灌木と草におおわれている見晴らしのよいオープンランドである。しかし、古来、火入れなど人為の作用した行為によって、新たな文化景観がつくられたとみてよいかもしれない。そして、カラハリ砂漠内には地表水が流れる川はないが、降雨があると一時的に水がたまる場所を見いだすことができる。また、カラハリ砂漠は日本の面積の約二倍を有するが、人口密度は低い。

ここには、ブッシュマンやバサルア（ツワナ語）と呼ばれるサンの人々が暮らしてきた（池谷 二〇一四）。彼らは、世界の狩猟採集民のなかで最も多くの研究蓄積がある民族の一つである。一九六〇年代の生態人類学の研究によって、一日当たりの労働時間は二、三時間と短く、食糧に困っているというよりは採集が安定した生業であることが明らかにされている（Lee 1968）。また、砂漠では降水量の年変動が大きいので、彼らは年間に数回以上にわたり居住地を移動する生活を営むことによって自然環境に対応してきた。

生業複合の実際

サンの生業は、かつての狩猟採集を中心とした時代から近年の複合的生業の時代に至るまでに多くの変容を余

図5：オリックス（ゲムスボック）の狩猟。犬の助けを借りる槍猟（筆者撮影、以下同）。

儀なくされてきた。一九九〇年前後の筆者による現地調査によって、政府の政策のもとで定住化をさせられたサンの人々の集落では、狩猟、採集、家畜飼育、農耕、民芸品生産、道路工事などに複合的に従事してきたとまとめられる（池谷二〇一四）。なお、漁撈は行われていない。まず狩猟ではかつて最も広く行われた弓矢猟がほぼ衰退して、騎馬猟や犬猟や罠猟が盛んになっていた［図5］。狩猟は、集落内での肉の消費のみならず、肉や皮の販売などを目的とした商業狩猟の側面を持っている（池谷二〇〇二）。とくにキツネやジャッカルなどの小型動物を対象にした罠猟や犬を使用した槍猟では、肉の量は少なく、毛皮の確保が目的である。対象集落の内では、複数の動物の毛皮を使用して大きな敷物をつくる職人も暮らしている。

ボツワナ政府によるトウモロコシ粉のような食糧の配給によって、彼らの主食は容易に獲得できることが関与してか、採集はあまり盛んではない。しかしながら、雨季になるとギューノーと呼ばれるイモ虫採りや、酒づくりのときにも使われるコムの実の採集が行われる。家畜飼育では、対象地ではウシの飼育が禁止されているのでヤギが中心である。サンは、キャンプの近くに家畜囲いをつくって、ヤギを群れで飼育する。早朝に搾乳をしてミルクを利用するのは紅茶に入れるのが主な目的であるが、一部、ヨーグルトをつくる人もいる。その後、サンが群れからコヤギを分けて、ヤギの群れは勝手に日帰り放牧に出かけることになる。牧夫は、群れに追随しないのが普通であるが、ライオンにヤギが襲われたときの直後などは、人はヤギの生存を保護するために牧夫として随行することがある。

農耕は、灌漑をまったく行わず雨水にたよる自然農耕である。しかしながら、対象地の降雨量は年変動が大きいため、人々は降雨の状況に応じて農地面積を変えたり、時には農耕を中止する年もみられる。主な作物は、スイカ、ササゲ、そしてトウモロコシである。

民芸品生産や道路工事は、一九八〇年代後半に生まれた新しい生業である。民芸品には、狩猟用バッグ、ダチョウの卵殻製のブレスレット、毛皮製バッグなど多様なものがみられる。これには、当初、民芸品の流通においてデンマークのNGOが関与していた。民芸品は、ボツワナ国内にあるボツワナクラフト社や首都ハボローネの国際空港のショップなどで販売された。

以上のように、一九九〇年代の狩猟採集民サンの生業は、すでに狩猟採集のみで構成される伝統的なステレオタイプのものではなく、様々な生業を組み合わせて行うことを通して外からの市場経済の動きに対応していた。

肉食と肉の分配

かつてのサンの集落やキャンプでは、狩猟で獲得された肉はキャンプのメンバーに平等に分配されるといわれてきた。肉の量に応じて分配の方法は異なるが、大量の肉が獲得された場合には、狩猟に関与する人々への一次分配、そこから親族や友人に分けられる二次分配とに区分して議論することもできる。そして、一九九〇年当時、これらの規範が維持されていた部分もあれば、外部社会との関与のなかで新たな形をもつ場合もみられた。

まず、罠猟による獲物の調理と分配についてみてみよう。罠猟の大部分では、ダイカーやスティーンボックなどの重さが二、三キログラムの小型動物を捕獲する。この場合、獲物は解体されたのちに鉄鍋に入れられて煮込まれるか、灰のなかで蒸し焼きにされるかである。肉を焼くという行為はみられない。肉量は少ないのでキャンプ内の成員のほとんどに肉が分配されて行きわたるが、時にはハンターさえもそれを食べずに年長者や成人女性に譲ることもある。あるハンターの場合には、狩猟した鳥を娘に、スティーンボックの幼獣を年長者に与え、彼らがその大部分を食べてしまったこともある。場合によっては、妊婦が食べてはいけない部位があるとか、男女や世代による食物禁忌が知られている。

つぎに、犬猟で捕獲された大型動物のオリックス（ゲムスボック）の場合は、どうだろうか。この場合も、解体された肉は鉄鍋で煮込まれることが多いが、さらなる肉の加工がみられることがある。それは、煮込まれた肉片を臼のなかに入れて、それを棒でたたいて肉を柔らかくするものである。これには、鍋に残された肉汁も加えられて、臼のなかに肉の塊ができることになる。これは、現地の人々が最もおいしいと言っている肉料理である。

さらに、騎馬猟による肉の分配の事例をみてみよう。この猟では、オリックスのほかにエランドやワイルドビーストなどの大型動物を捕獲することができた［図6］。この場合には、馬の所有者が多くの肉を取り、それ以外の人は猟への貢献度に応じて分配を受ける。ある猟の場合、後脚のもも肉一つのみを猟に参加したメンバーに与えたほかは、すべて馬の所有者が肉を受け取った。また、別のときには、前脚のもも一つと後脚のもも一つ、そして首と頭を渡したが、それ以外は馬の所有者のものになった。これらからみて、脚のももが共通して猟の参加者に分配されていた。

以上のように、肉の料理や調理をみると、あまりその方法には多様性がみられないことがわかると同時に、肉の分配の方法は、獲物の大きさに加えて狩猟法の違いによっても異なってくることが理解できる。

図6：捕獲されたエランドに人が集まる。

4 高緯度寒帯（極北）の海洋と人
——ベーリング海のチュクチ

高緯度寒帯は、大きく北半球と南半球との二つに分けることができる。北半球には、エスキモー、チュクチ、ユカギールなどの民族が暮らしてきた。エスキモーは、カナダ、アメリカ、デンマーク、ロシアなどの極地に広く居住しているが、チュクチやユカギールはロシア国内のみである。また、これまでエスキモーを対象にした民族学的研究は数多いが、チュクチやユカギールを対象にしたものは国内ではほとんどみられない。一方、南半球では、南アメリカ大陸の南端部に近いフエゴ島に暮らしてきた人々が知られている。そこは、現在のアルゼンチンからチリにかけての地域であるが、現存する人々はほとんどいない。多くは、スペインによる植民地時代以降に同化などによってほぼ絶滅している。ここでは、筆者の調査経験のあるロシアのチュクチの生業や食に焦点を当ててみよう（池谷二〇〇七）。

調査地の概観

チュクチの暮らす地域は、北部は北極海に、東部はベーリング海に面している地域である。そこは、大部分の土地がツンドラでおおわれているので、高さ一メートル以内の灌木はみられるが樹木は生育していない。また、トナカイの好むコケも広く自生している。夏のツンドラは水分を多く含んでいるので湿地のような所である。このため、ツンドラの上は車では移動ができず、ヴェズジーフォートと呼ばれるキャタピラのついた特別な車が利用されている。冬の場合は、あたり一面は氷の世界になるので移動にはトナカイぞりやスノーモービルが利用されることになる。

チュクチは、ロシア北東部のチュコトカ半島とその周辺に暮らす人々である。一九世紀末にウラジーミル・ボゴラスというロシアの人類学者が現地調査を行ってチュクチの民族誌（Bogoras 1904-09）を書いているので、そこからチュクチの暮らしの全体像を知ることができる。当時、海岸部にはセイウチやアザラシなどの海獣類を対象にした狩猟に従事する「海岸チュクチ」、内陸部には家畜のトナカイを飼育することを生業の中心として狩猟や内水面漁撈に従事する「トナカイチュクチ」が暮らしていて、集団は二つに分かれていた。おのおのの人口は、前者が約三〇〇〇人、後者が約一万人であるといわれていた。また、二つの集団の間では交易が行われてきており、長い時間のなかでみると、災害などでトナカイを失ったりした場合に遊動生活のトナカイチュクチから定住生活の海岸チュクチに変わることもみられたという。ここでは、狩猟採集民の食に焦点を当てているので、海岸部で定住しているチュクチの暮らしに注目したい。

生業複合の実際

「海岸チュクチ」は、ベーリング海から北極海にかけての海岸線に沿って定住集落をつくってきた。ほぼ同じ所に、先史時代の住居跡が見つかったこともある。住居は、クジラの骨を利用した竪穴式のものであった。おそらく、当時の食資源としてのセイウチの生息地に近いことが住居の立地になったのであろう。また、海岸チュクチの伝統的な生業は、セイウチやアザラシやクジラ類を対象にした海獣狩猟を中心にして夏のベリー採集を組み合わせたものであり、農耕はまったく行われていなかった。ただし、上述したボゴラスの民族誌のなかでは、チ

図7：セイウチの肉の地下保存。

ユコトカ半島の東部において海獣狩猟とトナカイ飼育とを組み合わせている集団が知られている。その場合、飼育しているトナカイの頭数は二〇〇頭前後であり、その数は多くはない。

　ところが、二〇世紀に入りロシアでは社会主義化が生じて国内の周辺域にまで浸透すると、海岸チュクチの暮らしも大きな変貌を余儀なくされた。具体的には、船や銃などの生産手段を国有化する政策と小さな集落を一つに集める集住化政策とが挙げられる。筆者の調査地であるロリノ村は、一九二四年には一七の伝統的家屋（ヤランガ）と二つのヨーロッパ風の家があったという。一九二六年にはアッカニやヌニアモやロリノの集落があり、あわせて六〇世帯であった。当時、約三〇〇人が二九の毛皮製ボート、七五丁の銃を保持していた。戦後、一九四九年には集団農場（コルホーズ）が、一九五三年には火力発電所がつくられた。一九七〇年以降、アッカニやヌニアモの人々がロリノに移住を余儀なくされた。こうして、対象地域の社会主義化は進んでいったが、二〇〇〇年以降には私企業も生まれている。

　ここでは、海岸チュクチの人々が従事していた二〇〇四年における国営農場ケペルの労働内容を紹介する。それぞれの内容に応じた従事者数をみると、海獣狩猟は三二人、トナカイ飼育は二三人、民芸品制作は四八人、キツネ飼育は三三人である。総従事者数は一七五人であるから、海獣狩猟の従事者数は全体の一八パーセントにすぎない（池谷 二〇〇七：一一七―一一八）。また、これらは年間をとおしての専業ということになる。村にはケペルの事務所があって、そこでは従事者の毎月の給料が計算されている。船や銃などはすべてケペルに占有されていることから、ハンターは勝手に猟に出かけることはできない。この点では、現在のチュクチの海獣狩猟者は自立したハンターではない。正確に表現すると、彼らは国営農場ケペルの従事者であり公務員である。

しかしながら、現在の状況においても、かつての伝統的生業の様子をかいまみることができる。現在でも、九—一一月の秋にはセイウチを捕獲して、そのあとに肉全体をセイウチの皮でまるめて地下に保存することは欠かせない［図7］。セイウチの肉は、冬はもちろん年間を通した一年中の食料の一部として使われている。このほかにも、アゴヒゲアザラシやフイリアザラシ、そしてコククジラやホッキョククジラが捕獲されて利用されている。ただし、ボゴラスの記述にみられるシロイルカ（ベルーガ）は捕獲されることはない。しかし、全体としてみれば、セイウチの毛皮製ボートからエンジン付きの船外機への変化、銃の性能の変化などによって、ボゴラスの時代に比べてその狩猟による全体の捕獲量は増加していると推察される。

現在、村から海の猟場に出かける場合もあるが、村から数十キロ離れたアッカニのような狩猟キャンプに滞在して、そこから猟場に向かうこともある。アッカニは動物の生息地に近く、双眼鏡を使用して高台からセイウチを探すことができる場所である。

肉食と肉の分配

調査地の村では、現在でも一年中、コククジラ、セイウチ、アザラシなどの海獣類を捕獲しているが、一頭当たりにとれる肉の量が最も多いのはコククジラである［図8］。一九九八年には七二頭、二〇〇一年には六六頭、二〇〇二年には四八頭を捕獲していた。ここでの捕獲頭数の減少は、ＩＷＣ（国際捕鯨委員会）によって決められた捕獲制限頭数の減少に応じたものである。

図8：コククジラの解体。

図9：家族でクジラ肉を食べる。

筆者が、ロリノ村に陸揚げされたコククジラの解体を観察していると、毎回、同じ人々が解体しているわけではないことがわかる。チュクチやエスキモーなどの村人が、勝手にやってきて自らの道具を使い自由気ままにクジラの皮や肉を刻んでいく。その際には、捕鯨の事業体であるケペルのメンバーでない人々が解体することもある。

クジラの肉は、飼育キツネの餌用がトラックの荷台に、鯨油用の肉などは別の場所にというように、用途目的の違いに応じて仕分けられる。しかし村人は、無償でクジラの肉を受け取ることはできない。ケペルの職員が肉のかたまりの目方をはかり、あとからその金額を支払うことになる。ただし、犬用の肉はお金がかからない。犬の所有者は、勝手に肉をバケツに入れて運んでいく。犬は、家の庭で鎖につけないで飼育され、犬ぞりであるとか運搬用として使われる。

クジラ肉は、家のなかで食べられる。チュクチの家族は高さ三〇センチ程度のイスにすわり、おのおのがナイフを持ってクジラの肉片を食べていく［図9］。肉は生である。クジラの黒い皮の内側には油の層があり、彼らはそこを好んで食べる。

以上のように、二〇世紀に社会主義体制を経たチュクチの村では、肉の分配方法が大きく変化している。おそらくは、かつてセイウチ皮製の船に乗り仕留めた肉は、村中の人のみならず犬にもいきわたるようなものであったかと推察される。現在、犬用の肉の場合には、その伝統が生きている。しかし、船にエンジンがつき燃料代がかかり、ダーティングガンやライフル銃の弾の購入に費用がかさむようになると、それらの所有者が捕獲された肉を所有する権利を持つ。このため、無償で肉が分配されることはない。これは、まさに上述したカラハリ砂漠のサンによる騎馬猟の事例とよく似ている。クジラとオリックスという動物の大きさには違いは認められるが、どちらも商業狩猟における肉の分配に関する特徴を示している。

5

中緯度温帯の森林と人
——日本の「マタギ」

中緯度温帯の森林帯はユーラシア大陸の東部と西部に広がるが、前近代や近代の文明化が進んだ地域として位置づけられており、かつての狩猟採集民がほとんど維持されていない地域である。例外をいえば、中国東北部のオロチョンや北海道のアイヌなどが挙げられる。筆者は、現代でも狩猟採集が維持されている東北地方に暮らす「マタギ」の研究をしてきた。[2] 彼らが、縄文時代からの文化伝統を受け継いだ人々であるのかどうかはよくわかっていない。平家の落人が定住して、先住の人と合流して村ができたともいわれている。この点では、彼らはポスト狩猟採集民であるといってよいであろう。ここでは、マタギの狩猟活動に焦点を当てて進めていく。

調査地の概観

中緯度温帯の森林は、ブナやナラに代表される落葉樹林とシイやカシに代表される照葉樹林とに分けられる。日本列島の場合、東西の植生の違いに加えて高低さが加わり、山村の植生の構成はより複雑になっている。例えば、九州山地の村において、低地は照葉樹林で高地は落葉樹林という構成が認められる。このため、一つの村のなかで両者へのアクセスがよく高低差を利用する土地利用の形もみられる。いずれにしても、温帯の森林においては樹木を基盤として木の実、キノコ、山菜などの人が利用できる自然資源が豊かである。

マタギは、狩猟を生業として山の神を信仰対象とする特殊な儀礼を行う人々であると定義される（池谷 二〇

図10：クマ猟（穴見）に出かけるハンター。

〇五：一五〇）。また、東北地方の青森、秋田、岩手、山形、福島などの諸県の山村において狩猟を専業とする人々が定住した集落はマタギ集落と呼ばれる。しかしながら、これらの集落が実態を持っていたのは江戸時代の後期までであると思われる。ロシアのチュクチの社会主義的近代化の事例と同様に、日本の近代化が辺境まで浸透するなかで、マタギ集落の生業や社会は大きく変貌してきた。

生業複合の実際

マタギの生業は、季節の変化に応じて狩猟、採集、漁撈（内水面）と農耕を組み合わせるのが基本である。地域によっては、杓子のような木工品の加工への従事も加わることもある。なかでも狩猟は、春先の冬眠中のクマを捕獲する穴見猟［図10］、春に穴から出たクマをねらう巻き狩り、そして秋に木の実を求めるクマの通り道に罠を置く猟（オソ）とに分けられる。これらの狩猟法のなかで、山の神の信仰と密接に結びつくのは春の巻き狩りのみである。

巻き狩りは、一〇人以上で行われる集団猟である。集落から山に向かう際には、その途中にて山の神に祈る場所が決められている。かつては、そこから山の奥の地域では、山言葉しか使ってはならないとされた。昭和の時代の民俗調査によって、各地の村で山言葉の語彙が記録に残されている。その後、クマが生息していると予測される場所を対岸の谷から見ることになるのだが、近年では双眼鏡を使っている。また、ハンター間の位置を指示するには、トランシーバーが使われている。クマを見つけると、谷の底からクマを追い上げる数名の勢子と尾根で待って撃ち取る鉄砲撃ちとに分かれて配置することになる。筆者が随行した巻き狩りの場合には、親方はクマの見える谷の尾根にて全体の人の配置に関する指揮をとっていた。

それ以外の狩猟法では、個人猟であるということもあって生業としての意味が強く、信仰としての意味が薄い。新潟県村上市三面《みおもて》では江戸時代に、各世帯別にクマを捕獲する罠場が決められていて、その土地は財産権として継承された。このことから、罠猟の捕獲効率はほかの狩猟法と比べて高かったものと推察される。穴見の場合には、新潟県三面にて筆者が随行したときには穴にはクマはいなかった。クマの場合、海でのタコ壺のようにはうまくいかず、獲物が入ってくる捕獲効率は低いと推察される。

肉食と肉の分配

クマが山中で仕留められると、捕獲した場所にて儀礼が行われる［図11］。筆者が観察した山形県小国町の事例をみてみよう。まず、クマの皮をきれいにはがしてから、猟師たちがその日行かない方向へクマの頭を向けて、親方は山の神を拝んでから、毛皮の頭部をむき身の頭へ当たるように三度押しつけて「千枚二千枚オド拾う」と三回唱えるという（池谷 二〇〇五：一六四）。その後、肉は集落に持ち帰られて、心臓開き、串焼き、場所によってはシシマツリを行うことになる。心臓開きは、親方が心臓を開くもので、これを終えるまでは獣は死んだとは思われない。串焼きは、木の串に心臓を三切れ、肺を三切れ、クロキモを三切れずつ、この順に串の下から刺して、それを三本つくる。それらを山の神に供えてから各自が分けて食べるという。シシマツリは、一頭のクマを捕獲するたびに、法印が祈禱にやってきたという。

これらの儀礼が終了すると、参加者のあいだで生肉の塊が平等に分配される。それぞれが肉の山のなかから一切れをとり、自宅に持ち帰る。各家庭では、クマ肉を入れた煮込みにすることが多い。猟を終えたハンターのあいだでも、クマ肉が煮込まれて、宴会となる。なお、クマの脳ミソは生で食べられる。クマ肉を焼くという調理法はほとんどみたことがない。

以上のように、マタギがクマ肉を食べるということは、山の神を通して自然の恵みを感謝していただくという行為にほかならない。そこには自然、山の神、クマ、人というような要素を見いだすことが可能で、クマ肉を使用してお互いの相互関係を把握することができるのである。

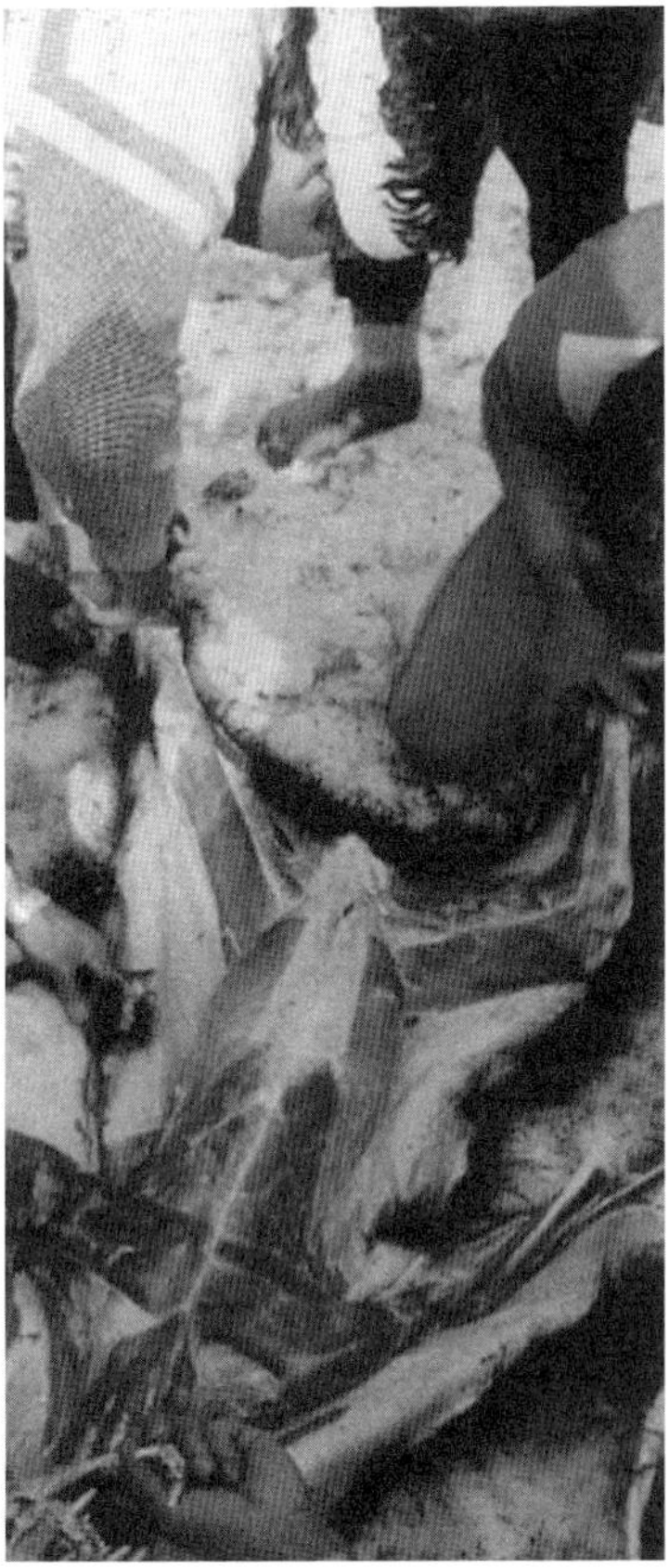
図11：山中でのクマの解体場面。

6 三つの社会の比較考察
——狩猟、食、分配

冒頭で述べたように、本稿では、現代の世界の狩猟採集民の生業と食の多様性を把握するという目的のもとに、肉食と密接に関わる三つの社会の事例について詳述してきた。三つの事例とは、地球の緯度に応じて高緯度から低緯度の順に並べると、(1)チュクチ（ロシア）：ベーリング海に面するロシア北東部の極北地域、(2)マタギ（日本）：日本列島を含めたアジアの中緯度地域、そして(3)サン（ボツワナ）：アジア、アフリカ、南アメリカにおける熱帯の低緯度地域に該当している。ここでは、三つの社会を比較・考察することから、狩猟採集民の肉食をめぐる一般的傾向を抽出したい。

これまで、狩猟採集民の肉食や分配を扱った事例研究は多い。誰が食べ物を分けるのか、誰と誰が一緒に食べるのか、料理するのは誰かといったことに加え、貯蔵の方法などが注目されてきた（クーン 二〇〇八［1971］：一九七）。これに対して、本稿では、獲物を獲得する狩猟、食、分配という三つの論点から整理することを試みる。

肉の獲得

狩猟に関しては、本稿で取り上げた三つの社会の事例では砂漠・サバンナ、海洋、森林というまったく異なる自然環境を対象にしていた。このため、それぞれの環境のなかで捕獲される動物の種類は異なっていた。チュクチはクジラ、セイウチ、アザラシ、マタギは主としてクマ、サン（ブッシュマン）はオリックス（ゲムスボック）

を代表とするアンテロープ類である。しかも、三つの社会の狩猟は生存のためのみではなく、皮や内臓や干し肉や牙を商品として販売する商業狩猟の性格を共通に有していた。また、三つの狩猟社会は体制こそ異なるが、国家編成の過程を経て存続してきた社会であった。チュクチは社会主義体制を経験して、現在でもその状況が色濃く残っている社会であった。マタギは、前近代の幕藩体制の後期にクマ猟の商業化が進行して罠猟を発達させた。また、明治以降の近代国家の形成と展開のなかでクマ猟は狩猟儀礼を伴い細々と続けられていた。サンは、銃を使わずに槍を用いる点など古い形の狩猟法が残っているが、こちらもまた英国植民地から独立した近代国家のなかで存続してきた社会であった。

このように現代の狩猟採集民の狩猟は、先史時代から継続している活動と思われがちであるが、近代化を経て変化している側面にも注意を払う必要がある。同時に、先史時代の狩猟は自給的で生存のためであると決めつけがちであるが、海の人と山の人のように地域集団間の交換という視点から、商業狩猟の行われていた可能性がないのか否か検討することも必要であると考えている。つまり、商業狩猟は、黒曜石の採取のように先史時代にも存在していた可能性があり、現在の狩猟採集民を存続させている要因の一つであると考えられるのである。

肉の摂取

肉食に関しては、肉はおいしいものという評価など三つの社会の共通性はみられるが、各々の社会のなかでの肉食の比重やあり方が異なっていた。チュクチの場合には、セイウチはかつての主食であり地元では最もおいしい肉であると評価されている。マタギにとってのクマ肉は、狩猟の時期も限定されているために時々にいただけるごちそうであった。また、それを口にするには、様々な狩猟儀礼が伴う必要があった。サンの場合においても、捕獲する動物のなかでオリックスの肉は最もおいしいものとして高く評価されていた。しかもマタギと同様に、肉は時々にいただけるごちそうであった。このように本稿の三事例から、同じように狩猟や採集が維持されている社会においても、肉食の社会的・文化的意味が異なるという点を指摘することができる。

肉の分配

三つの社会において肉の分配もまた共通にみられる現象である。しかし、その分配方法は、騎馬猟や犬猟などの狩猟法によって変わるものである。なお、サンと比較の対象によくされる、アフリカ中部・イトゥリの森のムブティ・ピグミーの場合も、網を使う集団と弓矢を使用する集団での違いは認められるが、男性が分配を行い、それに伴う紛争を長老が解決する点は共通するという（クーン 二〇〇八 [1971]）。また、上述したように狩猟に関わる干し肉が商品になる場合には、集団内での平等な肉の分配はみられない。肉の所有者がそのほとんどを独占したあとに、肉の分配がなされるのが普通である。この他でも、肉は商品や食料としての役割を持ちながら人々の間で消費されて現在に至っている。このように本稿の事例は、近現代に生きる狩猟採集民の事例が中心ではあるが、先史時代の狩猟採集民の分配について推察する際に有効な情報を提供していると考えている。

ここではわずか三つの事例を紹介したのみであるが、以上のことから、さらなる世界の民族誌事例を加えることで、現存する狩猟採集民にとっての肉食の共通性と多様な意味を見出すことが可能であると考えている。その際、本稿で提示した狩猟を含めた生業複合、肉食、肉の分配という三つの研究枠組みから現象を把握してさらなる一般化が可能であるのか検討することが必要になっていくであろう。

註

1　狩猟採集民という用語は、本来は狩猟や採集や漁撈を生業の中心とする人々であると定義されるが、現在の地球上には、それに該当する集団はほとんどいない。しかしながら、現在においても食行動や分配など、農耕民に同化することなく狩猟採集中心の時代の文化は生きているので、本稿では狩猟採集民の用語を使用する。

2　日本の狩猟採集文化を対象にした研究は多い。より詳細は、池谷・長谷川編（二〇〇五）の巻末の文献資料を参照されたい。

引用文献

池谷和信

二〇〇二『国家のなかでの狩猟採集民——カラハリ・サンにおける生業活動の歴史民族誌』国立民族学博物館研究叢書4、大阪：国立民族学博物館。

二〇〇五「東北マタギの狩猟と儀礼」池谷和信・長谷川政美編『日本の狩猟採集文化——野生生物とともに生きる』京都：世界思想社、一五〇—一七三頁。

二〇〇七「人類の生態と地球環境問題——ポスト社会主義下におけるクジラの利用と保護」煎本孝・山岸俊男編『現代文化人類学の課題——北方研究からみる』京都：世界思想社、一〇〇—一二五頁。

二〇〇九「南部アフリカ——コイサン、バントゥ、ヨーロッパ人」川田順造編『新版 世界各国史10 アフリカ史』東京：山川出版社、三〇九—三四九頁。

二〇一〇「肉食を求める人類——動物の脂と人とのかかわり方」『ビオストーリー』一五号：三八—四三。

二〇一四『人間にとってスイカとは何か——カラハリ狩猟民と考える』フィールドワーク選書5、京都：臨川書店。

二〇一五「供犠される動物、供養される生き物——多様な動物観の共存を求めて」『ビオストーリー』二三号：一六―二三。
池谷和信編
二〇一七『狩猟採集民からみた地球環境史――自然・隣人・文明との共生』東京：東京大学出版会。
池谷和信・長谷川政美編
二〇〇五『日本の狩猟採集文化――野生生物とともに生きる』京都：世界思想社。
クーン、カールトン・スティーヴンズ
二〇〇八［1971］『世界の狩猟民――その豊穣な生活文化』平野温美・鳴島史之訳、東京：法政大学出版局。
西田正規
一九八〇「縄文時代の食料資源と生業活動――鳥浜貝塚の自然遺物を中心として」『季刊人類学』一一巻三号：三―四一。

Bogoras, W.
1904-09 *The Chukchee*. New York: American Museum of Natural History.
Lee, R. B.
1968 What Hunters Do for a Living, or, How to Make Out on Scarce Resources. In R. Lee and I. DeVore (eds.) *Man the Hunter*. NY: Aldine De Gruyter, pp. 30-48.
1980 *The !Kung San: Men, Women and Work in a Foraging Society*. Cambridge: Cambridge University Press.
Marlowe, F. W.
2005 Hunter-Gatherers and Human Evolution. *Evolutionary Anthropology* 14: 54-67.

III

肉食行為のイメージ

第9章 古代インドの儀礼文献における肉食行為

永ノ尾信悟

1 はじめに

インドと肉食はあまり結びつかないように思われる。ヒンドゥー教の寺院で見かけるバラモンの司祭たちは確実に菜食をしているし、インドに深い関心を持つようになった日本人の中には厳格な菜食主義の方たちもいる。インドのレストランに入ってメニューを見るとチキンやヤギの料理はのっているが、日本のレストランのようにビーフやポークの料理にはほとんどお目にかからない。しかし今から二五〇〇年から三〇〇〇年前にさかのぼる古代インドの文献を読んでみると、肉食に関する記述を多く見ることができる。ヴェーダと総称される古代インドの文献群は、ヴェーダ祭祀と呼ばれる神祭りと人生儀礼などからなる家庭儀礼に関して膨大な情報を提供してくれる。神祭りである様々なヴェーダ祭祀や人生儀礼において、神々に肉の供物を捧げる様々な動物供儀が行われていた。また祖先の霊を祭る祖霊祭においても肉の供物が捧げられる場合もあった。また日常生活においても肉食は行われていたと推定される。しかし、確実に肉食を禁止する言明も散見されるのは事実である。

本稿ではヴェーダ文献が描く神祭りや人生儀礼における肉食の実際を紹介し、しかし現在に見られる肉食の禁忌、菜食主義への傾斜の萌芽が儀礼文献の中に見られるかを検討してみることにする。本稿は祭祀、儀礼を記述、分析するためのものではないので、個々の祭祀、儀礼の説明はそれぞれの箇所において最小限の説明をすることにする。

2　神祭りにおける動物供儀

紀元前一二世紀ごろの成立とされるリグヴェーダ・サンヒターに始まり、紀元前後ごろまでに作成された様々な種類の文献が古代インドの儀礼を伝えている。当初牧畜を生業の中心としていた人々は時に牛やヤギなどの家畜を屠り[1]、神々に捧げ、その肉を食べていた。調理された食べ物は神々に捧げられる供物と、司祭たちや祭主が食べるイダーと呼ばれる部分に切り取られる。[2]動物供儀の場合、殺された家畜は解体され、土器で煮られて、供物とイダーに切り分けられる。ヴェーダ祭祀を記述するシュラウタスートラの中のバーラドヴァージャ・シュラウタスートラによると、供物としては、別に串に刺して焼かれた心臓に加えて、舌、胸、左の前腕、両脇、肝臓、二つの腎臓、右の臀部、直腸の一部が切り取られる。[3]イダーとして切り取られる部位は心臓、舌、肝臓、腎臓、直腸の一部、大腸、右の臀部、性器、右の肺、脾臓、心嚢である。[4]これらに脂肪が加えられ上から煮汁がかけられる（Kashikar 1964: 185-186）。

この記述は年に二度行われる供儀祭祀に基づいているが[5]、動物供儀は他にも多くの場合に行われた。神々の飲み物であるソーマを搾って神々を祀るソーマ祭祀においては三種類の動物供儀が組み込まれている。[6]様々な願望を達成するための供儀祭祀も数多く行われた。[7] 紀元前八世紀頃のものと思われるタイッティリーヤ・サンヒター2.1.1-10は六八種類の願望達成の供儀祭祀を伝えている（Keith 1914: 132-144）。それぞれの願望に応じて祀る神々と捧げられる動物が異なってくる。動物の色や形状の違いも見られるが、牝牛、牡牛など四〇種類以上の異なった動物が犠牲獣として言及されている。[8] 強大な力を誇る王が行うことのできる祭祀に馬を中心的な供儀獣にするアシュヴァメーダというものがある。[9] この祭祀では一年間警護のもとで馬を放ち、一年後の中心的な神祭りの日にその馬を捧げるが、前述のタイッティリーヤ・サンヒター4.5.11-24は、その時に九五柱の諸神格に一四〇種類に近い動物をさらに捧げている[10]（Keith 1914: 451-453）。

3　家庭儀礼における動物供儀

以上は規模の大きなヴェーダ祭祀が記述する供儀祭祀の代表的な例の紹介である。ヴェーダ文献には家庭で行われる人生儀礼や年中儀礼などを記述するグリヒヤスートラと呼ばれる一群の文献がある。それらの文献もいくつかの動物供儀を伝えている。冬至の近くの月が欠ける半月の第八の日は一年の変わり目とも考えられて、女神として敬われていた。[11] この日を中心にこの女神や祖霊を敬う儀礼アシュタカーが行われたが、いくつかの文献はこの機会に行われた動物供儀を伝えている。[12] 紀元前五世紀頃の文献であるヒラニャケーシ・グリヒヤスートラ2.5.15.1-14は「翌日祖霊たちのために牛を捧げる」とはじまり、一年の変わり目にこの女神と祖霊たちに牛を殺して捧げる儀礼を明確に記述している（Oldenberg 1892: 234-236）。ポスト・ヴェーダ期の文献において、シュラーッダと呼ばれる祖霊祭において様々な動物を捧げることが記述されるが、その前身となる記述である。

同じころの文献であるマーナヴァ・グリヒヤスートラ2.9.1-2はこのアシュタカーの記述の中で「最後のアシ

ユタカーの夕方、四つ辻で牛を解体すべし。やって来る者にはだれにでも（肉を）与えるべし」という興味ある記述を伝えている（Dresden 1941: 138）。これは今から紹介する賓客接待儀礼において牛を料理して客をもてなす儀礼とかすかにつながるように思える。賓客接待儀礼は家庭儀礼を記述するすべてのグリヒヤスートラで記述されているという意味で、その当時の社会に深く根付いていた伝統的な儀礼であるということができる[13]（Einoo 1996: 83-85）。ヴェーダを教える先生、ヴェーダ祭祀を行う司祭、ヴェーダの学習を終えたもの、結婚式の時の花婿などがもてなしの対象である。[14] 座が与えられ、足を洗ってもらい、水をもらい、ヨーグルトと蜜などから作られた飲み物で接待されるが、その後、牛を屠って歓待される。いくつかのグリヒヤスートラは「肉を伴わないものは賓客接待儀礼ではない」ということをよく似た表現で伝えている[15]（Oldenberg 1886: 87, 200, 276）。

誕生後六カ月目に初めて固形の食べ物を子供に食べさせる儀式が行われる。[16] この儀式を伝えるシャーンカーヤナ・グリヒヤスートラ 1.27.1-6 によると、親が子供に対して抱く願いによって異なる食べ物を食べさせるという。子供が食べ物に困らないことを願う場合はヤギの肉を食べさせる。バラモンとしての学識を願う場合はウズラの肉を、敏捷性を望む場合は魚の肉を、そして輝かしさを望む場合は溶けたバター入りの粥を食べさせる。最後に母親が残りの食べ物を食べるという（Oldenberg 1886: 54-55）。このように子供に託する望みによって異なった食べ物を食べさせることを規定するグリヒヤスートラは極めて少数で、今紹介したもの以外には、ほかに二つしか伝承されていない[17]（Oldenberg 1886: 183, 299-300）。

規模の大きなヴェーダ祭祀においては、中心的な献供の後に、司祭たちと祭主が供物の一部を食べ、さらに司祭たちを食べ物でもてなすことが行われた（Hillebrandt 1880: 132-134）。グリヒヤスートラが記述する家庭儀礼の多くは比較的に単純な構造を示し、それらにおいては、多くの場合儀礼の後でバラモンたちを食べ物でもてなすことが規定されている[18]（Gonda 1980: 340-341）。一年の変わり目に、その日を表す女神と祖霊たちを敬う儀礼アシュタカーを伝えていたヒラニャケーシ・グリヒヤスートラ 2.5.15.8 は犠牲獣の腸間膜を献じたのちに、残りの肉などでバラモンたちをもてなすべしと規定する（Oldenberg 1892: 235）。パーラスカラ・グリヒヤスートラ 3.10.48-49 は、火葬の後の一一日目に奇数の人数のバラモンたちに肉を伴った食事を与えること、さらにある人々は死者のためにこの日に牛を屠るという説を紹介している（Oldenberg 1886: 359）。誕生儀礼や結婚式などめでたい儀礼の前に祖霊たちを敬う儀式が行われる（Hillebrandt 1897: 92-93）。ジャイミニ・グリヒヤスートラ 1.6 によると、神々や祖霊たちへの献供のあと、その供物と同じ食べ物か、あるいは別の見解として、豆や魚や肉の料理をバラモンたちにふるまうという（Caland 1922: English Translation 11）。

4 日常生活における肉食行為

このように、ヴェーダ祭祀や家庭儀礼においては、動物を屠り神々を祀り、祖霊たちを敬っていたが、それらの宗教的な行為を行う司祭たちや祭主はその動物の部位を食べていた。接待儀礼によってもてなされる客も肉を食べていたし、一部の儀礼ではバラモンたちのもてなしの際に、肉料理が提供されていた。以下ではこのような宗教的な行為や儀礼行為以外の日常的な生活において肉食が行われていたかどうかを、ヴェーダ祭祀を規定するシュラウタスートラと家庭儀礼のグリヒヤスートラを中心にみてみる。ヴェーダ祭祀を行うための前提となる三つの祭火を設置した者は「供儀祭祀を行わないと肉を食べることができない」と言われる[19]（Caland 1921: 169-170; Caland 1953: 28）。つまりこの者は供儀祭祀を行った後には日常的に肉を食べることができると解釈される。さらに、このような者は当時の社会にあっては例外的なバラモンであったと思われるので、それ以外の者たちは供儀祭祀を行うことなく肉を食べていたとも解釈できる。あるグリヒヤスートラによると、ヴェーダを学習した者も供儀祭祀を行った後に肉を食べることができるという[20]（Dresden 1941: 10-11）。このヴェーダを学習した者も当時の社会において特権的な存在であったと思われるので、彼ら以外の者たちは、同様に、供儀祭祀を行うことなく肉を食べていたのであろうと思われる。

マーナヴァ・グリヒヤスートラ 1.18.7-8 によると、新生児の父親は一年間蜜と肉を食べることができず、一年後に供儀祭祀を行って再び食べることができるという（Dresden 1941: 169-170）。近い関係にあるヴァーラーハ・グリヒヤスートラ 3.7 では、この規制が新生児の両親に課せられている[21]（Rolland 1971: 67, 69）。子供の誕生という特別な出来事に際して、父親または両親に肉食が禁じられているわけである。つまりは、そうでない場合には、望めば自由に肉を食べることができたのであろうと推測することができる。シュラウタスートラとグリヒヤスートラを読んでいると、肉食が禁じられるケースに多くであう。以下ではいくつかの例を紹介して、いかなる場合に肉食が禁止され、それは肉食一般に対してどのような意味を持つのかを検討してみる。

神祭りにおいて
肉食が禁止される場合

上で軽くふれたが、ヴェーダ祭祀を行うためには三つの祭火を設置する必要があった。新しい祭火をきりだすための火きり板を温めるための火がその前に準備される。その火で粥が料理され四人のバラモンに与えられる。その粥の残りに浸した薪をその火にくべて、それから一定の期間その火は維持される。その期間、祭主に生活規制が課せられる。例えばアーパスタンバ・シュラウタスートラ 5.7.6 では「肉を食べない。女に近づかない。彼の家から火を持ち出さない。よそから火を持ち込まない」というものである[22]（Caland 1921: 147）。そうやって維持された火で火きり板が温められて、新しい祭火のための火がきりだされるのである。ヴェーダ祭祀を行おうとする者にとって極めて重要な期間に肉を食べないことが課せられていたのである。

このように祭火を設置した者は様々なヴェーダ祭祀を行うことができるようになる。それらのヴェーダ祭祀の執行の基本となるのが半月ごとに行われる新月満月祭である。新月祭、満月祭の中心的な神祭りが行われる日の前日、祭主と彼の妻は祭火のそばで一夜を過ごす。その日の食事に関してアーパスタンバ・シュラウタスートラ4.2.4-5は「満月祭のために祭火のそばで一夜を過ごそうとする二人は過度に満腹しない。豆でない、肉でない食べ物を溶けたバターとともに食べるべし。それがない場合はヨーグルトかミルクとともに」と述べ（Caland 1921: 105）、肉食の禁止が明言されている。[23] 新月満月祭の供物は現在のインドで食べられているチャパティのような食べ物であり、このように穀物料理を供物とする神祭りと供儀祭祀の基本形を提示するのが新月満月祭であるので、これらを中心的な供物とする他の祭祀においては、いちいち明示されることがないが、肉食の禁止は祭主と彼の妻に適用される。

神々の飲み物とされるソーマという液体を中心的な供物にする規模の大きなソーマ祭祀においては、ある一定の期間身を清めるための潔斎を行う（Hillebrandt 1897: 125-126）。様々な行動規制が祭主と彼の妻に課せられるが、アーパスタンバ・シュラウタスートラ10.13.6は「蜜、肉、女、嘘、寝床で寝ること、唾をはくこと、必要がないのに潔斎小屋から出ること、潔斎小屋以外で夜を過ごすことをさけるべし」（Caland 1924: 149）と、ソーマ祭祀を行おうとする祭主に肉食を禁じている。[24] ヴェーダ祭祀全体は新月満月祭のタイプと供儀祭祀のタイプそしてソーマ祭祀のタイプに大別されるが、新月満月祭を行おうとする者およびソーマ祭祀を行おうとする者への肉食禁止の規定により、ヴェーダ祭祀を行おうとする者すべてに対して肉食が禁じられていたということがわかる。

ヴェーダ祭祀からの例をあと一つ挙げてみる。一年のうち、四カ月ごと、春、雨季、乾季の始まる満月の日に行われる季節祭というべきものがある。新月満月祭のタイプであるので祭主には肉食が禁じられている。この祭祀ではさらに、それぞれの季節ごとに行われる神祭りの後の四カ月の間にも生活規制が課せられていた（Einoo 1988: 70-73）。この季節祭の間の四カ月の生活規則の例を、またアーパスタンバ・シュラウタスートラ8.4.5-9により紹介する。「5 肉を食べない、女に近づかない。6 妊娠が可能な時には妻に近づいていい。7 寝床の上に寝ない。8 嘘を慎むべし。9 東向きに寝る」と述べ(Caland 1924: 16)、この四カ月の間肉食が禁じられている。しかも神祭りの日にも肉食はできないので、この季節祭を行っている者は実質的に一年間肉食ができないことになる。

家庭儀礼において肉食が禁止される場合

家庭儀礼における肉食の禁止の事例を以下において検討してみる。子供が誕生した時に一年間父親または両親は肉食を慎み、一年後に供儀祭祀を行った後で肉を食べることができるという例を挙げた。この場合父親または両親はある特定の儀礼を行う祭主ではない。すべてのグリヒヤスートラをチェックしていないので確言はできないが、家庭儀礼の祭主にヴェーダ祭祀の祭主に対するような生活規制が課せられているわけではないようである。家庭儀礼は誕生儀礼や結婚儀礼などの人生儀礼、ある月の満月の日などに行われる年中儀礼、そして家造りや農耕儀礼、牧畜儀礼などのその他の儀礼からなる(永ノ尾 一九九二:六七)。それらは祝い事、願い事を中心とした儀礼で、ヴェーダ祭祀の場合のように神々に近づくための準備をする必要がなかったのか、家庭儀礼の祭主は日常の世界で儀礼行為を行っていたのであろう。

しかしグリヒヤスートラにおいて一つのタイプの生活規制を見て取ることができる。それはヴェーダの学習と深く関わる場合である。バラモンの少年は八歳ごろにヴェーダを学ぶために先生のもとに住み込んで生活を始めた。何年続くかわからないがヴェーダを学び終えるまでの生活は様々な規制が課せられる厳しいものであった。[25]様々な規制の中、食べ物に関しては、例えばマーナヴァ・グリヒヤスートラ 1.1.12 は「蜜と肉を食べるべきではない、砂糖と塩も」(Dresden 1941: 3) と述べ、ヴェーダを学ぶ学生に対して肉食を禁じていた。[26] ヴェーダの特殊な部分を学習するために特別な規制が先生にすら課せられることがあり、シャーンカーヤナ・グリヒヤスートラ 2.11.6 は「先生は一昼夜、性交を慎み、肉食をせずに」と規定している (Oldenberg 1886: 77)。学生がヴェーダを学ぶ期間はテキストにより差はあるが、一二年間から四八年間、またはヴェーダを学び終えるまでなど[27] とかなりの長い間肉食をすることができないことになる。ヴェーダ祭祀の場合、長くて一年間であったが、それらの場合は神祭りのためという特殊な時間であった。ヴェーダを学ぶ学生の場合は、一見日常生活の延長のように思えるが、ヴェーダを学ぶという行為は古代のインドの社会では、神祭りと同じような特殊な時間であったのであろう。従って、ヴェーダを学ぶ学生には肉食が禁じられていた。

このようにしてヴェーダを学び終えた学生は修了式を終え、[28] 結婚をして日常生活を始める。先に紹介したようにこのヴェーダを学習し終えた者は供儀祭祀を行った後に、日常的に肉を食べることができる。しかしバラモンの中のエリートとしての彼には様々な行動規範が課せられるが、[29] その生活規制の中には肉食の禁止の項目はない。もちろん、もし彼がヴェーダ祭祀を行ったり、ヴェーダを他の者に教えたりする場合には、ヴェーダとかかわるという特別な時間に対する規定として肉食は禁じられるが、ヴェーダの学生とは違い、学習し終えた者には日常生活において肉食の禁止は課せられていなかったのである。

5 ポスト・ヴェーダ期の祖霊祭における肉食

ヴェーダ祭祀においては、新月祭の午後に行われるダンゴの祖霊祭祀[30] と秋の季節祭の二日目に行われる大いなる祖霊祭祀[31]の二つが主要な祖霊祭祀として規定されていた[32]。グリヒヤスートラにおいては肉の供物の使用の例として前に紹介した、冬至の頃に行われる祖霊崇拝の儀礼があったが、グリヒヤスートラの内部で、ヴェーダ祭祀としてのダンゴの祖霊祭祀をモデルに、新月の日に行われるシュラーッダと呼ばれる祖霊祭が形成されていった[33]（永ノ尾 一九九二：七五―七六）。他方、紀元前三世紀ごろからポスト・ヴェーダ期の文献が形成されるようになり、グリヒヤスートラへの補遺文献や社会規範を規定するダルマスートラという文献[34]においてシュラーッダの記述に新しい傾向が表れてきた。初期のシュラーッダにおいては、祖霊たちへは、溶けたバターとかための粥が祭火に献じられ[35]、余った粥から三つのダンゴを作り、直接地面の上に置かれるのが通常の供物であった[36]。冬至の頃の祖霊崇拝と同様に、動物の肉が供物として言及されるが、これら新しい文献においては動物の種類によって祖霊たちの満足の期間が異なってくるという文脈で語られるようになる[37]。例えばアーパスタンバ・ダルマスートラ2.7.16.26-17.3は次のように述べる。「16.26牛の肉によって一年間満足する。16.27これより長い間水牛の肉によって。16.28これによって村の動物と野生の動物の肉が捧げるのにふさわしいということがわかる。17.1サイの皮にのせたサイの肉によって無限の時の間。17.2同じくシャタバリという魚の肉により。17.3ヴァールドゥラーナサ（という鳥の肉）により」(Olivelle 2000: 99)。さらにガウタマ・ダルマスートラ15.15は「ゴマ、または豆、または米、または大麦、または水を与えることにより祖霊たちは一カ月満足する。魚、または鹿、またはルル鹿、またはウサギ、またはカメ、またはイノシシ、またはヒツジの肉により数年間（満足する）。牛のミルク、またはミルク粥により一二年間。ヴァールドゥリーナサ鳥の肉、またはバジル（?）、またはヤギ、または赤いヤギ、またはサイの肉と蜜を混ぜたものにより無限の間」と少し選択肢が多い規定を伝えている。ダルマスートラに始まる観念の新しい伝統は、その後の法典文献に引き継がれ、ヒンドゥー社会に定着していく。例えばマヌ法典3.266-272（渡瀬 一九九一：一一九―一二〇）やヤージュニャヴァルキヤ法典1.254-257（井狩・渡瀬 二〇〇二：六〇）は同様の規定を伝えている[38]。もちろん、これらの事例を肉食行為の例として提示するのは、祖霊たちへの動物の肉の供物が列席する複数のバラモンたちに供物として提供されるということを前提としている。

6 法典文献における食事に関する規定

家庭儀礼を記述するグリヒヤスートラは、ヴェーダを学習し終えた者の生活規定を伝えていた。他方、それらより全体として新しい、社会規範を規定するダルマスートラは結婚に関する規定の後で、つまり、家長として独立した者に対して、食べてよい食べ物と食べてはいけない食べ物に関する規定を伝えている。[39] ガウタマ・ダルマスートラ 17.22-38 の例を紹介する。「22 子牛を産んで一〇日以内の牛の乳を飲んではいけない。23 そしてメスの山羊と水牛のも。24 羊とラクダと蹄が一つのものの乳は常に飲んではいけない。25 絶えず乳がしたたっているもの、双子を産んだもの、子をはらんでいて乳を出すものの（乳を飲んではいけない）。26 子供が死んだもののも。27 ハリネズミ、ウサギ、ヤマアラシ、オオトカゲ、サイ、カメ以外の五つの爪をもつ動物は食べてはいけない。28 上下に歯があるもの、たてがみがあるもの、毛がないもの、蹄が一つのもの、カラヴィンカスズメ、プラヴァサギ、チャクラヴァーカガン、ハンサガン、29 カラス、カンカサギ、ハゲワシ、ハヤブサ、水鳥、足やくちばしが赤い鳥、ニワトリと豚、30 乳牛と去勢牛、31 乳歯が生え変わっていないもの、病気のもの、供物以外のために殺された動物の肉、32 新芽、キノコ、ニンニク、樹脂、33 木の切り口から出る赤いもの、34 キツツキ、シラサギ、トキ、オウム、鵜、シギ、コウモリ、夜行性のものは食べてはいけない。35 くちばしでつつく鳥、足で体をかく鳥、みずかきをもっていない鳥は食べてもよい。36 奇妙でない形の魚、37 宗教的な行為（ダルマ）のために殺してよいもの。38 肉食動物に殺されたもので、障りがなく、（バラモンの）言葉により承認されたものの肉は、水で洗った後に食べてよい」(Olivelle 2000: 165)。17.22-26で飲んではいけない乳について規定し、17.32で食べてはいけない植物に言及するが、多くの場合、ケモノ、鳥、魚に関して述べている。食べてはいけないものが17.28-31と34に列挙されている。17.27では「ハリネズミ、ウサギ、ヤマアラシ、オオトカゲ、サイ、カメ」と食べてよい動物が列挙され、35から38では、一般的な言い方で食べてもよい鳥、魚、ケモノが存在することを表現している。

7 結びにかえて

神祭りによりバラモンたちを中心とする人々は子孫や家畜の繁栄を願い、死後に天の世界に行けることを望んだ。古代の宗教儀礼として多分に現世利益を求める傾向が顕著であった神祭りの体系を伝えるヴェーダ文献も最後期に属するウパニシャッドとして知られる文献群にあっては死後の解脱を求める救済宗教的な傾向を示し始める。その傾向は仏教やジャイナ教、さらにはヒンドゥー教の新たな哲学諸派において明確になっていく。人々は現世における幸福より死後の至福を求めるようになった。そのような時代のポスト・ヴェーダ期のヒンドゥー社会の宗教的、社会的なイデオロギーの新たな基礎としてマヌ法典とヤージュニャヴァルキヤ法典という文献が紀元前後ころの時期に形成された。そのマヌ法典5.5-27(渡瀬 一九九一：一六二—一六五)とヤージュニャヴァルキヤ法典1.165-180(井狩・渡瀬 二〇〇二：四四—四六)も食べてよい動物、禁止される動物に関してなお同様な議論を伝えている。

ダルマスートラとそれに続く法典文献が念頭に置いている対象者は、ヴェーダ以来の伝統的な宗教的な行為を尊重することを建前とするバラモンたちであろう。彼らが尊重すべきヴェーダの伝統は動物の供儀を伴う多くの宗教的な行為を伝えていた。従って、食べてもよいものに動物の肉を枚挙していることは当然の帰結であると思われる。ヴェーダを尊重するという建前を前面に押し立てる以上、それ以外の選択肢は考えられないのであろう。

しかしマヌ法典5.28-56（渡瀬 一九九一：一六五―一六九）は肉食に関する興味ある議論を残している。渡瀬氏はその議論に見出しをつけて議論の方向を明示している。つまり5.28-30 本来肉食は自然な食生活、5.31-36 供儀のための殺生・肉食の容認、5.37-45 供儀以外における殺生の禁止、5.46-56 殺生および肉食の全面的な回避というように議論が展開している。最後の議論はポスト・ヴェーダ期のヒンドゥー社会の一面を特徴づける菜食主義の方向につながるものであろう。ヴェーダ祭祀の場合にも肉食が禁止される場合があった。たとえ神祭りそのものが動物供儀を含むものであっても、その神祭りによって神々と交流することになる祭主は肉食の禁止などの行動規制を遵守しなければならなかった。そのような例として紹介した季節祭祀において、実質的に祭主は一年間肉食を禁止されていた。そして多分そうであったと思われるがこの季節祭祀は毎年繰り返されていた。つまりそのような祭主であるバラモンは実質的に肉食を絶つ生活を送っていた。しかしそのようなバラモンは少数であったであろう。

ヒンドゥー教の世界においても、特にヴィシュヌ神を崇拝する人々は菜食主義の人たちであった。しかしそれ以外の多くの人々は肉食を行っていたであろう。そして現在のインドにおいても、肉食をする人々はいる。マヌの法典の肉食に関する議論は次のような文で締めくくられる。「肉食に罪はない。酒にも性の交わりにも罪はない。それらは生き物に自然な活動である。しかしそれの停止はより大きな果報をもたらす」（渡瀬 一九九一：一六九）。このより大きな果報とは死後の至福としての解脱である。現代のインドにおける菜食主義の主張の根拠を私は知らないが、少なくともインドにおける初期の肉食禁止の思考の出発点は全面的な肉食の否定ではなかったと思える。

註

1 筆者は、東京大学東洋文化研究所のデータベースとしてCARD（http://card.ioc.u-tokyo.ac.jp/）を公開している。Googleなどでeinoo cardと検索するとメインページに行ける。Start Searchをクリックすると検索画面が出てくる。aapaHという語が例として検索画面に現れているが、それをバックスペース・キーで消去して、自由に検索することができる。ヴェーダ祭祀を解釈する文献において、しばしば代表的な犠牲獣としてヒト、馬、牛、ヤギ、ヒツジが列挙されているが、それらに関する情報はpazuとfive animalsとの二つの語をスペースでつないだ検索で得ることができる。five animalsのように、検索語自身にスペースがある場合は“five animals”と二重カギでくくることによって、間違いなく検索することができる。この論文では、古代インドの儀礼文献などから多くの情報を利用するが、論文の本文ではすべての情報を掲載することはしないで、今の場合だとpazu + “five animals”で必要な情報を検索してくださいなどと書き、私のデータベースへのアクセスを示すことにする。ちなみにpazuはサンスクリット語で「動物」の意味である。さらに、goat + animalで検索すると、ヤギが最も一般的な供儀獣であったということに関する情報が得られる。

2 iDaaの参考文献に関してはiDaa + bibl. で検索されたい。

3 daivata avadaanaと検索すると多くの情報が出てくる。検索画面の左の欄にcard1111.txtからpmantr22.txtまでのファイルが提示されている。今の場合そのファイルの中からcard121.txtをクリックすると、供物として切り分けられた犠牲獣の部位に関するより絞られた情報が得られる。このような場合にもファイル名を一つの検索語と考えて“daivata avadaana” + card121.txtと指示することにする。

4 iDaa + pazubandha + card212.txtで検索されたい。

5 niruuDhapazubandha + txt. + card311.txtで検索するとこの独立して行われる供儀祭祀の記述箇所が一覧される。また、niruuDhapazubandha + “note, the time”で検索すると、年に何度、いつ、この供儀祭祀が行われるかの異なった見解が表示される。

6 それら三つの供儀祭祀に関してはagniiSomiiyapazu + card1111.txt, savaniiyapazu + card322.txtそしてanuubandhyaa + card1112.txtで検索されたい。

7 kaamyapazu + vidhiで検索すると、それぞれの願望に対応するサンスクリット語のアルファベット順にヤジュルヴエーダの記述箇所が列挙されているのを見ることができる。

8 kaamyapazu + “sacrificial animal” で検索すると、供儀獣のサンスクリット名のアルファベット順に、願望の種類、動物、それが捧げられる神の順に情報が得られる。

9 azvamedha + bibl によりこの馬の供儀祭に関する参考文献が、azvamedha + txt でこの祭祀を記述するテキストの箇所を知ることができる。

10 azvamedha + “sacrificial animal” で検索すると、この馬の供儀祭の供儀獣に関して、サンスクリット名のアルファベット順に捧げられる神格とその神格にいかなる供儀獣が捧げられるかについて、タイッティリーヤ・サンヒターにおける詳しい情報が得られる。

11 この冬至の頃（Falk 1986: 144-153）の月が欠ける半月の第八の日はエーカーシュタカー、ただ一つの第八の日と呼ばれる。ekaaSTakaa + suukta でいくつかのテキストにおけるマントラの集成の箇所が提示される。ekaaSTakaa + “...:” は、この日が一年の妻とみなされること、また一年の似姿と考えられていたことがわかる。

12 aSTakaa + txt. により、このアシュタカーと呼ばれる儀礼の記述箇所の一覧を見ることができる。それぞれの箇所の提示の後に、エーカーシュタカーと呼ばれる女神の礼拝、祖霊の礼拝、そして動物供儀との関係などの情報を得ることができる。

13 madhuparka + txt. によりこの儀礼の記述箇所を知ることができる。

14 madhuparka + note + persons によりこの儀礼によりもてなされるべき人々の一覧を見ることができる。

15 madhuparka + “inevitably provided” により、この発言の箇所を知ることができる。

16 annapraazana + txt. でこの儀礼の記述箇所の一覧を見ることができる。

17 annapraazana + note + “different kinds” により、願望に応じて食事を変える記述箇所の一覧を見ることができる。

18 この儀礼に関しては braahmaNabhojana + card112.txt により様々な情報を得ることができる。

19 maaMsa + aahitaagni + pazubandha で情報を得ることができる。

20 maaMsa + snaataka + pazubandha で情報を得ることができる。

21 maaMsa + jaatakarman で情報を得ることができる。

22 maaMsa + agnyaadheya + prohibited で情報を得ることができる。

23 他の箇所に関しては maaMsa + darzapuurNamaasa + prohibited を見られたい。

24 他の箇所に関しては maaMsa + diikSitavrata + prohibited を見られたい。

25 ヴェーダを学ぶ学生の生活規制に関しては brahmacaaridharma + card112.txt を見られたい。これら規制の概要は brahmacaaridharma + card112.txt + analysis で見ることができる。

26 他の箇所に関しては maaMsa + brahmacaaridharma + prohibited を見られたい。

27 ヴェーダを学ぶ期間に関しては brahmacarya + card112.txt + period で情報を得ることができる。

28 ヴェーダを学び終えた学生の修了式に関しては samaavartana + card321.txt を見られたい。

29 ヴェーダを学習し終えた者に課せられる行動規範に関しては snaatakadharma + card322.txt を見られたい。

30 ダンゴの祖霊祭に関しては piNDapitRyajna + card312.txt を見られたい。

31 大いなる祖霊祭祀に関しては mahaapitRyajna + card2221.txt を見られたい。

32 祖霊たちが礼拝される他の例に関しては pitR + card312.txt + worshipped を見られたい。

33 グリヒヤスートラにおけるシュラーッダの記述に関しては zraaddha + card422.txt + txt. + GS で情報を得ることができる。

34 グリヒヤスートラの補遺文献に関しては gRhyapariziSTa + card211.txt + var. で、ダルマスートラに関しては dharmasuutra + card122.txt + var. で情報を得ることができる。

35 初期のシュラーッダにおける祖霊たちへの供物に関しては agnaukaraNa + card1111.txt + zraaddha + GS を見られたい。

36 ダンゴを地面に置く行為に関しては piNDadaana + card312.txt + zraaddha + GS を見られたい。

37 動物の肉の種類により祖霊たちの満足の期間が異なるということに関しては zraaddha + card422.txt + note + satisfaction を見られたい。

38 法典文献以降のプラーナ文献における若干の例に関しては zraaddha + card422.txt + note + satisfaction + puraaNa を見られたい。

39 食べてよい食べ物と食べてはいけない食べ物に関しては bhakSyaabhakSya + card112.txt を見られたい。

参考文献

井狩弥介・渡瀬信之訳注

二〇〇二『ヤージュニャヴァルキヤ法典』東洋文庫、東京：平凡社。

永ノ尾信悟
一九九二 「グリフヤスートラ文献にみられる儀礼変容」『東洋文化研究所紀要』一一八冊：四三一八六。
渡瀬信之訳
一九九一 『マヌ法典——サンスクリット原典全訳』中公文庫、東京：中央公論社。

Caland, W.
1921 *Das Śrautasūtra des Āpastamba aus dem Sanskrit übersetzt von W. Caland, 1.-7. Buch*. Göttingen: Vandenhoeck & Ruprecht, Leipzig: J. C. Hirnrichs'sche Buchhandlung.
1922 *The Jaiminigṛhyasūtra, Belonging to the Sāmaveda*. Edited With an Introduction by W. Caland. Lahore: The Punjab Sanskrit Book Depot.
1924 *Das Śrautasūtra des Āpastamba, Achtes bis fünfzehntes Buch*, aus dem Sanskrit übersetzt von W. Caland (Reprint, Wiesbaden: Dr. Martin Sändig oHG, 1969).
1953 *Śāṅkhāyana-Śrautasūtra: Being a Major Yajñika Text of the Ṛgveda*. Translated into English for the First Time by W. Caland. Edited With an Introduction by Lokesh Chandra. Nagpur: The International Academy of Indian Culture.
Dresden, M. J.
1941 *Mānavagṛhyasūtra: A Vedic Manual of Domestic Rites, Translation, Commentary and Preface*. Groningen, Batavia: J. B. Wolters's Uitgevers=Maatschappij n.v.
Einoo, S.
1988 Die Cāturmāsya oder die altindischen Tertialopfer; dargestellt nach den Vorschriften der Brāhmaṇas und der Śrautasūtras. *Monumenta Serindica* 18. Tokyo: Institute for the Study of Languages and Cultures of Asia and Africa, Tokyo University of Foreign Studies.
1996 The Formation of the Pūjā Ceremony. *Studien zur Indologie und Iranistik* 20: 73-87.
Falk, H.
1986 *Bruderschaft und Würfelspiel: Untersuchungen zur Entwicklungsgeschichte des vedischen Opfers*. Freiburg: H. Falk.
Gonda, J.
1980 *Vedic Ritual: The Non-solemn Rites*. Leiden-Köln: E. J. Brill.

Hillebrandt, A.

1880 *Das Altindische Neu- und Vollmondsopfer. Jena: Gustav Fischer* (Reprint, Graz: Akademische Druck- u. Verlagsanstalt, 1977).

1897 *Ritual-Litteratur: Vedische Opfer und Zauber*. Straßburg: Karl J. Trübner (Reprint, Graz: Akademische Druck- u. Verlagsanstalt, 1981).

Kashikar, C. G.

1964 *The Śrauta, Paitṛmedhika and Pariśeṣa Sūtras of Bharadvāja. Critically Edited and Translated by C. G. Kashikar*. Part II. Translation. Poona: Vaidika Saṃśodhana Maṇḍala.

Keith, A. B.

1914 *The Veda of the Black Yajus School Entitled Taittiriya Sanhita, Part 1: kāṇḍa I-III, Part 2: kāṇḍa IV-VII*. Translated from the Original Sanskrit Prose and Verse by Arthur Berriedale Keith. Harvard Oriental Series, Vols. 18 and 19. Cambridge, MA (Reprint, Delhi: Motilal Banarsidass, 1967).

Oldenberg, H.

1886 *The Gṛihya-Sūtras: Rules of Vedic Domestic Ceremonies, Part I*. The Sacred Books of the East, Vol. XXIX (Reprint, Delhi: Motilal Banarsidass, 1967).

1892 *The Gṛihya-Sūtras: Rules of Vedic Domestic Ceremonies, Part II*. The Sacred Books of the East, Vol. XXX (Reprint, Delhi: Motilal Banarsidass, 1967).

Olivelle, P.

2000 *Dharmasūtras: The Law Codes of Āpastamba, Gautama, Baudhāyana, and Vasiṣṭha*. Annotated Text and Translation. Delhi: Motilal Banarsidass Publishers.

Rolland, P.

1971 *Un rituel domestique védique: Le Vārāhagṛhyasūtra traduit et annoté par Pierre Rolland*. Aix-en Provence: Publications universitaires de lettres et sciences humaines d'Aix-en Provence.

第10章 日本における動物供犠と肉食の穢れ

原田信男

1　はじめに

弥生時代以来、米を主食にしようとしてきた日本人が、その歴史のなかで肉食を忌避し始めたのは、そう古いことではなく、古代国家が主導的に創り出した価値観によって、公的に肉は遠ざけられるところとなった。しかし、あくまでも米は租税として権力者に収奪されるから、実際には米が不足し、多くの人々が肉食を行わざるを得ず、これを食していたというのが中世社会の現実であった〔原田 一九九三：九一—一七〇〕。ただ、こうした国家の肉食を禁忌とする価値観は、とくに米を経済的な指標に据えた近世社会には、かなり社会の隅々にまで浸透していった。

それゆえ一般に日本人は肉を食べてこなかったと信じられており、ましてや動物を殺して神に捧げるなどという供犠儀礼を行ってきたとは、ごく一部の研究者を除いて、誰もが考えてこなかった。それは歴史研究者が拠り所とする文献史料には、動物供犠がほとんど登場してこないからである。

しかし肉食の問題と同様に、かつては日本でも動物供犠も広く行われてきたし、供犠の後には、神に捧げた動物の肉も直会《なおらい》として、神とともに食してきたことに疑いはない。こうした動物供犠に関する史料が少ないのは、日本の歴史において文字の使用を本格化せしめた古代国家が、動物の供犠や肉の食用を禁ずる立場にあったためで、そうした記述は、避けられるか削られるかの対象だったからである。

ただ肉食の忌避が社会的に浸透していくと、動物供犠の在り方も大きな変容をみせるところとなる。こうした肉食忌避の進行に関しては、仏教的な殺生禁断思想も大きな役割を果たしたが、それ以上に強く機能したのは肉食に対する穢れ観の展開であった。天武天皇四(六七五)年のいわゆる肉食禁止令は、厳密には殺生禁断令とすべきもので、以後も国家の安穏を願う際には、しばしば殺生禁断令が発布されるが、それは仏教の教義に基づくというよりは、殺生という行為によって邪悪なことが惹き起こされると考えたからで、具体的には肉食が穢れを招くという論理が忌避の根拠となった。

こうした肉食に対する穢れ観は、日本古来の動物供犠の在り方を、大きく変容させるところとなった。後に述べるように、もともと動物供犠は農耕儀礼に深く関わるもので、日本では弥生時代以降に行われるようになったが、基本的には農耕文化に伴って受容されたものである。これは東アジアのみならず、世界的にも広く行われている儀礼であるが、日本においては、穢れ観による影響が大きく、その展開に特異な現象がみられる。それゆえ小稿前半の動物供犠に関わる部分においては、拙著前二著(原田 二〇一二、二〇一四)の論旨と重複することになるが、その様相を具体的に踏まえた上で、後半では動物供犠の問題を、穢れとの関係から歴史的に考察してみたいと思う。

2　動物供犠の存在

まず日本における動物供犠の存在を明らかにしておきたい。先にも述べたように、日本でも、かつては動物供犠が広く行われていたものと考えられるが、これを裏付ける資・史料が少ないという現実がある。このため、これまでの数多くの研究者たちは、あたかも常識かのように、歴史的に肉を嫌ってきた日本人が、動物の犠牲などを行ってきたはずがない、という先入観にとらわれてきた。それゆえ、わずかに動物の供犠を示す史料があっても、それは特別な例外、あるいは異国の風習と見なすことで、従来の価値観の正当性を説明してきた（薗田 一九六三：一七―二五：井上 一九八四：二六―三四：彌永 一九七二：三五三―四六七など）。

そもそも古語では、祝と書いて「ハフリ」と読み、祭祀を司る神主を意味したことに、その痕跡をみることができる。この問題に関しては、すでに喜田貞吉が、古代の祭祀と政治について触れた文章で、「祝即ち「ハフリ」は「ホフリ」の義で、犠牲たる動物を屠つて神に供するから起つた名であらう」と述べ（喜田 一九二二：一一―一九）、祭祀に動物を捧げていたとして、古代日本における動物供犠の存在を想定している。

こうして古くから動物供犠の存在が指摘されていたにもかかわらず、正面から研究の俎上に載せられることはなく、日本に動物供犠が存在しなかったという先入観が歴史的に形成されたものだ、と考える文献史の研究者は全くといっていいほどいなかった。むしろ、この問題に多くの示唆と解決への糸口を与えてくれたのは、まさに動物考古学の新たな研究成果で、とくに松井章などの業績が、大きな手がかりとなった（松井 一九九五：五五―六九ほか）。近年、さまざまな角度から日本史における肉食の問題などの見直しが行われているが、まだ動物供犠牲の存在に関しては、その検討が不充分といわざるをえない。

　これに関しては、日本には生贄《いけにえ》という語が存在せずに、漢語である犠牲の訓読語として「イケニエ」という和語が成立したとする説があり（吉田 二〇〇〇：一五七―一七七）、こうした見解が一般に受け容れられているが、かつて柳田国男は「イケニエとは活かせておく牲《にえ》である」と指摘した（柳田 一九二七：四六三―四七〇）。これを承けて折口信夫は、「ニヘ」は神および神に近い人が口にする食べ物で、「生」は活け飼いする意であり、生贄を「何時でも、神の贄に供へる事の出来る様に飼うて居る動物」として「植物性の贄と、区別する語」と規定した（折口 一九二四：二六七―三〇九）。

　この見解を発展させた西郷信綱は、「活かしておいたニヘを殺して神に捧げるのがイケニエの本義」と考えた（西郷 一九七三：一四七―一七〇）。たしかに上代にはイケニエの語がみえず、「生贄」の初見は、延暦二三（八〇四）年成立の『皇太神宮儀式帳』で、伊勢皇大神宮の六月例祭の記事として「志摩国の神戸百姓より進上の生贄」とあり、魚介類であったことが窺われる（神道大系）。そもそも日本では、数多くの諸書が公的記録として成立をみるのは八世紀のことで、それ以前の文字史料が極めて少なく、文献的に生贄の語が見あたらなくても、イケニエの実態がなかったことにはなるまい。

　もっとも早い古辞書類で、昌泰年間（八九八―九〇一）頃の成立とされる『新撰字鏡』の天治本牛部には「牲　所□反、平、犠牲」とある（臨川書店）。さらに承平年間（九三一―三八）の辞書『倭名類聚抄』一〇巻本では「犠牲　礼記に云く、祭礼に犠牲を供す〈二音は義生、論語の注に、牲は生にして餼を曰ふ、餼音は気、伊介迩《いけに》倍《へ》と訓ず〉」としている（臨川書店）。しかも平安末期頃の成立の『類聚名義抄』観智院本には「贄　卜（音）至　タカラ　ニヘ　ツト」「牲　卜生　イケニヘ　アサヤ（鮮）カナリ」とあり、贄と牲とを区別している（八木書店）。ちなみに『倭名類聚抄』二〇巻本によれば、苞苴《つと》は魚肉を包むもので、「於保迩倍《おほにへ》俗に云ふ阿良萬岐（荒巻）」とあるところから、保存されていたものであったことがわかる。

これに対して、生贄は漢語の牲に相当するもので、「アサヤカナリ」つまり新鮮であることが重要であり、まさに柳田が指摘したように「イケニエとは活かせておく牲」であった。また日本では神に捧げる動物の肉を意味する胙という漢字には「ヒモロギ」という訓が宛てられ、祭祀の場を指す神籬と全く同じ訓を有するところから、日本でも古く祭祀の場では動物供犠が行われていたと考えてよいだろう」（原田 二〇一二：七七―一〇二）。

3 野獣から家畜へ

こうした動物供犠の存在を想定した上で、もっとも重要なのは野獣と家畜との区別に関わる問題である。もともと中国では、家畜としてのウシやヒツジが供犠動物として捧げられてきたが、それは畑作と牧畜を組み合わせた黄河文明の流れの一部にすぎなかった。中国では、その南方に水田稲作と漁撈にブタ飼育をセットとした長江文明の伝統もあった。そして日本では、南方の長江文明的な生活様式が、弥生以来の社会の基礎を形成したと考えることができる。

ところが日本では、水田農耕社会の展開によって、社会的剰余の形成が進んで小国家群が成立した後、その統一を果たしつつあった強力なヤマト政権の時代に、百済・新羅と交流を深めて、牛馬という家畜の移入を始めた。そして本格的な統一国家への志向の過程で、北方中国に興った黄河文明を基盤とする政治システムを積極的に採用した。

ただ注目すべきは、中国的な法制・行政をかなり強引に日本社会へ適応させながらも、当時大きな意味を有したはずの祭祀体系から、家畜の供犠を徹底して除外していったという点である。例えば日本の釈奠《せきてん》（儒教で孔子などの先哲を祀る儀式）では、家畜である三牲が野獣である猪鹿《ちょか》に代えられているが、これは、そうした配慮の典型といえよう。

ただし、それ以前の日本においては、長江文明的なブタもしくは猪鹿を主体とした野獣の供犠が行われていたことが、きわめて重要な歴史的事実として浮かび上がってくる。これについては国家の正史である『日本書紀』や同時代の『古事記』からは、そうした供犠の存在は窺えないが、地方の実情を記した『風土記』には、野獣の供犠に関する記述が登場する（日本古典文学大系）。

（A）『播磨国風土記』讃容《さよ》郡条　讃容といふ所以は、大神妹妋《いもせ》二柱、各、競《きそ》ひて国占めましし時、妹玉津《いもたまつ》日女《ひめ》命、生ける鹿を捕り臥せて、其の腹を割きて、其の血に稲種《ま》きき。仍りて、一夜の間に、苗生ひき。即ち取りて殖ゑしめたまひき。

（B）『播磨国風土記』賀毛郡条　雲潤《うるみ》と号《なづ》くるは（中略）彼の村に在せる太水《おおみづ》の神、辞《いな》びて云《の》りたまひしく、「吾は宍の血を以ちて佃《たつく》る。故、河の水を欲《ほ》りせず」とのりたまひき。

まず（A）では、生きたシカを捉えて腹を割き、その血を種に付けて播くと、一夜で苗が生えたとしている。八世紀前半の地方においては、狩猟動物の供犠に関わる行為が、作物の豊穣を招くと考えられていたのである。また（B）は宍とするだけで、シカかイノシシか分からないが、その血で水田を作るのだから、用水の水は不要だとしている。これも水田稲作において、動物の血が大きな効果をもたらしたことが窺われる。しかも播磨国だけでも二箇所に登場することは、稲作のための動物の供犠が広汎に存在していたことを想定させるものといえよう。

こうした動物供犠の存在を思わせる史料は、詳しく見ていくと、断片的にではあるが、かなり存在する。しかも以下具体的に検討していくが、地方の神社関係の史料に、動物供犠に関わる記述が登場することは、きわめて重要な意味をもつ。とくに日光・諏訪・住吉・阿蘇・菟足《うたり》などをはじめとする地方大社に猪鹿を捧げる伝承があり、それらは基本的に国造・大領クラスが司祭する神社群で、古くから地方では野獣の供犠が広く行われていたことになる。

しかし、それらを最終的に統括した古代律令国家は、これを国家レベルでの公的な祭祀体系に採り入れることはなく、むしろ北方中国の伝統的な家畜を用いる供儀も拒絶した。いわゆる殺牛祭祀の禁という形で対応し、禁令を繰り返し発布したにもかかわらず、実際に地方では野獣および家畜の供儀が、近世・近代にまでも受け継がれたのである。

4 動物祭祀・供犠の三形態

こうした日本における動物供犠の特色を考えるために、考古資料や文献史料から、動物祭祀および供犠の性格を整理してみると、次のようなおおよそ三つの基本的なタイプが存在したことが判明する。(1)狩猟のために獲物の一部を捧げるプリミティブな縄文的祭祀、(2)農耕のために野獣(もしくはブタ)を用いる弥生的供犠、(3)水田稲作のために雨乞いを目的として牛馬を用いる半島・大陸的供犠、の三種である。そこで、これらの特色について順次検討を加えていきたい。

縄文的祭祀

近年、縄文時代にも農耕が行われていたことが明らかにされているが、主要な社会的生産手段と見なすことは難しく、この時代には農耕のための動物供犠は行われていなかった。それゆえ農耕儀礼を伴わず供犠と呼ぶには難しいところがある。動物考古学によって、すでに縄文時代の早期から動物骨を意図的に埋葬することが行われており、クジラやイルカのほか猪鹿の頭骨を整然と配置する事例が確認されている（松井 二〇〇三：八九―一一九）。

これは儀礼のための屠殺ではなく、食料などとして利用した後に、丁寧に骨を埋葬したもので、こうした儀礼は供犠とすべきではなく、動物祭祀とみなさねばならない。今日でもマタギの人々は、獲れた野獣の一部や肉を山の神に捧げるという儀礼を行うが、これは動物をある儀式のために殺害するわけではなく、あくまでも獲物の一部を神に捧げることで、次回の豊猟を祈ったのであり、プリミティブな動物祭祀とするのがふさわしい。

こうした動物祭祀の典型的な事例は、日光二荒山《ふたら》の場合に見られる。承久元（一二一九）年頃の成立とされる『続古事談』巻四には、下野国二荒山の記述があり、「宇都宮は権現の別宮也。狩人、鹿の頭を供祭物にすとぞ」とある（新日本古典文学大系）。ちなみに日光二荒山の弥生祭では、近年まで毎年男体山《なんたいさん》で新しく射止められた牡鹿の毛皮の上に太刀を載せて神前に供したという（飯田 一九六〇：三一―四）。

これは、あくまでも射止めたシカの一部を神に供すもので、神のために動物の生命を捧げるという認識はない。先のクジラやイルカの骨を整然と並べた縄文人のように、次回の豊猟を祈ったにすぎず、動物祭祀の範疇に属する。近世の史料ではあるが、林羅山が正保二（一六四五）年に刊行した『本朝神社考』には「信州の諏訪、下野宇都宮（日光二荒山）、専ら狩猟して鳥獣を供す」とあり、諏訪大社と日光二荒山の二社が狩猟神として知られていた（日本庶民生活史料集成）。このため狩猟神を祀る諏訪大社上社の御頭祭《おんとうさい》では、シカが捧げられている。これについては近世の史料となるが、菅江真澄『すわの海』天明四（一七八四）年三月六日条に、御頭祭を見学した時の記事がある（菅江真澄全集1）

前宮といふ処に十間の直会殿ありて、鹿の頭七十五、真名板のうへにならぶ。〔……〕上下きたる男二人ものゝ肉をまな板にすへてもていづる。

現在では生首ではなく剥製の頭が用いられているが、狩猟による獲物の一部を神に捧げることが、狩猟の世界では大きな意味を有していたことが窺われる。このほか九州の阿蘇神社も狩猟と関連の深い神社で、古くから狩猟神事が営まれてきたが、一四九一年に成立した阿蘇神社「延徳三年之記」には次のようにある（神道大系）。

直口と申所ハしゝをおろす所なり〔……〕しゝおろし候へハ〔……〕其日狩神まつり、又、やかて明神そなへ上と申上候間〔……〕御狩はて候へハ直口へ各被ㇾ参候、こゝにて三こんにて候、猪鹿内物にて候。

その後、諏訪や阿蘇では農耕のための動物の供犠を行うようになるが、かつては、これらの史料が物語るように、農耕儀礼を伴わずに、獲物の一部を神に捧げて、直会としての神人共食を行うだけであったとみてよいだろう。諏訪や阿蘇の神事も日光の場合と同様に、もともとは縄文以来の動物祭祀の性格を有する儀式であったと考えることができる。

ただ日光は、農耕を許すような地形的・気象的条件下にはなかったことから、諏訪や阿蘇のように、稲作とともに移入されたブタの供犠を承けた農耕儀礼としての供犠へと展開を遂げずに、狩猟民的世界のままの伝統を維持し得たのだといえよう。それゆえ日光派マタギと呼ばれるような狩猟民の間で、日光の神が長く崇敬されたのである。

次の弥生時代に入ると、そうした縄文的祭祀が、水田稲作の開始に伴い農耕を目的とするものへと変質をみせるところとなる。ただ、その展開は日本社会で内発的に起こったと考えるべきではない。水田稲作を伝えた朝鮮半島においても、野獣である猪鹿の供犠が行われている事実から、中国南方からの稲作文化に付随して、半島経由で野獣の動物供犠が日本に伝わり、独自な展開を遂げたとみなすべきだろう。

農耕なかでも水田稲作という生産方式は、きわめて生産性が高いが、絶えず凶作への不安にさいなまれるという難点がある。それゆえ豊作への祈りを籠めて、狩猟による大切な成果を、まるまる神へと捧げたのである。もともとは狩猟神であった諏訪や阿蘇では、日光とは異なり周囲での小規模な稲作が可能であったことから、これらの神社では狩猟儀礼が、やがては農耕儀礼に取って代わられるようになった。こうした変化は、弥生以降に各地で見られ、古代以降においては、地方の豪族たちが自ら司祭する神社で、農耕のための猪鹿の供犠が広く行われるに至ったのである。

その最も典型的な事例が、東三河国の菟足神社の風祭で、『今昔物語集』巻一九第二話「参河守大江定基出家語」という物語がある（日本古典文学大系）。

其国ニシテ国ノ者共風祭ト云事ヲシテ、猪ヲ捕、生ケ乍《なが》ラ下シテケルヲ見テ、弥《いよい》ヨ道心ヲ発シテ、速ニ此ノ国ヲ去ナムト思フ心付テ、亦雉《きじ》ヲ生ケ乍ラ捕テ人ノ持来レルヲ、〔……〕揃《むし》リ畢《は》テツレバ、下セケルニ、刀ニ随テ血ツラ〳〵ト出来ケルヲ、刀ヲ打巾《うちのごめ》ヒ打巾ヒ下シケレバ、奇異《あさまし》ク難堪気ナル音ヲ出シテ死ニ畢《はて》ニケレバ〔……〕守、其ノ日ノ内ニ国府ヲ出テ京ニ上リニケリ。道心堅ク発《おこり》ニケレバ、髻ヲ切テ法師ト成ニケリ。〔……〕

此ル希有ノ事共ヲシテ見ケル也ケリ。

ここでは、生け捕ったイノシシを、生きながら下ろして、まさに動物の生命そのものを神に捧げる儀式となっている。しかも、これは風祭という儀礼で、作物を強い風から守るところに本義があり、明かに農耕儀礼と見なすことができる。しかも、豊作祈願のために動物の生命が捧げられるのである。農耕においては種の死と新たな芽の再生という原理が基本となっているところから、世界的に見て農耕儀礼には、動物の生命を絶って植物の再生を願うという共通性がある（イェンゼン 一九七七：一四三―二〇二）。

それゆえ日本でも、狩猟が大きな意味をもった縄文時代までは動物祭祀が行われていたが、水田稲作が採用された弥生時代以降に、先に『風土記』の事例で見たように、動物の生命を捧げる動物供犠が農耕儀礼として展開をみたのである。こうした農耕のために野獣を捧げる供犠を、ここでは弥生的供犠と見なすこととしたい。

ただ、古代国家による肉食忌避政策の浸透によって、すでに一二世紀初頭の段階で、こうした弥生的供犠は残酷な奇祭と目され、殺生戒を重視した仏教者の布教テキストである『今昔物語集』に書き留められたのである。しかし、それは中央から来た平安貴族である定基の価値観にすぎず、この祭りを催していた地方の人々にとっては、農耕のために不可欠の伝統的な儀式であった。

しかも、この祭祀が行われた菟足神社は、東三河の国造に任じられたという菟上足尼命《うなかみたりすくねのみこと》を祭神とする式内の古社で、この地域における重要な神社であった点に留意する必要があろう。なお戸田芳実は、国司である定基が出席し、「国の者共」とされる有力武士層が参加していることから、これを三河国の一宮である砥鹿《とが》神社クラスの大社の豊穣祈願の大祭とみなしているが、いずれにしても村落レベルを超えた大規模な祭礼として風祭が催されている点が重要だろう[2]（戸田 一九九一：一六八）。

古代国家以来の政策とは別に、まだまだ地方では、こうした弥生的供犠が大きな意味を有していたのである。

中世における穢れ意識の急速な展開に関しては、後に改めて検討するが、こうした弥生的供犠は、穢れという観点から肉食の忌避が進んだ中世を通じて、徐々に衰退していったことが注目される。これを中世の史料から直接に語ることは難しいが、地方における弥生的供犠の実態については、近世の史料を丹念に見ていくと、そうした事情を窺い知ることができる。

例えば元禄四（一六九一）年に完成した『作陽誌』には、津山市の中山神社の祭祀として、「(正月)十六日古《いにしえ》　鹿を以て牲と為す、其儀正月十五日久米郡弓削《ゆげ》郷の人、下二箇村の頼信名に会し射礼を行い、詰朝《(ママ)》に至り大菅山に猟して、鹿二頭を狩す、即ち之を当社に献ず、名づけて神鹿祭と曰く」とある（仁科照文堂）。そもそも、この中山神社については、『今昔物語集』巻二六第七・八話に、人身御供が捧げられたという話がある。ここでは詳論を省くが、これは人身供犠以前にシカの供犠があったことを物語っている[3]（原田二〇一二：一三七—一五三、二〇一四：一五九—一七七）。

とくに近世の神社関係史料や村レベルで編纂された地誌類には、こうした猪鹿の供犠を行っていた事例を示す記事が多く、このほか管見の限りでも表1のごとく九例を挙げることができる。いずれにしても、こうした弥生的供犠が、中世までは各地で行われていたことは、ほぼ確実であったと思われる。しかも猪鹿の供犠については、西日本に著しいが、東北地方には見あたらないという特色がある。これも詳論は省くが、このことは東北への弥生文化の浸透度が比較的弱かったことと深く関係しよう（原田二〇一二：一八二—一九七）。そして古墳時代以降においても東北への稲作の進展は厳しく、古くは猪鹿の供犠が浸透することは難しかったものと考えられる。

半島・大陸的供犠

古墳時代以降になると牛馬を用いる半島・大陸的供犠が盛んに行われるようになる。これは、いうまでもなく

表1　近世地誌類にみる弥生的供犠

年次	西暦	史料名	地域	村名	神社名	概要	備考
元禄年間成立	一六八八―一七〇四	住吉松葉大記	摂津国	住吉	住吉大社	広田御狩神事	諏訪社の御狩記事＝鹿の生贄
元禄14年刊	一七〇一	摂陽群談	摂津国	鹿塩村	西宮神社	鹿塩からは鹿の塩漬を贄	周辺の村々からも贄を献供
寛政6年序	一七九四	丹波志	丹波国	本郷村	阿知観大明神	鹿を捕らえて贄とする	諏訪社勧請。牛では不可
文政3年成立	一八二〇	石見外記	石見国	黒川村	三宮神社	鳥獣を捕らえて供物＝贄狩	諏訪社勧請
文政11年成立	一八二八	国訳全讃史	讃岐国	吉田村	九頭竜権現	鹿を捕らえて贄とする	平地の水田地帯
	一八世紀後半	御子神記事	土佐国	韮生野村	川上大明神	猪肉献供。かけじしと称す	牛の子では不可
明治6年	一八七三	神祇志料	筑前国	宗像	宗像神社	かつては獣肉を贄とする	神社昇格の際に供犠廃止
天保14年刊	一八四三	三国名勝図会	日向国	田之浦村	笠祇大明神	贄狩して猪鹿を贄とする	田之浦は志布志のうち
文化5年序	一八〇八	三国神社伝記	薩摩国	重久村	止上神社	初狩の猪肉を串にさし献供	真那板田・宍切藪が残る。伝隼人神事

朝鮮半島経由で、五―六世紀に牛馬が移入されたことによる。こうした文化は、伝統的な古代中国王朝の北方的要素を強くもつもので、七世紀に入ると牛馬の民間への普及は、かなり著しいものとなる。よく知られる史料としては、『日本書紀』皇極天皇元（六四二）年七月二五日条に、

群臣相語りて曰はく、村村の祝部の所教の随《まま》に、或いは牛馬を殺して、諸の社の神を祭る。或いは頻に市を移す。或いは河伯を禱る。既に所効無しといふ。蘇我大臣報《こた》へて曰はく、寺寺にして大乗教典を転読《よ》みまつるべし、悔過《けか》すること、仏の説きたまふ所の如くして、敬《いや》びて雨を祈はむ。

とあり、すでに民間では七世紀に、牛馬を殺して諸神に祀ることによって雨乞いを行っていたことが分かる。ただ、この史料の後半では、牛馬の供犠よりも大乗経典を転読して悔過することの方が、雨乞いには有効だとしている。さらに、これに続く部分では、仏教の教えでは微雨しか得られず、天皇が四方拝を行うことで大雨が降ったとし、天皇の徳を讃える記事となっている。

いずれにしても土木や運搬、何よりも農耕に重要な役割を果たす牛馬を供犠することは、大きな社会的問題で、このため古代律令国家は、八世紀に入ると明確に牛馬供犠の禁止を打ち出した。『続日本紀』聖武天皇天平一三（七四一）年二月七日条では、「詔して曰はく、馬・牛は人に代りて、勤《いそ》しみ労《つと》めて人を養ふ。茲に因りて、先に明き制有りて屠り殺すことを許さず」としている（新日本古典文学大系）。そして『類聚三代格《るいじゅうさんだいきゃく》』禁制事に収められた延暦一〇（七九一）年九月一六日付の太政官符は、「応《まさ》に牛を殺し祭に用ひて漢神を祭る事を禁制すべし」と題するもので、こうした牛馬の供犠は漢神への捧げもので、大陸から伝わった動物供犠であったことが明らかとなる（国史大系）。

もともと、こうした中国北部から朝鮮半島経由で入った牛馬の供犠は、世界史的にも広く見られるところで、

これに関しては石田英一郎の古典的名著『河童駒引考』に詳しい(石田 一九四八:三一―二〇七)。日本では五―六世紀に、そうした文化が及んだとすべきだろう。そこで次に、その痕跡を民俗事例や考古遺物からみておきたい。佐々木喜善は、東北地方での養蚕の神・オシラサマは、ウマの首神でもあることから、むしろ農神とすべきだとして、オシラサマを川に流す習俗は、馬首を淵や沼などに投げ入れる雨乞い儀礼の名残と考えた(佐々木 一九三一a:一五一―一五八)。そして、実際に多くの家々に、ウマの頭骨が雨ざらしのまま保管されていたと指摘している(佐々木 一九三一b:一四―二二)。

また松井章は、馬首が古墳の周溝から発掘されることなどを指摘しており、考古学的にもいくつかの牛馬供犠の痕跡を窺うことができる。松井は、この佐々木の目撃談を引用した上で、広島県福山市の草戸千軒遺跡では、室町期後半の池に投棄されたウシが胴体のみで首のないことや、千葉県木更津市のマミヤク遺跡でも、近世の土坑から頭部のないウマの遺体が発掘されており、これには頭部から外された下顎骨が添えられていたとする。これらは牛馬の頭蓋骨を意図的に保存し、雨乞いなどに供えたものと推定している(松井 二〇〇三:九七―一一三)。

いずれにしても牛馬を用いた雨乞いの供犠は、政策的に禁じられるところであったが、現実にはより豊かな稔りを求めて連綿と続けられてきた。各地に残る伝承や近世の地誌類などには、こうした牛馬の供犠例が模造の場合も含めて数多く記録されている。表2は、これを一覧したもので、四〇に及ぶ事例を集めることができる。しかも第三一例に挙げたように、昭和一四年までも、実際に牛の生首を川に投げ入れるという雨乞いが行われており、近代に至っても半島・大陸的供犠が続けられていたことが判明する。

ただ先に表1でみた猪鹿の供犠と較べると、必ずしも西日本という偏りはみられず、北は東北まで広く分布する。このことは、その伝播が古代律令国家の支配領域の拡大に伴うものであったことを意味しよう。それは古代国家が発した殺牛殺馬の禁と矛盾することにはならない。その具体的な政策が全国規模で実施されたということではなく、あくまでも国家が推進した水田稲作文化が、牛馬の供犠という習俗を伴って、全国的な展開を遂げていったと解すべきだろう。

表2　日本の雨乞いと動物供養　　【凡例】「動物」の欄に付した＊は模造牛馬を示す。

	府県（旧国名）	場所	動物	雨乞内容	年次	西暦	月日	出典
1	青森県（陸奥国）	津軽郡飯詰村	牛馬	山中の雨池に、葬具や産屋の不浄物あるいは牛馬の骸骨などを投ずる	万延元	1860	成立	平尾魯僊「谷能避寝記」巻之5［本山 一九三四］による
2	秋田県	山本郡二ツ井町響村	馬	村人20―30人が神社で拝み太鼓を叩いて田代潟に行き、米やお金あるいは馬や鶏の頭を投げ入れる				民俗伝承［国学院大学 一九六九］
3	岩手県	九戸郡山形村	馬	お宮に参り、宮の滝へ馬の骨やワカメを縛って投げ込み、卵を滝に流し込む				柳田国男の採話［松井 一九九五］
4	岩手県	閉伊郡松崎村（遠野一帯）	馬	滝壺のなかに馬の骨などを投げ込んで、その穢れで雨神を誘う（松崎村の場合は山中の小池）	昭和10	1935	成立後3年以上を経て刊行	「遠野物語拾遺」42話［柳田 一九三五］
5	岩手県	江刺郡玉里村	馬	旱魃の年に水田が悉く干上がったので、白山淵の水をかいて行くと、淵の底に主がおり、葦毛の馬の首であった。なお近隣の胆沢郡金ケ崎の釜ヶ淵の主も葦毛の駒である				佐々木喜善の採話［佐々木 一九三一b］

	府県（旧国名）	場所	動物	雨乞内容	年次	西暦	月日	出典
6	宮城県	桃生郡桃生町給人町	牛*	近隣の村から200−300戸が集まり、麦のカラで長さ30尺・高さ7−8尺の牛を作り、牛しずめと称して、社殿の後の沼に沈めた	大正8	1919	同年頃に盛んに行われた	民俗伝承［岩崎編 一九七七］
7	福島県	会津郡下郷町小沼崎	牛	小野獄の中腹にある池に牛の首を切って投げ込む。これは旭長者の娘に由来するという	大正8	1919	8／18報	「福島民友新聞」［中山 一九三三］による
8	福島県	会津郡下郷町小野	牛	小野長者が飼っていた賢い牛が、初夏の夕方荷運びの途中で雷雨に遭い沼尾の沼に落ちて死んだ。その後沼に牛首を入れると雨が降るので、牛の首形を投げ入れる				民俗伝承［会津民俗研究会編 一九七三］
9	福島県	南会津郡大内村	牛	各部落から若者数名が屠殺場から牛首を求めてきて、3里の山道を運び山中の沼中に投ずる				研究報告［本山 一九三四］
10	福島県	南会津大戸村	牛	猿丸大夫の古跡である上の沼へ牛の頭を投げ込む。2、3日前にやったが雨はまだ降らない	大正13	1924	7／12報	「東京朝日新聞」地方色欄
11	山梨県（甲斐国）	都留郡上下大野・新倉・四方津村	牛	谷田川の四方津の天神社に、上下大野・新倉・四方津4ヶ村の者が集まり、鳥沢の神主・因幡の家から牛を借り、天神淵に引き入れる	文化10	1813	同年序文を有する版本あり	『甲斐国志』第2巻
12	山梨県	富士八湖四尾連湖付近	馬牛	牛馬の枯骨を湖中に投ず				研究報告［本山 一九三四］

	府県（旧国名）	場所	動物	雨乞内容	年次	西暦	月日	出典
13	山梨県	富士八湖四尾連湖付近	牛	西八代郡高田村の村民が四尾連湖で、牛1頭を屠って、その頭を湖中に投じ、湖の周囲を鉦太鼓で騒ぎ回る	昭和10頃	1935		随筆［岩科一九四二］
14	山梨県	都留郡道志村月夜野	牛*	丹沢山地桂川の支流・道志川の両国橋の牛淵に、牛の形の岩があり、ここに藁の牛を沈めて祝詞をあげる				民俗伝承［大橋編一九四四］「道志山塊の雨乞」
15	静岡県（駿河国）	益頭郡西益津村	牛*	村内の青池のヌシをなめだらうしと呼び、これが吠えると雨が降る。旱魃時には藁で大牛を作り、鉦太鼓をならし、踊って池の水穴に打ち入れる	天保12	1841	12月の序文あり	『駿国雑志』巻24下「怪異」
16	静岡県	庵原郡西奈村竜爪山	牛	牛の生首を神社の境内に置いて逃げ帰る者があり、このため暴風雨となり、牛首が流れるまで長雨が止まない	昭和18から	1943	50－60年前まで	民俗伝承［小山一九九四］
17	静岡県	駿東郡御殿場町	牛*	深沢の鮎沢川に牛淵があり、昔、里人が牛を飼ったが猛悪であったため、皆で牛を淵に投げ込んだ。旱魃が激しい時には偽の牛を作って淵に投げ込む				民俗伝承（『御殿場町誌』）［小山一九九四］による
18	静岡県	富士郡加島村三日市場	狛犬	浅間神社で通常の雨乞いをしても降らなかった場合には、神社の狛犬を池に投げ込む	明治41頃	1908		見聞記［大畑一九〇八］
19	岐阜県	吉城郡上宝村	牛	双六谷の黒淵のヌシは白い斑点のある黒い牛で、これを村人が見ると日照りになる。灯籠にロウソクを灯して黒淵に流し、それが渦に巻き込まれて光がさすと雨がふる				民俗伝承［吉岡一九五五］「雨乞い百相」

	府県(旧国名)	場所	動物	雨乞内容	年次	西暦	月日	出典
20	福井県(越前国)	丹生・今立・南条三郡境	牛	糺の原の水落神社を祀る池に2匹の牛がおり、これを引き上げれば雨が降るので、3郡の男女が牝牡二手に分かれて、池中の岩に綱を結びつけて引く				『諸国珍談集』[中山 一九三三]による
21	三重県(伊勢国)	飯高郡下出江	馬*	村内の丹生貴船神社では、延喜式成立以前から、祈雨には黒毛の馬、止雨には白馬を添えたといい、黒馬を作って大河のなかに竹柵を作り、そこに乗せて祈る	天明年間	1781—1789	起稿	『勢陽五鈴遺響』飯高郡巻3
22	三重県(伊勢国)	臼杵ヶ岳	牛馬	臼杵ヶ岳に牛馬骨等の穢物を燃やす				研究報告[本山 一九三四]
23	奈良県(大和国)	添上郡田原村	牛	投牛山の名は、昔、牛を殺して雨乞いしたことにちなむ	享保21	1736	正月刊	『大和志』日本輿地通志畿内部巻12
24	和歌山県	西牟婁郡北富田村	牛	牛の首を切って牛屋谷の滝壺の棚に置くと、如何なる旱天でも雨が降り穢れを洗い流す。これを「牛の首漬け」という	大正2	1913	9/14報	研究報告[吉田 一九一三]
25	和歌山県	牟婁郡	牛	牛の生首を紅色の布で飾って、滝に投げ入れると、首が滝の洞窟にたどり着くので、改めて洞窟の入口に供える	大正14	1925		研究報告[柳川 一九二五]
26	和歌山県	西牟婁郡北富田村	牛	庄川奥の牛屋谷(牛鬼谷)の滝奥に洞窟があり、ここで祈って、降らなければ牛の首を滝壺に投ず	大正2	1913		民俗伝承[雑賀 一九二七]、南方熊楠談[本山 一九三四]

	府県（旧国名）	場所	動物	雨乞内容	年次	西暦	月日	出典
27	大阪府（摂津国）	池田市綾羽	馬	小ヤノ池掛かり12ヶ村の池堤に15歳以上の者が出揃い、馬の生首を生瀬奥の滝につける	文政6	1823	7／23	「伊居太神社日記（下巻）」『池田市史』史料編3
28	大阪府（摂津国）	豊島郡桜	馬	葦毛馬を買い求め、これを箕面山へ曳き上り、岡で首をはね、胴体は山谷に隠し、首を雄滝へつける	嘉永6	1853	9／10晩	中井家「嘉永六年大旱魃記録」『箕面市史』史料編6
29	大阪府	伊丹市堀池村	馬	白馬を買い、屠殺場から血を桶に首を挟箱に入れて運び、生瀬のコーライ岩に血を塗り、淵に首を落とす	明治16が最後	1883		民俗伝承『伊丹市史』第6巻
30	兵庫県（摂津国）	摂津国川辺地方	馬	川の源の滝の岩の上で、昔から伝わる雨乞いの一巻を読み上げる最中に、白に黒の斑点の馬の首を切り落とし、川に投げ込む	明治16頃	1883		研究報告［柳川 一九二五］
31	兵庫県	川辺郡小浜村川面	牛	武庫川支流惣川上流に牛の生首を投げ入れる。大正12年も行った。屠殺場から生首と生血を調達した	昭和14	1939	8／31報	「大阪朝日新聞」通信燈欄。写真あり
32	兵庫県	有馬郡塩瀬村木の元	犬・馬	武庫川の高座岩に動物の生血を塗る。名塩ならば純黒色の犬、武庫・川辺両郡は純白色の馬の生血				民俗伝承『有馬郡誌』上巻
33	兵庫県	加東郡	牛	赤牛の首を滝に投げる				民俗伝承『加東郡誌』

	府県(旧国名)	場所	動物	雨乞内容	年次	西暦	月日	出典
34	兵庫県	飾磨郡高長・大坪	馬牛	どんとが淵の亀壺に牛の生首を投げ入れると水神の怒りをかう				民俗伝承『夢前町史』
35	広島県	双三郡八幡村	牛	矢淵の滝に人目につかぬよう牛の生首を吊すと雨が降るといい、2つの仔牛の生首が吊されていた	大正13	1924	9/2報	「都新聞」諸国の噂欄
36	島根県	那賀郡安城村山賀鬼戸川	牛	おまんという女中が牛に水を与えなかったために、牛は淵に行き水を飲んで溺死し、その祟りで彼女も淵で死んだ。そこをおまん淵といい、石を投じると雨が降る				民俗伝承[島根県教育会一九二七]
37	徳島県(阿波国)	三好郡大利村	牛*	村内の牛首淵は修験者大光院の祈雨の地として、今も口碑がある(首の話はないが、地名と祈雨との関係で記載)	明治41	1908	2月刊	地域案内[石毛編一九〇八]
38	高知県	土佐郡土佐山村平石	牛	牛鬼ヶ淵で魚取りの男が潜って龍に襲われ、牛をやるからと言って逃げてきた。そこで牛を投げ込んだら龍の頭に当たったので怒って雨を降らせた				桂井和雄『土佐の伝説』一九五一[高谷一九八二]による
39	福岡県(豊前国)	小倉の南二里	獣	須川(菅生)の滝に大勢で狩りをした獣を、滝壺の水上で切り刻み、血水を滝壺に流し入れる	天明3	1783		『西遊雑記』巻2
40	長崎県(対馬国)	上県郡瀬田	虎	虎頭淵というところに、虎の頭を沈める				民俗伝承[新対馬島誌一九六四]

5 穢れと動物供犠

雨乞いと穢れの日本的論理

以上のように、日本における動物の献供には、⑴狩猟民的な縄文的祭祀、⑵農耕のために猪鹿などの野獣を捧げる弥生的供犠、⑶雨乞いを主目的として牛馬などの家畜を捧げる半島・大陸的供犠の三つの形態が存在した。そして古代国家成立以降は、とくに半島・大陸的供犠が法的に禁止されてもきたが、⑵の弥生的供犠はだいたい中世から近世頃まで残り、⑶半島・大陸的供犠は一部近代まで続いていたことが明らかとなった。

ただ国家の方針として、肉食を禁じ動物の屠殺を遠ざけてきた日本においては、こうした原則に抵触する動物供犠の内実は、歴史のなかでの変容を余儀なくされていく。先に弥生的供犠の存在を示す史料として提示した表1には、供犠の痕跡は誌されつつも、徐々に衰退していったとする記述が少なくない。これらは主に近世における伝承として留められたもので、基本的に弥生的供犠は、後に述べるように肉食の禁忌意識が穢れとの関連によって高まり、中世あたりでほぼ途絶した可能性が高いことを窺わせる。

また半島・大陸的供犠が、近世・近代まで続いたことを示す表2においても、本物の動物ではなく、藁などによる模造の牛馬が、供犠の犠牲として用いられている例も少なくない。これは農耕の成就を祈念しながらも、どこかで動物の屠殺を忌避したいという意識が働いていたためと思われる。もちろん犠牲動物を模造に代えるという現象は、日本以外でも行われているが、とくに日本では、屠殺という行為と流れ出る血に対して、穢れという観念が強く働き、肉食そのものも穢れとして忌避されたという点が重要だろう。

こうした穢れの観念が動物供犠とどう関わったかについては、中世も出口に近づいた戦国期の『政基公旅引付』文亀元（一五〇一）年七月二〇日条に、次のような興味深い事例をみることができる（宮内庁図書寮叢刊）。

近日依炎干、従今日於瀧宮社頭有請雨之儀、地下《犬鳴山七宝瀧寺之寺僧等》沙汰之、三ケ日之中ニ必有甘雨也、若不降者於七宝瀧沙汰之、其猶不叶時者於不動明王之堂沙汰之、其後猶不降者於件滝壺へ入不浄之物〈鹿之骨或頭風情物云々〉、必無不降事云々〈三ケ日以後ハ四村之地下衆令沙汰也云々〉

これは九条政基が下向した和泉日根野荘でのことで、炎天のため瀧宮社で請雨の儀式を行ったが、これで雨が降らなかったら、今度はシカの骨か頭骨のような物を滝壺に投げ入れるという。先の半島・大陸的供犠では、こうした雨乞いの場合に、もともと供犠の対象となるのは牛馬であった。しかし、ここではシカとなっており、古代以来の供犠の在り方が、中世を通じて、大きな変質を遂げていたことが窺われる。つまり弥生的供犠と半島・大陸的供犠との混同が進行したが、ここで注目すべきは「不浄之物」を滝壺に投げ入れるという点である。不浄な物を滝壺に投げ入れると、それを洗い流すために雨が降るという論理は、実は朝鮮半島の雨乞い儀礼にも見られる。依田千百子によれば、水田の八〇パーセントが天水田であったという朝鮮半島には、実にさまざまな祈雨儀礼が存在するが、その一つのタイプとして不浄化型があることを指摘している。すなわちブタやウシの頭を埋めたり、山上や江辺にブタやイヌの血を撒いたり、川淵にブタなどの生首を投入したりして聖地を穢すことで、天神・龍神を怒らせ雨を降らせようとするもので、その地域分布の問題から、これらを焼畑系統の雨乞いとみなしている（依田 一九六六：一一二―一一四）。

依田の研究の基礎データは、ほとんどが村山知順の調査によるものであるが（朝鮮総督府 一九三八）、こうした事例について村山自身は、龍神が怒って不浄な汚物を洗い流すために、大雨を降らせるものと理解している。さらに韓国人研究者・任章赫《イム・チャンヒョク》は、こうした儀礼は、雨乞いだけでなく他の場合にも行われていることや、これらが狩猟焼畑系統のものであることから、血そのもののもつ清浄力を利用した儀礼と推測しており、穢れた血を洗い流すために雨が降るという論理は採用していない（任 二〇〇一：一〇一―一四五）。

こうした朝鮮半島の不浄化型の雨乞いは、先の『政基公旅引付』と表面的な論理は同じであるが、血に清浄力を認める任の見解は別としても、依田や村山が、不浄なものに対して怒る天神や龍神の存在を想定しているところに注目すべきだろう。しかし『政基公旅引付』には、天神や龍神の影すら読み取れない。あくまでも日本的な解釈としては、不浄な物が投入されれば、滝が穢れるから、それを流し清めるために雨が降るという論理構成が重要で、そこには天神や龍神を怒らせるという説明が欠如している。むしろ日本では、穢れという問題を前面に押し出し、その逆の効用として、清めの雨が降るという論理が一般に成立していた点に特徴がある。

こうした論理を最も端的に物語るものとして、安永二（一七七三）年刊の『雲根志』前編巻一「鮓答祈雨《さとう》」に、次のような興味深い話が収められている。近江の大津三井寺《みいでら》には赤井の水という霊水があり、近郷の者たちは雨乞いの際に、この水に「穢多《えた》」を連れて行き投げ入れると、たちまちに雨が降るとしている（日本古典全書）。その理由として、牛馬の腹中にできる不浄な鮓答という舎利（石）、つまり一種の結石であるが、そうした不浄のものを神檀に供えると雨が降る、という伝承があることの説明がなされている。

ここでは牛馬の供犠自体は欠落した形となっているが、やはり牛馬を用いねばならないとしている点が重要で、しかもその体内に形成される鮓答が穢れとみなされている。そして、ここでは鮓答の代わりに「穢多」を水中に投げ入れても、同様の降雨効果が得られるという論理が構築されている。つまり日本では穢れこそが、もっとも重要な雨乞いの要素と考えられていたことが分かる。

しかも朝鮮半島の場合には、祈雨祭において、ブタやウシなどの家畜を犠牲として祭神に捧げるケースが多い。

表3は、村山による昭和一一（一九三六）年頃の調査成果を一覧したもので（朝鮮総督府 一九三八：二一二―二四八）、こうした不浄化型は、祈雨祭の動物供犠一二二事例のうちでは比較的多い方に属し、四〇例近く認められるが、しかし基本的には、獣肉などを供えて祭るだけの単なる動物供犠の事例が全体のほぼ三分の二を占めている。

これに対して、先に日本の雨乞いと牛馬供犠の関連を一覧した表2においては、四〇事例のうち三二例が、牛馬の体や首などを川や滝壺に投げ入れるタイプのものとなっている。例外となる八例（16・19・20・22・23・32・36・37）についても、生命そのものを捧げるための動物供犠とみなすことはできず、むしろ牛馬の体や首などを水中に投入するというタイプの変形にすぎない。つまり骨や肉の穢れが降雨をもたらすというパターンが、近世・近代の日本における動物供犠の主流となっていたことが分かる。ちなみに高谷重夫の膨大な民俗事例を検討した結果においても、動物の生命そのものを捧げて祈雨するという供犠の事例は認められない（高谷 一九八二：四〇〇―四三二）。むしろ、このことが朝鮮半島と日本の著しい相異点となっている。

そもそも動物供儀は、死と再生という観点から、生命を絶ち切った形で犠牲を捧げ、新たな作物の豊穣を期待するところに重点がある。しかし日本では、雨乞いの牛馬供犠は、生命そのものを捧げて自然の循環を促すのではなく、穢れを除去するために雨が降るという論理に支えられている。ちなみに先の『雲根志』のような事例としては、紀州田辺付近に、雨乞いの際にわざわざ「えた一人に米一俵を遣わし」て、ウシの首を滝壺へもたせたという話があるほか（南方 一九一一：一八二）、「穢多」として差別された人々を雨乞いに利用した事例を辻本正教も伝聞している（辻本 一九九九：一一七―一一八）。こうして日本の動物供儀では、むしろ穢れを強調することで、降雨がもたらされるという認識が社会的に浸透しており、ここに日本独自の穢れ意識の展開がある。

表3　朝鮮の祈雨祭供犠（不浄）

【凡例】本表は基本的に同書のうち各道の祈雨祭（一〇二―一一九頁）および共同祭の概況（二一二―二四八頁）により作成したが、それぞれ「不浄」の●は明らかなもの、○はその可能性が高いもの、「豚」の△は猪を示す。また「補遺」の＊は共同祭の概況にのみ見られるものであり、頁数を入れたものは本文の記述によることを示す。＊＊は、各道の祈雨祭と共同祭の概況との記述の間に若干の相違があることを示す。

	道名	郡名	祈雨祭・供物	供犠	不浄	牛	羊	豚	犬	鶏	不明	補遺
1	京畿道	広州郡	黄牛1頭を屠殺し供える	◎		○						
2		龍仁郡	郡守山上に牛・豚の生肉と酒を供える									
3		水原郡	各山頂に生豚1頭・脯を供える	◎				○				
4		始興郡	山頂に豚・牛肉などを供える									
5		楊平郡	山頂で豚1頭などを供える	◎				○				
6		安城郡	山上で生豚1頭などを供える	◎				○				
7	忠清北道	報恩郡	生豚肉を供える									
8		沃川郡	水辺で豚1頭を供える	◎				○				
9		鎮川郡	山上に豚頭や五穀などを供える	◎				○				
10		陰城郡	豚肉や果物などを供える									
11		忠州郡	江辺か山上で豚を屠殺し血を四方へ撒布する	◎	●			○				
12		丹陽郡	山中で豚か犬を屠殺し血を四方へ流す	◎	●			○	○			
13	忠清南道	燕岐郡	有名山上に豚肉や果物などを供える									＊
14		論山郡	山上で生豚頭や酒などを供えて焚火をする	◎				○				

	道名	郡名	祈雨祭・供物	供犠	不浄	牛	羊	豚	犬	鶏	不明	補遺
15		舒川郡	山上で夜中に屠獣し鮮血を流して焚火をする	◎	●						○	**
16		青陽郡	山上で子豚3匹と鶏3羽や酒などを供える	◎				○		○		
17		洪城郡	山上で豚頭や酒を供える	◎				○				
18		礼山郡	豚肉や酒などを供えて焚火をする									
19		瑞山郡	山上で果脯や生猪を供える	◎				△				
20		天安郡	生豚や果物を供え山神に祈る	◎				○				**
21	全羅北道	全州府	生豚を屠り頭を地中に埋め血を祭壇周囲に撒く	◎	●			○				
22		鎮安郡	山上などで牛・羊・豚を牲として供え血を撒く	◎	●	○	○	○				
23		茂朱郡	洞山祭壇に脯などを供える									
24		長水郡	豚や犬などを殺し血を塗布し焚火をする	◎	●			○	○			
25		井邑郡	山上で猪頭（豚頭）や酒・脯などを供えて焚火する	◎				△				**
26		任実郡	山上で犬を焼きながら農楽を行うか山上や滝壺に生豚を供える	◎	○			○	○			
27	全羅南道	谷城郡	豚を屠殺し首を生のまま河水に投入する	◎	●			○				
28		求礼郡	山中で豚肉や酒を供える									
29		光陽郡	生の豚や羊を龍沼の水中に投げ込む	◎			○	○				**
30		高興郡	山上で焚火し豚を殺して血を撒く	◎	●			○				**
31		宝城郡	犬を殺し血を四方に撒いて頭を龍穴に投入する	◎	●				○			

	道名	郡名	祈雨祭・供物	供犠	不浄	牛	羊	豚	犬	鶏	不明	補遺
32		和順郡	山上で豚を屠り血を周囲に撒布する	◎	●			○				
33		長興郡	犬を屠って血を撒くか、龍穴に犬の生首を投入する	◎	●				○			
34		珍島郡	豚五頭を山神神域で調理し供える	◎				○				
35	慶尚北道	達城郡	沼や江岸で生豚肉などを供え焼紙する									＊＊
36		迎日郡	魚類や雄鶏（白）1羽を山上に供える	◎						○	魚類	
37		盈徳郡	白鶏か豚を供饌し山上で祀る	◎				○		○		
38		安東郡	山頂で脯などを供える									＊
39		義城郡	山上で生豚などを供える	◎				○				
40		漆谷郡	高山で牛・豚を殺し毛・爪を切り原形のまま供える	◎		○		○				＊＊
41		金泉郡	神壇を設けて脯や酒などを供える									＊
42		奉化郡	山上か江辺で生豚・生犬を供える	◎				○	○			
43		開慶郡	山か沼で犬か豚を屠殺し血を撒布する	◎	●			○	○			＊
44		星州郡	生豚（もしくは犬）を屠殺し血を神壇か山谷河川に流す	◎	●			○	○			＊＊
45		慶山郡	山上で牛などを供え牛頭は祭場に埋める	◎	○	○						p.84
46	慶尚南道	馬山府	祭物に生豚を用い祭物は海に投入して焚火をする	◎				○				＊
47		昌寧郡	高山で生猪肉（生豚肉）を供え焚火をする									＊＊
48		東莱郡	祭物に牛か羊を供える	◎		○	○					＊＊

	道名	郡名	祈雨祭・供物	供犠	不浄	牛	羊	豚	犬	鶏	不明	補遺
49		昌原郡	豚1頭を祭壇に埋める（現在は行われず）	◎	○			○				*
50		固城郡	高山で生猪肉を供え焚火をする									*
51		統営郡	同右									**
52		泗川郡	同右									**
53		南海郡	同右									**
54		河東郡	同右									**
55		山清郡	同右									**
56		咸陽郡	同右、山上なら生豚、川辺なら白犬	◎				○	○			
57		居昌郡	高山で生猪肉を供え焚火をする									**
58		陜川郡	同右									**
59		宜寧郡	山上で豚を牲とし頭を地中に埋めて焚火をする	◎				○				p.94
60	黄海道	松禾郡	山上で牛・豚または犬を屠殺して、肉片を撒布する	◎		○		○	○			
61		谷山郡	深山か深淵で豚を殺し天に祈る	◎				○				
62		信川郡	山上で毛を抜いた生の豚を供えて焚火をする	◎				○				p.101
63		殷栗郡	山上で牛・豚または犬を屠殺して、肉片を撒布する	◎		○		○	○			**
64		安岳郡	山上で牛・豚または犬を屠殺して、肉片を撒布する	◎		○		○	○			**
65		遂安郡	深山か深淵で豚を殺し天に祈る	◎				○				**

	道名	郡名	祈雨祭・供物	供犠	不浄	牛	羊	豚	犬	鶏	不明	補遺
66		黄州郡	深山か深淵で豚を殺し天に祈る	◎				○				＊＊
67	平安南道	順川郡	洞の祭壇で豚を屠殺し龍王に祈る	◎				○				
68		孟山郡	高山で牛・豚を屠殺する	◎		○		○				＊
69		成川郡	山中か川辺で牛か豚を屠り祭後に頭を埋める	◎	○	○		○				
70		江東郡	牛・豚などを屠り生肉を天神に供える	◎		○		○				＊＊
71		中和郡	山上で犬・鶏・豚などを殺して祈雨する	◎				○	○	○		＊＊
72		安州郡	山頂で家畜を屠り四海龍王に祈禱する	◎							○	
73		平原郡	山頂で牛または豚を供え天神に祈る	◎		○		○				＊＊
74	平安北道	義州郡	牛を屠り深淵か山頂で天神（龍王）に祈る	◎		○						
75		泰川郡	牛か豚を屠り川辺に祭壇を設け天神に祈る	◎		○		○				＊＊
76		雲山郡	深淵か断崖絶壁で牛を屠り洞祭に準じて行う	◎		○						＊＊
77		定州郡	山頂で牛を屠り行う	◎		○						
78		朔州郡	山中で牛を屠り祭饌を調理して山川の神に祈雨する	◎		○						
79		楚山郡	天祭と称し牛を屠って行う（＊昌城郡に同じ）	◎		○						＊＊
80		昌厚郡	山頂か川辺で牛か豚を屠り山川の神に祈雨する	◎		○		○				＊
81		亀城郡	牛を屠り深淵か山頂で天神（龍王）に祈る	◎		○						＊＊
82		熙川郡	深淵か断崖絶壁で牛を屠り洞祭に準じて行う	◎		○						＊＊

	道名	郡名	祈雨祭・供物	供犠	不浄	牛	羊	豚	犬	鶏	不明	補遺
83		寧辺郡	深淵か断崖絶壁で牛を屠り洞祭に準じて行う	◎		○						**
84		博川郡	深淵か断崖絶壁で牛を屠り洞祭に準じて行う	◎		○						**
85		昌城郡	山中で牛を屠り名山神・大川神・風伯神を祀って祈る	◎		○						**
86		碧潼郡	山中で牛を屠り名山神・大川神・風伯神を祀って祈る	◎		○						**
87	江原道	春川郡	山上で犬か豚の神饌を供え、川辺で犬・豚の血を撒布する	◎	●			○	○			
88		麟蹄郡	山中で犬を屠って泉中に投ずる	◎	○				○			**
89		楊口郡	名山・大川で豚か犬を屠って行う	◎				○	○			**
90		通川郡	犬・鶏を屠殺して血を撒布する	◎	●				○	○		**
91		高城郡	山上で牛か豚を屠り血を岩石に撒布し天神に祈雨する	◎	●	○		○				
92		襄陽郡	大川の岩場で犬を屠り血を岩に塗る	◎	●				○			**
93		江陵郡	島上で犬か豚を屠り血を流布して祭饌を行う	◎	●			○	○			*
94		三陟郡	高山か川辺で豚・鶏・犬を牲にして血を流す	◎	●			○	○	○		**
95		旌善郡	川辺か山頂に祭壇を設け豚肉を供える									*
96		平昌郡	名山名沼で豚・犬を屠り血を流す	◎	●			○	○			*
97		寧越郡	豚の頭を岩窟の水中に投じ龍王神に祈雨する	◎	●			○				
98		横城郡	川中の龍岩で牡豚を屠殺し血を岩に流す	◎	●			○				
99		華川郡	山上で脯などを供える									

	道名	郡名	祈雨祭・供物	供犠	不浄	牛	羊	豚	犬	鶏	不明	補遺
100		平康郡	清浄な石壁などに犬の血を塗りつける	◎	●				○			
101		蔚珍郡	水辺で豚1頭を生きたまま水中に投じる	◎				○				*
102		鉄原郡	山の淵で犬を屠り血を岩に塗り屍体を淵に投ずる	◎	●				○			*
103		淮陽郡	山上で犬か豚の神饌を供え、川辺で犬・豚の血を撒布する	◎	●			○	○			*
104	咸鏡南道	咸州郡	霊山で犬か豚肉とともに枯死した作物を山神へ供える									
105		氷興郡	高山の聖地に犬肉を供える									*
106		高原郡	霊山に家畜の生血を流し泉にその屍体を投ずる	◎	●						○	
107		文川郡	頭龍山麓の龍潭に豚の生首を投ずる	◎	○			○				**
108		徳源郡	山水美麗の地に生鶏を埋める	◎	○					○		
109		安辺郡	山奥で犬を屠殺し飯や酒などを供える	◎					○			**
110		洪原郡	山上か淵潭で牛か豚を屠殺し血を撒布する	◎	●	○		○				**
111		北青郡	山上で犬を屠った（20年余前）	◎					○			**
112		利原郡	霊山で犬を屠り血を四方の岩壁に塗って天神に祈る	◎	●				○			**
113		端川郡	山中で犬を屠る	◎					○			**
114		新興郡	豚か犬を深山で屠り血を付近に撒布する	◎	●			○	○			**
115		豊山郡	山中で犬を屠る	◎					○			**
116		三水郡	山頂で犬を殺し血祭を行う	◎	●				○			**

	道名	郡名	祈雨祭・供物	供犠	不浄	牛	羊	豚	犬	鶏	不明	補遺
117		甲山郡	山上か川辺で犬か豚を屠り血を四方に撒布し天神に祈る	◎	●			○	○			＊＊
118		長津郡	霊山に家畜の生血を流し泉にその屍体を投ずる	◎	●						○	＊＊
119	咸鏡北道	明川郡	名山や大川で豚や犬を屠殺し神前に供える	◎				○	○			＊＊
120		茂山郡	名山か川辺で酒や肉などを供える									＊＊
121		鏡城郡	名山上で豚や犬を供える	◎				○	○			＊＊
122		城津郡	名山上で豚や犬を供える	◎				○	○			＊＊

東アジアにおける穢れの問題

もともと肉食を不浄や穢れと見なす観念は、日本のみならず朝鮮半島にもあったが、食肉そのものは強い禁忌とは認定されなかった。基本的に朝鮮半島では、祭祀の供物に肉が頻繁に登場し、司祭者となる人々たちの精進潔斎の場合を除けば、そうした祭祀の場でも広く食肉が行われていた（朝鮮総督府 一九三七：三一六―三五九）。もちろん中国にも穢れ意識は存在しており、仏教や道教さらには儒教などでも、浄と不浄あるいは吉凶といった対立概念が認識の基本にあったことが指摘されている。なかでも道教では、食物や血・死・産などを穢れとして禁忌の対象とする考え方が強かった。

とくに道教のうちでも、上清《じょうせい》派において食物禁忌の傾向が顕著で、その経典とされる『真誥《しんこう》』巻一〇には、「六畜五辛の味を禁ず」とみえ、道士たちには畜肉や辛味が戒めの対象とされていた（百部叢書集成）。とくに肉食の禁忌については『上清太上帝君九真中経』巻上「太一玄水雲華漿法」などにも「長生不老服薬の後、死屍を見、血を臭ぎ、五辛及び一切の肉を食ふを禁ず」とあるように、不老長寿を願う際には、とりわけ避けるべきものと考えられていた（道蔵正乙部）。

これらは道教で殗穢《えんえ》と呼ばれるもので、四世紀末から五世紀にかけて展開された新道教運動の過程において、とくに神に接する作法として重視されるようになった。もともとは道士の科戒であったものが、国家祭祀にも採り入れられるなど、社会全体にも根強く広まっていたことが指摘されている（都築 二〇〇五：四七―七二）。

このうち産穢について詳細な検討を加えた勝浦令子は、六世紀以降に朝鮮半島を経由して中国から、こうした穢れの観念が、儒教や道教さらには陰陽五行・密教などの外来信仰に付随して持ち込まれ、日本の禁忌観念に強い影響を与えたことを論証している（勝浦 二〇〇六：一―二九、二〇〇七：二八―四五）。なかでも七世紀末から八世紀初頭にかけて進行した律令祭祀儀礼には、儒教だけでなく、道教の斎戒儀礼などが色濃く反映されているという。

おそらく肉食に関する穢れ観も、産穢と同じような事情で形成され、伝来したものと思われる。しかし日本では、産穢が中国の場合に比して弱かったのに対して（勝浦 二〇〇七：二八―四五）、肉食の穢れは、逆に著しく強化されたという歴史がある。これについては、すでに三世紀後半に成立した『魏志』倭人伝に、日本では服喪中は肉を食べてはならないほか、中国などへの渡海に際しても、精進潔斎して航海の安全を祈る特殊な職能者である持衰《じさい》は、けっして肉を食べてはならない旨が記されており（岩波文庫）、穢れという観念の移入以前にも、肉に対する忌避意識は存在していた点に留意すべきだろう。

さらに天武天皇四（六七五）年の牛馬の殺生を禁じた肉食禁止令（殺生禁断令）に典型的に見られるように、肉食が好ましからざるものとされたため、中国大陸や朝鮮半島とは異なって、日本では動物の肉や遺体などが遠ざけられ、やがて穢れの著しい対象とされていったという歴史がある（原田 一九九三：六三―八八）。このため八世紀初頭に成立した『養老律令』神祇令にも、大嘗祭の準備に際して、前段階にあたる物忌みが一ヶ月ほど行われるが、この散斎《あらいみ》に関する規定がある。すなわち「喪を弔ひ、病を問ひ、宍食むことを得じ。また刑殺判らず、罪人を決罰せず、音楽作さず」として、役人が関与してはならない六つの穢悪のうちに、肉食が挙げられている（日本思想大系）。

こうした散斎の規定は、ほとんどが唐令の模倣であるが、このうち肉食規定だけが日本令独自のものとなっていることは、きわめて重要である。すでに見たように殺生や肉食に対する穢れ観は、中国ではほとんど問題とされず、日本でのみ法令化された背景には、すでに殺生や肉食の穢れ意識が著しく肥大していたという状況があったと考えるべきだろう。しかも禁断の対象となったのは、初めはウシやウマなどの家畜が主であったが、やがて猪鹿のような野獣にも及び、穢れ意識が次第に高まっていったのである。

ただし『台記《たいき》』を引いた『宇《う》槐《かい》雑抄』に「穢事律令に載せず、式より出づる」と記されているように（群書類従25）、律令国家の成立時から穢れ意識の忌避があったわけではない（片岡 二〇一〇：六二―七三）。それは、おそらくは九世紀頃からのことで、肉食を穢れとしたもっとも早い事例は、弘仁一一（八二〇）年撰進の『弘仁式』である。全文は残らないが、一〇世紀前半の有職故実を記した『西宮記』には「或る記に云く、弘仁式に云ふ、穢忌の事に触れ忌に応ずれば、六畜（……）其の完（宍）を喫《くらは》ば、（……）三日」とする逸文が見え（神道大系）、以後、肉食の穢れに関する記載は、諸書にしばしば登場するようになる（三橋 一九八九a：四〇―七五、一九八九b：一五―二八）。

この『弘仁式』逸文の穢れ規定は、より体系化されて『延喜式』にも引き継がれ、同書巻三臨時祭には「凡そ甲の処に穢れありて、乙其の処に入らば〈着座と謂《い》ふも、下また同じ〉、乙に及び同じき処の人皆穢れとなる」とあり、さらに穢れは同様に丙にも及ぶとされている（国史大系）。つまり穢れた人物と同座すると、その人々にも穢れが移って、それは三回で止まるという、いわゆる触穢三転の思想が、遅くとも一〇世紀初頭に成立していたことになる。

そして治安年間（一〇二一―二四）頃の成立とされる『北山抄』巻四 雑穢《くさぐさのけがれ》事には、同じく触穢三転に関する注記として「今案ずるに、飲食も之に同じ」とあり（神道大系）、この頃から同座のみならず、いわゆる合火《あいび》や又合火《またあいび》として、同じ火を用いた食事を共に食べることでも、穢れが三回まで移ると考えられていたことがわかる。

しかも、『小右記』万寿四（一〇二七）年八月条には、関白・藤原頼通の質問に対して、「天竺触穢を忌ざるは、余答て云く、穢は日本の事、大唐すでに忌穢を忌ず」と藤原実資《さねすけ》が答え、穢れは日本独自のことでインドや中国には、これを忌むということがないとしている（大日本古記録）。こうした認識は、先にみたように穢れの歴史としては正しくはないが、日本における穢れ意識の強さを物語るもので、一一世紀頃に一段と強まったことが窺われる。

こうして穢れの観念は、その後も中世を通じて著しく広まり、鎌倉期から室町期にかけて、諸社で多くの物忌令が成文化される。これは触穢思想の体系化が進んだことを意味するもので、穢れの度合いによって物忌しなければならない日数が、神社ごとに細かく定められるようになる。例えば鎌倉初期の成立とされる『諸社禁忌』から、鹿食についてみれば、多くの神社が七〇日から一〇〇日の穢れとしており（続群書類従3下）、三日と定められていた『延喜式』段階からすれば、鹿食の穢れに対する厳しい禁忌意識が著しく進んだことが分かる。いずれにしても日本では、中世に穢れを忌む意識が、社会的に深く浸透していったのである。

6 おわりに

そもそも祈願の様式には、行動的側面からみれば、積極的祈願と消極的祈願の二つのパターンがある。積極的祈願とは、目に見える形で祭祀を行い、神への献供を伴って祈願の成就を果たそうとするもので、これには動物の供犠も含まれる。これに対して消極的祈願とは、自らの行動を慎むことによって願いを叶えてもらおうとするもので、仏教の悔過《けか》、神道では清めや祓いが、これに相当する。現実には、両者は組み合わせて行われることが多く、祈願の儀式を行う前後に、精進潔斎を厳しく守るのは、その具体的な事例といえよう。また殺生禁断が結果的には豊作を招くとするのは消極的祈願の典型的事例で、穢れを忌むことも、これに属する。

もともと動物供儀とは、生命を断ち切った形で供物として神に捧げ、新たな作物の豊かな再生、つまり豊穣を期待するところにポイントがある（イェンゼン 一九七七［1966］：一四三―二〇二）。ところが日本では、そうした発想の展開はみられず、むしろ穢れによって降雨が将来されるという論理構造をもった点に、著しい特徴がある。もちろん動物供犠の原理が、必ずしも実施する人々に理解されているわけではあるまい。とくに大量の水を必要とする水田稲作を、至上の生産活動と位置づけた日本においては、渇水は致命的な事態となるから、雨乞いという行動が重視されたのである。

雨乞いについては、大林太良が世界の民俗誌を踏まえた上で、狩猟採集段階ではほとんど問題とされないが、未開農耕の段階で死者との結びつきが見られ、旧大陸では動物供犠を伴う事例が顕著だとしている。そして階層社会が出現し、高文化の段階に達すると、未開段階の観念を継承しつつも、新たにいくつかの特徴が加わり、雨乞いの儀礼が多種多彩なものとなることを指摘している（大林 一九九九：八五―一〇七）。まさに日本では、かつては積極的な動物供犠という儀式によって豊穣を祈ったが、穢れの忌避という消極的な禁忌意識が独自な展開をみると、これが稲作に重要な雨乞いにも適応されるようになり、独特の論理と形式をもつものとなった。

穢れの忌避は、これまでみてきたように、日本中世に独自の展開をみせるが、その後の近世においては社会的通念と化した。近世中期の国学者・天野信景《さだかげ》は、『塩尻』巻一七に、「凡《およそ》禽獣を妄《みだ》りに祭り侍るは中世よりの淫祠なり」として動物供犠を中世以来の「淫祠」と断言している。さらに同じく巻五六では、或人に「神供に肉を用ゆる事を問」われて、「我国の神膳は獣肉を甚穢とす〔……〕神饌たとひ止む事を得ずして、魚肉用ゆとも、脯《ほ》腊《せき》の類を供せば可なり」と答えている（日本随筆大成第三期）。聖なる神への献供としては、殺生の穢れの痕跡が薄れた干し肉であるか、あるいは獣肉ではなく魚肉であれば、神饌に用いてもよいとしている点が興味深い。

いずれにしても日本では、縄文時代に狩猟のための動物祭祀が行われていたが、やがて本格的な水田農耕の開始とともに、猪鹿など弥生的な野獣の供犠が始まった。そして古墳時代以降になると、雨乞いのために牛馬を捧げる半島・大陸的な家畜供犠が伝わり、国家の禁令にもかかわらず、広く民間で行われるようになった。しかし古代国家が肉食を忌避した後の中世を通じて、いわゆる触穢思想が社会的な浸透をみせると、動物の生命を供犠することと自体に祈雨の根拠を求めるのではなく、動物の骨や肉など不浄なものを水中に投ずると穢れが生じるので、これを清めるために雨が降ってくれるという独自の論理が展開をみた。農耕のための動物供犠において、あくまでも穢れを強調したことが、日本における最大の特徴となったのである。

註

1　前著『なぜ生命は捧げられるか』『神と肉』で古辞書類を用いた部分において、筆者の不充分な理解により、遺憾ながら一部に適切ではない解釈を施したところがある（原田二〇一二：九七―九九：二〇一四：一二三―一二四）。『字鏡集』の反切部分と『新撰字鏡』の四声理解および「剐」の意味解説で「鮮骨」を「鮮骨」としてしまった部分であるが、これらは訂正を要するので、改版の機会があれば改めたい。この部分に関しては、新たな論証を追加したことにはなっていない点を、深く反省しなければならない。ただし前二著および本稿における論述要旨に変更はない。

2　同じく両書では、菟足神社を三河一宮社としたが（原田二〇一二：一一四、二〇一四：一四七）、三河一宮社は正しくは砥鹿神社で、本稿のように改める。

3　この中山神社の従神で、二頭のシカの献供を要求した贄賄《にえまかない》猑狼神《ごろうしん》についても、両書では、「牛馬を嫌う神」としたが（原田二〇一二：一四〇、二〇一四：一六二、一七七）、正しくは「牛馬を愛でる神」としなければならない。これについては、半島・大陸的供犠が浸透した近世において、猪鹿と牛馬の混同が生じたとすべきだろうか。今後の課題としたい。

［附記］いずれにしても両書に、上記のような不備があったことを、謙虚に表白しておきたい。ただ、これらは傍証としては不充分の譏《そし》りを免れないが、両書全体および本稿の論旨については変更に及ばないものと考える。それゆえ、こうした動物供犠が、かつて日本で行われていたという結論に変化はない。なお初歩的なミスをご指摘いただいた方々には、ここで衷心から謝意を述べておきたい。そして小稿をこの問題に関する決定稿としたい。

参考文献

『有馬郡誌』上巻、山脇延吉編、一九二九年（複刻版＝東京：名著出版、一九七四年）。

『池田市史』史料編三、池田市史編纂委員会編、池田市、一九六八年。

『宇槐雑抄』群書類従第二五輯、塙保己一編、東京：続群書類従完成会、一九五二年。

『雲根志』上巻、木内小繁著、正宗敦夫校訂、日本古典全書、一九三〇年（覆刻版＝東京：現代思潮社、一九七九年）。

『延喜式』黒板勝美編『交替式・弘仁式・延喜式 前篇』『延喜式 中篇』『延喜式 後篇』新訂増補国史大系、東京：吉川弘文館、一九八一年。

「延徳三年之記」阿蘇品保夫・佐々木哲哉校注『神道大系 神社編五〇 阿蘇・英彦山』東京：神道大系編纂会、一九八七年。

『甲斐国志』第二巻、佐藤八郎他校訂、大日本地誌大系、東京：雄山閣、一九七〇年。

『加東郡誌』加東郡教育会編、一九二三年。

『魏志』倭人伝（『新訂 魏志倭人伝・後漢書倭伝・宋書倭国伝・隋書倭国伝』石原道博編訳、岩波文庫、東京：岩波書店、一九八五年）。

『皇太神宮儀式帳』胡麻鶴醇之他校注『神道大系 神宮編一 皇太神宮儀式帳 止由気宮儀式帳 太神宮諸雑事記』東京：神道大系編纂会、一九七九年。

『弘仁式』逸文↓『西宮記』巻七臨時六
『今昔物語集』四・五、小峯和明・森正人校注、新日本古典文学大系、東京：岩波書店、一九九四・九六年。

『校正作陽誌』上・下、長尾勝明編、大谷藤次郎校正、津山：仁科照文堂、一九〇四年。

『西遊雑記』巻二、宮本常一他編『日本庶民生活史料集成 第二巻 探検・紀行・地誌 西国篇』東京：三一書房、一九六九年。

『塩尻』天野信景著、日本随筆大成編輯部編、日本随筆大成第三期第一三・一五巻、東京：吉川弘文館、一九九五・九六年。

『小右記』東京大学史料編纂所編、大日本古記録、東京：岩波書店、一九七六年。

『上清太上帝君九真中経』道蔵正乙部一九、芸文印書館影印（台湾）、一九六二年。

『続日本紀』一・二・四・五、青木和夫他校注、新日本古典文学大系、東京：岩波書店、一九八九・九〇・九五・九八年。

『諸社禁忌』続群書類従 第三輯下、塙保己一編、東京：続群書類従完成会、一九七三年。

『真誥』陶弘影撰、百部叢書集成四六、芸文印書館影印（台湾）。

『新撰字鏡』京都大学文学部国語学国文学研究室編『天治本 新撰字鏡 増訂版』京都：臨川書店、一九六七年。

『すわの海』内田武志他編『菅江真澄全集』第一巻、東京：未来社、一九七一年。

『駿国雑志』二、阿部正信著、中川芳雄他校訂、静岡：吉見書店、一九七七年。

『勢陽五鈴遺響』四、安岡親毅著、倉田正邦校訂、三重県郷土資料叢書第八四集、津：三重県郷土資料刊行会、一九七七年。

『箋注倭名類聚抄』狩谷棭斎（『倭名類聚抄』一〇巻本）京都大学文学部国語学国文学研究室編『諸本集成 倭名類聚抄 本文篇』京都：臨川書店、一九八一年。

『続古事談』巻四、川端善明・荒木浩校注、新日本古典文学大系、東京：岩波書店、二〇〇五年。

『西宮記』土田直鎮他校注『神道大系 朝儀祭祀編二』東京：神道大系編纂会、一九九三年。

『日本書紀』坂本太郎他校注『日本書紀』上・下、日本古典文学大系、東京：岩波書店、一九六七・六五年。

『風土記』秋本吉郎校注、日本古典文学大系、東京：岩波書店、一九五八年。

『北山抄』土田直鎮他校注『神道大系 朝儀祭祀編三 北山抄』東京：神道大系編纂会、一九九二年。

『本朝神社考』谷川健一他編『日本庶民生活史料集成 第二六巻 神社縁起』東京：三一書房、一九八三年。

『政基公旅引付』宮内庁書陵部編、図書寮叢刊、天理：養徳社、一九六一年。

『箕面市史』史料編六、箕面市史編集委員会編、箕面市、一九七五年。

『大和志』並河永校訂『大和志・大和志料』京都：臨川書店、一九八七年。

『夢前町史』夢前町教育委員会編、夢前町、一九七九年。

『養老律令』井上光貞他校訂『律令』日本思想大系、東京：岩波書店、一九七六年。

『類聚三代格』黒板勝美編『類聚三代格 後編・弘仁格抄』新訂増補国史大系、東京：吉川弘文館、一九八〇年。

『類聚名義抄』野間光辰他編『類聚名義抄観智院本仏・法』天理図書館善本叢書、東京：八木書店、一九七六年。

『倭名類聚抄』国会図書館蔵元和古活字版二〇巻本、中田祝夫編、勉誠社文庫、東京：勉誠社、一九七八年。

『倭名類聚抄』一〇巻本→『箋注倭名類聚抄』

飯田　真
一九六〇『日光狩詞記』栃木：二荒山神社文化部。
イェンゼン、E・アードルフ
一九七七［1966］『殺された女神』大林太良他訳、東京：弘文堂。
石田英一郎
一九九四［一九四八］『新版 河童駒引考――比較民族学的研究』岩波文庫、東京：岩波書店。
井上光貞
一九八四『日本古代の王権と祭祀』東京：東京大学出版会。
任　章赫
二〇〇一『祈雨祭――雨乞い儀礼の韓日比較民俗学的研究』東京：岩田書院。
彌永貞三
一九七二「古代の釈奠について」『続日本古代史論集』下、東京：吉川弘文館、三五三―四六七頁（『日本古代の政

治と史料』東京：高科書店、一九八八年、九九―一〇六頁）。

大林太良
一九九九「人類文化史上の雨乞い」にひなめ研究会編『新嘗の研究4 稲作文化と祭祀』東京：第一書房、八五―一〇七頁。

折口信夫
一九二四「信太妻の話」『三田評論』三二〇号、三二二号、三二三号（『折口信夫全集』第二巻、東京：中央公論社、一九七〇年、二六七―三〇九頁）。

片岡　耕
二〇一〇「穢観念と生命観」『歴史評論』七二八号：六二―七三。

勝浦令子
二〇〇六「七・八世紀将来中国医書の道教系産穢認識とその影響」『史論』五九集：一―二九。
二〇〇七「日本古代における外来信仰系産穢認識の影響」『史論』六〇集：二八―四五。

喜田貞吉
一九二一「祭政一致と祭政分離」『民族と歴史』六巻六号：一―一九。

西郷信綱
一九七三「イケニヘ考」『現代思想』一〇月号（『神話と国家――古代論集』平凡社選書に「イケニヘについて」と改題して収録、一九七七年、一四七―一七〇頁）。

佐々木喜善
一九三一a「馬首農神譚」『郷土研究』五巻三号：一五一―一五八。
一九三一b「馬首飛行譚」『郷土研究』五巻一号：一四―二二。

薗田香融
一九六三「古代の珍味――宍人部と膳部」『史泉』二七・二八合併号：一七―二五。

高谷重夫
一九八二『雨乞習俗の研究』東京：法政大学出版局。

朝鮮総督府
一九三七『朝鮮の郷土祭祀 部落祭』東京：国書刊行会（原著＝村上知順、覆刻版＝一九七二年）。

一九三八　『釈奠・祈雨・安宅』東京：国書刊行会（原著＝村上知順、覆刻版＝一九七二年）。
辻本正教
一九九九　『ケガレ意識と部落差別を考える』大阪：解放出版社。
都築晶子
二〇〇五　「六朝後半期における科戒の成立」麥谷邦夫編『三教交渉論叢』京都：京都大学人文科学研究所、四七一—七二頁。
戸田芳実
一九九一　『初期中世社会史の研究』東京：東京大学出版会。
原田信男
一九九三　『歴史のなかの米と肉——食物と天皇・差別』平凡社ライブラリー、東京：平凡社。
二〇一二　『なぜ生命は捧げられるか——日本の動物供犠』東京：御茶の水書房。
二〇一四　『神と肉——日本の動物供犠』平凡社新書、東京：平凡社。
松井　章
一九九五　「古代・中世の村落における動物祭祀」『国立歴史民俗博物館研究報告』六一集：五五—七一。
二〇〇三　「動物祭祀」『いくつもの日本Ⅶ　神々のいる風景』東京：岩波書店、八九—一一九頁。
南方熊楠
一九一一　「明治四四年四月一六日付柳田国男宛書簡」『南方熊楠全集』第八巻、東京：平凡社。
三橋　正
一九八九a　「『延喜式』穢規定と穢意識」『延喜式研究』二号：四〇—七五。
一九八九b　「『弘仁・貞観式』逸文について」『国書逸文研究』二二号：一五—二八。
柳田国男
一九二七　「鹿の耳」『一目小僧その他』『中央公論』四二巻一一号（『柳田國男全集』第七巻、東京：筑摩書房、一九九八年、四六三—四八二頁）。
吉田比呂子
二〇〇〇　「宗教的・儀礼的性格を持つ解釈用語の問題点——生贄・身代わり・人身御供・人柱」国語語彙史研究会編『国語語彙史の研究』一九、大阪：和泉書院、一五七—一七七頁。

依田千百子
一九六六 「朝鮮の稲作儀礼――その類型を中心として」『民族学研究』三一巻二号：一〇七―一三七。

表2参考文献（＊は上記と重複）

会津民俗研究会編
一九七三 『会津の伝説』福島：浪花屋書店。
石毛賢之助編
一九〇八 『阿波名勝案内』徳島：阿陽新報社。
岩崎敏夫編
一九七七 『東北民俗資料集』六、宮城：万葉堂書店。
岩科小一郎
一九四二 『山麓滞在』東京：体育評論社。
大橋蕹二編、山村民俗の会著
一九四四 「道志山塊の雨乞」『あしなか随筆』東京：体育評論社、一一四―一一八頁。
大畑匡山
一九〇八 『日本奇風俗』東京：晴光館。
国学院大学
一九六九 『年刊 民俗採訪』秋田県山本郡二ツ井町旧響村、東京：国学院大学民俗研究会。
小山有言
一九九四［一九四三］『新版 駿河の伝説』宮本勉校訂、静岡：羽衣出版。
雑賀貞次郎
一九二七 『牟婁口碑集』炉辺叢書、東京：郷土研究社。
＊佐々木喜善
一九三一b 「馬首飛行譚」『郷土研究』五巻一号：一四―二二。

島根教育委員会
一九二七『島根県口碑伝説集』東京：歴史図書社（覆刻版＝一九七九年）。
新対馬島誌編集委員会
一九六四『新対馬島誌』同委員会。
＊高谷重夫
一九八二『雨乞習俗の研究』東京：法政大学出版局。
中山太郎
一九三三「アマゴヒ［雨乞］」同編『日本民俗学辞典』神奈川：昭和書房、六七―七六頁。
＊松井章
一九九五「古代・中世の村落における動物祭祀」『国立歴史民俗博物館研究報告』六一集：五五―七一。
本山桂川
一九三四『信仰民俗誌』神奈川：昭和書房。
柳川文吉
一九二五「夏の雨乞ひの話――全国各地の雨乞ひの奇習」『青年』日本青年館、一〇巻七号：五三―五六。
柳田国男
一九三五「遠野物語拾遺」『遠野物語　増補版』東京：郷土研究社（『柳田國男全集』第二巻、東京：筑摩書房、一九九七年）。
吉岡　勲
一九五五『岐阜県の伝説』第三章第一七項「雨乞い百相」、岐阜：大衆書房。
吉田美穂
一九一三「熊野雨乞行事（牛の首）」『郷土研究』一巻七号：五四―五五。

第11章 禁断の肉？
——人類学におけるカニバリズムの虚実

山田仁史

1 はじめに

ドイツの自然科学者ゲオルク・フォルスターは、父とともに一七七二—七五年、ジェイムズ・クックの第二回世界周航に参加した。その航海記は一七七七年にまず英語で、七八—八〇年にかけてドイツ語で出版され、大きな反響を呼んだ。その中で、著者は一七七三年一一月二三日、ニュージーランドで戦闘の結果とらえられた少年が、敵である現地民たちによって食べられる場面を目撃し、次のように述べている。

人間というものを書斎からしか知らない哲学者たちは、新旧のあらゆる情報にもかかわらず人食い人種は存在しないと、言い張ってきた。乗組員たちの中にすら、非常に多くの民族についての一致した報告を信じようとせず、その存在を疑う者がいた。しかし〔……〕今や、私たち自身がこの目でそれを見た以上、それを少しも

疑うことはできなくなった。（Forster 1778-80: 445［邦訳：四一二］）

カニバリズムは、「文明」が「未開」を表象する際の常套句のように感じられることもあり、それが事実か虚構かといったレベルでの議論もいまだ消え去っていない。史料の扱いに注意が必要なのは言うまでもないが、多くの事例を前にするとき、この習俗自体が存在したことは否定できない。学問の進展は先行研究の蓄積の上に築かれるべきであり、このテーマにおいてはそれすら十分になされているとは言いがたい現状にある。筆者はここで研究史の概観を試み、今後の研究へのささやかな土台を提供したい。

本論に入る前に、さまざまに使われている用語を整理しておこう。カニバリズム（英 cannibalism, 独 Kannibalismus, 仏 cannibalisme）の語は、食人種をさすカニバル（cannibal）に由来し、後者は一五五三年初出らしい。もとはスペイン語（canibal ないし caribal）で「カリブ人」を指す語だったが、西インド諸島のカリブ人における人肉食の噂から、これが食人族の意味に転じたのである。

ところで、意外にそう信じている人も多いようだが、「カニバリズム」と、謝肉祭をさす「カーニバル」（carnival）の語とは何ら関係がない。後者はイタリア語（carnevale）、さらに溯れば古イタリア語（carnelevale）で「肉を取り上げる」意であり、イエス・キリストの受難を偲んで肉食を断つ前の時期に繰り広げられる祝祭のことだ。語源はラテン語で、「肉」（伊 carne, 羅 carō）を「取り上げる」（伊 levare, 羅 levāre）ことだが、俗説ではラテン語「肉よさらば」（carne vale）に由来するとも言う。手もとの辞書からでも、この程度の情報は得られる。なおまたギリシャ語で「人」（νθροπος）を「食す」（φαγεῖν）の語句から、アンスロポファジー（英 anthropophagy, 独 Anthropophagie, 仏 anthropophagie）もしばしば用いられる。ドイツ語の俗語では、「人喰い」（Menschenfresserei）とも称される。

以下では、カニバリズム研究史を四つの時期に区分し、それぞれの時期から代表的な事例を一つずつ、計四例挙げてゆくことにしよう。おのおのの時代を沸かせ、あるいは学問上における核心的な議論に具体的事例を提供したものなどを、紹介する。それにより、単なる学説史ではなくカニバリズムの具体相も知ってほしいと願う。さて、私による時代区分は以下のとおりである。

第I期：事例収集と理論形成の開始（一八八〇—一九二〇年代）
事例一：スマトラ島のバタック族
第II期：事例の集成・分類の完成（一九三〇—七〇年代）
事例二：トゥピナンバの戦争カニバリズム
第III期：視点の転換と混乱（一九七〇—九〇年代）
事例三：ニューギニア高地フォレ族のクールー
第IV期：より客観的な研究へ（二〇〇〇年代—現在）
事例四：日本の骨かみ

2　第I期

事例収集と理論形成の開始（一八八〇—一九二〇年代）

カニバリズムの研究史を振り返ると、まず挙げねばならないのはドイツの地理学者・民族学者リヒャルト・アンドレーによる『食人俗——民族誌的研究』（Andree 1887）で、初めて食人俗を包括的に扱った研究である。ただし同書p. 12によれば、一六八八年にラテン語による食人論が出たと言い（下記のヴィルヌーヴ［Villeneuve 1965］もこれを引用している）、また他の先行研究も同頁に少し挙げられている。本書は先史時代、民間信仰における残存、古典における記述に続き、アジア、アフリカ、オーストラリア、オセアニア、アメリカの例を列挙し、最後に結論で締めくくられる。必要に迫られての食人は除くと序文で述べているが、そうした事例も多数出ている。族内食人・族外食人の区別はまだ不十分である（p. 3にほのめかされてはいる）。アジアではスマトラ島のバタックが中心であり（pp. 15-17）、オセアニアは「食人俗の本場」（p. 47）として扱われている。そして食人俗の二大動機は、復讐欲と俗信（相手の能力などの獲得）、と結論した（pp. 92-103）。

続いては、オランダの社会学者・民族学者ゼーバルト・ルードルフ・シュタインメッツの論文「族内食人俗」（Steinmetz 1895）を取り上げねばならない。これは初め一八九五年の『ヴィーン人類学会誌』（*Mitteilungen der Anthropologischen Gesellschaft in Wien*）第二六巻に発表され、後に彼の著作集『民族学・社会学論文集』第一巻に、補遺を付して収録された。シュタインメッツ（p. 133）によれば、族外食人俗（exoanthropophagie）・族内食人俗（endoanthropophagie）の区別を最初に提言したのは、フランスのボルディエだとされるが、これを明白に、多くの資料にもとづいて論じたのはシュタインメッツの功績である。また、全世界から一六一例を集め、それらを信憑性にもとづき五段階評価している点もよい。それによれば、最も信頼度の高い「一」評価に値する事例は一七例とされる（p. 194）。

ほぼ同時期、日本のカニバリズムについて英語論文が書かれた。周知のごとく在野の博物学者・民俗学者として活躍した、南方熊楠《みなかたくまぐす》の「日本の記録にみえる食人の形跡」（Minakata 1903）で、『ネイチャー』（*Nature*）誌に投稿したが、掲載されなかった英文草稿である。一九七五年に岩村忍編でその全集に収められ、二〇〇五年には邦訳が出版された。南方は、E・S・モースの食人論（モース 一八七九）に賛意を示し、寺石《てらいし》の先行研究（下記）に言及した他、タイラーが『ブリタニカ百科事典』第九版に示した分類に従い、⑴習慣、⑵飢饉、⑶怒り、⑷屍愛、⑸呪術・医薬、⑹宗教、の事例を日本の史料から多数挙げている。

南方が引いた寺石とは、高知県の郷土史家・考古学者、寺石正路《まさみち》で、『食人風俗志』（寺石 一九一五）の著者である。本書は、初め一八八八年「食人風習ニ就テ述ブ」という論文として発表（『東京人類学会雑誌』三四：七八―九〇）、のち一八九八年に『食人風俗考』と題する単著として東京堂から出版されたのを、増補改訂して出したものだ。自ら収集した和漢洋の資料と独自の理論にもとづき、食人俗の種類を多数に分類した。附録の「人体犠牲志」（九二―一三三頁）では人身供犠と首狩について略述している。なお、同年に出た法学者・穂積陳重《ほづみのぶしげ》の『隠居論』（穂積 一九一五）も「食老俗」を詳述しており、寺石やシュタインメッツの研究に評価を与えている。

一九二〇年代には、京大教授を務めた東洋史学者である桑原隲蔵《くわばらじつぞう》「支那人間に於ける食人肉の風習」（桑原 一九二四）が出た。これは「支那人の食人肉風習」（『太陽』二五巻七号、一九一九年。『全集』一巻に再録）を大幅に増補し、『東洋学報』一四巻一号（一九二四年）に掲載されたものである。中国における食人資料（アラビア人旅行記の仏語訳を含む）を集成し、⑴飢饉の時に人肉を食用、⑵籠城して糧食尽きた時に人肉を食用、⑶嗜好品として人肉を食用、⑷憎悪の極み、怨敵の肉を食らう場合、⑸医療の目的で人肉を食用、の五種類に分類した。

スマトラ島のバタック族

スマトラ島の食人習俗は古くから知られていた。東南アジア史を専門とする弘末雅士（立教大学教授）の研究（弘末 一九九九、二〇〇四：六五―九六、二〇一四）にもとづきながら、略述してみよう。それによると遅くとも九世紀以降、アラブ人旅行記には北スマトラのファンスール（バルス）やランブリ（アチェ）の内陸部、さらに周辺のニアス島・アンダマン諸島に「人食い」が居住すると記されている。

元朝のフビライ・カーンの使節一員としてペルシャに向かったマルコ・ポーロは、一二九二―九三年にパサイ

（サムドラとも。北スマトラの港市）に悪天候のため五カ月間逗留した。『東方見聞録』の中で、その地の王は勢力も強く富も大であると述べた後、こう記している。

ところで、マルコ氏とその一行の人々がどのようにしてこの地で五カ月間を暮らしたか、その模様をお伝えしよう。この島に上陸して二千人の一行とともに五カ月間を送ったマルコ氏は、まず野営地の周囲に大きな濠を掘りめぐらし、島の内陸との連絡を遮断した。これは、人間をすら捕えて食用にあてるという野獣に近い土人を警戒しての措置であった。（ポーロ 二〇〇〇、二：二一五—二一六）

彼はパサイに寄港する直前、同じく北スマトラのプルラク（ファーレック）に立ち寄っていたが、そこですでに食人族の噂を聞いていた。

ファーレック王国の住民は元来はすべてが偶像教徒であったが、サラセン商人がこの地にひんぱんに来航するようになって、一部の都邑在住民だけがマホメットの教えに改宗することになった。山地に住む島民はまるで野獣のようで、肉なら不浄であろうがなかろうが、何でもかまわず食用に供するし、人肉すらも食べるのである。（ポーロ 二〇〇〇、二：二一一—二一二）

胡椒取引が本格化した一五—一七世紀、内陸部とりわけバタック族における「人食い」風聞もエスカレートし、東南アジアにおける胡椒の主要産地の一つとなったパサイを、一四三五年に訪れたニコロ・デ・コンティの記述は、弘末によれば以下のようである。

ゼイラム〔スリランカ〕からコンティはタプロバナという島にある立派な町へ渡った。その島を地元の人々はシャムテラ〔サムドラ＝パサイ〕と呼ぶ。コンティはそこに一年間滞在した。その町の周囲は六マイルで、その島の商品を取引しているたいへん高貴な町である。〔……〕コンティがいうには、タプロバナは周囲が六〇〇〇マイルある。人々はたいへん残忍で、習慣は野蛮である。〔……〕彼らは偶像崇拝者である。この島は通常より大きい胡椒および長胡椒、龍脳とまた莫大な量の金を産する。〔……〕この島のバテックと呼ばれるところに、人喰いが住んでいて、つねに彼らの近隣の人々と戦いをおこなう。彼らは頭蓋を宝物として保持する。なぜなら彼らは敵を捕えると首を切り落とし、その肉を食べ、頭蓋骨を貨幣のかわりに使うためにたくわえるからである。〔……〕家に頭蓋を最多有する者がもっとも裕福であるとみなされるのである。〔弘末 二〇〇四：六八－六九〕

その後は、こうしたバタックの食人俗・首狩についての直接観察の記録も増加してゆく。やがてバタック地域は一九〇八年までにオランダ植民地政庁の支配下に置かれ、食人も禁止された。こうした中で食人の語りは後退し、過去の事象となっていった。

けれどもバタックは、食人俗の古典的事例として有名になった。ウィーンの民族学者ハイネ＝ゲルデルンは東南アジア諸民族文化の概説において、次のように述べている。

食人俗は首狩や人身御供と結合して現れることが、きわめてしばしばである。食人によって勇気や狡猾やそのほか被殺害者の望ましい特質を自分のものとすることが期待されるか、または復讐を果たそうと図られるのである。バタック族のいくつかの部族では、食人は特定の犯罪に対する処罰としても見出される。バタック族以外では、全身が食用に供されるのではなく、肝臓・心臓・脳髄・母指球〔親指の付根〕のような特定部位だけが食べられるのであって、時に血液も飲用される。呪術的理由にもとづくこの部分的食人は、首狩よりも広く分布しており、多くの文化民族（シャン人、クメール人、中国人）の戦士によってさえ、今なお行われている。食人が明白な嗜好のために発達したのは、わずかにバタック族の一部においてだけである。（Heine-Geldern 1923: 934［邦訳：三九三］）

なお筆者（山田）自身の訪問体験によれば、バタック族のもとでは、今なお会話中に過去の食人の話題が出ることがある。

3　第II期

事例の集成・分類の完成　（一九三〇―七〇年代）

一九三〇年代には、今に至るまで、カニバリズムに関する最も豊富な資料集成が出版された。ドイツの民族学者エーヴァルト・フォルハルトによる『カニバリズム』（Volhard 1939）で、五四〇頁の大著である。第一部では全世界からの事例・分布をアフリカ、オセアニア、アジア、アメリカの順に列挙し、第二部ではカニバリズムの性格を、次の四種類に分けている。⑴世俗的カニバリズム：人肉が単に食料と見なされている場合で、人間と動物を区別しない（「肉は肉」）、飢餓や動物性食料の欠如、美食への欲求などの理由から行われるカニバリズムである。⑵司法的カニバリズム：罪人や敵人（捕虜・奴隷など）に対する憎悪・軽蔑・復讐欲からの食人。⑶呪術的カニバリズム：呪力・生命力や属性などを獲得するためのもので、これが最も多い。アンドレーの「俗信」からの食人に相当する。フォルハルトは、単に誰のでもよいから人肉を食する場合（呪力・生命力の獲得）と、当の相手が誰であるかを重視する場合（属性獲得）の二つを区別した。(4)儀礼的カニバリズム：神祇崇拝（神々の行為の模倣としての食人俗）、死者祭儀（首長などの葬礼に際しての食人）、近親食人（族内食人）、戦勝祭宴、成人祝祭、人間と豊穣の観念（生の前提としての死・殺害）、などと結びついたカニバリズム。以上の四種類である。そして彼の考えでは、これは食人俗の表層的意義から本質的意義へ迫っていくための分類・順序でもある。なおフォルハルトは、フランクフルトの文化形態学研究所を主宰した民族学者レオ・フロベニウスの弟子で将来を嘱望されていたが、四四歳で戦死した。

次に挙げたいのは、ミュンヘン大学教授を務め、南米を専門とした民族学者オットー・ツェアリースの論文「南アメリカにおける族内食人俗」（Zerries 1960）である。この地域・テーマではおそらく最も包括的な論考で、残念ながら本文はスペイン語だが英語・ドイツ語の要旨が付いている。まず分布を明らかにし（分布図付き）、南米での族内食人俗は死体を焼いた後、その骨の灰を飲むという形態が中心であることを述べ、焼畑との結びつきが強いが、狩猟採集活動とも結合しており、おそらく後者の段階ですでに存在した習俗だろうと結論している。

学術的とは言いがたいが、悪魔学に造詣の深い歴史研究者ロラン・ヴィルヌーヴの『カニバリズム――食人の節度と逸脱』（Villeneuve 1965）も挙げておこう。一九六五年にハードカバー版が、七三年にはそのペーパーバック版が出た。本書は一般向けだが、文献リストは非常に充実しており、とくにフランス語圏で出た文献はかなり網羅されている。栄養、戦闘、宗教、病理などに分けて記されている。

日本でもこの時期、「センセーショナル」な本が続出した。そのうち篠田八郎『喰人族の世界』（篠田 一九六八）は、同様のテーマで多数の本を出した著者によるもの。下記シュピールの筆致に近く、全世界の食人風習をおもしろく紹介している。

そのシュピールとは、ドイツの翻訳家・著述家クリスチアン・シュピールで、著書『人が人を喰う――カニバルの世界』(Spiel 1972) は邦訳もなされた。同書は一般向けにおもしろく書かれているが、アンドレーやフォルハルトなど、基本的な先行研究はきちんとおさえている。なお日本語版の訳者・関楠生《くすお》は当時、東大教授であった。

この時期、さまざまな理論書が出たが、中でも出色なのは米国の人類学者マーヴィン・ハリスによる『カニバルと王――文化の起源』(Harris 1977) であろう。ハリスは、その「文化唯物論」によって食人俗も説明する(とくに第九・一〇章:145-189, 300-301〔邦訳:一六八―二一九、三三七―三三八〕)。つまり、動物性タンパク質の不足が究極的原因だというわけだ。結論はシンプルだが、膨大な資料と広大な視野は圧巻である。なお同著者の『食と文化の謎』(Harris 1985) も参照されたい(とくに第一〇章〔邦訳では第九章〕:199-234, 255-256〔邦訳:二八三―三三六〕)。

トゥピナンバの戦争カニバリズム

ドイツ人の船員ハンス・シュターデンは、一五五四年に難破してブラジルのトゥピナンバ族に捕らえられ、九カ月余りをそこですごした。その間、興味深い観察をし、帰欧後の一五五七年、『新世界アメリカにおける、野蛮で裸体で獰猛な食人種の国についての真正なる物語と記述』を多数の木版画を付して出版した(Staden 1557)。なお筆者が所有しているのは一九七八年の復刻版(Kassel-Wilhelmshöhe: Thiele & Schwarz 社刊、Günter E. Th. Bezzenberger による解説付き)である。現代ドイツ語版をポルトガル語に訳したものからの重訳として、『蛮界抑留記――原始ブラジル漂流記録』(西原亨訳、一九六一)もあるが、これは原著と大きく異なる。英訳・仏訳もあるが、筆者は未見である。

さて、シュターデン著の第二九章は「いかなる儀式で、彼らが敵を殺して食べるか。いかにして撲殺し、それをどう扱うか」である。一部を原文から訳出してみよう。

彼らが敵たちを村に連れ帰って来ると、女たちや少年たちがこの者たちを殴る。そのあと捕虜を灰色の羽で飾り、目の上の眉毛をそり落とす。逃げられないようにしっかり縛りあげ、そのまわりを踊りまわる。捕虜は、拘禁役で助手役ともなる女を一人あてがわれる。そしてこの女たちが妊娠すると、子供は大きくなるまで育て、それから気が向いたら撲殺して食べる。

捕虜にはよい食事を与え、しばらく養うが、その間に飲み物を入れる甕を作り、〔……〕すべての準備が終わると殺す日を決め、近隣の村の野蛮人たちに招待を伝える。それからすべての甕に飲み物を満たす。女たちが飲み物を作る一日か二日前に、捕虜を一、二度、彼の処刑場に連れて来て、そのまわりを踊る。

外来の客たちがみな集まると、村の首長は歓迎の挨拶をし、自分たちの敵を食べる手伝いをしてほしいと言い、〔……〕彼らは犠牲者の顔に色を塗り、女たちがその作業をしている間、他の女たちは歌い、そして、彼らは酒を飲み始めると、捕虜をそばに連れて来て、彼にも飲ませ、ともにお喋りする。酒宴が終わると、翌日は休息し、処刑場所に小屋を建て、そこで捕虜は厳重に拘禁され、その夜をすごす。そして翌日、彼らは夜が明けるかなり前から、撲殺用の棍棒の前で踊り歌い始め、それは夜が明けるまで続く。その後、彼らは捕虜を小屋から引きだして来る。〔……〕捕虜が女たちに投げつけるための石を彼のそばに置いてやる。女たちは彼をあざけり、お前を食べてやる、と脅しながら走りまわる。彼女らは身体に色を塗っており、彼が解体されたら、その四肢を持って小屋のまわりを走ることになっている。〔……〕

次に、捕虜から約二歩の所に火をおこす。彼はその火を見なければいけない。その後、女がイウェラ・ペンメという名の棍棒を持って来る〔……〕喜びの叫び声をあげながら、捕虜によく見えるように、その前を走りまわる。そして、一人の男が棍棒を手に持ち、捕虜の前に立ってそれを見せる。その間、撲殺役の男は、一四、五人の他の男たちと、他の場所に引き下がり、自分たちの身体に灰を塗る。やがて彼は仲間たちと戻って来て、捕虜の前で棍棒を持っている男が棍棒を撲殺役に手渡す。そこへ村の首長が来て、棍棒を手に持ち、撲殺役の両脚の間に一度突き入れる。これは彼らにおいては栄誉である。撲殺役はそれを握り、犠牲者に次のように告げる。「お前を殺すのはこの私だ。お前の仲間たちが私の仲間をたくさん殺し、食べたからだ」。それに対して捕虜は答える。「私が死んでも、復讐をしてくれる仲間たちはたくさんいる」。そして、撲殺役が背後からその頭に打ちおろすと、脳が飛びだす。

すぐさま女たちが死体に取り付き、火の所に運んで、皮をすっかり剝ぎ、まったくの白むきにし、何も出て行かないように、木片で肛門に栓をする。皮を取り去ると、一人の男が死体を切り分け、足を膝から、腕を胴から離すと、四人の女がそれら四つの肉片を摑みとり、それを持って小屋のまわりを、喜びの叫び声をあげながら走る。その後、彼らは背中と臀部を前身部から切り分け、分配する。ただし内臓は女たちのものになる。これの煮汁でミンガウと称する粥を作り、これを女たちと子供たちが飲み、内臓は食べてしまう。また頭部の肉や脳味噌も、舌も食べ、そのほか食べられる所はすべて、少年たちが食べてしまう。

これが終わると、全員が少しずつ土産に持って帰って行く。撲殺役は新しく名前をもう一つもらう。〔……〕彼はその日、一日中自分のハンモックに横たわっていなければならないが、暇つぶしの遊びになるように、小さな弓と矢が与えられる。そうしていないと彼の腕は撲殺のショックのために力を失ってしまうという。私はその場にいて、その一部始終をこの目でしかと見たのだ。（ハリス『食と文化の謎』邦訳：二九一―二九三、スターデン『蛮界抑留記』邦訳：二五七―二六六参照）

同様の記述は、当時続々と発表された。特に、フランシスコ会修道士アンドレ・テヴェ『南極フランス異聞』（Thevet 1557）は、一五五五―五六年のブラジル滞在にもとづき、その第四〇章は「これらの野蛮人たちが、戦争で捕えた敵をいかにして殺し、食べるかということ」である。またカルヴァン派の牧師ジャン・ド・レリーの『ブラジル旅行記』(de Léry 1578) もほぼ同時期、一五五六―五八年のブラジル渡航にもとづき、その第一五章は「アメリカ人は戦争捕虜をいかに遇するか、また彼らを殺して食う際に行なわれる儀式について」であった。なお、テヴェやド・レリーの記録は、初期の第一級の民族誌として、後の人類学者アルフレート・メトローやクロード・レヴィ＝ストロースから高く評価されている。

そして有名な話だが、フランスのモラリスト、ミシェル・ド・モンテーニュは、ブラジルで一〇年ないし一二年間すごした知人からトゥピナンバ族の食人について聞き、その文化相対主義的な、あるいは「高貴な野蛮人」的な思想を吐露している。

私は、このような行為のうちに恐ろしい野蛮さを認めて悲しむのではない。むしろわれわれが彼らの過ちに正しい判断を下しながら、われわれの過ちにまったく盲目であることを悲しむのである。私は死んだ人間を食うよりも、生きた人間を食うほうがずっと野蛮だと思う。まだ十分に感覚の残っている肉体を責苦と拷問で引き裂いたり、じわじわと火あぶりにしたり、犬や豚に嚙み殺させたりするほうが、(われわれはこのような事実を書物で読んだだけでなく、実際に見て、なまなましい記憶として覚えている。それが昔の敵同士の間でなく、隣人や同胞の間におこなわれているのを、しかもなおいけないことには、敬虔と宗教の口実のもとにおこなわれているのを見ている。) 死んでから焼いたり、食ったりすることよりも野蛮であると思う。

〔……〕

したがって、理性の法則から見て彼らを野蛮であるということはできても、われわれにくらべて彼らを野蛮であるということはできない。われわれのほうこそあらゆる野蛮さにおいて彼らを越えているのである。彼らの戦争はあくまでも気高く、高潔で、この人間的病気がもちうる限りの美点と釈明とをもっている。彼らの間では、戦争は武勇への熱意ということのほかに何の動機もない。彼らは新しい領土を征服しようとして戦うのではない。なぜなら、働いたり骨折ったりしなくとも必要なものは何でも自然から豊富に授かり、境界を拡げる必要もないからである。彼らはいまだに自然の要求が命ずるだけしか欲求しないという幸福な状態にある。それ以上のものはすべて彼らにとっては余計なのである。(モンテーニュ 一九六五―六七、一：四〇四―四〇六)

繰り返し引用される文章だが、ここには当時のヨーロッパの混乱ぶりと、新大陸への憧憬と恐怖が、知識人の目から正直に告白されており、大変興味深い。

4 第III期

視点の転換と混乱 (一九七〇―九〇年代)

さて、食人俗研究に大きな転換と混乱をもたらしたのは、人類学者ウィリアム・アレンズによる『人喰いの神話』(Arens 1979)である。著者は当時ニューヨーク州立大学准教授で、のちに教授を務めた。アレンズは言う、「この方面の研究、学者仲間との討論、私自身の熟考の結果、私は今では、社会的に受け入れられた慣習として食人が存在したことは、時代と場所を問わず、なかったのではないかと考えるようになっている。生か死かという状況下で、また滅多にない反社会的行動として、食人が行われることは、いかなる文化においてもあり得ないことではない。しかしそれが慣習であるためしはなく、常に嘆かわしい行為とみなされている。こうした見解は勿論、誰もが持っている知識と、それに数多い証言に敢えて挑戦するものだ」(Arens 1979: 9〔邦訳：九〕)。そして「私のこの結論は次の事実に基づいている。すなわち、どのような社会にあっても、どのような形であれ、生きるか死ぬかの状況下を除いて、食人行為が慣習として存在したという満足のいく証拠が、私には見出せなかった。噂や疑惑や恐怖や非難にはことかかない。しかし、満足な直接記録はひとつも存在しないのである。専門家の学識を傾けた論文は枚挙にいとまがない。だが、それらを支える民族誌は不充分なのだ」(Arens 1979: 21［邦訳：二五］)。アレンズ以後の食人俗研究は、ほとんど必ず本書を引用しており、影響力は多大である。私見では、本書がオックスフォード大学出版局から出たこと、日本では岩波書店から刊行され、山口昌男という著名な人類学者が解説を書いたこと、主張が分かりやすいこと、などがその理由ではなかろうか。しかし賛否両論あることは、後述のとおりである。なおアレンズはアンドレー、シュタインメッツ、フォルハルトなどの古典的研究をまったく引用していない。また彼は、ほぼ二〇年後に発表した論文でも、同様の主張を繰り返している。ただし、南米の骨灰族内食については旧説を撤回した(Arens 1998: 46)。

しかし、アレンズの著書ほど知られていないとはいえ、これに対する批判は続々と出された。たとえば、当時ウォータールー大学に所属していたトーマス・S・エイブラーの論文「イロクォイ族のカニバリズム――事実にして虚構にあらず」(Abler 1980) が挙げられる。これは、アレンズへの素早い批判として発表されたものだ。エイブラーは一七世紀イエズス会士らによるイロクォイのカニバリズム記録にもとづき、アレンズの論を「ずさんな研究」(sloppy scholarship) と結論 (p. 314)、同様の批判はその後相次いだ。なお近年では、イロクォイのカニバリズムは儀礼的に他者を取り込むことであった、という側面も論じられている (Traphagan 2008)。

アレンズ批判として、当時ブライアム・ヤング大学に所属していたドナルド・W・フォーサイスの論文「ハンス・シュターデンに拍手喝采――ブラジルのカニバリズム擁護論」(Forsyth 1985) もすぐれている。ブラジル・トゥピナンバ族のカニバリズムに関するハンス・シュターデンの記述を擁護しつつ、アレンズが指摘したいくつかの点 (Arens 1979: 22-31［邦訳：二六―三八］) に反駁している。とくに以下は傾聴に値する。まずシュターデンは教養ある人物で数カ国語に通じ、その著書を自分で執筆したのは間違いないこと。アレンズが、シュターデンが帰欧後九年もたってその著書を出したと述べているのは誤りで、実際はブラジルを発《た》ってから三年、帰欧後二年であること。シュターデンはトゥピナンバ語を習得して現地人の言葉を理解した他、フランス人ともトゥピ語で会話していたこと、などである。またフォーサイスは、トゥピナンバのカニバリズムは一六世紀イエズス会士たちによる報告からも確認できる、と別の論文で詳述している（Forsyth 1983）。しかし近年でもまだ、こうしたブラジル初期民族誌の信憑性を疑い、植民地化を正当化するために歪んだ「他者」像を描きだした、とする論調をとる研究者もいる（Myscofski 2007-08）。私見では、こうした議論はイデオロギーが先行するあまり、かえって事実から目を背けるものではないだろうか。

一九八〇年代から九〇年代には、他にもいくつかカニバリズム関連の論著が出ている。たとえば、女性人類学者のペギー・リーヴズ・サンデイ『聖なる飢餓——文化システムとしてのカニバリズム』（Sanday 1986）。ペンシルヴァニア大学文化人類学部教授である著者が、精神分析などの理論に依拠しつつ、カニバリズムの象徴的側面を論じた書である。ただし族内食人俗をほとんど無視し、飢餓状態に陥った際の対応として、カニバリズムをとらえる傾向が強い。

続いてはブライアン・マリナー『カニバリズム——最後のタブー』（マリナー 一九九三［1992］）。筆者は原著（*Cannibalism: The Last Taboo!*）を目にしていない。著者はイギリス人で、強盗罪で五年服役後、犯罪心理に関する著作を多数発表しているらしい。したがって全四章構成のうち、第一章で世界各地の食人俗を民族誌類から引いている他は、ほとんど彼の関心事である犯罪的食人の記述である。

九〇年代には、短いがすぐれた論文として、吉岡郁夫「医療としての食人——日本と中国の比較」（吉岡 一九九二）が出た。著者は愛知学院大学教授で医学博士である。桑原隲蔵による中国の食人慣習に関する論文に倣い、日本の事例を列挙・整理した上で、日本にも⑴飢饉における食人、⑵籠城の際兵糧が尽きたときの食人、⑶葬儀の際の儀礼的食人、⑷医療を目的とする食人、が行われてきたことを実証している。なお吉岡著『身体の文化人類学——身体変工と食人』（吉岡 一九八九）では、食人俗の分類（シュタインメッツおよびトーマスにもとづく）と、先史人骨における食人の痕跡論に中心が置かれており、カニバリズムの扱いもそれほど大きくない。

礫川《こいしかわ》全次《ぜんじ》編『人喰いの民俗学』（礫川編 一九九七）にも言及しておこう。著者はノンフィクションライター、歴史民俗学研究会の主宰者である。本書は、日本で出たカニバリズム論二五編を集成したもので、その解説では、モースの大森貝塚発掘が日本の食人議論の大きな契機になったことなどに言及している。礫川によると、カニバリズムに対するアプローチは主に二つに分けられ、「一つは「未開野蛮」な民族に見られる（見られた）それを、文化人類学的な立場から研究しようとする方向、もう一つは、近現代において「犯罪」として発生するそれを、精神医学、犯罪学等の立場から研究しようとする方向」である。後者は、筆者にとっては関心外である。

ドイツでは、ハイディ・ペーター＝レッヒャー著『人喰いという神話——カニバルの料理鍋を拝見』（Peter-Röcher 1998）が刊行された。著者は女性考古学者で、当時の所属はベルリン自由大学である。関連論文も出しているが、本書はアレンズ流の立場に立っている。

本節の最後に、世紀末に出た一般書として、マルタン・モネスティエ『図説食人全書』（モネスティエ 二〇〇一［2000］）を挙げねばなるまい。著者はフランスのジャーナリスト・作家で、他にも死刑・自殺・排泄・奇形・決闘などについての書物を出している。原著は『カニバルたち——過去と現代の食人、その歴史と謎』（*Monestier, Martin, Cannibales: Histoires et bizarreries de l'anthropophagie hier et aujourd'hui*）というらしいが、筆者は未見である。

ニューギニア高地
フォレ族のクールー

ニューギニア高地フォレ族のクールーと呼ばれる伝染病は、痙攣や震えを特徴とし、これが九カ月ほど続いた後、ついには起居・飲食もできなくなり、死に至る。はじめは遺伝や環境内の毒性物質が疑われたが、フォレ族の族内食人、とくに脳内の悪性タンパク質プリオンにもとづくと判明した。クールーに罹患するのは主に女性や子供だったが、彼らは社会的に低階層のため、脳を食べる場合が多かったらしい。他方、フォレ族ではこの病気を「邪術」によるものと考えていた。族内食人をやめることでこの病気は消滅したが、フォレ族がそれをやめたのは刑務所に入るのがいやだったから、と説明されている。クールーは社会構造にも多大な影響を及ぼした。多くの男性が妻を失い、結果として家事や農作業に従事しなければならなくなった。

なお、米国の医学者ダニエル・カールトン・ガジュセック（Daniel Carleton Gajdusek）はこの病気の原因をフォレ族のカニバリズムと特定したことで、一九七六年にノーベル生理学・医学賞を受賞した（後に児童虐待で名声を失う）。

アレンズはクールーについて詳述したが（Arens 1979: 96-116［邦訳：一二八—一五六］）、カニバリズムとクールーは無関係と結論し、むしろヨーロッパ人との接触が密になったことがこの病気の原因、と主張した。しかしハーバーベルガー（後述）は、ヨーロッパ人には罹患例がないことなどから再反論（Haberberger 2007: 9-11）、近年の宗教人類学の教科書でも、クールーはカニバリズムが原因、と明記している（Stein and Stein 2011: 6-10）。

5 第Ⅳ期

より客観的な研究へ（二〇〇〇年代―現在）

上述のとおりアレンズ・ショック以後、しばらくは混乱したかに見えたカニバリズム研究だが、二〇〇〇年代に至って、より客観的で冷静な態度が認められるようになった。その先陣を切ったのは、『ネイチャー』誌に掲載された生理学者ジャレド・ダイアモンドの短報「カニバリズムを語る」（Diamond 2000）である。すぐれた人類文明論『銃・病原菌・鉄』の著者としても有名な彼はここで、アレンズ批判を展開した。米国西南部の九〇〇年前の遺跡から、まぎれもないカニバリズムの痕跡が発見された。それでもないと言い切れるのか、カニバリズムは「神話」だと言う論者の根拠は何なのか。そうダイアモンドは問いかけ、次の四点を考慮すべきである、と述べた。⑴西洋人のカニバリズムに対する嫌悪には、根深いものがあること。⑵そのため、宣教師や植民地行政官はかつて、カニバリズムと出会うとすぐに禁止したこと。⑶カニバリズムの証拠を持ち出す西洋人は、非西洋世界を誹謗中傷しているとして糾弾されがちなこと。⑷どの社会にも、人前でしてよい行為と、することが憚られる行為があり、カニバリズムは後者に属するため、直接の目撃記録が少ないと思われること。以上は私見によれば、真摯な問いかけであり、今後カニバリズムを研究する者が心に留めるべきポイントと思われる。

さて二〇〇三年には、異なる側面からのカニバリズム論が出た。ブカレスト大学・政治学講師であるカタリン・アヴラメスクによる『カニバリズムの思想史』（Avramescu 2003）で、初めルーマニア語で出版され、二〇〇九年に英訳が刊行された。極限状況における食人の是非、犯罪者を罰し・食することの是非、「野蛮人」の食人俗に対する反応、人間の野蛮性についての考察など、欧州の思想家・哲学者がカニバリズムとどう対峙してきたかを論じている。

次に挙げるべきは、シャーリー・リンデンバウム（ニューヨーク市立大学）の論文「カニバリズムについて考える」（Lindenbaum 2004）であろう。これが掲載された『人類学年報』誌は、人類学における主要トピックの近年の動向を広い視野からレビューする性格の学術誌で、本論文から近年の研究や現状を知ることができる。ただその主張は、かつて異国趣味と結びついて語られてきた食人俗イメージを再考する必要がある、というやや月並みなものだ。なお彼女には、先述したニューギニア高地の「クールー」に関する専著もある（Lindenbaum 1979）。リンデンバウム論文と併せ読むべきものとして、ブラウンとコンクリンの共著「カニバリズム」（Brown and Conklin 2005）がある。これは宗教学の基本事典に載った項目であり、先のレビューと同様、近年の文献情報が得られる（Brady 1996 も参照）。

二一世紀になって冷静な研究が増えたとはいうものの、アレンズの影響力はまだ残っている――たとえば、スリランカ出身の著名な人類学者ガナナート・オベーセーカラ著『カニバル・トーク――南海の人喰い神話と人身供犠』（Obeyesekere 2005）に見られるように。これは著者が一九八九―二〇〇三年に書いた論文を集めて出した本で、オセアニアにおけるカニバリズムについて、西洋からの偏見、船乗りによる噂話（つまりタイトルのカニバル・トーク、食人者の語り）という側面を強調している。執筆時点の風潮も勘案すべきではあるが、アレンズの影響が色濃い。

それに対し、より客観的な論著として、シモン・ハーバーベルガー『コロニアリズムとカニバリズム――独領ニューギニアと英領ニューギニアからの諸事例 一八八四―一九一四年』（Haberberger 2007）がある。バイロイト大学で近現代史を専攻した著者の博士論文だ（二〇〇五年提出）。序論ではまず、ブラジル・トゥピナンバの古典的事例とニューギニア・フォレ族のクールーを例としながら、アレンズの所論を批判する。そして地域・時代を限定した上で、各種の文字史料（未公刊物多数）を利用し、カニバリズムの事例とそれへの植民地行政・宣教師らの反応を解読する。ソロモン諸島北部・ニッサン島では自らインタビューを行い、一九〇七年に起きた事件の記憶がいまだ鮮明に語られていることを詳述している。

日本でも、食人論について手堅い論著が相継いでいる。たとえば奈良高校教諭で、中国民間伝承研究の第一人者たる斧原孝守《おのはらたかし》「中国西南少数民族の食屍伝承——東アジアの族内食人俗との関連」（斧原 二〇〇七）がそうした一例だ。これは、中国少数民族を対象に、民間伝承の側面から食屍問題を扱うことで、新境地を開いた独創的な論文である。今後進めるべき研究方向の一つが示されている。

ほかに日本の、とくに先史時代における食人研究史のレビューとして、鈴木高史「日本国内における食人研究」（鈴木 二〇〇九）がある。

さてフランスでは、野心的なカニバリズム論が出版された。マルセイユのノルベール・エリアス研究所（CNRS）に所属する研究者ジョルジュ・ギーユ゠エスキュレ著『他者《ひと》を食う人間《ひと》——文明と食人』（Guille-Escuret 2012b）である。『カニバリズムの比較社会学』と題された三部作（一『アフリカにおける犠牲と捕虜』、二『アジア・オセアニアにおける他者の摂取』、三『アメリカにおける親愛なる敵と多義なる吸収』。Guille-Escuret 2010, 2012a, 2013）にもとづき、自民族中心主義の表現としての食人俗論という、思想史的検討を展開している。ただし、シュタインメッツは引いているものの、アンドレーを無視し、フォルハルトについては、ドイツ語圏のカニバリズム研究で「最もよく知られた参考書」だが「人種差別的と非難されることは稀とはいえ、評判はよくない」と一刀両断しており（p. 83）、疑問が残る。

さて、日本における食屍習俗については、前述した吉岡郁夫の論文（吉岡 一九九二）のほか、国分直一『日本民族文化の研究』（国分 一九七〇：四四八―四五五）、同著『環シナ海民族文化考』（国分 一九七六：二八一―二八七）、飯島吉晴「骨こぶり習俗」（飯島 一九八四）、井之口章次「骨かみについて」（井之口 一九八五）など、すでに先行研究が存在していたが、急逝した近藤雅樹による「現代日本の食屍習俗について」（近藤 二〇一二）が発表された。火葬後、近親者が集まり、遺骨を粉にするなどして服用する日本国内各地（兵庫県淡路島南部、愛媛県越智郡大島、愛知県三河地方西部ほか）の習俗についての最新の論考である。著者によれば、「近親者による食屍は、アブノーマルなことに思われる。しかし、長寿を全うした者、崇敬を集めていた人物が被食対象となっていることからは、死者の卓越した生命力や能力にあやかろうとする素朴な思いが反映していることを認めることができる。最愛の遺骨をかむことに対しても、愛惜の感情が表明されている。これらの行為は、素朴な人間感情の表出であると考えてよい」（三九五頁）。筆者も同感である。

日本の骨かみ

以上の諸研究から、日本での「骨かみ」「骨こぶり」についていくつかの例を挙げてみたい。早期の記録で、田代安定「沖縄県八重山列島見聞余録」（田代 一八九〇、礫川編 一九九七：七〇―七八再録）によると、西表島干立《ほしだて》村（竹富町）では、昔、人が死ぬと、みな寄り集まって、頭、手、背、脚などどこでも割いて食い散らしていた。それを慶田城《けだぐすく》という人が厳しく諌めてからなくなった、と伝えられていた、という。

次に沖縄学の父・伊波普猷《いはふゆう》『をなり神の島』によれば、「〔……〕こういう民間伝承がある。昔は死人があると、親類縁者が集って、その肉を食った。後世になって、この風習を改めて、人肉の代りに豚肉を食うようになったが、今日でも近い親類のことを真肉親類《マッシ、オエカ》といい、遠い親類のことを脂肪親類《ブトブトーオエカ》というのは、こういうところから来た云々」（伊波 一九三八：三七）。

この問題に精力的に取り組んだのは、考古学者・民族学者の国分直一である。それによると、池間、新里両氏の『与那国島誌』には、石垣島では親類のものに死者が出たことを老人に告げると「アンスカ、ムム、フィリンサカメ」（それでは股たべられるね）と答えたものであるといっている。宮古島にも今なお「葬儀に行こう」という代りに「骨噛りに行こう」という言葉が遺っているという。石垣島では「葬式に行くか」という代りに「プッオイナ、ハラヌ」（人喰いにゆくか）と挨拶するという（石垣島大浜寛行氏による）。喜舎場永珣氏は、石垣島でも「プッカンナ・ハラ」ともいうと語られた。「人噛みに行こう」の意である。大分県の伊佐で、葬式の手伝いにゆくことを「骨こぶり」にゆくといい、対馬でも「骨こぶり」という言葉が用いられる。下関市吉見・彦島・内日では、葬儀に際して、親類たちは「ホネカミ」または「ホネカジリ」とよばれる行事を行なう。こげた飯をかじる行事である（吉見町津森一衛氏、内日小学校伊東照雄氏の御教示による）。なお、伊東照雄氏の御教示によると、下関市安岡・小野・高道・勝山等の地区では、葬儀の際、「骨噛み」と称して、小豆を噛む所があるという。山口県豊浦郡豊浦町涌田では、火葬の灰をなめると夏やせしないとされている（涌田大田用太郎氏談）。父の灰も母の灰もなめたから、父も母も自分の中にいるという自覚をもっている青年のいることを、豊浦町川棚の新城祐吉氏は教示された。折口〔信夫〕博士は「食人習俗の近親の肉を腹に納めるのは之を自己の中に生かそうとする所から、深い過去の宗教心理がうかゞはれるのである」といわれている〔折口 一九五二：三六三〕。現存の「骨かみ」「骨こぶり」などの言葉や行事、葬儀の際、牛肉や豚肉の肉片をわかつ南島現行の習俗の中には、折口博士の指摘されたような心理からくる、食屍肉習俗が先行していたものであろうか。〔国分 一九七〇：四四八―四四九〕

そして国分はさらに、別の例も挙げている。

ごく最近、宮本常一氏が西下されたので、「骨噛み」についてお聞きした所、氏の御郷里である山口県大島ではあったといわれた。氏の祖父がなくなられた時、火葬の骨を叔父に当る人が噛んだが、氏は噛まなかったと語られた。その思想について、「去っていったものと一体になろうとする思想がかくれているのではないでしょうか」とおたずねすると、同感であるといわれた。〔……〕台湾の民族学者劉茂源氏によると、台湾にも相似の表現があるという。即ち、葬式にいくことを「吃相合肉《チァサァカッバァ》（三角肉）」とも、「吃腐肉《チァヌァバァ》」ともいったと教示された。南琉球における例と相応するもので、聞きすてにするわけにはいかない重要な意味がかくれているようにも思われる。〔……〕「骨噛み」について、偏見をもって立ちむかわないなら、資料は次第に増加するであろう。（国分 一九七六：二八四、二八六）

傾聴すべき見解である。また若狭で注目すべき研究を展開している民俗学者・金田久璋の実体験によると、

> 父は四十一歳で他界した。四十三年まえの焼き場の骨ひろいの光景が、今だに眼の奥に鮮明に焼きついている。葬式の翌朝、六親眷族があいつどって、余熱ののこる灰をかきだして骨をひろい、竹の箸で渡し箸をしていると、遠縁にあたる男が進み出て、石灰状になった脳みそをひとつまみ口に入れのみこんだ。自分は極道者だから、利口なひとの骨でもたべてあやからせてもらう、というのである。
> 　小学二年生になったばかりの少年には、この情景は目をおおいたくなるような異常な体験であった。目のまえで父の死体の一部が縁者に食われている、という異和感にうちふるえ、その男をはげしく憎悪した。
> 　もっともこの骨がみの習俗は、決して異常な葬送儀礼ということではない。〔……〕これらの事例は、かつて日本でもカニバリズム（人肉食）が葬送儀礼として行われていたことを物語っていよう。（金田 二〇〇七：二四）

今後、こうした冷静かつ客観的な態度で、日本におけるカニバリズムの実態が明らかにされることを望みたい。

6　むすび

　カニバリズム研究史は、我々に何を教えてくれるのだろうか。筆者の考えでは、それはまずもって、偏見から自由になることの大切さであろう。つまり、オリエンタリズム、エキゾティシズム、エスノセントリズムといった偏見を前提とするのではなく、他方でその裏返しとして食人俗を否定し去るのでもなく、冷静に資料を再検討する必要があると思われる。肉食という行為は人間の感情に直接訴えてくるものであるからこそ、そうした自分自身のバイアスを、冷静に見つめることが要求されるのだ。でなければ単なる感情論で終わってしまいかねない――「あいつらは残酷だ」「なんて野蛮な」「正気の沙汰とは思えない」などなど、似た暴言は今なお繰り返されている。

　その際、カニバリズムをひとくくりに扱うのではなく、先人の研究から学びつつ、性格の異なるいくつかの形態に分けて、丁寧に見てゆくことも重要だろう。そしてまた、時代や地域を限定することで、緻密な成果が生まれる可能性がある。ハーバーベルガーの研究はそうした先駆的なものと位置づけられる。しかしそれとともに、時代・地域を縦断・横断することで見えてくるものもあるだろう。日本の骨かみと南米の骨灰食人も魅力的な比較テーマである。いずれにせよ、人類学における従来の諸議論をきちんと踏まえて、将来のカニバリズム研究は進められるべきであろう。

引用文献

飯島吉晴
　一九八四「骨こぶり習俗」『日本民俗学』一五四号：六―一四。
井之口章次
　一九八五「骨かみについて」『日本民俗学』一五七、一五八号：四四―四五。
伊波普猷
　一九七三［一九三八］『をなり神の島』1、東洋文庫、東京：平凡社。
斧原孝守
　二〇〇七「中国西南少数民族の食屍伝承――東アジアの族内食人俗との関連」『説話・伝承学』一五号：九二―一〇八。
折口信夫
　一九七六［一九五二］「民族史観における他界観念」『民俗学篇』2、中公文庫（折口信夫全集第一六巻）、東京：中央公論社、三〇九―三六六頁。
金田久璋
　二〇〇七『あどうがたり――若狭と越前の民俗世界』福井：福井新聞社。
礫川全次編
　一九九七『人喰いの民俗学』歴史民俗学資料叢書2、東京：批評社。
国分直一
　一九七〇『日本民族文化の研究』考古民俗叢書7、東京：慶友社。
　一九七六『環シナ海民族文化考』考古民俗叢書15、東京：慶友社。
近藤雅樹
　二〇一二「現代日本の食屍習俗について」『国立民族学博物館研究報告』三六巻三号：三九五―四〇七。
桑原隲蔵

一九六八［一九二四］「支那人間に於ける食人肉の風習」『桑原隲蔵全集』第二巻、東京：岩波書店、一五三―二〇五頁。
篠田八郎
一九六八『喰人族の世界』東京：大陸書房。
鈴木高史
二〇〇九「日本国内における食人研究」東海大学文学部考古学研究室編『日々の考古学』2、東京：六一書房、三三五―三四八頁。
田代安定
一八九〇「沖縄県八重山列島見聞余録」『東京人類学会雑誌』五二号：三〇八―三一五。
寺石正路
一九一五『食人風俗志』東京：東京堂書店。
弘末雅士
一九九九「ヨーロッパ人の調査活動と介在者の『食人』文化の創造」『史苑』六〇巻一号：八四―一〇〇。
二〇〇四『東南アジアの港市世界――地域社会の形成と世界秩序』世界歴史選書、東京：岩波書店。
二〇一四『人喰いの社会史――カンニバリズムの語りと異文化共存』東京：山川出版社。
穂積陳重
一九一五『隠居論』東京：有斐閣書房。
ポーロ、マルコ
二〇〇〇［1299頃?］『完訳 東方見聞記』全二冊、愛宕松男訳、平凡社ライブラリー、東京：平凡社。
マリナー、ブライアン
一九九三［1992］『カニバリズム――最後のタブー』平石律子訳、東京：青弓社。
モース、E・S
一九八三［1879］『大森貝塚　付関連史料』近藤義郎・佐原真編訳、岩波文庫、東京：岩波書店。
モネスティエ、マルタン
二〇〇一［2000］『図説 食人全書』大塚宏子訳、東京：原書房。
モンテーニュ

一九六五―六七［1580］『エセー』全六巻、原二郎訳、岩波文庫、東京：岩波書店。

吉岡郁夫

一九八九『身体の文化人類学――身体変工と食人』東京：雄山閣。

一九九二「医療としての食人――日本と中国の比較」『比較民俗研究』五号：二二一―二三五。

Abler, T. S.

1980 Iroquois Cannibalism: Fact not Fiction. *Ethnohistory* 27 (4): 309-316.

Andree, R.

1887 *Die Anthropophagie. Eine ethnographische Studie.* Leipzig: Verlag von Veit & Comp.

Arens, W.

1979 *The Man-Eating Myth: Anthropology and Anthropophagy.* Oxford: Oxford University Press.（W・アレンズ『人喰いの神話――人類学とカニバリズム』折島正司訳、東京：岩波書店、一九八二年）

1998 Rethinking Anthropophagy. In F. Barker, P. Hulme and M. Iversen (eds.) *Cannibalism and the Colonial World.* (Cultural Margins) Cambridge: Cambridge University Press, pp. 39-62, 262-265.

Avramescu, C.

2009［2003］ *An Intellectual History of Cannibalism.* Translated by A. I. Blyth. Princeton: Princeton University Press.

Brady, I.

1996 Cannibalism. In D. Levinson and M. Ember (eds.) *Encyclopedia of Cultural Anthropology* 1: 163-167.

Brown, P. and **B. A. Conklin**

2005 Cannibalism. In L. Jones (ed.) *Encyclopedia of Religion,* 2nd ed., Vol. 3. Detroit: Thomson Gale, pp. 1402-1405.

Diamond, J. M.

2000 Talk of Cannibalism. *Nature* 407: 25-26.

Forster, G.

1983［1778-80］ *Reise um die Welt.* Hrsg. von Gerhard Steiner. (insel taschenbuch; 757). Frankfurt a.M.: Insel Verlag.（G・フォルスター『世界周航記』上・下、三島憲一・山本尤訳、一七・一八世紀大旅行記叢書、第Ⅱ期七・八巻、東京：岩波書店、二〇〇二―〇三年）

Forsyth, D. W.

1983 The Beginnings of Brazilian Anthropology: Jesuits and Tupinamba Cannibalism. *Journal of Anthropological Research* 39 (1): 147-178.

1985 Three Cheers for Hans Staden: The Case for Brazilian Cannibalism. *Ethnohistory* 32 (1): 17-36.

Guille-Escuret, G.

2010 *Proies et captifs en Afrique*. (Sociologie comparée du cannibalisme; 1). Paris: Presses Universitaires de France.

2012a *La consommation d'autrui en Asie et en Océanie*. (Sociologie comparée du cannibalisme; 2). Paris: Presses Universitaires de France.

2012b *Les mangeurs d'autres. Civilisation et cannibalisme*. (Cahiers de L'Homme; 41). Paris: Éditions de l'École des hautes études en sciences sociales.

2013 *Ennemis intimes et absorptions équivoques en Amérique*. (Sociologie comparée du cannibalisme; 3). Paris: Presses Universitaires de France.

Haberberger, S.

2007 *Kolonialismus und Kannibalismus. Fälle aus Deutsch-Neuguinea und Britisch-Neuguinea 1884-1914*. (Quellen und Forschungen zur Südsee; Reihe B: Forschungen; 3). Wiesbaden: Harrassowitz Verlag.

Harris, M.

1991 [1977] *Cannibals and Kings: The Origins of Cultures*. New York: Vintage Books.（M・ハリス『ヒトはなぜヒトを食べたか――生態人類学から見た文化の起源』改版、鈴木洋一訳、ハヤカワ・ノンフィクション文庫、東京：早川書房、二〇〇九年）

1998 [1985] *Good to Eat: Riddles of Food and Culture*. Long Grove, Illinois: Waveland Press.（M・ハリス『食と文化の謎』板橋作美訳、岩波現代文庫、東京：岩波書店、二〇〇一年）

Heine-Geldern, R.

1923 Südostasien. In G. Buschan (Hrsg.) *Illustrierte Völkerkunde* II. Stuttgart: Strecker und Schröder, pp. 689-968, 990-1004.（ハイネ・ゲルデルン『東南アジアの民族と文化』小堀甚二訳、東京：聖紀書房、一九四二年）

De Léry, J.

1578 *Histoire d'un voyage faict en la terre du Bresil*, autrement dite Amerique. Genève.（J・ド・レリー『ブラジル旅行記』

二宮敬訳・注、『フランスとアメリカ大陸』第二冊、大航海時代叢書、第二期二〇巻所収、東京：岩波書店、一九八七年、三一—三六五頁）

Lindenbaum, S.

1979 *Kuru Society: Disease and Danger in the New Guinea Highlands*. (Explorations in World Ethnology). Palo Alto, California: Mayfield Publishing.

2004 Thinking about Cannibalism. *Annual Review of Anthropology* 33: 475-498.

Minakata, K.

1975 [1903] The Traces of Cannibalism in the Japanese Records. Collated and edited by S. Iwamura.『日記・年譜・著述目録・総索引』『南方熊楠全集』別巻第二所収、東京：平凡社、二四三—二五〇頁（「日本の記録にみえる食人の痕跡」松居竜五訳・解説、飯倉照平監修『南方熊楠英文論考［ネイチャー］誌篇』東京：集英社、二〇〇五年、二七九—二九七頁）

Myscofski, C. A.

2007-08 Imagining Cannibals: European Encounters with Native Brazilian Women. *History of Religions* 47 (2-3): 142-155.

Obeyesekere, G.

2005 *Cannibal Talk: The Man-Eating-Myth and Human Sacrifice in the South Seas*. Berkeley: University of California Press.

Peter-Röcher, H.

1998 *Mythos Menschenfresser. Ein Blick in die Kochtöpfe der Kannibalen*. (Beck'sche Reihe; 1262). München: C. H. Beck.

Sanday, P. R.

1986 *Divine Hunger: Cannibalism as a Cultural System*. Cambridge: Cambridge University Press.（P・R・サンデイ『聖なる飢餓——カニバリズムの文化人類学』中山元訳、東京：青弓社、一九九五年）

Spiel, C.

1974 [1972] *Menschen essen Menschen. Die Welt der Kannibalen*. Überarbeitete Ausg. Frankfurt a.M.: Fischer Taschenbuch Verlag.（C・シュピール『食人の世界史』関楠生訳、東京：講談社、一九七四年）

Staden, H.

1557 *Wahrhaftige Historia und Beschreibung einer Landschaft der wilden, nackten, grimmigen Menschenfresser, in der Neuen Welt Amerika gelegen*. Marburg.（H・スターデン『蛮界抑留記——原始ブラジル漂流記録』西原亨訳、東京：帝国

書院、一九六一年）

Stein, R. L. and P. L. Stein

2011 *The Anthropology of Religion, Magic, and Witchcraft*, 3rd ed. Boston: Prentice Hall.

Steinmetz, S. R.

1928 [1895] Endokannibalismus. In *Gesammelte kleinere Schriften zur Ethnologie und Soziologie* I. Groningen: P. Noordhoff, pp. 132-271.

Thevet, A.

1557 *Les Singularitez de la France Antarctique, autrement nommée Amerique, & de plusieurs Terres & Isles decouvertes de notre temps*. Paris.（A・テヴェ『南極フランス異聞』山本顕一訳・注、『フランスとアメリカ大陸』第一冊、大航海時代叢書、第二期一九巻所収、東京：岩波書店、一九八二年、一五七－五〇一頁）

Traphagan, J. W.

2008 Embodiment, Ritual Incorporation, and Cannibalism among the Iroquoians after 1300 c.e. *Journal of Ritual Studies* 22 (2): 1-12.

Villeneuve, R.

1973 [1965] *Le cannibalisme: Mesures et démesures de l'anthropophagie*. (Bibliothèque Marabout; 426). Verviers, Belgique: Editions Gérard.

Volhard, E.

1939 *Kannibalismus*. (Studien zur Kulturkunde; 5). Stuttgart: Strecker und Schröder.

Zerries, O.

1960 El endocanibalismo en la América del Sur. *Revista do Museu Paulista*, n. s., 12: 125-175.

第12章　肉食行為の心理学

大森美香

1　はじめに

筆者は心理学、特に健康心理学と臨床心理学を専門としている。高校生や大学生の女性は、なぜ痩せたがり、ダイエットに走るのか。無理なダイエットを抑制する要因はないのか。健康に悪いとわかっていながらなぜタバコを吸うのか、ジャンクな食べ物を食べるのか。このような観点から、現代に生きる人々の健康に関する意識や行動について扱っていると、何を食べて何を食べないのかの志向や行動が、健康に関する態度や信念を反映することがみえてくる。

本書の他章の筆者の先生方がご専門とされる、人類学や考古学または歴史学の領域が、「人類」という長い時間軸のなかの人々の営みを扱うのに対し、心理学は「今の時代に生きる人間」の認知・感情・行為を扱う。人類の歴史のなかで培われてきた〝肉食〟（動物の肉を食べること）は、心理学ではどのような切り口で研究されているのか。肉を食べるか食べないか。選択の背景には、どのような心理的プロセスがあるのか。本稿は、このような問いから出発している。

そもそも、肉食に関する心理学的研究などあるのだろうか。心理学の学術文献データベースとして世界最大規模のPsycINFOには、心理学や周辺領域の研究論文が網羅されており、まずはこの文献データベースで先行研究を探し出すことにした。"meatconsumption," "human" のキーワードを入力してみたところ、一三五件がヒットした。最も古いものが、一九九三年掲載の "Current attitudes and future influences on meat consumption in the U.K." (Richardson et al. 1993) と題された論文である。ベジタリアンという食スタイルが一九九〇年代ごろから定着したことを考えると、肉食に関する研究として最も古いと思われるものが一九九三年の公刊というのも符合する。PsycINFOの本格的な学術論文のカバーは一八八〇年以降であり、現在カバーされているジャーナルは二五〇〇以上、文献数は三九〇〇万件以上とのことである。このことからも、肉食に関する関心がいかに新しく未だ蓄積途中のトピックであるかがわかる。

本稿ではまず、食行動が心理学のなかでどのように理解されているか、特にその社会的側面について概観する。次に、〝肉食〟にはどのような心理社会的プロセスが関与しているのかについて、周辺領域も含めて先行研究をレビューしてみたい。

食べる行為の心理学

「食べる」行為は、いうまでもなく極めて日常的な営みである。いつ何をどれだけ食べるか、ほとんど意識することなく三度の食事を済ませる人もいるかもしれない。一方、何らかの理由で、食事の時間や内容に注意を払わざるを得ない人もいる。肉を食べることについても、ただ好きという理由で毎日肉を存分に食べる人がいる一方、健康上あるいは宗教上の理由で、特定の動物の肉を意図的に食べない人もいる。心理学的に、「食べる」行為はどのように選択され、決定されるのだろうか。

食行動に関連する生物学的基盤

近年の心理学では、我々の行為は、生物学的要因（遺伝や神経心理学的基盤）、心理的要因（パーソナリティや考え方の特徴）、社会的要因（社会文化的規範や対人関係）によって決まるという、生物心理社会的考え方に基づいている。「食べる」行為もまた例外ではなく、生物学的・心理的・社会的要因により決定されると考えられている。その最も基本的な側面は、「空腹を満たす」ということだろう。

我々は空腹をどのように感じるのか。「おなかがすいたら食べる」、「満腹になったら食べるのをやめる」ことにはどのようなメカニズムがかかわっているのか。「食べる」行為の生物学的基盤の解明はこのような疑問から始まった。空腹感にかかわる生物学的要因について、古くは、ウォルター・キャノンとＡ・Ｌ・ウォッシュバーンが唱えた胃収縮説がある（Cannon and Washburn 1912）。それは、空腹時の胃の収縮が空腹感を喚起し「食べる」行為を動機づけるというものであった。現在は、食行動の脳神経基盤が解明され、空腹感の始まりと終わりには、脳の視床下部腹内側核（ＶＭＨ）と視床下部外側野（ＬＨ）が直接かかわるとの中枢説が、広く受け入れられている。摂食による血糖値の上昇をうけ、視床下部腹内側核の神経細胞が興奮し〝満腹信号〟が発信されると、摂食が停止する。時間が過ぎるにつれ血糖値が下降すると、それを察知した視床下部外側野が賦活し〝空腹信号〟が発信され、摂食が開始されるというものである。

食行動の形成と社会的かかわり

食行動についての空腹感と満腹感の生物的基盤が、中枢説によって説明される一方、人間ならではの「何を食べるか」という食物選択はどのように規定されているのだろうか。

我々人間の〝食べる行為〟は、多くの場合、〝食事〟として他者とのかかわりをもつ。子どもの発達過程において、養育者は子どもが何をどのように食べるか働きかけ、子どもの食物選択の形成にとって重要な役割を果たす（上野 二〇〇六）。ごくあたりまえのことのようにも思えるが、これは人間に特徴的なことのようである。

人間に近い霊長類の母親が子どもの食事に働きかける様子について、上野有里は次のように紹介している（上野二〇〇六）。ニホンザルの子どもは生後数ヶ月を母親のそばで過ごす。子どもは、母親が食べるものに注意を向け、母親の食べ物を取ろうとするが、母親が子どもに特定の食べ物を与えることはない。人間により近いとされるチンパンジーも、子どもが、母親が食べているものに注意を向けたり取ろうとすると、母親は子どもに食べ物を与えることはしない。ただし、チンパンジーの母親は、自分の食べ物の一部を子どもに分け与える。上野らは、チンパンジーの母親が子どもに何をどのように渡すのか詳細に観察し、次の三つのパターンを明らかにした（Ueno and Matsuzawa 2004）。

⑴　食べ物の受け渡しが、子どもがねだることから起こる。
⑵　母親が、子どもに食べ物の一部を与えることがまれにある。
⑶　母親は、自分が食べない果物の柄、たね、カスを子どもに与える。

上野は、人間の子どもの発達過程における食物経験をまとめ、ヒト以外の霊長類における母親の子どもの食物経験へのかかわり方との違いについて述べている。特に、日本の子どもについては、生後直後から八ヶ月頃まで養育者主導で食事がすすめられ、生後八ヶ月以降、徐々に子どもの自食頻度が増えていくという。子どもは、完全に自食できるようになっても、他者と直接・間接的にかかわりながら食物経験を蓄積していく。「お菓子ばかり食べてはいけません」「野菜をもっと食べなさい」など、養育者は食べる対象、量、タイミング、食事のしかたについてコントロールするのである。つまり、我々が食事として何をいつ食べるのかの習慣の形成には、発達早期の養育者の働きかけが重要であることが、示唆されている。

食べ物の好み

人間の子どもの食物摂取の学習過程に養育者が一役かう一方、いつの間にか子どもの好き嫌いが形成されていく。社会心理者のロバート・ザイアンスは、特定の対象に対する暴露が選好（好み）を決定すると説明し、〝単純暴露の効果〟と呼んだ（Zajonc 1968）。

ザイアンス以降、食べ物の好みの形成にも特定の食べ物に対する暴露が関与していると考えられてきた。食べ物の好みが、単純暴露の効果によるものなのかどうかが、さまざまな研究で実証されている。例えば、パトリシア・プリナーは、特定の食べ物の摂取回数と好みの関係を明らかにするため、被験者にとって新奇な味（南国フルーツの味）のジュースを用いた実験を行った（Pliner 1982）。被験者は三種類のジュースをそれぞれ、二〇、一〇、五、〇杯味見をした後、同じ味を含む四種類のジュースを飲み、好みの評定を行った。最も好まれたのは、はじめに二〇杯飲まされたジュースであり、一〇杯、五杯飲まされたジュースが続き、事前に飲んでいなかったジュースに対する好みは最も低かった。

プリナーの実験は、特定の食べ物を食べる経験の積み重ねが、それを好きになることを証明したともいえる。ある文化のなかで、幼少期から特定の食べ物に触れることで、その食べ物を好むようになることは、このようなメカニズムで説明されるのかもしれない。

食行動と社会的規範の内在化

何をどれだけ食べるか食べないかは、ダイエットや摂食障害の問題にも関連する。思春期から青年期の女子の極端なダイエットは、将来的な健康問題や摂食障害に発展する可能性もあり、その行動の形成メカニズムを明らかにする必要がある。

摂食障害の問題が欧米諸国やアジア先進国で増加した背景には、女性は痩せていることをよしとする痩身理想があるとされている。雑誌やテレビ、インターネットの広告モデルなど、理想化された痩せた体型を目にすることにより、痩せていることは良いことという社会の規範が個人のなかにとりこまれる（内在化）。その結果、痩せ願望が強くなり不必要なダイエットを行うようになると考えられている。

このような痩身理想の内在化が、家族のなかでどのように起こるのか。特に母親自身の痩せを理想とする態度が、子どもの痩せ願望にどのように影響するのか。このような問いに答えるため、筆者らは小学生三七三名（女子一七五名、男子一九八名）とその母親二〇七名[1]を対象に調査を行った（Yamazaki and Omori 2016）。母親の痩身理想の内在化は、母親と子どもの体型に対する態度の子どもの認知、最終的には子どもの痩せ願望に影響を与えるとの仮説は、女子に対して支持された。母親が痩せをよしとする社会的規範を取り入れていると、思春期の女子は母親自身の痩せに対する態度や、母親が子どもに痩せたほうがよいというメッセージを発信していると認知し、痩せ願望が強くなるという結果が得られた。この結果は、子どもが社会的規範を取り入れるにあたって、母親が子どもの社会化のエージェントとして機能することを示している。

「食欲は本能」といわれるが、実際の食行動には空腹感と満腹感を司る生物学的脳神経基盤が、食べ物の選択には社会的規範の内在化の要因が関連していることが明らかになっているといえる。本書のメインテーマは肉食であるが、肉を食べるか否かにはどのような社会的規範と行動が関連しているのか、次節以降で検討していく。

2 肉食をめぐる規範

近年、肉汁したたるビーフステーキは必ずしも歓迎されない。肉食、特に赤身の肉をやめ、菜食に転じる人も多い。国際学会の食事メニューには、必ずといってよいほどベジタリアンの選択肢が用意され、会食設定時のベジタリアン有無の確認は必須である。

肉食回避や植物性食品中心の食事への転向支持の高まりには、食肉生産をめぐる環境への影響や動物の苦痛、（特に）赤身肉による健康への影響に対する注目の高まりがある。過剰な肉食は、公衆衛生においては心疾患やがんのリスクであり、環境においては悪影響とする報告がなされている。ＦＡＯ（国際連合食糧農業機関）は、**Livestock's Long Shadow**（2006）と題した報告書で、家畜が、温室効果ガス排出や水資源の利用に影響を与えていると報告している。また、ドイツ『シュピーゲル』誌の「食肉と温暖化——気候を直撃する肉牛（原題：Meat's Contribution to Global Warming: "The Cow Is a Climate Bomb"）」と題した記事では、牛が排出するメタンガスが二酸化炭素の二三倍の温室効果をもつと警告している（Schiessl and Schwägerl 2008）。記事では、Foodwatch[2]による、温室効果ガスにおける肉食の影響の報告を紹介している。この資料は、ドイツ人の平均的な肉食量を車の走行距離

（BMW 118d の 119g CO_2/km）に換算した肉食の温室効果を紹介し、極端な菜食主義者（ビーガン）、一般的なベジタリアン、肉食者の肉食による温室効果の比較を行っている。これによると、ビーガンが六二九キロメートルであるのに対し、一般的肉食者は四七五八キロメートルであり、肉食者はビーガンの七倍以上の温室効果をもたらすことが明らかになった。

このように、肉を食べることが、個人的問題のみならず社会的環境問題に発展することを示唆する報告がなされ、肉を食べるか否かに関連する、思想、信念、態度への着目が高まることとなった。特に、欧米諸国において、肉を食べるかどうかが個人の好みを超えて環境や動物の福祉に対する価値観の表出となりつつあるように思われる。個人の好みが価値観に転換されるプロセスは、「道徳化（moralization）」と呼ばれており（Rozin et al. 1997）、その好例が喫煙である。喫煙は、もともとは個人のスタイル、選好された行動とみなされていた。しかし、受動喫煙による他者への影響が問題視されるなかで、非道徳的な行為とみなされるようになり、他者への配慮の観点からも喫煙はやめるべきとの価値が生じるようになった。肉食についても、好きだから食べる、嫌いだから食べないという個人の好みやスタイルから、環境保護や動物福祉の観点から肉食を回避すべきという価値や道徳観へと転換されたといえ、まさに道徳化といってよいだろう。

次節では、肉食や菜食に対するイメージや態度、これらの要因と肉食の関連性についての研究を概観する。

肉食回避をめぐる
信念・態度・イデオロギー

そもそも一般的には、何が〝肉 meat〟と認識されるのか。近年の肉食回避の影響があるならば、肉とみなされるものは回避されると考えられる。肉食のとらえ方と実際の肉食の関連についての研究の先駆けは、リチャードソンらによる調査研究であろう（Richardson et al. 1994）。リチャードソンらは、イギリスの一般人口から抽出された一〇四六名を対象に、牛肉、仔羊、臓物、ソーセージ、乳製品、ベーコン、鶏肉、豚肉、魚肉、卵、ハンバーガーについて、それぞれどの程度〝肉 meat〟とみなされるのか評定を求めた。その結果、〝肉 meat〟とみなされる度合いは、牛肉、仔羊、豚肉、ベーコン、鶏肉の順番であった。リチャードソンの仮説は、肉とみなされているものほど食べることが回避されるというものであったが、回避されていたのは、臓物、乳製品、仔羊、貝類であり、必ずしも〝肉〟ではなかった。[3]

その後も、さまざまな属性をもつ人々を対象に、肉を食べることに対する態度や信念と実際の肉食の関連を探索した研究が行われている（Kayser et al. 2013; Lindeman and Sirelius 2001; Richardson et al. 1993, 1994; Rozin et al. 1997）。肉食を回避する食スタイルとしては、極端な菜食を意味するビーガン、より緩やかなベジタリアンに加え、良心的雑食がある。ハンク・ロスガーバーによれば、良心的雑食者は菜食主義者に比べ、自分自身の食事スタイルの遵守の認識や工場飼育の肉を嫌悪する度合いが低く、肉の味、ニオイ、外見を好意的に評価し、集団アイデンティティが低い（Rothgerber 2015a）。ただし、良心的雑食をベジタリアンや肉食者と区別したカテゴリーとして扱った実証研究は多くないため、本節では、肉食回避の食スタイルとして主にビーガンやベジタリアンを対象とする。

カイザーらは、九九〇名のドイツ人を対象に、肉食の程度が低い人々、平均的な人々、高い人々の肉食に対する信念や態度を調査した（Kayser et al. 2013）。調査対象者は、食事全体に占める肉の割合で三群に分類され（肉食低群：食事に占める肉の割合が一二パーセント以下／平均的肉食群：肉の割合が一三—二四パーセント／肉食高群：肉の割合が二四パーセント以上）、比較された。肉食低群は、他の二つのグループに比べて、家禽肉を多く食べたが豚肉は少なかったが、興味深いことに、牛肉、羊、ジビエを食べる度合いに統計的に有意な差はなかった。肉食の影響に対する懸念としては、肉食低群が、健康や体型、環境や動物の扱いについて最も高い懸念をもつことが明らかになり、食スタイルと肉食に対する信念・態度の関係が確認されたことになる。

マルヤナ・リンデマンとミンナ・シレリウスは、フィンランド人を対象に食物選択の際の思想（イデオロギー）と日常的な食物選択の動機と価値観および関連性を調べた（Lindeman and Sirelius 2001）。はじめに、八二名の女性に対し食物選択の動機の複数の側面についての評定を求め（例えば、動物倫理、経済、肉に対する嫌悪、環境への配慮、健康、他人の態度、宗教、個人的成長、世界飢饉）、食物選択に関するイデオロギーの抽出を行った。その結果、環境イデオロギー、健康イデオロギー、快イデオロギー、利便性イデオロギーという四つの内容が抽出された。

次の一四四名を対象にした調査では、実際の食スタイル（雑食、脂質・コレステロール回避、準ベジタリアン、ベジタリアン）と食物選択イデオロギーの関連が検討された。健康イデオロギーの得点は、脂質・コレステロールを回避している人々で最も高く、環境イデオロギーの得点は、ベジタリアン、セミベジタリアン、雑食の順で高いことが明らかになった。さらに規範主義との関連をみると、環境イデオロギーが人間主義と関連していた。これらの結果は、食物選択が、個人の哲学や思想表現として機能することを示唆している。

肉を減じ植物性食品を中心とした食事への転向をめぐる、心理社会的要因の理解の試みは、近年始まったばかりであり、未だ限定的である。グラサらは、⑴肉のイメージ、⑵肉食の影響の認識、⑶食生活の変容の理由づけが、植物性食品の選択とどのように関連するかを調べた（Graça et al. 2015）。

ポルトガルで行われたインターネット調査に、一八歳から六九歳までの四一〇名の成人が参加した。まず、肉のイメージが語彙連想課題によって測定された。語彙連想課題とは、社会的・心理的表象に関する研究で用いられる研究方法である。この研究では「肉という言葉から……について考えたり、感じたり、イメージする」、「もし、肉を食べるのをやめるよう強制されたら、私は……と感じるだろう」という項目が用意され、参加者が自分の考えを箇条書きで回答することになっていた。また、肉の影響の認識として、肉食が自然や環境、公衆衛生、動物に及ぼす影響についてという項目に対して、自由回答の形式で回答が求められた。

語彙連想課題から最終的に抽出された肉のイメージは、pleasure, food, animals, death, satiated, suffering, disgust で、肉以外の食べ物のイメージは well, sad, bad, missing something, clear conscience, indifferent, would adapt, weak というものであった。また、肉の影響についての自由回答の内容としてあげられたのは、自然や環境に対する影響（公害、枯渇、産業など）、公衆衛生上の影響（疾病、食の不安全、汚染、産業）、動物への影響（産業、悪条件、苦痛、尊厳の欠如、虐待など）があがっていた。抽出されたカテゴリーが、肉に対する感情的評価（肯定的 vs 否定的）と肉に対する感情の二つの軸に対して、どのようなまとまりがあるのかを調べたところ、次の三つのパターンが確認された。

(1) 肉に対する嫌悪と道徳的内面化が同時に起こる。
(2) 肉に対する愛着が弱く、肉食習慣を変える意図がある。
(3) 肉に対する愛着があり、習慣を変える意図が弱い。

ひとつめのパターンは、動物の苦痛や肉食の環境への影響を考慮すべきとの道徳的内面化が進むと、肉を嫌悪するようになるというものであり、前述の食物選択のイデオロギーと肉食回避が結びついたパターンであるといえる。一方で、三つ目の「肉に対する愛着があり、習慣を変える意図が弱い」というパターンでは、たとえ道徳的価値観がとりこまれたとしても、肉への愛着のために肉食を回避しないパターンが存在することを意味している。このことは、肉食を正当化するプロセスの存在を意味している。

一九九〇年代以降の肉食回避の流れがある一方、肉を食べる習慣を変えようとしない人々がいるのも事実である。前述のグラサらの研究でも、肉に対する愛着があり習慣を変える意図が弱いパターンが抽出されている。肉食擁護の背景に、四つの正当化（4Ns＝肉食は、natural, normal, necessary, and nice／自然、標準的、必要、おいしい）が提唱されている。ジャレッド・ピアッツァらは、4Nsが肉食正当化の大部分を説明することを明らかにした（Piazza et al. 2015）。具体的には、4Nsを支持する人々は、動物を客観化し、少数の動物しか道徳的関心の対象としておらず、倫理的な関心で食品選択を行わない傾向があり、動物福祉擁護活動に参加することも少ないことから、あまり動物性食品を制限せず、人間優位主義の態度を支持する傾向があると特徴づけた。さらに、4Nsを強く支持する雑食者は、動物製品に対して罪の意識をあまりもっておらず、4Nsの正当化が動物に対する罪の意識を軽減することを示唆していた。

本節では、肉食についてのイデオロギーや態度・信念と肉食回避の関連についての研究を概観するとともに、肉食正当化の傾向についても検討してきた。肉食行動は社会レベルでの影響をもたらす可能性があるとの認識が広まりつつあり、肉食回避の道徳化も進行しているようにも見られる。本稿は、肉食の是非について論じるものではないが、道徳化の観点からすれば、肉食回避には環境保全行動にも通底する心理社会的要因が関与するとも考えられる。また、その他の環境保全行動とは異なり、食には味覚や嗅覚など感覚が関与しており、これらの要因が肉食維持や回避にどのように関連するのかの実験心理学的な知見も待たれるところである。

3 ミート・パラドックス

我々の動物とのかかわりは、その肉を食べることだけではない。日常的に猫や犬などの動物をペットとして愛玩する一方で、動物の肉を日常的に食べている。我々は、動物をかわいがり保護の対象とする一方で、なぜ牛や豚の肉を食べることができるのか。この逆説は、ミート・パラドックスと呼ばれ、最近では心理学の研究対象ともされている。ミート・パラドックスの一つの解決は、肉食の完全回避であるが、動物をかわいがっている人々の多くが肉を食べているのが現実である。もう一つは、多くの人々が、動物が苦しんだり心をもつことを否定することである（Loughnan et al. 2010）。

ミート・パラドックスには、どのような心理的プロセスが関連しているのだろうか。肉食と我々の道徳規範の関係についての心理学的な研究は、近年はじまったばかりであるが、調査や実験から興味深い結果が得られている。

肉なのか動物なのか

ミート・パラドックスの葛藤はいかに解決されるか。単純には、動物に道徳的関心を向けるのをやめ、動物の苦しみを否定し、動物が苦しむことや道徳的権利を持つことを否定することであろう。

我々は、子どもの頃からの習慣として肉を食べている。物心つく頃には肉を食べることをあたりまえのこととして捉えるようになっているが、このことが動物の存在の認識にどのような影響を与えるのだろうか。スティーヴ・ロウナンらは、肉食が動物の道徳的地位や心についての認知を変えるかどうかの検証を試みた（Loughnan et al. 2010）。彼らは、実際の肉食が、動物に道徳的地位があり心をもつことの否認につながるとの仮説をたて実験を行った。実験では、肉食と動物の捉え方の関連を明らかにするため、実験的操作によって実験参加者らを〝肉食群〟と〝肉食以外の対照群〟に分類した。〝食べものの好み〟についての研究という名目で研究に参加した参加者ら（一〇八名の大学生。うち八六名が女性）は、ビーフジャーキーまたはカシューナッツの群（対照群）に、ランダムに割り当てられた。ビーフジャーキー（肉食群）またはカシューナッツを試食した後、参加者はそれぞれの味についての評価を求められた。

実験者らはその直後、もう一つの調査に参加してもらうと説明を受け、動物に対する道徳的配慮、牛の道徳的地位、精神的状態についての質問に回答した。その後、パドックにいる牛の画像が提示され、牛の感覚知覚機能（見る、聞く、痛みを感じる、恐怖、幸福感）や、知的機能（考える、望む、必要とする、意図する）、道徳的地位（例えば「この牛はどの程度道徳的扱いに値すると思うか」「この牛に危害を与えることはどの程度不快になるか」など）について評定が求められた。

ビーフジャーキーを試食した〝肉食群〟は、〝対照群〟に比べ、動物に対する道徳的関心と牛の道徳的地位を低く評価することが明らかになった。一方、動物の認知や知的機能に関する評定には統計的に有意な差がみられなかった。実験的な操作によって得られたこの知見は、人々が動物の肉を食べることで、動物全般あるいは自分たちが食べている動物への道徳的関心が下がるという因果関係を示唆している。我々は、幼い頃からの肉食の経験を蓄積することで、食肉として供される動物を道徳的扱いに値しないとみることにより、葛藤を感じることなく食することができることを裏付ける研究であるといえる。

ボイカ・ブラタノヴァらは、動物を〝食料〟と分類することで、動物の苦痛や道徳的関心についての認知が低下し、我々の葛藤が低減すると考えた（Bratanova et al. 2011）。ブラタノヴァらの実験では、研究参加者は、パプアニューギニアのキノボリカンガルーの情報を提示され、評定するよう求められた。実験操作は次のとおりである。参加者は、「キノボリカンガルーはパプアニューギニアに固有の動物であり、非常に多く生息するため絶滅の脅威にさらされたことはない動物」であるという情報を提示される。この情報に際して、各参加者は、キノボリカンガルーについて〝動物〟、〝事故死の多い動物〟、〝狩猟された肉〟、〝収集された肉〟という、意味づけの異なるフレーム条件のいずれかに割り当てられた。たとえば、キノボリカンガルーを〝動物〟とする条件では、キノボリカンガルーは、非常に多く生息しており生息数は安定していて繁殖率が高いと記述されている。〝事故死〟としてフレームづけられる条件では、キノボリカンガルーは、暴風雨の際に木に打たれ死ぬことが多い動物であるとの記述が提示される。〝狩猟された肉〟と〝収集された肉〟では、キノボリカンガルーは、パプアニューギニアの人々が一般的に食する動物であるとの情報が提示される。〝狩猟された肉〟では、調理された肉の風味と柔らかさを維持するために現地の人々が伝統的に行う調理方法の記述がある。一方、〝収集された肉〟では、パプアニューギニアの人々はキノボリカンガルーの狩猟は行わず、木に打たれて死んだキノボリカンガルーを拾って食べるという記述が提示される。各条件の参加者らは、これらの情報を読んだ後、キノボリカンガルーについて、危害を加えられたらどの程度苦しむと思うか、どの程度道徳的配慮をうけるべきかについて一—一〇の得点での評定を求められた。

キノボリカンガルーの苦痛についての推定は、〝動物〟条件で最も高く、〝事故死〟、〝狩猟された肉〟、〝収集された肉〟となった。すなわち、〝収集された肉〟とフレームされた条件では、苦痛を感じる程度が最も低いことが明らかになった。各フレーム条件間の統計的な有意差の検定からは、目立った差は得られなかったが、動物と意味づけられたか肉と意味づけられたかで、動物の苦痛についての参加者の推定には差が生じることが示唆された。すなわち、キノボリカンガルーが動物と意味づけられれば、食肉と意味づけられた場合よりも、参加者が推定する苦痛は大きいというものである。

また、キノボリカンガルーについての食肉または動物のフレームづけと、食肉か動物か、すなわち道徳的扱いの対象とするかどうかの関連については、その認識には、キノボリカンガルーの苦痛の推定が媒介することが明らかになった。食肉というフレームは動物の苦痛と負の関連があり、動物の苦痛の認知と道徳的扱いの認知には正の関係があった。食肉とフレームされると、動物の苦痛は低く推定され、このことが道徳的扱いを低く推定させることが明らかになったのである。すなわち、食肉として分類されていると、その動物の苦痛や道徳的扱いの対象としての認知度が低く、我々は知らず知らずのうちにミート・パラドックスの葛藤を回避している可能性があるのである。

「こころ」をもった存在としての動物の扱い

動物を食肉または動物と分類するかどうかが、動物の苦痛や道徳対象としての推定に関連することが示唆された。これはどのような動物にもあてはまるのだろうか。ブロック・バスティアンらは、動物のこころの認知とその動物を食べられるかどうかについての関連性を明らかにした(Bastian et al. 2012)。オーストラリアの五九名の女子大学生が、三二の動物について、一〇の心理的プロセス(飢え、恐怖、快、痛み、怒り、自己コントロール、道徳性、記憶、感情認知、計画)がどの程度備わっているか、またそれぞれの動物の食用性(その動物を食用として選択するか、求められればその動物を食するか)についての評定を行った。動物の心性と食用性の認知の関連は、図1のとおりである。犬や猫などのペット、霊長類、イルカや象などの哺乳類は、心性が高く食用性が低くプロットされている。一方、甲殻類や魚は、心性は低いが食用性は高いと認知されていた。

上述のバスティアンらの研究では、犬や猫などペットとして飼われている動物が、人間のような心性をもつと

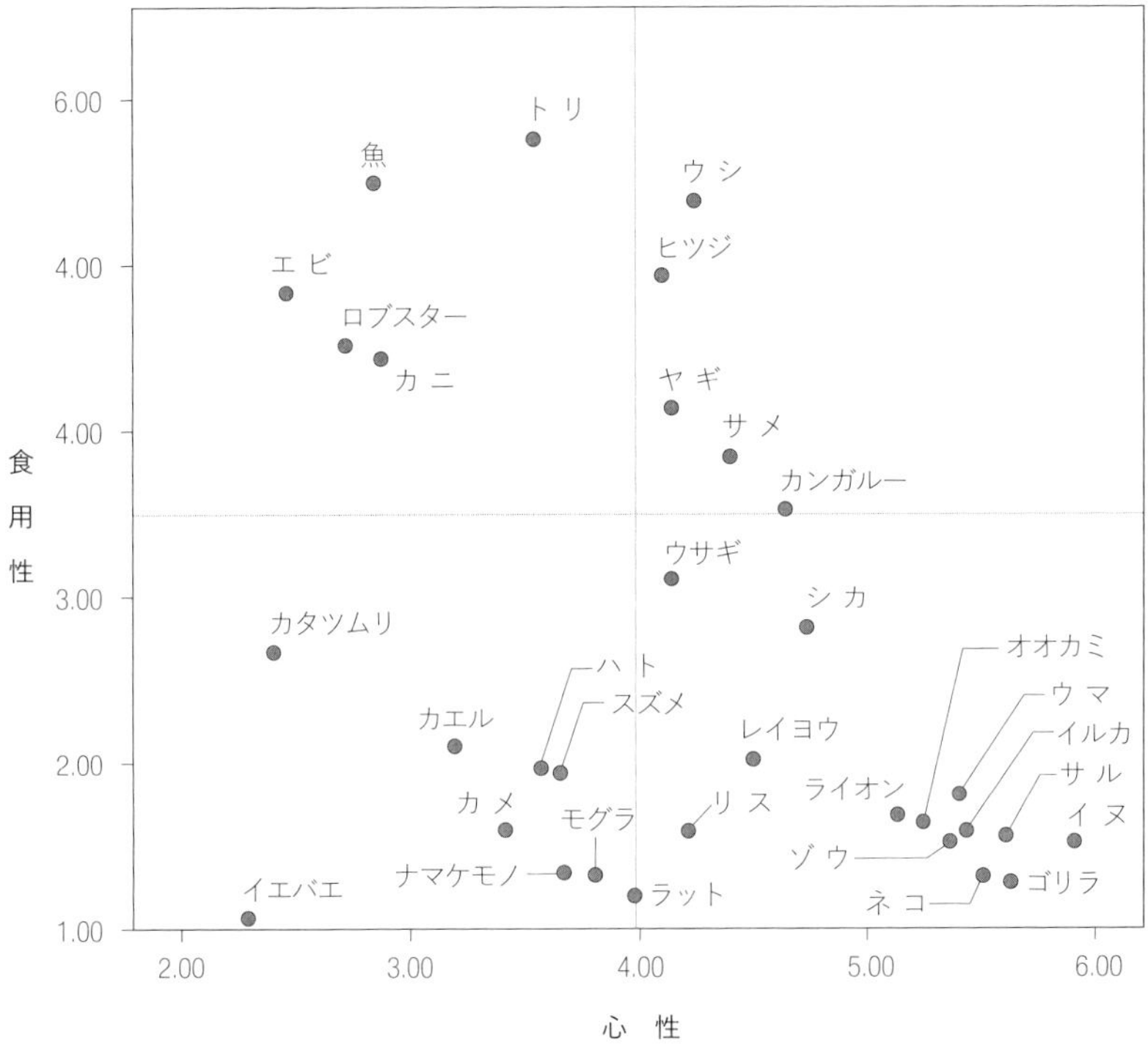

図1：各種動物の心性と食用性の関連（Bastian, B., S. Loughnan, N. Haslam, and H. R. M. Radke 2012, Figure1を改変）。

みなされることがわかった。ペットの動物には名前をつけ、家族の一員として日常生活を過ごす。ならば、ペットを飼っているまたは飼ったことがあれば、動物に対して感情移入するようになり、肉食を正当化できなくなるのではないか。ロスガーバーらは、幼少期のペット所有、ペットへの愛着、動物への感情移入、人間と動物の類似についての調査を行い、肉食回避、肉食に対する正当化との関連を検討した(Rothgerber and Mican 2014)。インターネット調査による二七三名(女性六一パーセント。うち八三パーセントがアメリカで生まれ育った者で、残り一六パーセントがインド出身。平均年齢三五・五五歳)のデータから、ペットを所有した者は所有経験のない者に比べ、ペットへの愛着が高く、人間と動物をより類似するものと考える傾向が高いことが明らかになった。一方、肉食の回避と正当化については、ペットの所有経験の有無による差はなかった。

さらに詳細な関連の分析が行われ、子どもの頃のペットに対する強い愛着と肉食の回避および正当化の影響関係に、動物に対する共感性を投入すると、愛着と回避、愛着と正当化の関係は消失し、愛着が動物に対する共感性を媒介し肉食の回避や正当化に影響することが明らかになった。言い換えると、子どもの頃にペットを所有したかどうかの単純な事実ではなく、ペットに愛着を感じ動物一般に共感性をもつことが、肉食回避や肉食に対する謝罪的な気持ちにつながるというものである。動物をこころを持つ対象とみるかどうか、子ども期のペットや動物とのかかわりの経験が影響するとも考えられる。

4 真の男はそれでも肉を食べる?

草食男子と肉食女子

「草食男子」とは、エッセイストの深澤真紀氏が、近年の若い男性が「肉」欲に淡々としている様子をあらわした造語である（深澤二〇〇九）。「草食男子」と「肉食女子」は、男は肉食という一般のステレオタイプを覆したことで、ポピュラーなコピーとなった。

誰が肉を食べるのか、食べるのをやめるのか。ここまで、肉食回避や肉食正当化と食物選択スタイルの関連についてレビューしてきた。肉食を回避し菜食に転向すべきとの主張には、肉は回避すべき〝悪い〟もので、菜食は積極的に摂取すべき〝良い〟ものという、食べ物に対する個人的分類やステレオタイプが関連する。特に肉に関するステレオタイプとして、広く認識されているのはジェンダーステレオタイプであろう（Kimura et al. 2009）。

多くの文化や社会で、肉食は、真の男らしさや権力の象徴とされ、野菜は女性の受け身の象徴とされるようである。「草食男子」「肉食女子」は、その逆だからこそ注目を浴びると考えられる。歴史を通して、複数の地域や文化で、肉は男性が食べるものと考えられてきた（cf. Adams 1990）。反対に、動物実験など動物使用に対する反対や肉食嫌悪は、女性がするものと考えられ実証されてきた（cf. Kubberød et al. 2002）。実際に、ベジタリアンの割合が女性で多いことも複数の調査から報告されている。

また、多くの社会や文化において、歴史的に女性の肉食がタブーであったり少量の肉食しか認められていない慣習があった。キャロル・J・アダムズは、『肉食という性の政治学』（アダムズ一九九四［1990］）のなかで、家父長的習慣と女性の肉食のタブーの関連を説明している。アダムズは、工業化社会の料理本を調べ、父の日のおすすめ料理はロンドンブロイル（牛肉の赤身肉。グリルして食される）だが、母の日のティータイムのおすすめ料理には肉は含まれていないとした。女性らしいおもてなし料理のおすすめとして、野菜、サラダ、スープが紹介されていると述べている。

このような肉食とジェンダーの関連に、心理学的切り口からアプローチした研究として、肉食に関するメタファーやステレオタイプを扱った研究がある。ポール・ロジンらは、西洋文化における肉と男性性の比喩的関連性を調査した（Rozin et al. 2012）。ロジンらは、ある人物について、肉をよく食べる・好むと記述された情報が呈示されると、その人物について「男性らしい」印象が高まるだろうとの仮説をたてた。その仮説を証明するため、印象形成過程に関する社会心理学の古典的な研究方法が用いられた。これはソロモン・エリオット・アッシュによって一九四〇年代に発表された手法であり、架空の人物について、その特徴をいくつかの特性を表す形容詞によって伝えてから、被験者のなかでどのような全体印象が形成されているのか推測するというものである。

五六九名の調査参加者は、ある人物についての記述を部分的に変えた八つのバージョンのうちの一つを読み（ランダムに割り当てられる）、その後、人物の印象についての一六項目を評定した。一六項目とは、魅力的でない、魅力的、積極的、能動的、肥満である、瘦せている、リベラル、保守的、男性的、女性的、冷たい、やさしい、親切、親切でない、強い、弱いである。人物についてのパラグラフは、次のようなものである。人物の記述のなかの、性別（男女二通り）と好きな食べ物の記述（四通り）の組み合わせが八通りの違いとなる。

ジョン／リサは一九歳で、ペンシルベニア大学の二年生です。彼／彼女は、ワシントンD.C.郊外の出身で政治学を専攻しています。ジョン／リサには、男女にかかわらず多くの友人がいて、週末彼らと出かけるのを楽しんでいます。ジョン／リサが好きな食べ物は、ステーキなど牛肉料理／鶏肉料理／スシなど魚料理／野菜炒めなど野菜料理で、彼の／彼女の好きなスポーツは野球です。彼は／彼女は、大学を卒業したら政治的キャンペーン活動に参加し、ゆくゆくは政治家になりたいと希望しています。

分析の結果、「牛肉を好む」記述を読んだ者は、野菜や魚を好む記述を読んだ者よりも、その人物に対して男性性がより高く、女性性がより低い印象をもつことが明らかになった。

ポール・ロジンらは、どの食べ物が女性的または男性的とみなされているかの調査も行っている。三八四名の大学生を対象に、ウェルダンのステーキ、ミルク、(食べ物としての) 血液、牛肉入りチリビーンズ、炭焼きハンバーグ、牛レバー、チョコレート、チキンサラダ、うさぎ肉など、各種肉を使用した肉料理や肉料理以外の食べ物、それぞれがどの程度男性性や女性性を有しているかを尋ねた。男女を通して男性的と評定されたのは、ミディアムレアのステーキ、ハンバーグ、ウェルダンのステーキ、牛肉入りチリビーンズ、鶏肉、豚肉という順であった。一方、女性的とされた食べ物は、チョコレート、桃、チキンサラダ、スシ、鶏肉であり、概して牛肉料理が男性的な食べ物とみなされていることがわかった。

日本人を対象とした食物や食事に対するジェンダーステレオタイプを調査した報告もある (Kimura et al. 2009)。アツシ・キムラらの研究では、食べ物とジェンダーの潜在的結びつきを検証することを目的としたプライミング実験[4]を行った。まず、調査参加者に、女性的または男性的とされる食べ物の名前を見せ (プライミング刺激)、その後男女の名前 (ターゲット刺激) を呈示し、その名前の性別の回答を求める。プライミング刺激とターゲット刺激の性別を一致させる条件と不一致の条件を設定し、回答までの反応時間が不一致条件よりも一致条件で短ければ、特定の食べ物と性別の結びつきが強いということになる。

まず、プライミング刺激として、女性的・男性的とされる料理を呈示するため、予備調査で女性的・男性的と思われる食べ物 (料理) それぞれ六つが抽出された。女性的な食べ物として、ケーキ、くだもの、プリン、パフェ、パスタ、サラダ、男性的な食べ物として、牛丼、ラーメン、焼肉、カツ丼、トンカツ、ステーキが選択された。これらの食べ物の呈示の後で、女性の名前として、メグミ、レイコ、マイコなど、男性の名前としてタカシ、ゴロウ、イチロウなどが呈示され、被験者はこれらのターゲットの性別を回答するのである。女性的／男性的な食べ物の後で女性／男性の名前が呈示される一致条件、女性的／男性的な食べ物の後で男性／女性の名前が呈示される不一致条件の二条件の違いが比較され、一致条件での反応時間と不一致条件の差が有意であり、一致条件での反応時間が短いことが明らかになった。すなわち、特定の食べ物と性別の関連が示唆されたのである。

肉食の正当化（例）	性　差
肉食支持	M＞F
否認（動物の苦痛など）	M＞F
階層上の正当化（人間は食物連鎖の頂点）	M＞F
二分（ペット vs 肉食）	n.s.
分離（肉 vs 動物）	M＞F
宗教上の正当化（肉食は神の意思）	M＞F
回避上の正当化（屠殺、屠殺場）	M＞F
健康上の正当化（強い筋肉、健康的発達）	M＞F
人間の運命（進化の結果 etc）	M＞F

表1：肉食正当化の性差

キムラらの研究は、ロジンらの研究と方法論は異なるものの、日本で一般的に食される料理についても肉料理が男性的とみなされる傾向がある点で、ロジンらのアメリカでの研究と一致している。また、日本人においても、特定の食べ物に対するジェンダーステレオタイプが存在することが検証された点で興味深い。

肉食正当化とジェンダー

上述してきたように、近年の先進国では、肉食は環境破壊、公衆衛生、動物そのものに対して危害を与える行為とみなされるようになってきた。社会的・個人的弊害があることを知りながら、動物の肉を食べるには、何らかの正当化が必要である。女性に比べ男性は肉を好み、より多く食べる。また、歴史的に肉は男性のものとみなされている。肉食の正当化に、何らかの性差があるのではないか。ハンク・ロスガーバーは、このような疑問から、肉食正当化とジェンダーの関連を調べた（Rothgerber 2013）。

ロスガーバーはまず、大学生一二五名（女性七三名、男性五二名。白人九〇パーセント、アフリカ系アメリカ人六パーセント、アジア系二パーセント、ヒスパニック系二パーセント）を対象に、肉食正当化の性差を検討した。予測どおり、男性は女性に比べ、肉食

肉食の正当化	牛			鶏			豚			魚			野菜		
	全体	女性	男性	全体	女性	男性	全体	女性	男性	全体	女性	男性	全体	女性	男性
肉食支持	＋	＋	＋	＋	＋		＋	＋					－	－	－
否認				＋				＋							
階層上の正当化	＋	＋		＋			＋						－	－	
二分															
分離															
宗教上の正当化	＋			＋		＋							－		
回避上の正当化				＋	－								＋		
健康上の正当化	＋	＋		＋		＋	＋		＋				－		
人間の運命	＋	＋		＋											

表2：肉食正当化と食べる肉との関連

に好意的な態度をもち、動物の苦痛を否認し、動物を人間よりも低い階層にあるとみなしていることが明らかになった［表1］。一方、女性は、動物と食品としての動物の肉を分離する傾向があり、動物性の肉が食品として供されるまでに動物が経験する苦痛を考えることを回避する傾向があった。このことは、継続的に肉を食べるための間接的な正当化ということができるだろう。表2は、実際に食している肉（牛肉、鶏肉、豚肉）、魚肉、野菜と肉食正当化の相関を示している。＋は、統計的に有意な正の相関、－は負の相関を表している。肉食正当化が、牛肉、鶏肉、豚肉を食することと正の相関があるのに対し、魚肉とは相関しておらず、ベジタリアン食とは負の相関がみられ、肉を食べることに何らかの肉食正当化が影響していることがわかる。

肉食に対する性差の説明の一つは、男性が男性性についての伝統的規範に従うため、肉食を正当化できるというものである。たとえば、男性的な男性は、気分がすぐれない、幸せでないという自分の感情を表すべきではない。工場飼育の動物への同情は、感情的で弱く感受的という点で男性性の規範に反する。このようなことから、男性性の高い男性は、肉食を正当化でき菜食主義的ライフスタイルの採用にいたりづらい。

ロスガーバーの二つ目の研究では、第一の研究に「男性性」

を加え、「男性性」が肉食性正当化や食行動を予測するという仮説をたてた。第一の研究が男女差という属性の違いに着目したのに対して、第二の研究では「男性性」に着目している。八九名の大学生（女性四五名、男性四四名。白人八八パーセント、アフリカ系アメリカ人九パーセント、アジア系二パーセント、ヒスパニック系一パーセント）が調査に参加した。第一の研究と同様、肉食の正当化には性差が認められ、男性が女性に比べ肉食正当性の傾向が高いことが明らかになった。しかし、性別と肉食正当性の相関から「男性性」の影響を取り除くと、性別と肉食正当化の関係は統計的に有意でなくなるか関係が弱くなることが明らかとなった［表3］。第二の研究が示唆しているのは、肉食の正当化には、単純な男女という属性の差が影響しているのではなく、「男性性」が

肉食の正当化	性　別	性別 / 統制後
肉食支持	+	+
否　認	+	+
階　層	+	n.s.
二　分		
分　離	−	−
宗　教	+	n.s.
回　避	−	−
健　康	+	n.s.
人　間	+	n.s.

表3：男性性を統制した後の肉食正当化と食べる肉との関連

関係しているというものであった。

5　まとめ

to eat meat or not. 主として欧米諸国では肉食をやめる動きが広がっているが、肉食をやめる人とやめようとしない人との違いは何か。その答えとして、動物福祉や環境保護に対する意識が、肉食回避と菜食志向性につながることが示唆されている。しかしながら、肉食に関連する規範やステレオタイプと実際の肉食回避との関係を繙

く研究は、一九九〇年代後半にさかんになってきたばかりであり、今後ますます学術研究としての知見の蓄積が期待される領域であるといえる。

本稿では、何が肉とみなされるのかにはじまり、肉食に関する規範意識と実際の食スタイルの関連、動物が動物とみなされるのか食肉の原料とみなされるのか、肉食に関連するメタファーやステレオタイプについて、心理学的方法論を用いてアプローチした研究をレビューしてきた。心理学の実験や調査においては、得られた結論が誰を対象にどのような方法で得られたものかが重要であるため、本稿では、なるべく方法論についてもふれている。肉食に関する知見の限界はおのずと方法論的限界に関連する。たとえば、肉食に関する社会的規範がどのようにとりこまれ、実際の食スタイルの定着にどのように影響を与えるのかの因果関係を確認するためには、ある集団を追跡する縦断的な調査が必要である。調査や研究の対象者のサンプリングに関しては、これまでの研究のサンプルは、特定の国や人種を対象としている。これらの実験や調査から得られた結果が他の社会・文化・人種にあてはまるのかどうか、複数の文化を対象とする異文化間研究による検証がもとめられる。一方、社会的要請に対応するため認知的に動物性食品を回避することが、生物学的側面から可能なのかどうかの検証も必要であろう。さらには、社会的要請によりひとたび肉食を回避した人々が肉食に戻るリバウンドのような現象など、肉食をめぐる心理学には、開拓の余地はまだまだありそうである。

註

1　小学生を通して母親たちに調査票を配布し、母親二〇七名から回収された。
2　食品に関するヨーロッパの消費者保護のＮＰＯ。https://www.foodwatch.org/en/homepage/
3　原著の調査項目の表記には「貝類」が含まれておらず、誤りかと思われるが、結果表示は原著の通りに従った。
4　先行する課題が、後続課題のパフォーマンスに潜在的に影響を与えることを「プライミング効果」といい、潜在的な物事の結びつきを検証するための実験に応用されている。先に呈示する刺激や課題を「プライム」または「プライミング」、影響を受ける後続の刺激を「ターゲット」と呼ぶ。

引用文献

上野有里
二〇〇六「ヒトにおける食行動の発達――ヒト以外の霊長類との比較から見えること」『発達研究』二〇巻：八一―八七。

深澤真紀
二〇〇九『草食男子世代――平成男子図鑑』光文社知恵の森文庫、東京：光文社。

Adams, C. J.
1990 *The Sexual Politics of Meat: The Feminist-vegetarian Critical Theory*. NY: Bloomisbury（C・J・アダムズ『肉食という性の政治学――フェミニズム‐ベジタリアニズム批評』鶴田静訳、東京：新宿書房、一九九四年）.

Bastian, B., S. Loughnan, N. Haslam, and **H. R. M. Radke**
2012 Don't Mind Meat? The Denial of Mind to Animals Used for Human Consumption. *Personality and Social Psychology Bulletin* 38: 247-256.

Bratanova, B., S. Loughnan, and **B. Bastian**
2011 The Effect of Categorization as Food on the Perceived Moral Standing of Animals. *Appetite* 57: 193-196.

Cannon, W. B. and **A. L. Washburn**
1912 An Explanation of Hunger. *American Journal of Physiology* 29: 441-454.
Graça, J., **A. Oliveira**, and **M. M. Calheiros**
2015 Meat, Beyond the Plate: Data-driven Hypotheses for Understanding Consumer Willingness to Adopt a More Plant-based Diet. *Appetite* 90: 80-90.
Kayser, **M.**, **S. Nitzkob**, and **A. Spiller**
2013 Analysis of Differences in Meat Consumption Patterns. *International Food and Agribusiness Management Review* 16: 43-56.
Kimura, A., **Y. Wada**, **S. Goto**, **D. Tsuzuki**, **D. Cai**, **T. Oka**, and **I. Dan**
2009 Implicit Gender-based Food Stereotypes: Semantic Priming Experiments on Young Japanese. *Appetite* 52: 521-524.
Kubberød, E., **Ø. Ueland**, **M. Rødbotten**, **F. Westad**, and **E. Risvik**
2002 Gender Specific Preferences and Attitudes towards Meat. *Food Quality and Preference* 13: 285-294.
Lindeman, **M.** and **M. Sirelius**
2001 Food Choice Ideologies: The Modern Manifestations of Normative and Humanist Views of the World. *Appetite* 37: 175-184.
Loughnan, S., **N. Haslam**, and **B. Bastian**
2010 The Role of Meat Consumption in the Denial of Moral Status and Mind to Meat Animals. *Appetite* 55: 156-159.
Piazza, J., **M. B. Ruby**, **S. Loughnan**, **M. Luong**, **J. Kulik**, **H. M. Watkins**, and **M. Seigerman**
2015 Rationalizing Meat Consumption: The 4Ns. *Appetite* 91: 114-128.
Pliner, P.
1982 The Effects of Mere Exposure on Liking for Edible Substances. *Appetite* 3: 283-90.
Richardson, N. J., **H. J. MacFie**, and **R. Shepherd**
1994 Consumer Attitudes to Meat Eating. *Meat Science* 36: 57-65.
Richardson, N. J., **R. Shepherd**, and **N. A. Elliman**
1993 Current Attitudes and Future Influences on Meat Consumption in the U.K. *Appetite* 21: 41-51.
Rothgerber, H.

2013 Real Men Don't Eat (Vegetable) Quiche: Masculinity and the Justification of Meat Consumption. *Psychology of Men & Masculinity* 14: 363-375.

2015a Can You Have Your Meat and Eat It Too? Conscientious Omnivores, Vegetarians, and Adherence to Diet. *Appetite* 84: 196-203. DOI: 10.1016/j.appet.2014.10.012.

2015b Underlying Differences Between Conscientious Omnivores and Vegetarians in the Evaluation of Meat and Animals. *Appetite* 87: 251-258. DOI: 10.1016/j.appet.2014.12.206.

Rothgerber, H. and F. **Mican**

2014 Childhood Pet Ownership, Attachment to Pets, and Subsequent Meat Avoidance. The Mediating Role of Empathy toward Animals. *Appetite* 79: 11-17.

Rozin, P., J. M. **Hormes**, M. S. **Faith**, and B. **Wansink**

2012 Is Meat Male? A Quantitative Multimethod Framework to Establish Metaphoric Relationships. *Journal of Consumer Research* 39: 629-643. DOI: 10.1086/664970.

Rozin, P., M. **Markwith**, and C. **Stones**

1997 Moralization and Becoming a Vegetarian: The Transformation of Preferences into Values and Recruitment of Disgust. *Psychological Sicence* 8: 67-73.

Schiessl, M. and C. **Schwägerl**

2008, August 27 Meat's Contribution to Global Warming: "The Cow Is a Climate Bomb." *Spiegel Online International*. Retrieved from http://www.spiegel.de/international/germany/meat-s-contribution-to-global-warming-the-cow-is-a-climate-bomb-a574754.html.

Ueno, A. and T. **Matsuzawa**

2004 Food Transfer between Chimpanzee Mothers and Their Infants. *Primates* 45: 231-239.

FAO

2006 Livestock's Long Shadow: Environmental Issues and Options. Food and Agriculture Organization of the United Nations.

Yamazaki, Y. and M. **Omori**

2016 The Relationship between Mothers' thin-ideal and Children's drive for Thinness: A Survey of Japanese Early

Adolescents and Their Mothers. *Journal of Health Psychology* 21: 100-111.

Zajonc, R. B.

1968 Attitudinal Effects of Mere Exposure. *Journal of Personality and Social Psychology* 9: 1-27.

IV

肉食行為のグローバリズム

第13章 グローバル時代の食肉需要と供給の変化

小川 光

1 はじめに

輸送費の低下や通信技術の発達によって、商品やサービス、資本や人材の国境を越えた移動が高まりを見せている。このような現象は、しばしば経済のグローバル化と呼ばれる。国境を越えた経済的結びつきが強まることは、国内の産業のあり方に影響を与える。各国が自給自足的な生活を送るのであれば、農業、工業、サービス業をバランスよく国内に持たざるを得ないが、国境を越えた自由な取引が可能になれば、各国は自国の得意な分野に特化して、他国と貿易をすることで、自給自足的な世界に比べてより多くのものを享受できるようになる。これが一九世紀初頭に発表されたデヴィッド・リカードの比較優位説以来の教えである。二〇世紀半ば以降の経済のグローバル化、とりわけ自由な貿易によって大きな利益を享受したのが、資源や領土に乏しい日本であろう。精密機械や輸送機械といった工業製品に比較優位を持つ日本において、第二次産業が産業構造の大きな割合を占めるようになる一方で、農業・畜産といった第一次産業の比率が低下していったのは、まさに経済がグローバル化したことの帰結のひとつである。

商品としての食肉もその例外ではない。食文化の変化、あるいは所得の上昇にともなって日本の食肉需要は大きく増加してきた。他方で、国内の食肉需要を満たすための食肉生産は、飼料や土地に恵まれた諸外国に比較優位を持たれ、海外からの食肉輸入が拡大してきた。[1]経済のグローバル化が進んだとしても、すべての商品が貿易の対象になるわけではない。貿易をするには時間が必要であるため、商品価値を失わない程度の期間、どこかに貯蔵できなければならない。また、いつ、どこに、どのくらいの商品を発送しているかといった情報の管理も不可欠である。本稿で考察の対象にしている食肉は、多くの他の商品と同様に、貯蔵・冷蔵技術および情報管理技術が大きな進歩を見せることで、国際間の取引が大きく伸びたものの代表例である。

本稿では、グローバル化が進展したこの五〇年の間に、世界規模で、また地域ごとに食肉需要とその供給がどのように変化してきたかについて、国際連合食糧農業機関（以下、ＦＡＯ）の公表データをもとに整理し、それらの変化の背後にある要因を経済学の立場から捉えることを目的とする。[2]世界全体の食肉に関するデータを時系列で見るにはＦＡＯのデータベースが最も網羅的であり、一九六一年から現在までの食肉消費と生産の推移を見ることができる。また、ＦＡＯは、二〇〇九年に畜産に焦点を当てた優れた報告書「世界食糧農業白書――重要な局面に立つ世界の畜産（The State of Food and Agriculture: The Livestock in Balance）」を発表している。本稿では、報告書の中で使用されているデータも併せて参考にしながら、この五〇年間の食肉需要と供給の時間的変化および空間的広がりを明らかにしていく。

本稿は以下のように構成される。次節では食肉需要（消費）の面から、また第3節では食肉供給（生産）の面から、それぞれの時系列変化を整理していく。第4節では、経済のグローバル化、とりわけ食肉貿易が進展することの影響について経済学的な解釈を提供し、今後の食肉市場の動向についての見解をまとめる。

2 食肉需要（消費）の動向

どの肉がどこで消費を伸ばしているのか

はじめに、世界全体での食肉消費量の推移を見てみよう。図1には牛肉、豚肉、鶏肉、羊・山羊肉の消費量の推移が描かれている。どの種類の肉も消費量を伸ばしているが、牛肉の緩やかな伸びに比べて、豚肉と鶏肉、とりわけ鶏肉の消費量が大きく伸びていることが読み取れる。特に、鶏肉については一九八〇年代半ば以降、それまでのトレンドとは大きくかけ離れた伸びを見せていることがわかる。

食肉消費量の世界的増加の背景には、人々の食文化や所得の変化がある一方で、世界全体の人口増加もその一因となる。そこで、人口増加の要因を取り除いて個人ベースで食肉消費量がどの程度変化したかを示したものが図2である。図2において興味深いのは、食肉消費量の変化は、肉の種類によって異なっている点である。豚肉と鶏肉の一人当たり消費量の伸びは大きく、五〇年の間に消費量が前者については二倍、後者に至っては五倍ほど増加している。他方で、牛肉の一人当たり消費量は一九七六年をピークに減少している。一九八六年に英国において発見されたＢＳＥ（狂牛病）が、二〇〇〇年に入ってから日本や米国をはじめ多くの国で問題化し、世界的にＢＳＥ問題による牛肉離れが生じることが懸念されていた。しかし、図2が示すところでは、それよりはるか以前から、一人当たり牛肉消費量は減少していたことになる。そのような牛肉消費量の減少の背景には、欧米先進国を中心に、所得が上昇したことに伴う健康志向の高まりにより、牛肉からより健康に対するイメージが良

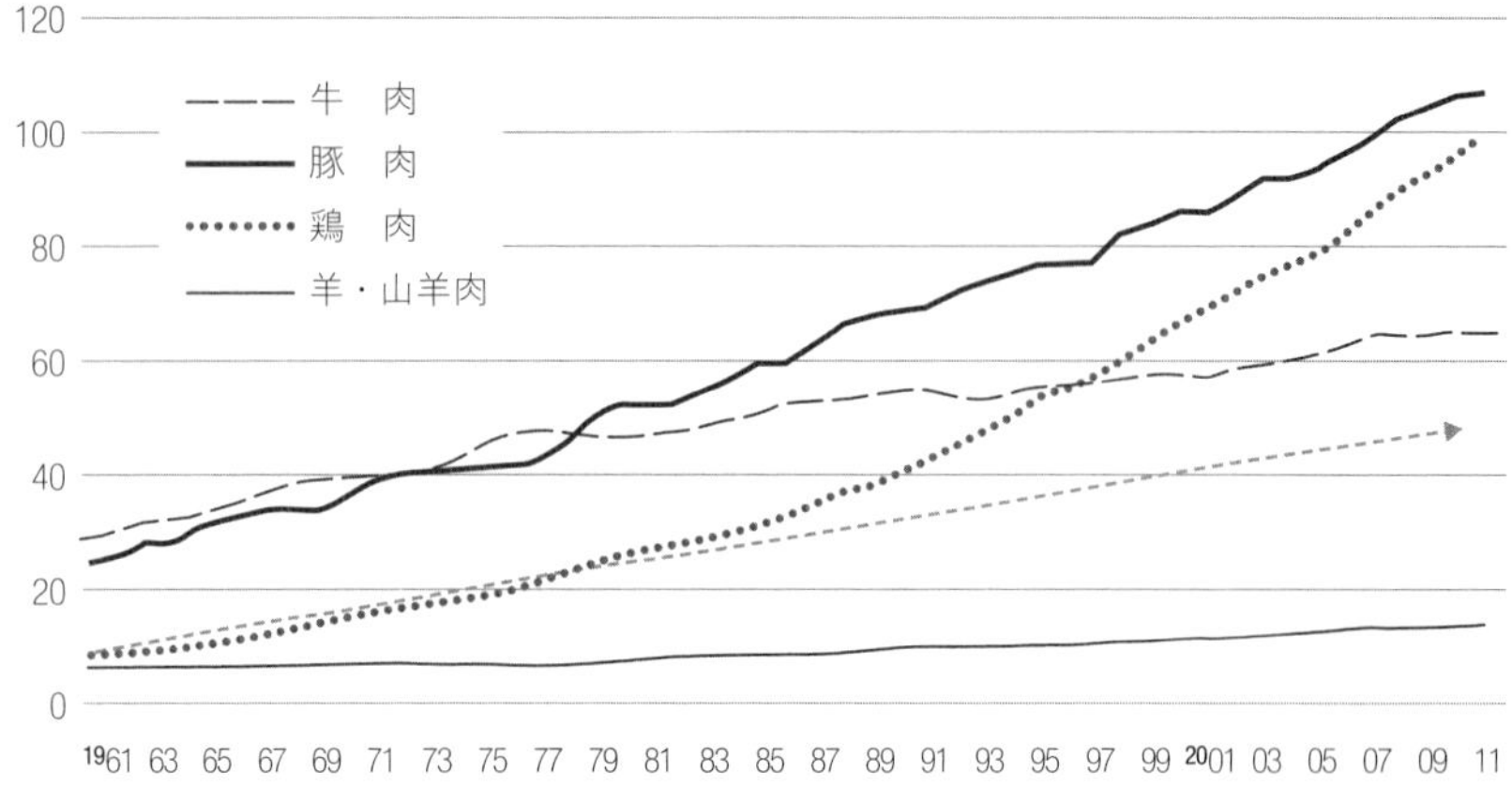

図1：世界全体の食肉消費量（100万トン／年）。

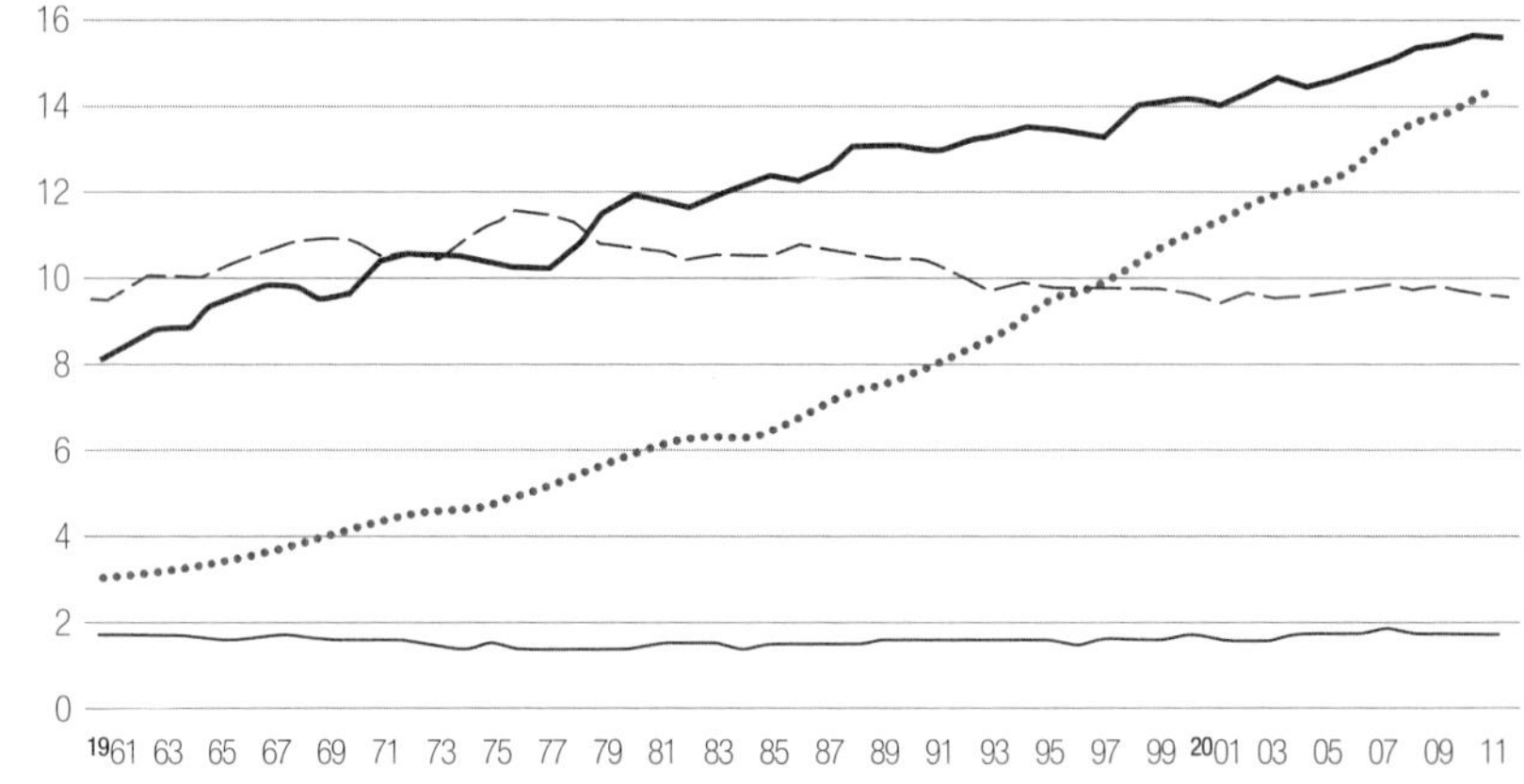

図2：１人当たりの食肉消費量（kg／年）。

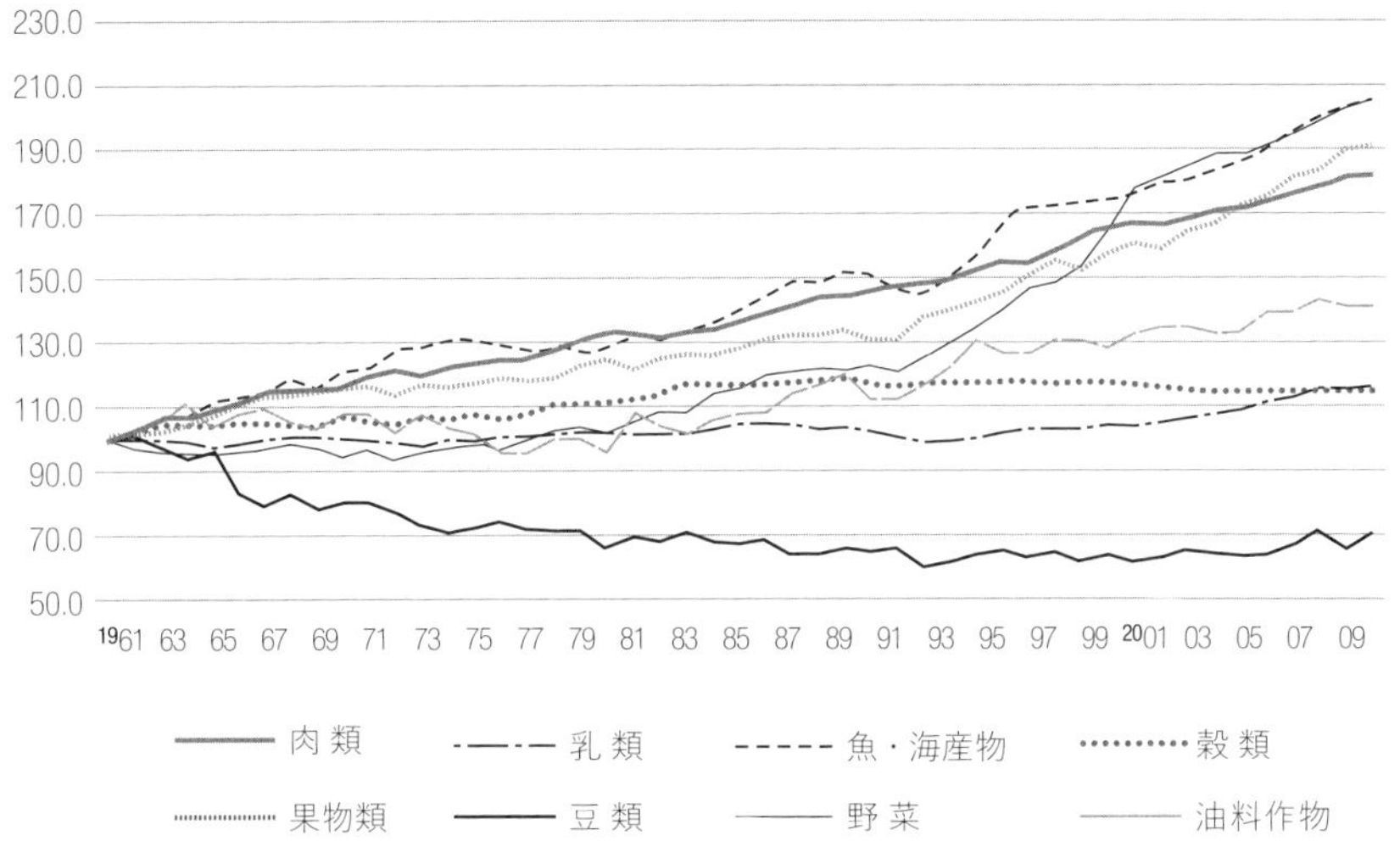

図3：食品消費量の推移（1961年の消費量を100とした指数）。

い鶏肉への需要シフトが起きたことが考えられる。[3]

ここで、食肉需要の変化が他の食品群と比べてどのような特徴を持っているかを確認しておこう。図3には、一九六一年を基準に、他の食品群に比べて食肉消費がどの程度伸びているかが示されている。これによれば、豆類が消費量を減らしているほか、乳類および穀類の消費量がほぼ横ばいとなっている中で、消費量を伸ばしているのが、野菜、果物類、魚類、そして肉類である。タンパク質の摂取が、豆類からこの五〇年の間に肉類にシフトして行われていることがうかがえる。

肉類の消費動向を地域別で見るために、図4には、各地域における一人当たり肉類消費量の推移が二五年間隔で示されている。一人当たり牛肉消費量を見てみると、消費の絶対量では欧米に比べて少ないものの、アジア地域では一九六一年からの五〇年間でその消費量が二・七五倍に増加している。他方で、北南アメリカでは、二〇一一年にはピーク時に比べておよそ一〇パーセント、欧州にいたっては四〇パーセント近くも消費量が減少している。また、欧州の中でもソビエト連邦崩壊の影響を受けた東欧諸国で牛肉消費量が落ち込んでいる。豚肉消費量について見ると、欧

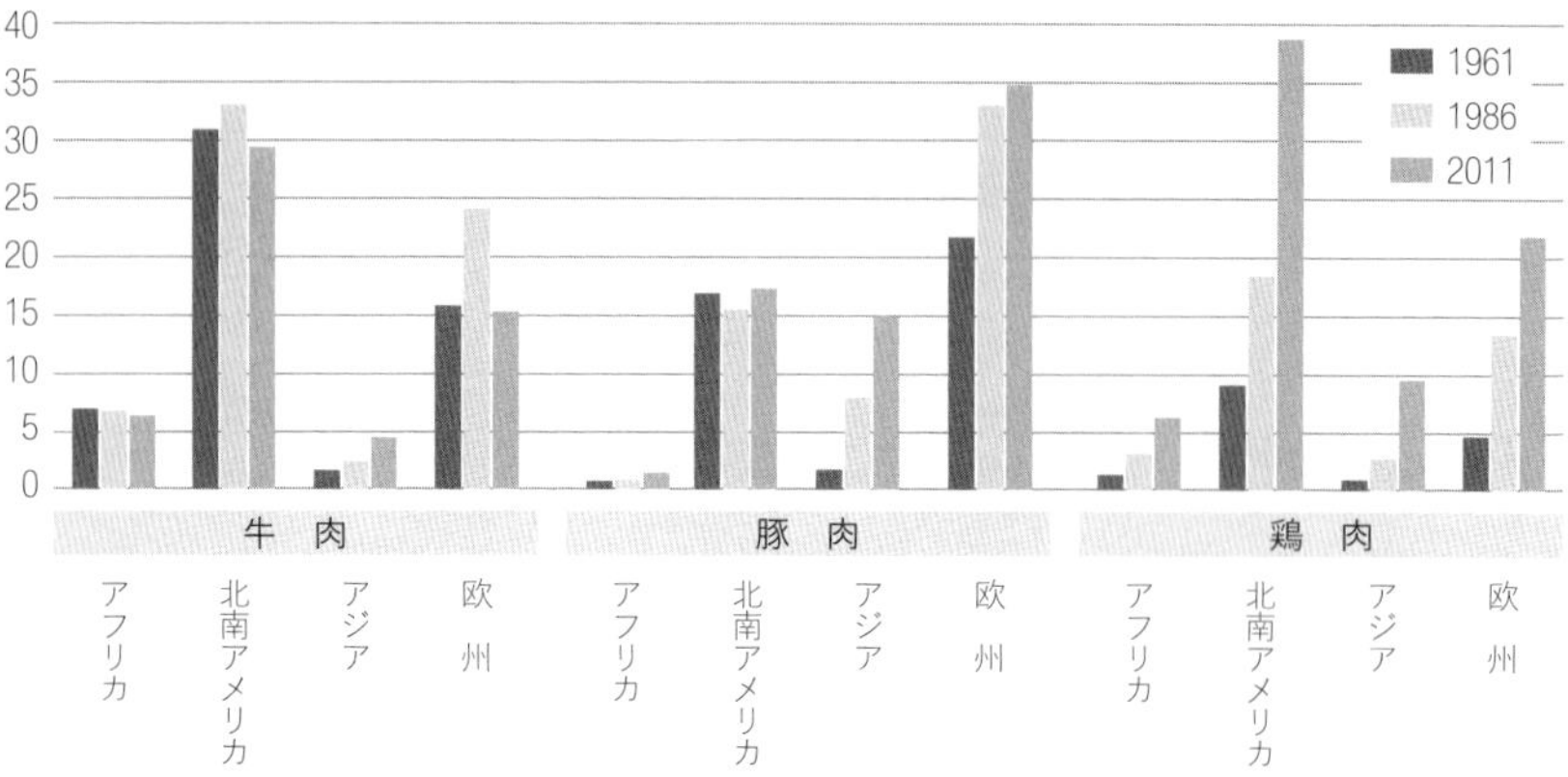

図4：地域別の１人当たり食肉消費量の推移（kg／年）。

州においては前半の二五年間で大きな伸びを見せている一方で、一九八六年以降の二五年では緩やかな上昇にとどまっている。また、北南アメリカ地域でも豚肉消費量は伸びていない。この図で特徴的なのは、アジアにおける豚肉消費量の伸びであろう。アジアにおいては、この五〇年間に豚肉消費量が実に八・六倍に増加している。最後に、鶏肉消費量の推移を見てみると、どの地域もこの五〇年間に大きく消費量を伸ばしており、アフリカ、北南アメリカ、欧州においては四倍以上、アジア地域にいたっては一〇倍以上の伸びを見せている。

以上より、地域別の食肉消費の動向を以下のようにまとめることができるであろう。欧州や北南アメリカにおいては牛肉の消費量がもともと大きかったこともあって、一人当たり消費量は減少傾向にある。代わりに北南アメリカでは鶏肉が、欧州では鶏肉と豚肉の消費が伸びている。二〇一一年の一人当たり消費量では、鶏肉消費量が牛肉消費量を超えるにいたっている。他方で、もともと消費量が欧米に比べて小さかったアジアでは、豚肉、鶏肉、牛肉消費量はいずれも大きく伸びている。特に、欧米が減少に転じている牛肉消費量は、豚肉や鶏肉同様に大きな伸びを見せている。アフリカにおいては、肉消費量は全般的に少ないが、この五〇年の間に牛肉や豚肉消費量に比べて、欧米同様に鶏肉消費量が増加しているのが特徴的

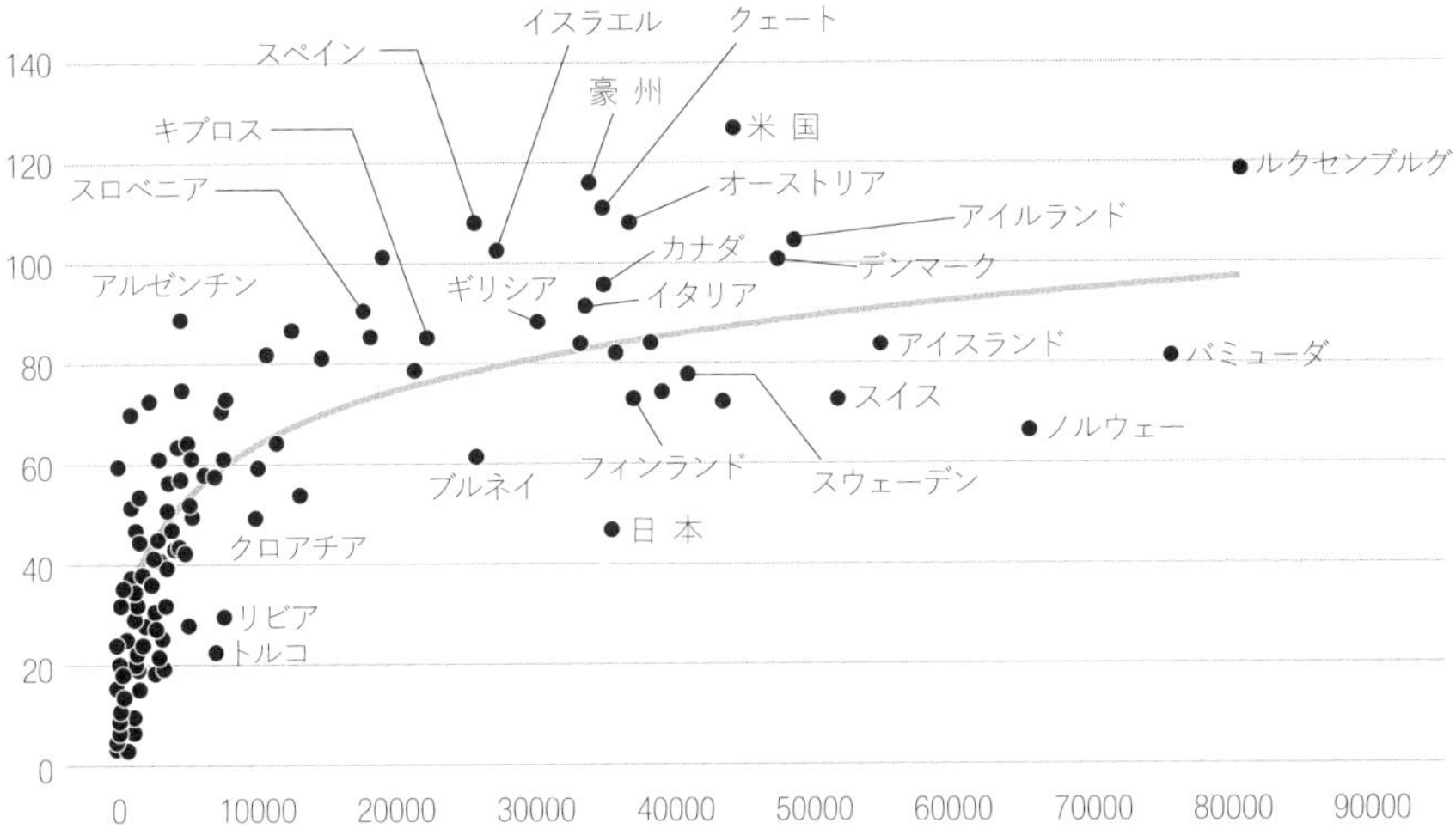

図5：１人当たりGDP（横軸：ドル）と１人当たり食肉消費量（縦軸：kg／年）の関係。

である。

食肉消費の増加要因

食肉も他の経済的商品と同様に、その需要は大きく分けて所得（または食品に対する支出可能額）と価格に影響を受けることが知られている。価格や所得が一パーセント変化したときに需要量が何パーセント変化するかを定量化した指標が需要の価格弾力性、および需要の所得弾力性であり、食肉需要に対してそれら弾力性の値を推定した研究の多くで、食肉需要と価格および所得の間に有意な関係が認められている。[4]

世界規模でも経済的豊かさと食肉需要には正の相関を見て取ることができる。図5には、二〇〇五年における一人当たりGDPと一人当たり食肉消費量の関係が描かれている。GDPを所得の代理変数とみなしてこの図を見てみると、所得の上昇とともに食肉消費量が増加していることが読み取れる。図5で使用されているデータをもとにすると、一人当たりGDPが一パーセント増加した場合に、平均的に見て食肉消費量は〇・四二パーセント増加するという結

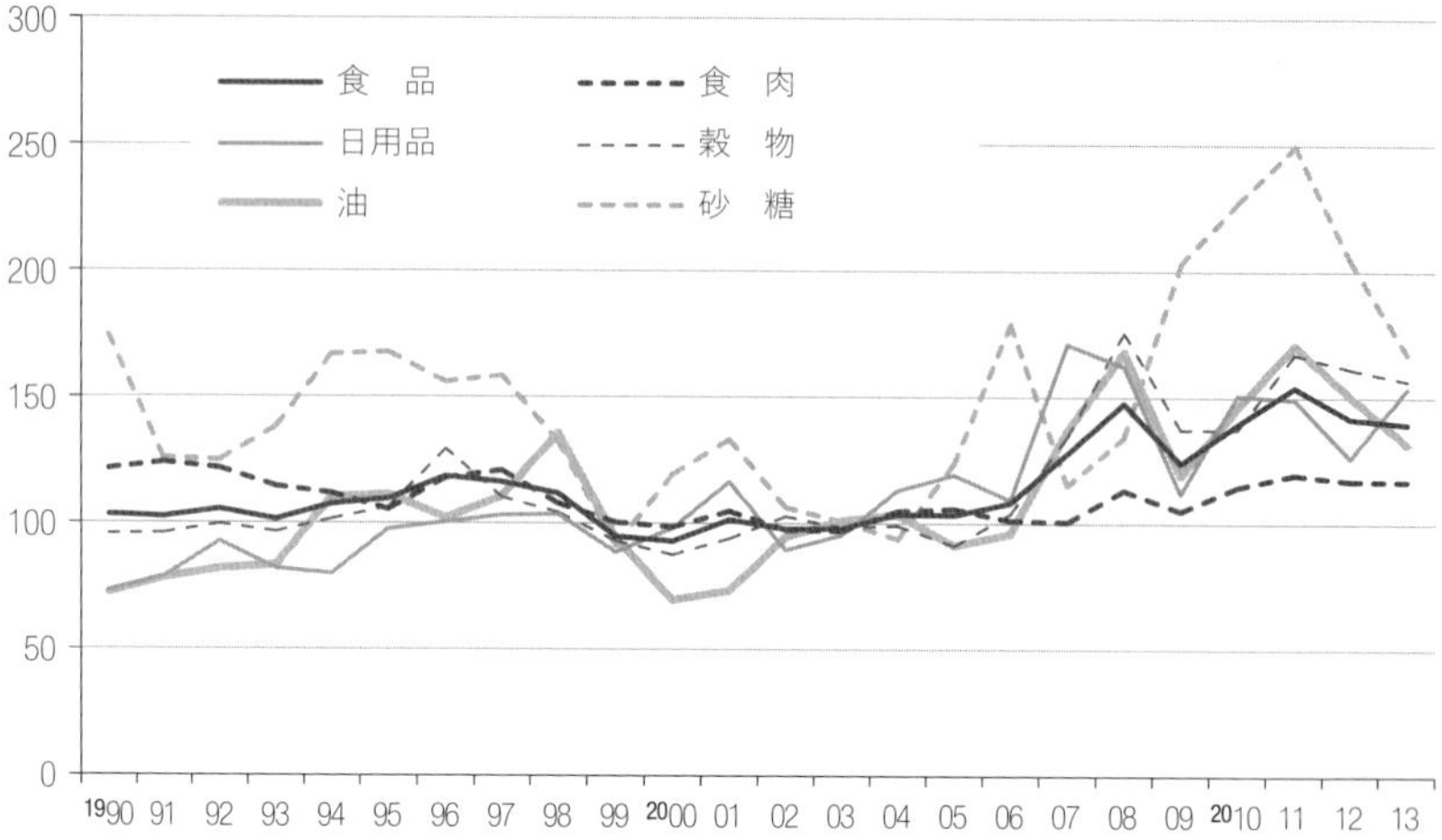

図6：価格の推移（2003-2004年の価格を100に基準化した指数）。

果が得られる。

ところで、日本やノルウェー、ブルネイといった国々では、経済水準に比べて一人当たり食肉消費量が平均よりも少ないが、これらの国々では、食肉消費が魚介類などの水産物の消費によって代替されていると考えられる。実際に日本の水産物消費量は年一人当たり六五キログラム程度ある一方で、アメリカや英国などではその消費量は日本の二分の一から三分の一程度にすぎない。

また、消費需要に対しては、所得とともに価格水準も影響を与える。図6には、他の食品群と比べた食肉の価格変化が示されている。二〇〇三―二〇〇四年を基準にした価格の推移を見てみると、食肉価格は最も安定的に推移していることが読み取れる。実際に標準偏差は、食肉以外の食品群が一七・九、最も価格変化が激しい砂糖にいたっては四一・七という値をとるなかで、食肉価格の標準偏差は八・六という低い値をとっている。価格の安定は消費者の需要行動にとってはプラスに働く。所得が上昇していくなかで、価格が安定しているということは、実質的な食肉価格の引き下げにつながることにもなり、消費者の食肉需要を増加させる要因となっていると考えられる。

	中国	インドネシア	韓国	マレーシア	フィリピン	タイ
弾性値	0.90	0.98	1.26	0.82	0.53	-0.06

表1：食肉需要に対する都市化の影響（弾性値）（Rae 1998をもとに作成）

価格と所得という二つの要因に加えて、この期間に世界的に観察される都市化の進展も食肉需要に影響を与えたと考えられる。国連の推定によれば、一九五〇年時点で都市部に住む人口割合は三〇パーセント程度であったが、この割合は一貫して上昇を続け、二〇一〇年時点では五〇パーセントを超えている[5]（United Nations 2014）。一般的に都市住民は、農村部住民に比べると外食の機会が多く、調理済み肉類やファーストフード、簡便な肉類食品を食べる機会が多くなる傾向がある。そうなると、都市化の進展は食肉消費量と関連付けられることになる。例えば、表1にあるように、アラン・レーは、一九七〇―一九九五年のアジア六ヵ国（中国、インドネシア、韓国、マレーシア、フィリピン、タイ）について、都市化が食肉需要にどのような影響を与えたのかを定量的に推定している（Rae 1998）。この研究によれば、所得水準等の影響を取り除いたうえで、都市化が進むと、タイを除いてどの国においても一人当たり食肉消費量が有意に増加するという結果を示している。例えば、中国や韓国で都市化が一パーセント進むと、食肉需要量がそれぞれ〇・九〇パーセント、一・二六パーセント増加する。

経済の発展とともに都市化が進み、また、都市化の進展によって多様な人々が一定の空間に集まり、そこから生じる交流の中から新たな知識やアイデア、技術や商品などが生まれて経済が発展するという関係は今後も続くと予想される。そうであるならば、グローバル化の進展に伴う経済発展は、所得の上昇を通じたルートだけでなく、都市化を通じたもうひとつのルートを経由して一層の食肉需要の拡大に寄与していくだろう[6]。

3 食肉供給（生産）の動向

どの肉がどこで生産されているのか

都市化の進展と所得増加に応じた需要の伸びに対応する形で、供給サイドも生産力の増大が図られている。前節で見たように、食肉の価格が比較的安定的に推移していることから考えると、需要の拡大にうまく合わせる形で供給量も増加してきたと推測できる。では、世界的な食肉需要の拡大に対して、生産面では、どの地域でどのような肉の生産拡大が行われてきたのかを見てみよう。

図7には、食肉生産量が地域別に示されている。この五〇年の間にどの地域でも生産量が増加しているが、特に、需要の増加が著しいアジア地域、とりわけ東アジアと東南アジアでの生産の伸びが大きい。欧州と北南アメリカでの食肉生産量はこの五〇年の間にそれぞれ一・八倍、三・五倍であるのに対して、アジア地域では一三・四倍の伸びを見せ、一九九〇年代半ばには世界で最も食肉を生産する地域に成長している。

各地域の内訳を見てみると、北南アメリカでは鶏肉生産量が約四倍の伸びを見せているものの、豚肉、牛肉、羊・山羊肉の生産量はこの五〇年間ほぼ変化がない、もしくは減少している。欧州も北南アメリカと同様の傾向にあり、鶏肉生産量が四・五倍、豚肉生産量が一・五倍となっている一方で、羊・山羊肉と牛肉の生産量は減少している。アジアでは、どの種類の肉も生産量が増加しているが、とりわけ、鶏肉と豚肉の生産量が飛躍的に伸びており、両種類ともにこの五〇年の間に一〇倍以上の生産拡大が達成されている。アフリカ地域は生産量その

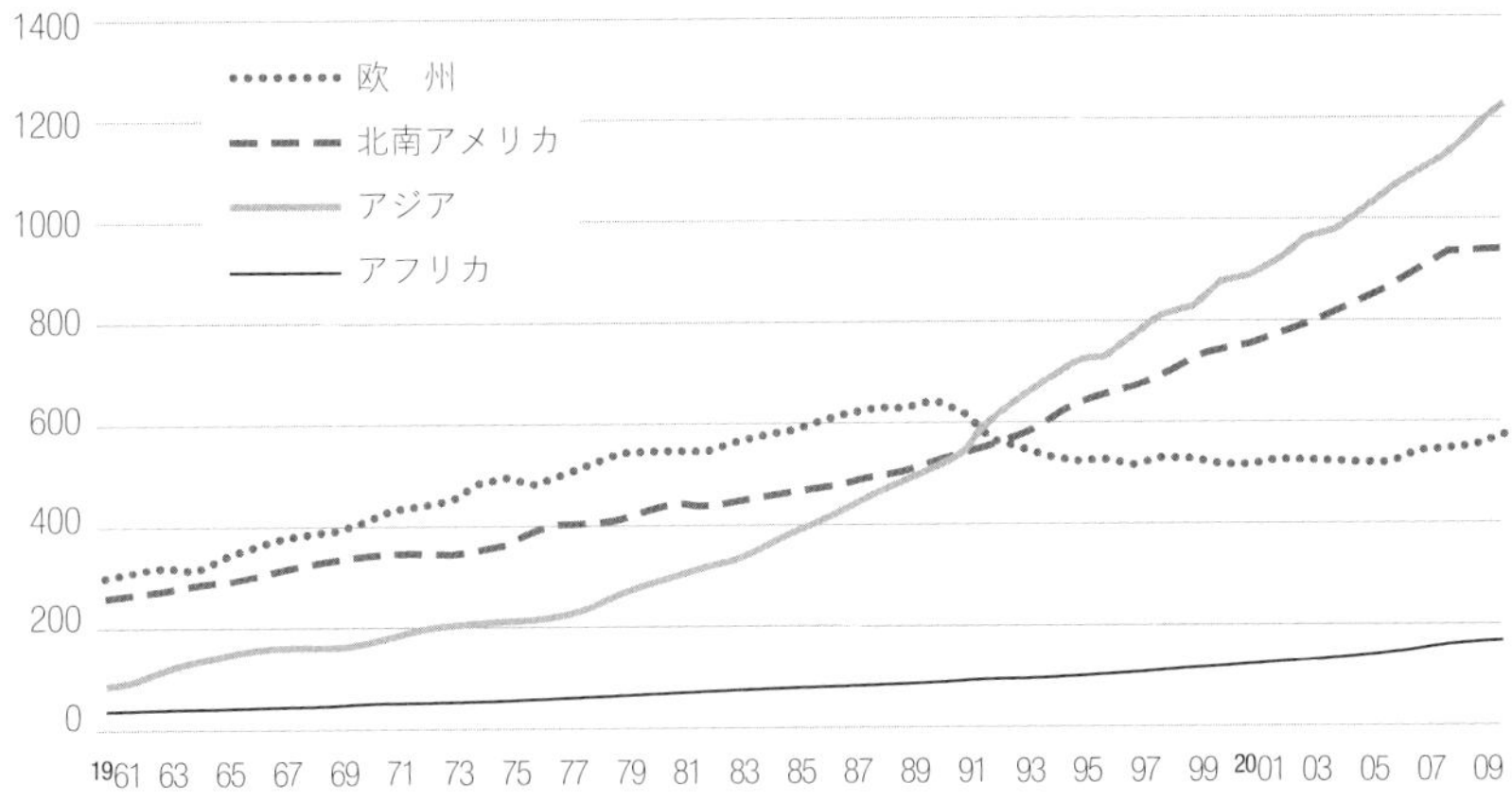

図7：食肉生産量の地域別推移（10万トン／年）。

ものが少ないものの、アジア同様に鶏肉と豚肉の生産が拡大する一方で、牛肉と羊・山羊肉の生産量にほとんど変化はない。

　アジアにおける食肉生産量を大きく拡大することに貢献しているのが中国である。特に一九八〇年代に入ってからの伸びは著しい。例えば、豚肉生産について見ると一九八〇年代半ば頃に豚肉生産の世界シェアは二〇パーセント台だったものが、二〇年後には五〇パーセントを超えるに至っている。中国に代わってそのシェアを落としているのが旧計画経済体制の国々である。一九八〇年代には世界シェアの二〇パーセント程度を占めていたが、二〇年後には約五パーセント程度まで低下している。鶏肉および牛肉も同様の傾向が見られ、それまでの先進諸国および東欧を中心に食肉生産が行われていた状況から、この期間に中国を中心にしたアジア地域へその中心がシフトしているのが鮮明になっている。

　食肉全体の生産シェアを見ると、先進国と旧中央計画経済圏で六〇パーセントのシェアを占めていた一九八〇年代半ばと比べると、二〇〇〇年代後半において、両地域は四〇パーセントを占める程度まで生産シェアが小さくなっている。他方で新興国であるブラジルと中国、とりわけ中国がその世界シェアを大きく伸ばし、中国一国で先進国シェアと同程度の食肉生産を行うに至っている。

　また、ブラジルは広大な土地のもとでトウモロコシと大豆といった穀物飼料が大量に低コストで生産できることを利用して、中国を超える量の牛肉生産を誇っている。

生産拡大を可能にした要因

世界規模で供給能力の拡大をもたらした要因、とりわけ、先進諸国ではなく途上国や新興国で食肉生産の拡大を可能にしたものとして、ここでは以下の三点を指摘しておきたい。

第一に、経済グローバル化に由来する投入財価格の安定である。リスクを広く分散できる経済活動のグローバル化は、飼料穀物や燃料の価格の安定推移に貢献する。図6に見られるように、少なくとも二〇〇〇年代半ばまでは、穀物価格は比較的安定的に推移しており、これが穀物を飼料として安定的に利用することを可能にした。地場資源飼料や残渣飼料から穀物飼料を中心にした濃厚（タンパク質）飼料へと利用する飼料が替わることによって、より効率的に食肉生産の拡大が可能となったのである。

第二に、様々な領域における技術革新である。遠距離低温輸送を可能にすることによって、畜産物の輸送や出荷のみならず、飼料穀物の輸送にも輸送費の低下という恩恵をもたらしている。育種、飼養、畜舎から疾病防除、加工に至る種々の技術革新も生産量の拡大に寄与する。同時に、交雑育種や人工授精などの利用、情報管理された給餌、ワクチンや抗生物質の使用を含む動物衛生の改善の多くは、民間企業の商業ベースで生じているため、技術革新の恩恵を受けやすい大規模チェーン化を促すことにもつながっている。

第三に、集約化による生産性の改善である。タンパク質飼料の利用は、地場資源飼料や残渣飼料への依存を減らす。これによって、畜産の土地からの解放と畜産の集約が可能となり、集積の利益を生み出すことで生産が拡大する。畜産の集約化を行いやすいのが、固体の小さい鳥や豚である。また、与えた飼料に対してどれだけ体重を増やせるかという飼料変換の効率性から見ると、単胃動物類の方が反芻動物類より変換効率が高いことからも、鳥や豚の畜産において生産集約を行うメリットが大きいために、それらの集約化と生産拡大につながった。

鳥や豚の生産において集約化などの産業経営が浸透していることは、FAOの報告書によっても裏付けられている。畜産システムは、大きく放牧、降雨依存混合経営、灌漑混合経営、(土地無)産業的経営に分けられる。混合経営システムは、農作物栽培と家畜飼養が結び付いて営まれており、動物に給餌される乾物飼料の一〇パーセント以上が農作物の副産物等から供給されるシステム、あるいは、生産総額の一〇パーセント以上を非畜産活動によって得ているシステムと定義される。産業的経営システムは、少なくとも飼料の九〇パーセントを他の企業から購入するシステムと定義される。図8には、二〇〇〇－二〇〇三年の各システムごとの生産量が示されている。これを見ると、家禽肉類と豚肉については、産業的経営が全体の五〇パーセント以上を占めるに至っていることがわかる。家禽肉類、豚肉の生産は、土地の使用量を抑えることができるため、集約化が図りやすく、土地を利用しない産業的経営システムのもとでの生産が大きな割合を占めるようになっている。飼料入手の現場とその量に応じて分散した立地を必要としていたものが、集約化を通じて規模の利益の追求が可能になったのである。他方で、牛肉の生産においては、依然として放牧による生産が大きな割合を占めており、鶏肉や豚肉ほど産業経営的な体制構築が進んでいない。

経済グローバル化および都市化と食肉生産の拡大を関連付けて考えると、図9のように表現できよう。従来は、地場資源あるいは人間の活動からの残渣に依拠した飼料投入を行い、かつ一定の土地を必要とするため、人々が住む集落周辺に寄り添う形で小規模な畜産経営が行われてきた。他方で、人々が都市に居住する傾向が強まり都市化が進むことで、ひとつひとつの都市が圏域として大規模化してきた。これに対して、畜産の場は都市に寄り添う形で移動するというよりも、郊外において集約化されていくことになる。これを可能にしたのは、タンパク質飼料の役割が高まったこと、および輸送や冷凍技術の革新である。地場資源あるいは人間の活動からの残渣に

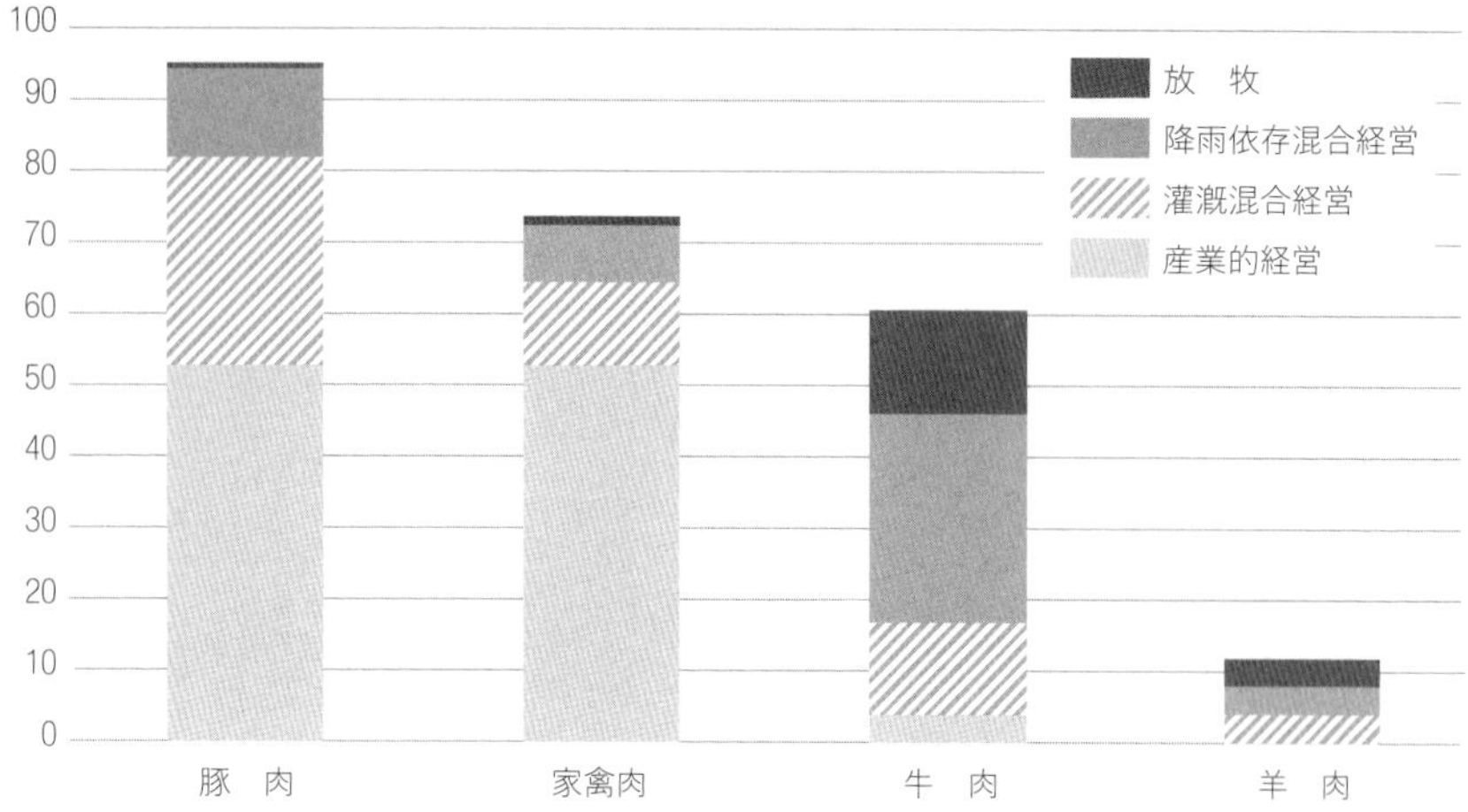

図8：生産システム別生産量（単位：100万トン）（FAO 2009をもとに作成）。

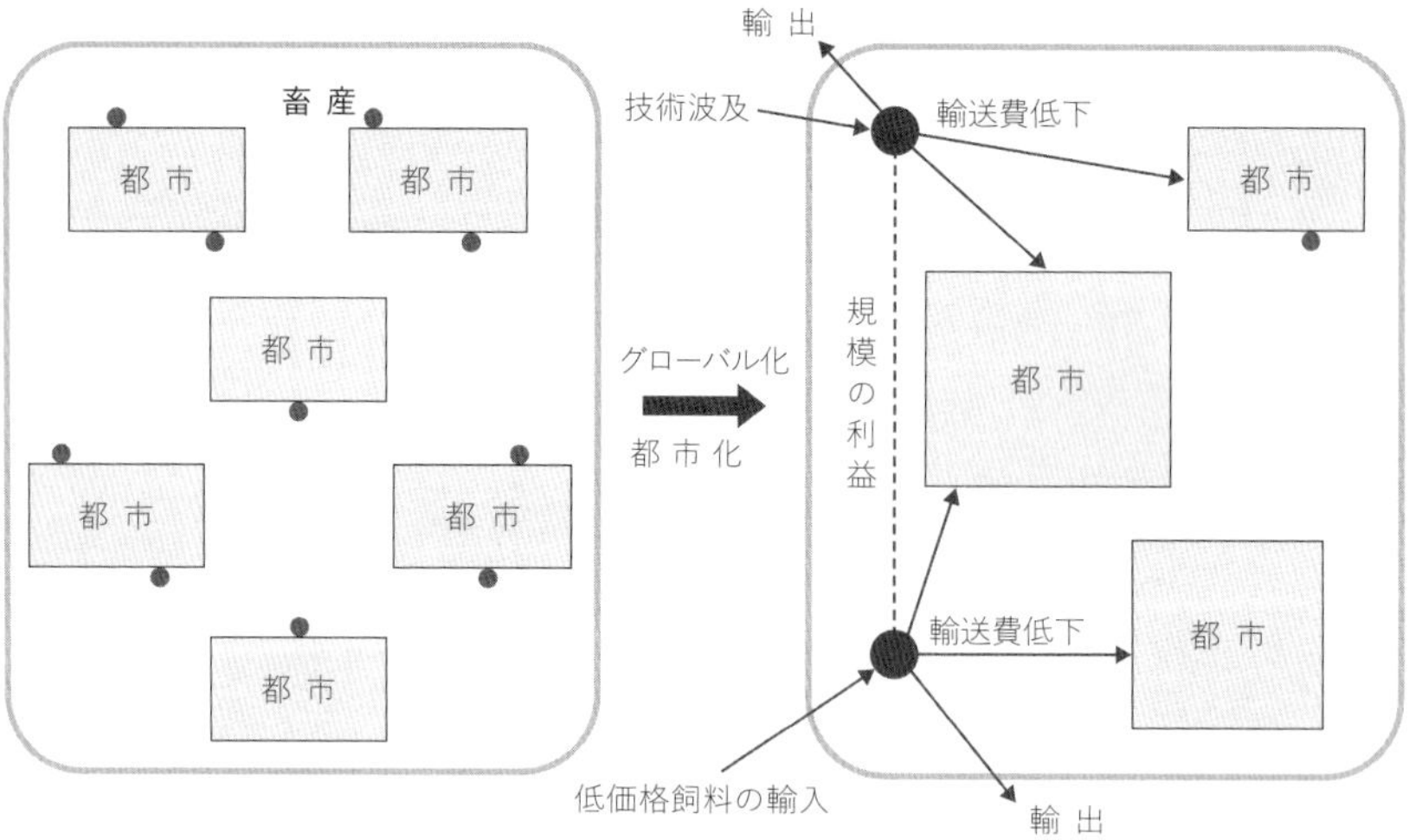

図9：畜産体制の変化。

依存せずとも食肉生産を可能にするタンパク質飼料の登場によって、畜産行為が土地から解放され、集約化を可能にした。また、輸送費と冷蔵技術は、かりに空間距離があったとしても、需要地への食肉の移動を可能にしたのである。

加えて、経済グローバル化は安価な飼料購入およびエネルギー投入を可能にすると同時に、畜産技術の伝播ももたらしたと考えられる。効率的な生産を可能にする畜産システムに収斂されていくことで、畜産の一層の集約化と効率化が図られることになった。

4 グローバル化の影響
――経済学的な理解

経済グローバル化を引きこす輸送費の低下や関税撤廃などは、国境を越えた食肉貿易を活発化する。これによる影響を標準的な経済学の論理で考察してみよう。図10には、食肉の潜在的な輸出国L（一般的には畜産に比較優位を持つ国々）と潜在的な輸入国D（例えば日本）に分けて、食肉に対する需要曲線と供給曲線が描かれている。両国の間で食肉貿易が行われないときは、潜在的には食肉を輸出する国であっても食肉輸出は行われないので、生産された食肉はすべて国内市場に回されるために、食肉価格 P^L のもとで X^L という量の取引がなされる。一方、所得が高いことなどを理由に食肉需要が相対的に大きい国では、潜在的に食肉を輸入する立場にあるが、国内需要を国内供給でまかなう状況においては、食肉価格 P^D のもとで X^D の量が取引される。このとき大きな需要を国内生産のみでまかなう必要があるために、食肉価格は高くなってしまう。

ここで、潜在的な食肉輸出国Lの食肉生産者はより高い価格で食肉を購入してくれる国Dの消費者に輸出する

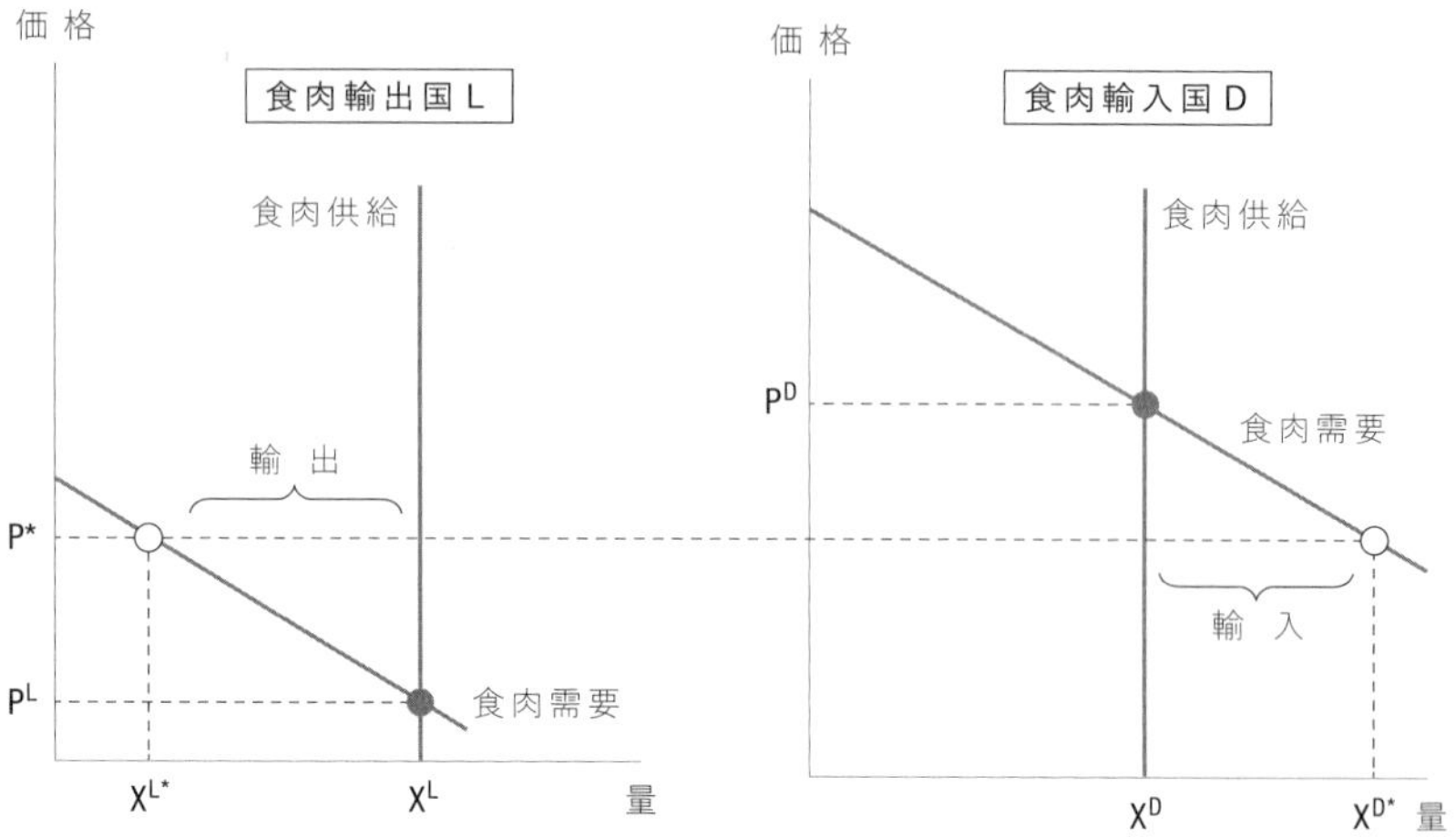

図10：貿易自由化の影響。

誘因がある。逆に、高い価格で食肉を購入しているD国の消費者はL国から食肉を輸入する誘因を持つ。これら経済的インセンティブを背景に市場が開放され、両国の間で食肉貿易が始まるとしよう。国境を越えた食肉貿易がなされる場合、一物一価の原理が働き、最終的には食肉価格がP^{*}の水準で取引されることになる。そうなると、L国で生産される食肉のうち（$X^{L}-X^{L*}$）が輸出に回り、国内の消費者が消費できる食肉量はX^{L*}に減少してしまう。グローバル化によってL国の消費者はより高い価格のもと、より少ない消費を余儀なくされるというマイナスの影響を受けることになるのである。他方で、生産者はより高い価格で食肉を輸出できるうえに、国内の食肉価格も上昇するという形で自由貿易の恩恵を受ける。

　食肉市場の貿易自由化は、潜在的な食肉輸入国であるD国の消費者にとってはプラスの影響をもたらす。それまでP^{D}という高い価格に直面していたものが、（$X^{D*}-X^{D}$）の食肉輸入によって価格がP^{*}まで低下するためである。D国の生産者は逆にマイナスの影響を受ける。これまで同様にX^{D}の生産を行っても、食肉価格が低下したことによって利益が減少することになるためである。

　このように、食肉市場が世界的に統合され、生産国と消費国の間で貿易が始まると、潜在的な輸出国の生産者と輸入国の消費者はその恩恵を受ける。逆に、潜在的な輸出国の消費者と輸入国の生産者はマイナスの影響を被ることになる。このような場合、輸入国の生産者がマイナスの影響を回避するために、輸出国Dの食肉業者に技術供与等の名目で投資したり、食肉事業を買収したりするなどして自国の一部に組み込む誘因を持つ。これによって、輸出国の食肉産業が輸入国の食肉企業の傘下に入ることなどを通じて、食肉企業の多国籍化が進むという現象が起こりうる。経済のグローバル化とは、単にモノの移動が自由になるというだけではなく、それによって生じる利害の対立から、お金（資本）や技術、人材の移動をも引き起こすのである。このような過程を通じて、結局のところ、輸出国側の食肉事業者には市場統合前と同等の最低限の利益を与えながら、市場統合によって追加的に生じる利益を自国に全て還元させることで、実質的には、輸入する側の国の企業も利益を増やすことができるのである。

もちろん、経済のグローバル化によって食肉市場全体が世界にもたらす余剰は拡大するが、他方で、グローバル化から等しく皆が恩恵を受けるには、利益を受けるものから不利益を受けるものへの適切な所得移転がなされる必要がある。しかし、往々にして市場にはそのような機能は備わっていない。今後も進展するグローバル化は、食肉市場にも他の商品市場と同様に多くの問題をつきつけていくであろう。

5　まとめ　――食肉需要と供給の将来

過去五〇年にわたって世界の食肉生産量は四・一倍になった。この間、世界人口は二・二倍になっていることからすると、我々が食することができる食肉は一人当たりで二倍弱増えたことになる。経済グローバル化や都市化に伴う生産効率化と生産システムや技術の革新を通じた食肉生産の拡大によって、人口増加と一人当たりの食肉需要の増加に対して世界は対応してきた。果たして、今後数十年単位で見た場合に、これまでと同じようなことを期待できるだろうか。

国連によれば、一九七〇年から二〇一〇年の四〇年間に世界人口は三七億人から七〇億人に増加している(United Nations 2012)。この値は今後四〇年の間に、すなわち二〇五〇年には九五億人になると予想されている。特に、アジアとアフリカでの人口の伸びが大きいと予測されており、アジアにおいては今後四〇年間で二四パーセント、アフリカにいたっては一三〇パーセントの人口増が見込まれている。同時に、これらの地域では、今後の所得上昇の恩恵を受けて、食肉に対する需要も大きく拡大することが予想されている。表2では、各地域での人口、食肉消費量、一人当たりの食肉消費量が示されており、二〇〇〇年から二〇五〇年にかけて、それぞれどの程度の増加が見込まれるのかが予想されている。

表2によれば、食肉消費量が最も伸びると予想されているのはサハラ以南の地域であり、二〇〇〇年に比べて六・五六倍に伸びるとされている。これは、一人当たり食肉消費量が二倍程度に伸びるのに加えて、人口が大きく伸びると予想できるためである。それに次いで食肉消費量が大きく伸びているのは、東・南アジア、太平洋地域や、ラテンアメリカ・カリブ海地域、中央・西アジア、北アフリカ地域であり、それぞれ二〇〇〇年に比べて二〇五〇年時には二・四二倍、一・九七倍、一・九一倍になることが予想されている。これらの地域では一人当たり食肉消費量もそれなりに増加するが、同時に人口の伸びも比較的大きいと予想されているためである。一方で欧米では、すでに二〇〇〇年時点で食肉消費量は他の地域と比べて高く、二〇五〇年になっても需要はそれほど伸びない。世界全体で見れば、総食肉消費量は二〇〇〇年から二〇五〇年の間で一・九七倍になると予想されているが、それは一人当たり食肉消費量の二六パーセントの伸びに加えて、世界全体の人口が五六パーセント伸びるためである。先に述べたように、過去五〇年の間に世界は食肉生産量を四倍程度に拡大してきた。技術革新

		2000	2050	2050/2000
中央・西アジア、北アフリカ	人　口	1,737,591,000 人	2,010,224,000 人	1.16
	1人当たり消費量	20 kg	33 kg	1.65
	食肉消費量	34,751,820 t	66,337,392 t	1.91
東・南アジア、太平洋	人　口	2,985,632,000 人	3,974,241,000 人	1.33
	1人当たり消費量	28 kg	51 kg	1.82
	食肉消費量	83,597,696 t	202,686,291 t	2.42
ラテンアメリカ・カリブ海	人　口	526,281,000 人	781,564,000 人	1.49
	1人当たり消費量	58 kg	77 kg	1.33
	食肉消費量	30,524,298 t	60,180,428 t	1.97
北アメリカ・欧州	人　口	1,044,516,000 人	1,155,268,000 人	1.11
	1人当たり消費量	83 kg	89 kg	1.07
	食肉消費量	86,694,828 t	102,818,852 t	1.19
サハラ以南	人　口	632,320,000 人	2,074,448,000 人	3.28
	1人当たり消費量	11 kg	22 kg kg	2.00
	食肉消費量	6,955,520 t	45,637,856 t	6.56
世界全体	人　口	6,127,694,000 人	9,550,947,000 人	1.56
	1人当たり消費量	40 kg	50 kg	1.26
	食肉消費量	242,524,162 t	477,660,819 t	1.97

表2：人口と食肉消費量の予測（1人当たり食肉消費量はFAO 2009、人口予測についてはUnited Nations 2012をもとにしている）

や生産の効率化などに一定の限界はあるものの、今後四〇年の間に生産量を約二倍程度に拡大することが可能であれば、現代の食肉行為に劇的な影響を与える事態は回避できることになる。グローバル化によって食肉は世界規模で取引されており、市場の価格メカニズムが働きやすい環境であるともいえる。安定的に拡大する食肉需要を満たすためにも、今後とも需給調整に価格がしっかりとした役割を果たせる環境を整備し続けることも重要であろう。

これからも経済グローバル化は、食肉市場に多くの恵みをもたらすとともに、解決すべき問題も生みだすことになるであろう。集約化や技術の革新は、生産体制の多国籍企業化やチェーン化を進め、伝統的な牧畜生産者や小規模畜産業者は、市場から締め出されるリスクにさらされる。とりわけ途上国の貧困世帯では、畜産物は世帯の現金収入に大きく貢献しているのみならず、天候不順や旱魃などで農産物収入が変動した場合に家畜保有を変動させることで、家畜を保険機能としている側面もある。それらの機能を代替する仕組みがないままに市場から締め出されると、即、リスクに直面することになる。これは、男女間にも大きな影響をもたらす可能性がある。男性は都市部に働き場所を求めて移動する一方で、女性と子供たちは男性の労働移動によって一層土地に縛られ、したがってより畜産に依拠した生活を余儀なくされる。家畜の保険機能が低下していくなかで、女性が、不平等な資源入手と低水準にとどまる教育、不十分な保健衛生のもとで、気候変動などのリスクを一手に引き受ける可能性をはらんでいる。

他方、先進国では家畜由来の食料を過剰に摂取し、肥満、心臓病その他の非感染性疾病のリスクが増加している。農村貧困層における栄養不足と養分欠乏が、家畜飼養にもかかわらず、動物由来の食料を摂取しない（できない）ことに由来するという事態とは対照的である。食肉市場のグローバル化は他の多くの場合と同様に全体の豊かさの拡大に貢献する一方で、このような形で格差をもたらす。そして、市場にはそれを補完する役割は備わっていない。世界全体の食肉需要の拡大を満たす生産システムを構築する際に、生産者間のアンバランスな富の配分に十分な注意を払う必要があることは言うまでもない。

謝　辞

本稿の作成にあたって、井川恵美氏、邵思傑氏、金碩浩氏、津布久将史氏、須佐大樹氏、古田尊裕氏は、データ資料の整理に尽力を惜しまれなかった。厚くお礼申し上げたい。また、研究の一部は科学研究費補助金（no. 25245042, 17H02533）の支援を受けている。

註

1　牛肉と豚肉の部分肉ベースを例にしてみると、一九六〇年時点で国内供給に占める輸入食肉の割合は牛肉で三・九パーセント、豚肉で三・七パーセントであったものが二〇〇〇年に入ると牛肉で六六・九パーセント、豚肉で四三・一パーセントにまで上昇している。特に牛肉については一九八一年の牛肉輸入自由化後に一気に輸入が拡大した（農林水産省「食肉需給の推移と食肉行政の経緯」）。

2　なお、本稿において示される図のデータは、断りのない限りＦＡＯの統計データベース“FAOSTAT”を出所としている。

3　例えば、日米の消費者が健康に対して牛肉消費がマイナスであると認識していることを示す研究として、古くは吉田他（一九八四）などがある。

4　例えば、生鮮・加工魚介類と生鮮・加工肉類についてわが国の食肉需要の弾力性を推定した松田（二〇一三）によれば、生鮮牛肉、豚肉、鶏肉需要の支出弾力性はそれぞれ一・三二、〇・七六、〇・七二と推定されている。また、それぞれの補償価格弾力性はマイナス〇・二三、マイナス〇・三五、マイナス〇・四一と有意に負の関係にあると推定されている。このことから、所得の上昇に対しては生鮮牛肉消費が最も大きく増加し、価格上昇に対しては鶏肉消費が最も強く反応することがわかる。

5 この報告書の中では、人口五〇万人の地域を都市圏と定義している。

6 なおグローバル化が経済成長を促進させることは多くの研究で示されている。例えばDreher（2006）などを参照のこと。

引用文献

松田敏信
二〇一三「食肉の家計需要に対する少子高齢化等の影響」『畜産の情報』二八一号：六二―七三。

吉田忠・新山陽子・小田滋晃
一九八四「牛肉消費に関する日米比較」『農林業問題研究』三巻二〇号：一〇五―一一四。

Dreher, A.
2006 Does Globalization Affect Growth? Evidence from a New Index of Globalization. *Applied Economics* 38 (10): 1091-1110.

FAO
2009 The State of Food and Agriculture: The Livestock in Balance. Food and Agriculture Organization of the United Nations.

Rae, A.
1998 The Effects of Expenditure Growth and Urbanisation on Food Consumption in East Asia: A Note on Animal Products. *Agricultural Economics* 18 (3): 291-299.

United Nations
2012 World Population Prospects: The 2012 Revision. United Nation.
2014 World Urbanization Prospects: The 2014 Revision. United Nation.

第14章

動物感染症と世界の食肉生産

筒井俊之

1 はじめに

動物の疾病、特に家畜の疾病については、畜産農家やそれらを専門とする獣医師にとって大変重要な問題であるが、一般の人にはあまりなじみがないと思う。しかし、時折これらの疾病の発生が新聞やテレビなどのマスコミをにぎわすと、世間一般でも話題になることがある。例えば、二〇〇一年に日本で初めて発生した牛伝達性海綿状脳症（ＢＳＥ）は、行政の不手際を指摘するマスコミの攻勢もあって、牛肉の安全性を揺るがす大きな社会問題となり、畜産業のみならず食品産業にも大きな影響を与える大事件となった。ＢＳＥの発生によって牛肉の消費量は大きく落ち込み、焼肉店の倒産が相次いだことも大きなニュースとなった。その後、アメリカでもＢＳＥが発生し、アメリカからの牛肉輸入が禁止され、牛丼チェーンをはじめとするアメリカ産輸入牛肉を扱っていた外食産業の動向が大きな関心を集めた。また、一九九七年に香港で発生した鳥インフルエンザのヒトへの感染事例を契機として、鳥インフルエンザウイルスがヒトからヒトに効率的に伝播する強毒型のウイルスに変異し、ヒトで大流行を起こすというシナリオが真実味のある話として専門家の間で議論され、地球規模での対策が取り組まれるようになった。ヒトに感染しない動物感染症であっても、二〇一三年から二〇一四年にかけて日本全国で発生した豚流行性下痢によって四〇万頭以上のブタが死亡し、豚肉の生産や価格に大きな影響を与えた。

このように、食用として飼育されている動物の疾病であっても、社会全体に大きな影響を与えるような疾病がある。特に、口蹄疫や高病原性鳥インフルエンザなど、国境を越えて蔓延し、発生国の経済、貿易及び食料の安全保障に関わる重要性を持ち、その防疫には多国間の協力が必要となる疾病を越境性動物疾病と呼び、FAOなどの国際機関が中心となってその制圧を推進している。しかしながら、近年世界的にこれらの疾病の流行が続いており、発生国に甚大な被害を与えている。動物の疾病が与える影響は疾病ごとに様々であるため、ここではいくつかの疾病を取り上げて詳しく解説するとともに、これらの動物疾病に対する世界的な取り組みの状況や今後の課題について紹介する。

2 動物感染症と食肉の国際貿易

口蹄疫

世界でもっとも恐れられている動物の疾病に口蹄疫というものがある。口蹄疫はウイルスによって引き起こされる疾病で、家畜、主にウシやブタにおいて古くからその存在が知られてきた。この疾病は英語でもFoot-and-mouth Diseaseと呼ばれ、動物の口や足に病変が現れることが特徴である。感染した動物の足、舌、乳房などの表面に水膨れができ、その後潰瘍となる。細菌などの感染が起こるとさらに症状が悪化する。口や足に病変ができるので、感染した動物は餌の摂取や歩行ができなくなる。ウシでは搾乳ができなくなることもある。家畜であるウシやブタは肉や乳を生産する動物であり、口蹄疫が流行すると、これらの生産活動そのものに大きな影響を与える。さらに、抵抗力の弱い子ウシや子ブタはウイルス感染によって死亡することがあり、飼養者は家畜の損失という直接的な被害を受ける。また、かつてウシや水牛などの家畜は使役動物として農耕作業や物資の運搬に用いられてきたため、口蹄疫によって足に病変ができると、これらの用途に用いることができなくなった。現代でも、開発途上国において口蹄疫が流行すると、動物を使った農耕作業が困難になるため、農作物の生産量に影響すると言われている。口蹄疫は、感染した動物がバタバタと死亡していくような激烈な疾病ではないが、非常に感染力が強く、動物の間で爆発的に広がっていくため、群れ全体や地域全体で考えると流行地域では大きな経済的被害が生じることとなる。

動物の伝染病の中で特に口蹄疫が恐れられている理由がいくつかある。その一つは原因ウイルスの伝播力が非常に強いことである。ウシやブタが感染すると、糞、尿、口からの飛沫など多くの部位から口蹄疫ウイルスが排出され、周辺を汚染して他の動物への感染源となる。体外に出たウイルスは、環境中の生存性が高く、消毒薬に対する抵抗性も比較的強い。さらに、口蹄疫の特徴として感染する動物の種類が多いことが挙げられる。通常ウイルスは、ウシのウイルスはウシに、ブタのウイルスはブタにというように、特定の種類の動物またはその近縁の動物にのみ感染することが多い。しかし、口蹄疫の場合、家畜だけでも、ウシ、ブタ、ヤギ、ラクダ、ヒツジに感染し、その他シカ、イノシシ、カバなどの野生動物にも感染する。多くの動物に感染できることはウイルスの生存上より有利に働く。そのうえ、口蹄疫ウイルスには七つのタイプがあり、一つのタイプの口蹄疫ウイルスに感染し、免疫を獲得したとしても、他のタイプのウイルスに対してその免疫は有効とはならないため、感染を

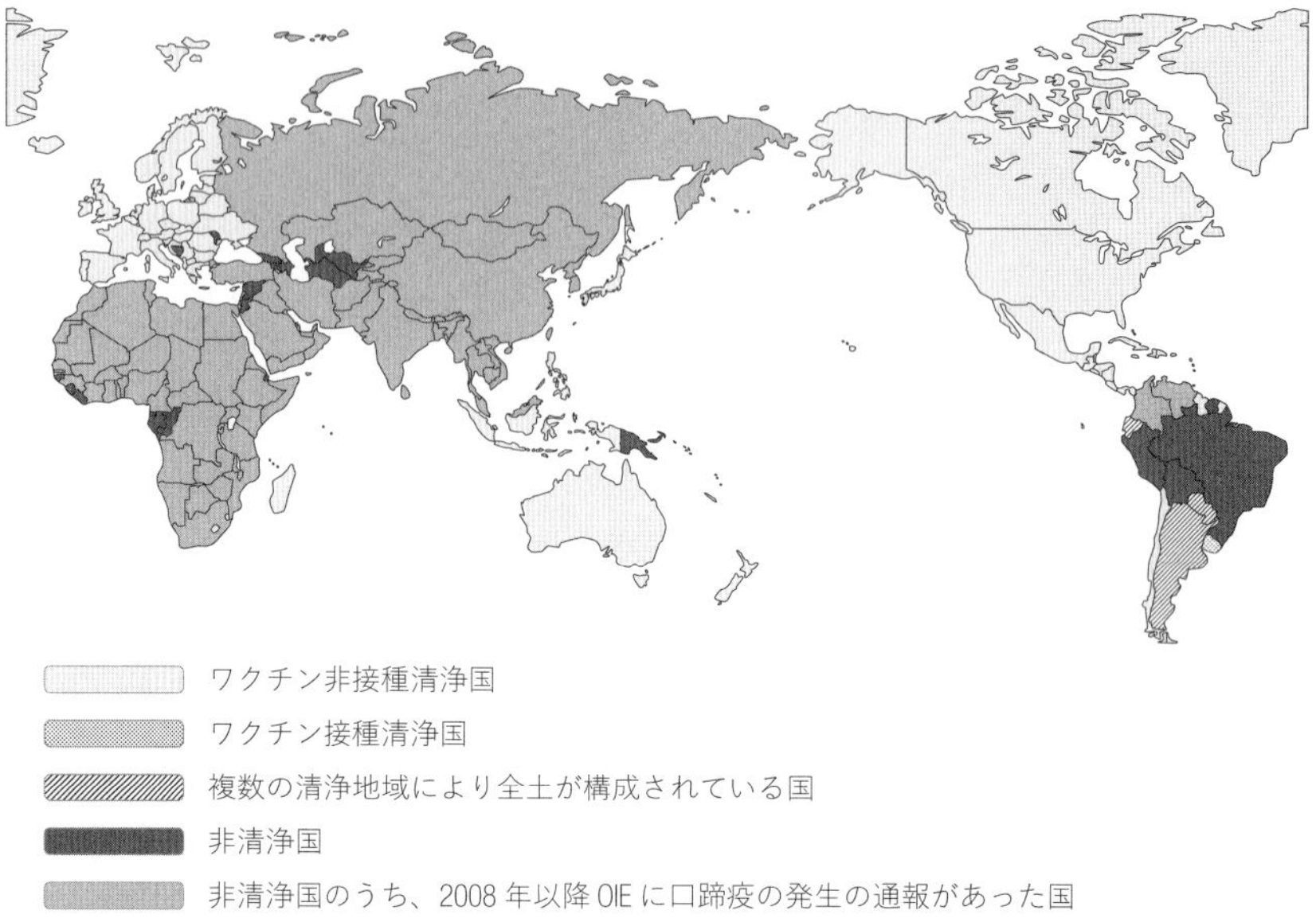

図1：各国の口蹄疫発生状況（農林水産省HPより改変。2016年1月現在）。

広げることができる。また、ウイルス自体が遺伝子変異を起こす頻度も高く、常在地域では異なる特徴を持つウイルスが生み出されている。このように口蹄疫ウイルスは極めて高度な生き残り戦略を持っており、一旦流行するとその対応に非常に苦しむこととなる。このため、多くの先進国では口蹄疫の侵入を警戒し、発生した場合には感染した動物の殺処分などによって、大規模流行する前に早期に撲滅することを目指している。実際、一九九〇年代後半以降に、これまで発生のなかった国に口蹄疫が侵入することが頻発し、英国、台湾、韓国では数百万頭に及ぶ動物が、日本やオランダでも数十万頭に及ぶ動物が殺処分されている。また、台湾や韓国では侵入した口蹄疫を撲滅することができず、結果として、全面的にワクチンを接種して家畜を守る対策に切り替えている。しかしながら、ワクチンが適切に接種されない場合、ウイルスそのものを根絶することは難しく、ワクチン接種を実施している韓国や台湾ではたびたび口蹄疫の再発生が起こっている。

このように口蹄疫が一度侵入し、流行するとその撲滅やワクチン接種の継続には莫大なコストがかかり、また、必ずしも成功するとは限らない。このため、口蹄疫の発生がない国は自国への口蹄疫の侵入を防ぐために、発生国からのウシ、ブタなどの動物やそれらの動物由来の畜産物の輸入を禁止するなどの厳しい輸入制限措置を採っている。また、ワクチン接種により発生を防いでいる国についても、ワクチンを接種した動物の群れの中にウイルスが潜んでいる可能性があるため、厳しい輸入条件が課されている。図1に二〇一六年一月現在の世界各国の口蹄疫発生状況を示した。この図からわかるように、口蹄疫の発生がない国は、北米、欧州、オセアニア地域のみであり、その他世界の多くの国では未だ口蹄疫が発生しているか、あるいは、ワクチンによって発生を防いでいることがわかる。特に、アジアやアフリカ地域では口蹄疫が常在化しており、これらの地域で新たに変異した口蹄疫ウイルスが他の地域へ拡散することが懸念されている。

口蹄疫の発生がない北米、欧州、オセアニア地域の畜産国は多くの国に牛肉や豚肉を輸出しているが、口蹄疫の清浄化を達成していない南米や東南アジアの国々では、これらの畜産物の生産コストは安いにもかかわらず、その輸出先は限定されている。このため、南米やアジア地域の国々は、牛肉や豚肉の輸出機会の拡大を目指して、口蹄疫の清浄化を進めている。このように動物の疾病である口蹄疫は主要畜産物の国際貿易に非常に大きな影響を与えており、各国は威信をかけて口蹄疫の侵入防止や制圧に取り組んでいる。

牛伝達性海綿状脳症（ＢＳＥ）

牛肉の消費や国際貿易に大きな影響を与えた動物疾病として、牛伝達性海綿状脳症（ＢＳＥ）も記憶に新しい。ＢＳＥは一九八七年に英国で初めて確認された比較的新しいウシの疾病で、ウシの中枢神経を冒し、脳の組織にスポンジ状に空胞ができることから、海綿状脳症という名前がついた。ＢＳＥの病原体はプリオンと呼ばれ

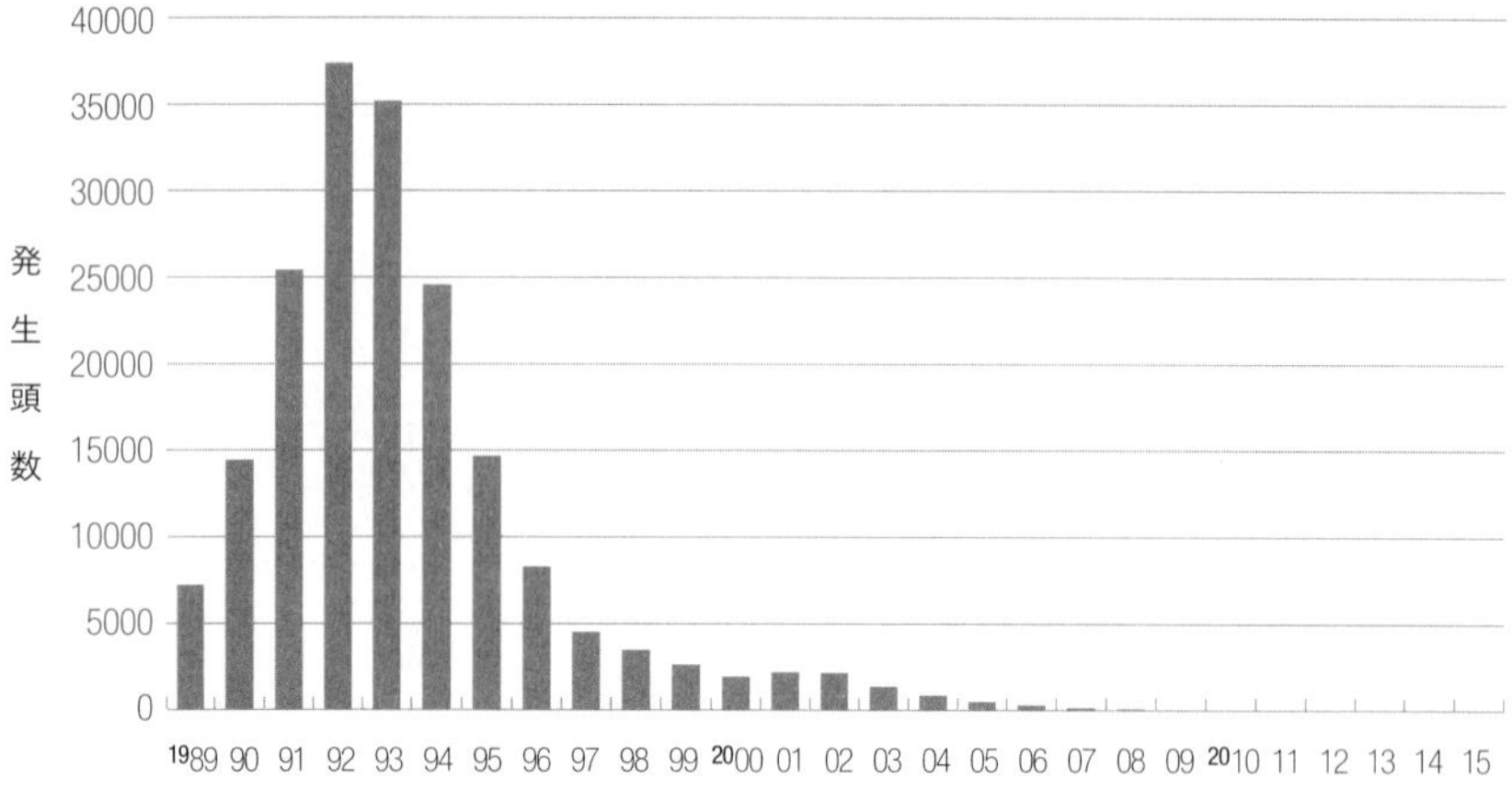

図2：世界におけるBSEの発生頭数の推移。

るタンパク質で、一般的な病原体である細菌やウイルスとは異なり、遺伝子情報を持たない。子孫を残すという生物としての基本機能を持っていないため、生命体としての病原体であるかどうかについては、未だ議論の分かれるところである。この疾病が発症に至るまでのメカニズムについてもよくわかっていないことが多いが、この疾病は牛の死体や食肉残渣などを処理して、ウシ用の飼料にリサイクルしたことによって広がったと考えられている。発生の中心は英国で、ピーク時の一九九二年には三万七〇〇〇頭の感染牛が一年間に摘発されている。この疾病は当初ウシのみが感染する疾病で、ヒトに感染することはないと考えられていたが、一九九六年に英国政府がヒトの新型クロイツフェルト・ヤコブ病（ＣＪＤ）との関連性を発表したことから、全世界を揺るがす大きな問題となった。英国ではヒトの中枢神経疾患であるＣＪＤに若年性の新しいタイプの発生が急増し、この発生原因としてＢＳＥに感染したウシの脳や脊髄を含む肉製品を食べたことが考えられた。これらの感染性はサルや遺伝子改変マウスを用いた実験でも確認されている。その後、ＢＳＥは欧州各国で相次いで確認され、カナダや米国などでも発生している。日本では二〇〇一年に初めて感染牛が摘発され、大きな社会問題となった。国内では牛肉の消費が激減し、価格も急激に低下した。このため、食用に用いられるウシの全頭検査など、多くの対策が短期間で打ち出された。食品のリスク評価を実施するために、内閣府に食品安全委員会が設置されたのもこのＢＳＥの発生が契機となった。世界の多くの国がＢＳＥ発生国からの牛肉輸入を禁止したが、欧州や北米の各国は牛肉の重要な輸出国であったため、ＢＳＥの発生によって牛肉の国際市場は大きく混乱した。日本も北米から大量の牛肉を輸入していたため、北米での発生に伴う輸入禁止措置により、外食チェーンや国内小売店などに大きな影響が出た。英国を中心にこれまで世界全体で一九万頭以上の発生が認められてきたが、ウシ由来のタンパク質の飼料利用の禁止などの措置により、発生件数は激減し、二〇一五年には世界中で七頭のみの発生にとどまっている［図2］。これに伴い、各国の国内措置や輸入禁止措置も徐々に緩和されてきているが、未だにＢＳＥによる貿易制限は撤廃されていない。

鳥インフルエンザ

鳥インフルエンザは、鳥が感染するインフルエンザウイルスによって引き起こされるが、特にニワトリやアヒルなどの家禽が高率に死亡するインフルエンザを高病原性鳥インフルエンザと呼んでいる。鳥インフルエンザウイルスには様々なタイプのものがあり、ウイルス表面にある糖タンパク（ヘマグルチニン［H］）とウイルスが保有する酵素（ノイラミニダーゼ［N］）のタイプを組み合わせて区別している。近年世界中で問題となっているのは**H5N1**亜型のウイルスによるもので、これらはヒトにも感染し、多くの死者も出している。特に、インドネシア、ベトナム、エジプトなどでは**H5N1**亜型ウイルスによる鳥インフルエンザが家禽の間で常在化する様相を呈しており、ワクチン接種による防疫を実施しているが、収まる気配はみられていない。また、鳥インフルエンザウイルスは野鳥にも感染し、渡り鳥によって広範囲に伝播すると考えられている。二〇一一年にはアジアで発生

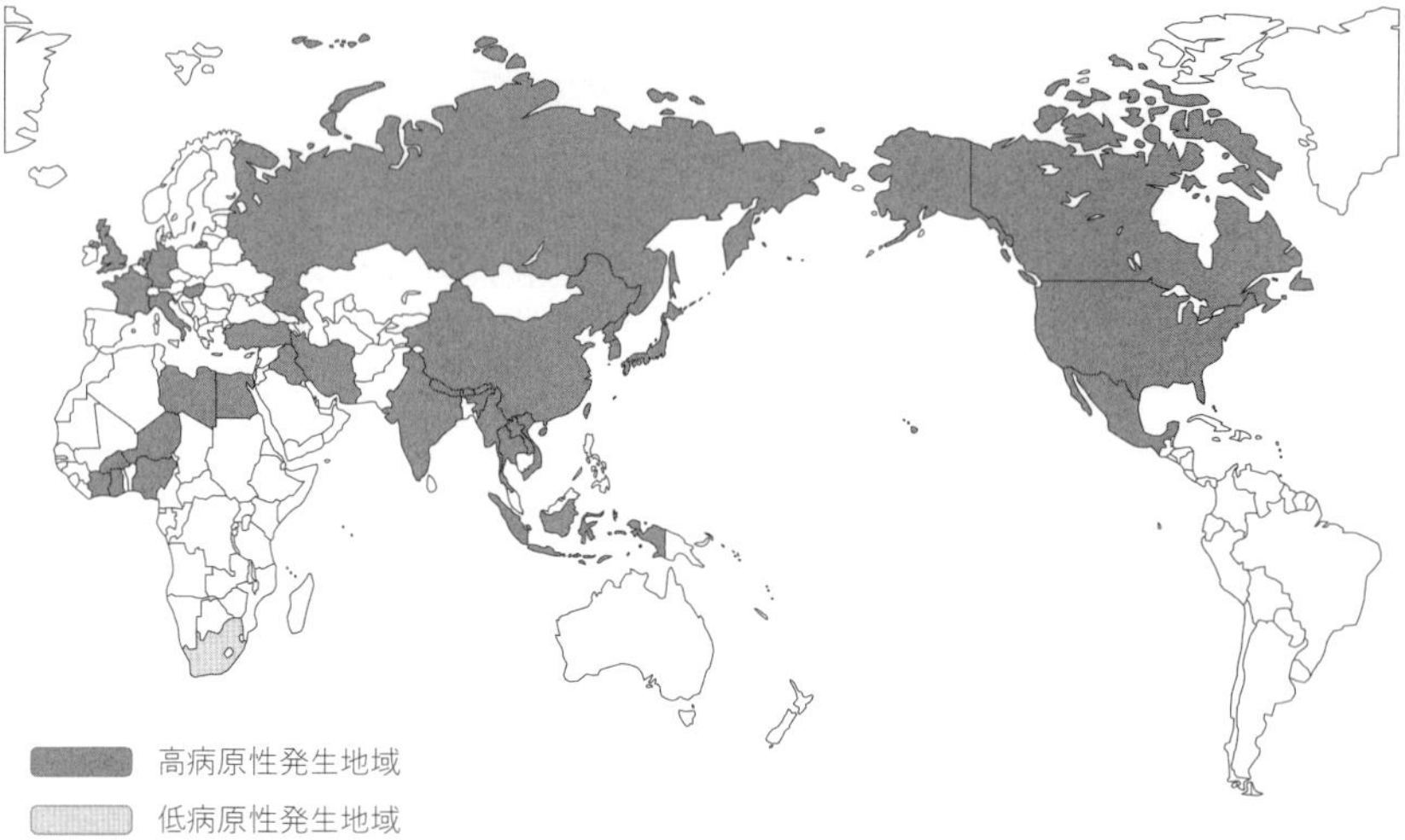

図3：家禽での鳥インフルエンザの発生状況（農林水産省HPより改変。2014年以降、2016年5月現在）。

したH5N1亜型のウイルスが欧州に持ち込まれ、多くの渡り鳥やニワトリで発生が見られた。これらの伝播にはシベリアを経由したカモなどの渡り鳥の関与が疑われている。二〇一四年に中国、韓国、日本などアジア地域で発生したH5N8亜型のウイルスによる鳥インフルエンザは欧州や北米にも広がり、大きな被害を与えた。これらの発生にも渡り鳥の関与が疑われている。実際、二〇一四年に日本を含むアジアで確認された鳥インフルエンザウイルスと遺伝学的に近縁なウイルスは、欧州や北米でも同時期に確認されており、シベリアなどの渡り鳥の北方営巣地を介して北半球の広い地域に広がったと考えられている［図3］。

　鳥インフルエンザの発生に対しては多くの場合、農場でのニワトリやアヒルの殺処分が行われる。これは、口蹄疫と同様にウイルスを周辺に拡散させることなく直ちに封じ込めるために行われる措置である。鳥インフルエンザウイルスはウイルスの遺伝学的変異が起こりやすく、ヒトへの感染が容易となるように変異したウイルスの出現が懸念されることも、早期にウイルスの撲滅を行う理由となっている。一方、現在の鶏農場の飼養規模は大きく、また、感染拡大状況によっては大量にニワトリやアヒルを殺処分しなければならないため、その制圧には大規模な人員と莫大な予算の投入が必要になる。実際、二〇一五年に米国で発生した鳥インフルエンザの防疫のために四〇〇〇万羽以上のニワトリや七面鳥が殺処分され、莫大な経費と労力が投入されている。日本も二〇〇四年にH5N1亜型ウイルスによる鳥インフルエンザが六〇年以上ぶりに発生して以来、数度にわたり発生が認められ、その封じ込めのために数十万羽規模の殺処分が行われた。蔓延状況が著しく、殺処分による防疫が不可能な場合はワクチンを用いた防疫が行われる。現在、ワクチンを用いて鳥インフルエンザをコントロールしている国は、インドネシア、エジプト、ベトナム、中国など数カ国に過ぎないが、これらの国では鳥インフルエンザが常在化する事態を招いている。先に述べたように、ヒトに感染しやすいような遺伝的変異が誘発されないよう、これらの国においても本病の早期の撲滅が図られることが望ましい。

鳥インフルエンザが国境を越えて拡散する原因は、野鳥による伝播も大きな理由の一つと考えられるものの、感染したニワトリやアヒル、それらの畜産物の移動なども原因となりうることから、発生地域からの鶏肉などの輸入は制限される。かつて日本はタイや中国から主に鶏肉を輸入していたが、鳥インフルエンザの発生により、ブラジルが最大の輸入相手国となった。このように鳥インフルエンザの発生は、ヒトへの感染リスクを生じさせる公衆衛生上の問題のみならず、鶏肉やアヒル肉などの国際流通に大きな影響を与えている。

3　国際的な取り組み

このように動物感染症の発生は国際的な食肉流通に大きな影響を与えている。これは動物や畜産物の輸入に伴って、動物疾病の病原体が国内に侵入し、畜産業などに悪影響が及ぶことを防止するために、各国政府が輸入制限措置をとることによって起こっている。それぞれの国は独自の輸入検疫システムを持ち、輸入する物や地域に応じて、輸入制限や条件の設定などを行う。これらは本来科学的にリスクに応じて行われるべきものであるが、このシステムが恣意的に運用された場合、非関税障壁といわれる国際商取引を歪める輸入制限措置となりかねない。このような懸念が高まっていた時期に、国際取引を包括的に律するＷＴＯ（世界貿易機関）協定（一九九六年）が制定された。この中で、検疫や衛生に関する措置を恣意的に運用してはならず、あくまで科学的な評価に基づいて運用すること、また、できるだけ国際的な統一ルールに基づいて行うことなどが定められた。特に、動物疾病の検疫に関する国際的なルールを定める機関として、国際獣疫事務局（ＯＩＥ）が指名され、この機関が作成した基準を国際基準として、各国ができるだけ従うように規定された。

そもそもＯＩＥの歴史は古く、一九二四年に二八カ国の参加をもってパリに設立され、日本は設立六年後の一九三〇年に加盟した。ＷＴＯ協定設立前までのＯＩＥの活動として、動物や畜産物の輸出入に関する基準づくりは行っていたものの、これらはあくまで紳士協定的なもので、法的強制力はなかった。むしろ、国際的に重要な家畜の疾病が発生した場合の通報や疾病の検査技術に関する知見の提供などの役割が大きかった。しかし、ＷＴＯ協定の発効とともに、ＯＩＥが定めた基準が国際基準として位置づけられたため、その役割は重要かつ拘束力のあるものとなった。ＯＩＥは年一回開催される総会において全加盟国（二〇一五年現在一八〇カ国）の代表がパリに集合して、国際基準の改廃について承認する。しかしながら、一口に国際基準といっても世界各国における畜産の形態は様々であり、統一的な基準を作るのは容易ではない。かつて、畜産物の国際貿易の大半が一部の畜産先進国のみによって占められていた時代はそれほど問題とはならなかったが、現在では開発途上国においても畜産の構造改革が進み、一部では畜産物が輸出産品として注目されている。それらの国際取引に当たって、開発途上国も国際ルールの影響を直接受けるようになった。このような時代には、科学的基準といえども、その実行可能性という側面を考えた場合には、開発途上国の技術力も考慮せざるを得ず、コストのかかる先進技術を用いた一律の基準は作りづらくなっている。その一方で、食の安全や動物福祉などが世界的に関心を集めており、国際基準の策定に関する要望の範囲は広がっており、それにあわせてＯＩＥが策定する国際基準も動物や畜産物の輸出入条件から、疾病発生の監視方法、リスク評価、獣医組織の在り方、疾病対策、動物福祉、獣医公衆衛生の分野に広がっている。このような状況の中、世界各国の動物疾病の防疫を担う獣医組織の能力の違いや、そもそもの畜産形態の違いが国際的な合意形成プロセスを複雑にしている。獣医組織については、ＯＩＥもその必要な要件、法制度、評価手法などのガイドラインを作成し、国際的な標準化を目指すとともに、各国の獣医組織の能力を評価し、不十分な点を指摘するなどの活動を通じて、各国の獣医組織の能力の底上げを図っている。しかし、そもそもの畜産形態が国や地域ごとに大きく異なっているので、一律の基準を当てはめることが困難な場面が頻出してきており、これらをどのように克服していくかが、大きな課題となっている。

4　各国の畜産事情

畜産の形態に関しては、それぞれの国や地域の気候風土、国民の所得、インフラの整備状況、宗教、伝統習慣などの要素が複雑に絡み合っており、非常に多様である。例えば、同じ放牧型畜産であっても、中央アジアやアフリカの乾燥地域では社会で共有する広い範囲での移動式放牧が多く、粗放的に行われるため、生産性はそれほど高くない。南北アメリカやヨーロッパで見られる放牧は、一定の区画を持つ所有地で品質の高い牧草を利用して行われるため、より集約的で生産性も高い。東南アジアでは農作物栽培と家畜飼養が密接に結び付き、小頭数の家畜が農作物の副産物などを利用して飼育されている。ウシや水牛などは農作業に使役され、重要な労働力を提供している。一方、多くの先進国では都市近郊で飼料の多くを外部に依存する非土地依存型の集約的な畜産経

図4：カナダのフィードロット（筆者撮影、以下同）。

営を行っている。これらの経営では産業化が進み、大規模化、生産効率の上昇により、その生産力は大きく、世界の食肉生産の大きな部分を占めている。

以下に、筆者が訪問した国のいくつかの畜産事情を紹介し、その多様性について触れていきたい。

アメリカやカナダの穀倉地帯ではフィードロットと呼ばれる大規模肥育場を利用した集約的かつ大規模な肉牛の肥育が盛んである。図4のように大きな区画の中にウシを入れ、これらのウシが出荷できる体重に達するまでこの区画で肥育する。私が訪れたカナダのウシの農場は数千頭規模を飼育する農場で、このような区画が延々と続いていた。壁のように積み上げられたサイレージという発酵飼料はバケットローダーのような大型重機で調整

図4：カナダのフィードロット。

されていた。また、配合飼料はコンクリートミキサー車のような車が走りながら餌槽に流し込んでおり、とにかくそのスケールの大きさに圧倒された。このような大規模かつ企業的な畜産形態は、地域の豊富な穀物飼料生産と旺盛な食肉需要を背景として成り立っていると考えられた。

一方、ヨーロッパの畜産は肉や乳製品などの伝統食文化に根ざし、農業における地位が高い。近代的な飼育管理技術を取り入れた農場がある一方、伝統的な飼育方法を用いた農場も数多く存在し、ヨーロッパ内にも多様性がある。図5の農場は約五〇〇頭を飼育する英国の大規模な酪農場で、フリーストールと呼ばれるウシが自由に歩き回ることができる飼育方式を採用している。近年ヨーロッパでは動物福祉が重要視され、できるだけ動物に

図5：英国の酪農場（上）と家畜取引市場（下）。

負荷をかけない飼育形態が好まれるようになっている。この農場はオーガニック農場として認定を受け、牛乳やヨーグルト製造用の生乳を出荷している。このようなオーガニック農場は消費者からの支持もあり、畜産に限らずヨーロッパの農業全体で盛んになってきている。また、英国では、土地が肥沃ではない地域では、粗食に耐えるヒツジが主に飼育され、豊かな牧歌的風景を作り出している。写真は家畜の取引市場で、英国の広い範囲からヒツジやウシが集められている。市場に集められたヒツジのすぐ横でセリが行われ、競り落としたバイヤーによって英国各地に運ばれていく。二〇〇一年の英国での口蹄疫発生時には、このように集められたヒツジの中で口

図6：アルゼンチンのウシの放牧。

蹄疫の感染が広がり、新たに感染したヒツジが運ばれることによって、広域に感染が拡大したと言われている。

南米のアルゼンチンでは、広い牧野を利用したウシの放牧が盛んである。図6はブエノスアイレス近郊にある牧場で、広大な敷地に多くのウシを放牧していた。この近辺の草原地帯では良質な牧草が得られるため、多くの農場が連なっている。この付近は都市部に近いこともあり、オーナーの多くは都市部に住んでおり、ウシの世話はガウチョと呼ばれる伝統的な農場管理人に任せていることが多い。彼らは農場主に雇われて、牧場敷地内に住み込み、ウマを使ってウシを追う生活をしている。しかしながら、同行した畜産関係者によると、このような伝

図7：モンゴルの家畜の放牧（上）とゲル（下）。

統的なスタイルで農場を管理してくれる人が年々少なくなってきたとのことであった。実際、一つ一つの牧場の敷地が広大であるため、幹線道路から離れた牧場に行くには延々と続く未舗装の道路を車で走らなければならず、不便な生活を強いられる。このため、農場主は衛星テレビを設置するなど、住環境を整備して管理者を確保しているとのことであった。南米のアルゼンチンやウルグアイなどの国では良質な牧草を利用した低コストの牛肉生産が行われており、牛肉の国際市場での潜在的な国際競争力は高い。

モンゴルでは一面に広がる大草原の中で放牧を主体とした畜産を営んでいる。ここでは四種類の家畜を飼うこ

図8：ラオスのウシ飼養農家（上）と水牛飼養農家（下）。

とが一般的で、ウマ、ウシ、ヒツジ、ヤギの放牧を同時に行っていることが多い。ただし、砂漠地帯ではウマの代わりにラクダを飼育することが多くなる。筆者が話を聞いた農夫はウマ六〇頭、ウシ二〇頭、ヒツジ・ヤギ八〇〇頭を一人で管理していたが、それらの家畜の群れが動物の種類ごとに別の方角の遠くに見えるのみで、管理をしているようには見えなかった。しかしながら、夕方になるとそれぞれの家畜を彼らが住むゲルの近くまで連れて帰っている［図7］。ゲルの周りにはちょっとした囲いがあり、夜にはこの囲いの中で家畜が休んでいた。モンゴルというとウマに乗ってヒツジやウシを追っている姿をイメージすることもあるが、最近ではバイクを使っていることも多い。モンゴルにおいても口蹄疫発生時には、家畜の移動制限やワクチン接種を行っているが、広大な放牧地の防疫活動は容易ではなく、特に、極寒の冬には防疫活動が制限される。

東南アジアでは、食肉需要の増大に伴って、一部では先進的な大規模農場が出現しているが、それらはまれで、地方に行けばまだまだ小規模のウシ、ブタを飼う農家がほとんどを占めている。それらの農家では敷地内に木や竹で作った簡単な囲いの中で家畜を飼い、乳を利用したり、肉牛として出荷したりしている。図8はラオスの農家である。川原や道端に生える草が餌として主に与えられ、村共同の放牧地も活用している。ウシや水牛は水田などの労働力としても使用されており、伝統的な稲作農業と深く結びついている。このような地域ではウシや水牛の損失は農業全体にかかわる被害に直結している。したがって、動物疾病への対策は重要な問題であるが、体制整備は十分とは言い難い状況にある。

5 世界の畜産構造の変化

上述したように、一口に畜産といっても世界各国で行われている畜産の形態は様々であり、それらを一つにまとめて論じることは極めて難しい。しかしながら、近年世界的に畜産の構造は大きく変化していることも事実である。ＦＡＯが二〇〇九年にまとめた報告書によると、一九八七年から二〇〇七年の約二〇年間で世界全体の食肉の生産量は大幅に増加している［表1］。特に、開発途上国において食肉生産量の伸びが著しい。これらを地域別に見ると東・東南アジアでの生産量の増加が大きく、豚肉は三倍、家禽肉と牛肉は約五倍に増加した。国別に見ると、中国での生産量の伸びが大きく、家禽肉では七倍、牛肉は一〇倍以上増加している。また、ブラジルを中心として南米での家禽肉の生産量も増大した。一方、開発途上国に比べて先進国では生産量の伸びは大きくなく、家禽肉の生産は一・六倍と増加したものの、豚肉の生産量は横ばいで、牛肉の生産量はむしろ減少している。このような先進国と開発途上国の生産量の伸びの格差は、開発途上国において食肉消費量が急激に増加したことが原因となっている。先進国全体での一人当たりの年間食肉消費量は一九八〇年には七六・三キログラムであったが、二〇〇五年には八二・一キログラムとやや増加しているが、開発途上国ではこの期間に一四・一キログラムから三〇・九キログラムへと倍増している［表2］。この中でも特に東・東南アジアでの伸びが大きく、一二・八キログラムから四八・二キログラムと四倍に増加している。ここでも中国の増加が顕著で一三・七キログラムから五九・五キログラムへと大幅に増加した。

食肉需要が増大した国では、生産量を上げるために、飼育頭数の増大を行うとともに、畜産経営の大規模化や集約化が図られ、より効率的な生産が行われるようになってきている。特に、鶏肉、鶏卵、養豚の部門では飼育管理、疾病予防、育種などの技術の改良もあって、企業化が進み、その結果生産量が増加している。また、旺盛な食肉需要の拡大を受けて、食肉の国際貿易量も一九八〇年の九六〇万トンから二〇〇六年の三二一〇万トンへ増大している。これは食肉全体の生産量の約一二パーセントに当たり、食肉の国際流通が盛んになっている状況を示している。このように食肉製品の国際貿易が活発になり、国家間の相互の依存関係が強まった結果、上述したような動物の感染症が流行した場合の影響は一国のみにとどまらず国際社会全体に及ぶ可能性も生じている。

（単位：100 万トン）

地域・国	豚　肉		家禽肉		牛　肉	
	1987	2007	1987	2007	1987	2007
先進国	37.1	39.5	22.9	37	34.1	29.4
開発途上国	26.6	76	13	49.8	16.9	32.5
東・東南アジア	22.4	68.4	4.8	22.2	1.7	8.8
中　国	18.3	60	2.2	15.3	0.6	7.3
ラテンアメリカ・カリブ海	3.2	6.1	4.5	17.2	9.8	15.8
ブラジル	1.2	3.1	1.9	8.9	3.7	7.9
南アジア	0.4	0.5	0.5	3	1.5	2.1
インド	0.4	0.5	0.2	2.3	1	1.3
近東・北アフリカ	0	0.1	2.1	5.3	1.1	1.8
サハラ以南アフリカ	0.5	0.8	1	2	2.7	4
世　界	63.6	115.5	35.9	86.8	50.9	61.9

表1：世界の食肉生産量（FAO 2010より）

（単位：kg／人／年）

地域・国	食肉類		乳　類		卵	
	1980	2005	1980	2005	1980	2005
先進国	76.3	82.1	197.6	207.7	14.3	13.0
開発途上国	14.1	30.9	33.9	50.5	2.5	8.0
東・東南アジア	12.8	48.2	4.5	21.0	2.7	15.4
中　国	13.7	59.5	2.3	23.2	2.5	20.2
ラテンアメリカ・カリブ海	41.1	61.9	101.1	109.7	6.2	8.6
ブラジル	41.0	80.8	85.9	120.8	5.6	6.8
南アジア	4.2	5.8	41.5	69.5	0.8	1.7
インド	3.7	5.1	38.5	65.2	0.7	1.8
近東・北アフリカ	17.9	27.3	86.1	81.6	3.7	6.3
サハラ以南アフリカ	14.4	13.3	33.6	30.1	1.6	1.6
世　界	30.0	41.2	75.7	82.1	5.5	9.0

表2：世界の1人1年当たりの主な畜産物消費量（FAO 2010より）

6　今後の課題

数十年前までは、家畜の疾病は地域的に流行することはあっても、国境を越えて世界的に広がることはあまりなかった。しかしながら、一九九〇年代以降、動物の感染症が世界規模で流行することが頻繁に見られるようになってきた。このような大流行が起こる原因としてはいくつかが考えられる。その一つは、以前とは比較にならないほど、物や人の国際的な移動がスピーディかつ頻繁に、さらには広域に行われていることである。この背景には輸送手段の発達や流通インフラなどの整備が進んだことなどがあるが、新鮮な食材が輸送できるような冷蔵輸送などの輸送技術が発展したことも大きい。このような活発な国際間の移動は、動物感染症が国境を越えて伝播するリスクを高めている。また、国際企業による飼料や農業資材などの大規模な国際流通もリスクを高める原因になっている。このような物流の活発化は今後益々進展することが予想され、物流自体を制限することはほぼ不可能になっている。したがって、これらのリスクに対応するためには、各国が実施する国境での検疫システムについて、できるだけ物流を阻害せず、かつ、効果的に疾病の侵入防止を図ることができるよう検疫技術や検疫制度の質を高めなければならない。検疫制度は通常、輸出国で実施する検査と輸入国で実施する検査の二重検査体制になっている。したがって、実効性のある侵入防止を図るためには輸出入国間で緊密な連携をとり、技術情報や疾病情報の交換などを通じて相互の信頼性を高めることが重要である。また、効率的な検疫を実施するためには新たな検査技術の開発、科学的リスク評価手法の積極的な応用、動物感染症に関する科学的知見の集積などが重要であり、研究分野の貢献も欠かせない。

一方、世界的に見られる畜産経営規模の大型化や集約化は、動物感染症発生時の流行規模の拡大にも直結し、ひいては周辺国への感染拡大にもつながっている。例えば、日本をはじめとする先進国では、道路や鉄道などの流通網が発達した結果、家畜市場や食肉処理施設の集約化が進み、国内での家畜や食肉流通の広域化が顕著になっている。このような状況下では、疾病が発生した場合に瞬く間に国内各地に疾病が伝播するリスクを抱えている。また、急速な都市化が進んでいる国では、食肉や乳製品消費の増大に伴う、急速な飼育頭数の増加や食肉生産の拡大に衛生管理技術や施設整備がついていっておらず、動物感染症への対策が不十分で、感染や被害も大規模化しやすい。動物感染症が流行して動物での感染が拡大した場合、流行地域内での病原体の量が飛躍的に増加し、人や物の移動や野生動物などの移動を通じて周辺国への伝播の可能性も高まる結果となる。したがって、発生国において直ちに疾病を封じ込め、周辺国に拡散するリスクを低減させることが重要となる。この点から考えれば、自国内のみならず周辺国においても疾病対策が十分に機能していることが重要となるため、積極的な技術協力や対策支援を通じて、周辺国の疾病制圧を促進することや対応能力を向上させることも必要になる。このことが、越境性動物疾病と言われる口蹄疫や鳥インフルエンザなどの疾病対策においては、一国のみではなく、周辺国が連携して取り組むことが重要視される理由である。

ＦＡＯの推定によれば、世界全体で二〇一〇年に比較して二〇五〇年では食肉の消費量が一・七倍に増加すると考えられている。その伸びは開発途上国では二倍に達すると予想している。このような食肉消費需要の増加は、生産量の増加とともに国際貿易のより一層の活発化を促すと考えられる。生産量の増加は動物感染症の流行のみならず、人獣共通感染症や食中毒などの公衆衛生上のリスクの増大、温室効果ガスの排出などの環境への負荷、また、需要量の増加は食糧安全保障や貿易摩擦など様々な問題も惹起すると考えられる。気候風土に応じた産業としての畜産の多様性を維持しつつ、健全な食肉生産・消費を行うという、我々に突き付けられた課題は大きいと言わざるを得ない。

参考文献

ＦＡＯ　二〇一〇『世界食糧農業白書　二〇〇九年報告　重要な局面に立つ世界の畜産』日本語版、東京：㈳国際農林業協働協会。

第15章

食肉の原産地証明の課題

——ハモン・イベリコを事例として

野林厚志

1　はじめに

本稿の第一の目的は、スペインやポルトガルを擁するイベリア半島で地域品種として飼養されてきたイベリコブタから生産される食肉加工品であるハモン・イベリコ[1]（jamón ibérico）がその生産の中心であるスペインの国内のみならず、ＥＵ圏内やそれを超えたグローバルな市場に流通している状況に着目し、その品質を支えている原産地証明（Denominación de Origen）について制度面と実践面から記述することである。そのうえで、地域社会で育まれてきた食材が、地域や国を超えた流通や消費の脈絡に位置づけられていく過程で生じる課題を示していく。

本稿における原産地証明とは、農産物や工業製品などで取引の対象となっている物品の原産地や製造過程に一定の保証を与えるヨーロッパ各国の機関や制度のことをさす。ヨーロッパでは、本稿で取り上げるスペインだけでなく、フランスやイタリアなどでも農産物の原産地の認証制度が発達しており、ＥＵにおける商品の流通の拡大とともに、原産地証明の機能は国内から国際的な範囲に広がり、その重要性が増している。本稿で述べるハモン・イベリコも原産地証明が流通や取引に欠かせない農産物の一つである。

ハモン・イベリコは日本でも高級食材として近年、関心が高まっている。西洋料理のレストランや輸入食品の店舗で提供されるだけでなく、デパートやスーパーマーケットでもパッケージ化された製品が販売されている光景も珍しくない。輸入食品店やインターネット上ではハモンの原木[2]も販売されており、日本の食生活において、ハモンの製品と消費者との距離が縮まりつつあるように感じられる。また、観光ガイド書や紀行書でハモン・イベリコがとりあげられることも多く、スペイン観光の魅力の一つにもなっている。そのうたい文句は、ドングリ林に放牧して飼養されたブタから作られるため、自然の恵みを受けた健康で美味な食材というものである。

一方で、流通の末端にある消費者には、ハモン・イベリコがどのような歴史的過程をへて生まれたかということや、どのようなグローバル流通環境のなかで現在供給されているかはあまり知られていないであろう。むしろ限定された特定の情報が繰り返し刷り込まれることによって、必ずしも正確とはいえないイメージが消費者に固定化されている部分があることは否めない。

生産者と消費者との間は物流の革新により地理的距離という溝が埋まりつつある一方で、同時に生じている情報通信の革新によって、生産品に関わる豊富な情報も得られることが期待されるにもかかわらず、「コピー&ペースト」が繰り返された画一的な情報が広がってしまっているのである。

こうした現象が、日本をはじめとするハモン・イベリコの消費地だけでなく、原産地を擁するスペインの中でも生じていることは興味深い。その背景には、それまで地元の食材として身近にあったハモンが、ＥＵに代表される国家を超えた政治的、経済的枠組みの中で確立してきた比較的新しい食品としてのハモン・イベリコに変わりつつあるということが考えられる。

このことは、ハモン・イベリコに限ったことではないだろう。特定の地域で育まれてきた食品の生産と流通の過程が、グローバル経済時代に、とりわけ、ＥＵやＴＰＰ（環太平洋パートナーシップ協定）といった複数の国で構成される広域経済圏の中で、その様子を大きく変えていくことは十分に考えられることであり、日本がこうした経済圏の中で食料資源の生産や流通に関わっていくうえで、同様の課題が生じる可能性は十分に考えられる。本稿ではこうした問題意識ももちながら、ハモン・イベリコの原産地証明と生産者、消費者との関係について考えることにしたい。

2　イベリコブタ

生態学的特徴

イベリコブタは、スペインのイベリア半島で飼育されてきた地方品種の総称である［図1］。イベリア半島南部から北アフリカの西部地域に分布してきたブタのいくつかの品種がイベリア半島内で地域品種として定着していったと考えられている。[3]

イベリコブタの形態学的な特徴としてあげられるのは、口と鼻面を合わせた吻《ふん》部が他のブタの品種よりも比較的長く、体毛色はこげ茶から茶褐色、黒まで変異が見られることである。成体の大きさは体高五五－七〇センチメートル、体長一・二－一・五メートルであり、一五〇キログラム程度まで肥育され、出荷される。

現在、スペインでは、イベリコブタは舎飼いとドングリ林での放牧との組み合わせによって飼養されている。それぞれの飼養環境で育てられる期間の割合は成体の品質を決める重要な条件となっている。イベリコブタはド

図1：放牧されたイベリコブタ（筆者撮影、以下同、2009年）。

ングリを食べて育つという印象が強いが、すべての個体にドングリのみを食べさせて育てているわけではない。ドングリ飼育の個体から作られたハモンや生肉であるという認証を受けたい場合には、成体の放牧をドングリ林で一定の時期を決めて行うことになる。

例えば、筆者が調査を行った、イベリコブタの飼養頭数が比較的多い地区として知られているギフエロ州のある畜産農家では、イベリコブタの生殖ならびに生育は次のような周期で行われていた[4]。

妊娠期間は一一四日間を標準とし、出産は一二月から翌年の二月くらいにかけてと九月から一〇月にかけての年二回に行うように生殖周期が管理されていた。イベリコブタは一回の出産において七－八頭の産仔数があるが、子豚のうち一〇－一五パーセントが幼少期に死亡するため、母ブタ一頭あたりの歩留まりは五－六頭とされていた。

子ブタは生後六〇日間までは母ブタと一緒に飼養され、母乳と穀物粉の飼料で育てられていた。六〇日以降はドングリの木が生えていない放牧場で母ブタと分離し、基本的には穀物粉の飼料で飼養される。この期間に注意するべきことは、一二－一三ヶ月くらいまでの間、個体重量が九〇キログラムを超えないように飼料量を調整することであった。また、特別な方法がとられているわけではなかったが、ハモン・イベリコを作るための個体は臀部をあまり発達させないで肥育させることが望まれていた。これは、大腿部の発達を成体までの成長期はおさえ、後脚の骨を細くしておくことによって、ハモンにしたときの総重量に対する肉の割合を大きくするためとされていた。

子ブタを食用の成体に育てる過程において重要な去勢や避妊処置については、雄の個体には生後六〇日目に去勢を、雌の個体には四―五ヶ月目に避妊処置を施すこととされていた。去勢と避妊処置は慣習的には精巣や卵巣の摘出によって行うが、近年、ホルモン注射による性徴や生殖の管理も行われるようになっていた。一方で、EUの規定によって去勢や避妊処置ができなくなることが懸念されていた。去勢や避妊処置は、ブタの肥育を効果的にするということもあったが、イベリコブタの飼育形態にドングリ林での放牧が組み込まれていることからも必要とされていた。というのは、放牧期間である九月から二月までの間の比較的早い時期は、イノシシの発情期に重なっており、放牧しているメスブタの避妊処置をしておかないと、周囲に生息するオスイノシシと交配してしまう可能性があり、個体管理の面からも、イベリコ種の維持にも少なからず問題があるとされていた。

放牧

成体までの成育期間の後は、いよいよドングリ林での放牧が行われる。三―四ヶ月の期間の放牧を組み込み、約六〇キログラム以上の増量を行うことによって、ドングリ飼養ブタとして仕上げる。

ドングリ林での放牧は、ドングリが落果をはじめる九月から、果実内の水分が蒸発したり、新鮮さが失われて飼料として適さなくなる二月の終わりぐらいまでに行われる。[5] この期間にブタを放牧し、肥育の仕上げを行うことを現地では、モンタネラ（La montanera）と表現していた。この時期には、一個体あたり一日に八―一〇キログラムのドングリを消費し、一日に体重一キログラムの増量が期待されていた。規定の体重増加を果たした個体から順に屠畜され、ハモンやその他のチョリソやサルシチョンといった加工食品、枝肉が作られることになる。

モンタネラの時期には、ブタは夜間、畜舎に収容され、朝にドングリ林に放牧される。放牧はドングリの実りの状況を確認しながら行われ、落実量が多い区画にブタを牧夫が誘導していく。牧夫は、地域差もあるが「アーイ、アーイ、アーイ、ウェナー」といった独特のかけ声を発しながら、ブタの群れの先頭から中程に位置し、ゆっくりとブタの群れとともに歩きながら目的の区画に移動させていく。

目的地の区画に到着した後は、ブタに自由にドングリを食べさせる文字通りの放牧となる。ブタは地面に落ちているドングリをあさりながら一日をすごす。この間、牧夫は、ブタの採食の様子を観察したり、他の区画のドングリの落果の状況を観察しながら、ブタにドングリを採食させる次の区画の見極めを行っていく。ここで大切なのは、落果しているドングリをブタがしっかり食べきっているかということであった。

ブタがドングリを採食した跡をよく観察してみると、場所によっては落果しているドングリを食べきっていない、すなわち食べ残している場合がしばしばある。牧夫によれば、これはドングリの味そのものがよくなかったり、落果してから時間が経過し、ドングリに新鮮さが失われていることが原因となっているとされていた。ブタはこうしたドングリは途中で食べるのをやめてしまうので、採食する量が減ってしまい、ドングリで育てたブタの等級であることが認定されるために満たさなければならない規定に定めらた体重増量の条件を満たすことができなくなるため、食いのよいドングリが実っている木が植えられている場所へ移動させる必要があった。牧夫はドングリ林を観察しながら、落果間近の質のよさそうなドングリが生えている場合には、三メートルほどの棒の先に紐をつけ、さらにその先に数十センチの棒をむすびつけた道具で樹冠をたたき、ドングリを落とす作業を行い、十分な量のドングリを落としたうえで、ブタをその場所へ移動させていく。

夜間は基本的にブタを畜舎にもどすため、牧夫は夕方になると再び家畜への声がけを行い、畜舎への先導を行

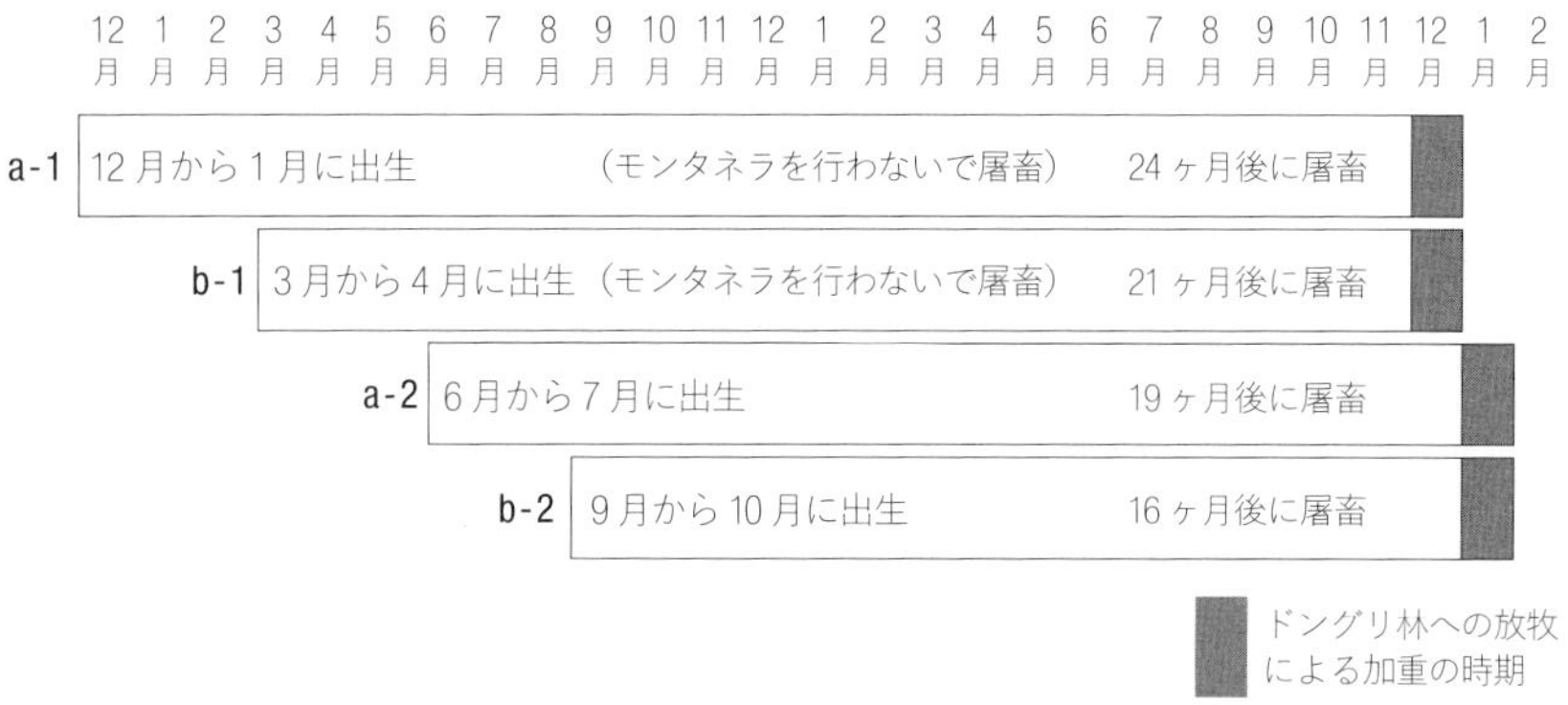

図2：2群にわけられたイベリコブタの伝統的な飼養スケジュール（Rodríguez-Estévez 2008をもとに作成）。

う。牧夫の呼びかけに応えず採食を続けていたり、群れからはぐれてしまったブタは、時には牧豚犬を使って群れにもどさせるようにする。牧豚犬はとくに特定の犬種が決められているようではないが、農家で一緒に飼われているヤギの誘導にも使われている。[6]

ロドリゲス＝エステベスによると、イベリコブタのこうした生殖、生産周期は約二〇〇〇年間、基本的には変わっておらず、現在行われているハモンやその他の製品の生産環境に合わせた家畜群の管理が実践されていると指摘している（Rodríguez-Estévez 2008）［図2］。

伝統的な飼養にもとづくスケジュールは、一群の家畜を、出生した時期によって二つに分けて扱っていた。一二月から一月にかけて出生した個体（a-1）と、六月から七月にかけて出生した個体（a-2）をそれぞれ、二四ヶ月後と一九ヶ月後に屠畜できるようにドングリ放牧で仕上げをするというものである。

これに対し現在では、伝統的な飼養スケジュールを守りながらも、ブタの生産性をあげるために、家畜を二群にして、a-1とa-2のスケジュールはそのまま保ちながら、三月から四月にかけて出生した個体（b-1）と九月から一〇月にかけて出生させるように生殖を管理した個体（b-2）を飼養している。モンタネラの時期を重ねながら、同時期のイベリコブタの成体の生産量を増大、安定させる方法がとられていることになる。
さらに生産性をあげる場合には、a-1とb-1はドングリで仕上げをしないで人工飼料による肥育のみで、一〇ヶ月から一四ヶ月で屠畜をする場合もある。図2では、a-1やb-1を先に屠畜してしまうと、次年の一二月以降の生産が落ちるように見えるが、前年度も同じ周期で四つのグループが飼養されており、成体の供給は継続的に行われることになる。ドングリで仕上げをして比較的高い値段をつけることができるハモンや食肉がよく売れるとは限らないため、在庫のハモンの量なども考慮しながら、安価な製品を作る肥育スケジュールを並行してとれるような家畜群管理が、個体の出生時期に応じて行われていると言ってよいであろう。

デエサ（地中海性広葉樹林）

こうしたイベリコブタの飼養を支える生態環境がデエサ（dehesa）とよばれる地中海性広葉樹林である［図3］。デエサという言葉の由来は、九二四年に「防御される」という意味での‘defesa’という言葉が用いられたことによると指摘されている（Vicente and Alés 2006）。

もともと、デエサは草本類が優占する土地であり、基本的には王や領主の私有地であった。この地域は、基本的には地中海性気候帯に属することから、降水量の年較差があり、冬季や夏季には牧草となる草本類の繁茂はそれほど期待できない。したがって、ヒツジやヤギの牧畜にはそれほど適していなかった。デエサをめぐる状況が変化するのは一六世紀の大航海時代以降である。

当時、海外へ向けて出発するための重要な港であったセビージャへ、ハモンやその他の保存食肉を供給する生産地として、そして、その原料となるブタの飼養地としてアンダルシア地方が重要な役割を果たすようになっていった。ドングリが結実するような樹木が積極的に育成されるようになり、ブタの放牧に適した場所としてのデ

図3：デエサ（地中海性広葉樹林）（2010年、アンダルシア）。

エサが確立していった。

現在、デエサはスペインの南部から南西部のサラマンカ、エクストゥレマドゥーラ、アンダルシア（コルドバ、ウエルバ、セビージャ）、カスティーリャ・ラ・マンチャに分布している。樹林帯となったデエサは生物の多様性もすすみ、一〇・一ヘクタールあたり一三五種の生物が生息しているという調査結果が得られている（Maranon 1985）。

デエサの中でブタの放牧に欠かすことのできない樹木が、セイヨウヒイラギガシ（*Qurcus ilex*）とコルクガシ（*Qurcus suber*）である。放牧されるイベリコブタは、基本的にはこの二種のカシの果実であるドングリをモンタネラの期間に集中的に採食することで、体重を増加させていく［図4］。ただし、放牧しているブタはドングリだけを採食しているのではないことが最近の生態学的な調査からわかってきた。

ロドリゲス＝エステベスらはモンタネラの際のブタの咀嚼行動を観察し、ドングリと草本の咀嚼が全体の九九パーセントに達していることを明らかにした（Rodríguez-Estévez and et al. 2009）。一方で、根栽類や昆虫、小動物と

図4：イベリコブタが採食するドングリ（2011年、アンダルシア）。

いった動物性のものを採食している様子はほとんど観察されていない。

ブタと生物学的に同種であるイノシシは基本的には草食性で、堅果類や根栽類を中心に採食するが、昆虫や小動物を採食することも知られている。小寺らはニホンイノシシの食性をその胃の内容物の分析によって明らかにしており、それによれば、ニホンイノシシの場合、根や塊茎といった植物の地下部分は一年を通じて土耕採食される一方で、葉茎や果実など植物の地上部は季節的に採食比率が高まり、とりわけ、九月から二月にかけてはドングリ類が胃の内容物の一六－二四パーセントを占めるようになり、ドングリが実らない時期がほぼ〇パーセントであることと対照をなしている（小寺他二〇一三）。

秋から冬にかけての時期の食性のもう一つの特徴は、動物性の食料の捕食が見られることから、イノシシはドングリやクリといった堅果類を中心に採食するが、その他に掘り起こしによるキノコや昆虫等も食していると考えられる。

一方で、ドングリの落果が豊富なデエサ内部のブタの放牧では、ドングリと草本類が採食される主な対象となっており、掘り起こしのような採食行動はとられていない。これは、イノシシに比べてブタは吻部が退縮していること、十分なドングリの供給が行われているため、他のものを採食する必要がないこと、ブタが地面を掘り起こして穴だらけにすることを防ぐための金属製の吻部プロテクターの装着等がその要因となっていると考えられる。

3 ハモン・イベリコ

制度が保証する品質

イベリコブタから作られる食肉加工製品は多岐にわたる。後脚を用いたハモン・イベリコはよく知られているが、前脚を使ったパレタ、腸詰のチョリソ、サルシチョンもスペインでは日常的に馴染みの深い加工食肉製品とされてきた。地元の肉屋が、自家製のハモンや腸詰を販売することも少なくなく、なによりも、自宅で飼養するブタを秋に屠畜し、自家製の腸詰やハモン、パレタを作ることはスペインの冬支度をものがたる季節の風物詩となってきた。

一方で、国内流通の範囲が広がり、さらに、ＥＵに代表されるような国家を超えた取引が行われることにより、商品は競争力を高めることを余儀なくされた。品質の向上や保証、適正な価格設定、名称の普及等が商品として存続するために必要となった。とりわけ、品質の向上とその保証は、生産者やその業界、行政が商品を制度的に管理することで図られることもあり、その代表的な例が原産地の認証制度である。

もちろん、国をはじめとする行政機関による認証制度の導入にともない、商品の扱われ方はそれまでとは異なることになり、イベリコブタから作られる食肉加工製品もこの例にもれず、飼養条件や品種、品質による等級付け等が厳密に行われるようになっている。ここでは、本稿の主題であるハモンについて実際につけられている等級とその条件について述べていく。

二〇一三年の統計データでは、一年間に市場に出されたハモンの総数は四七一万九七四八本であった

イベリコ				合計
ベジョータ	レセボ	カンポ	セボ	
283,685	11,202	4,469	508,548	**1,041,941**
17,806	296		398,366	**416,468**
354,257	12,018	22,333	1,555,965	**1,945,102**
7,121	1,027		57,871	**66,019**
161,804	5,494	5,437	496,147	**697,061**
39,223		16	64,404	**103,643**
			374,843	**374,843**
9,215			65,456	**74,671**
			総計	**4,719,748**

(Asociación Interprofesional del Cerdo Ibérico no date)。地域別に見ると、カスティーリャ・レオン州（一九四万五一〇二本）、アンダルシア州（一〇四万一九四一本）、エストレマドゥーラ州（六九万七〇六一本）の順に続き、後述する原産地証明が設立されている場所を中心にハモンの生産が行われていることが理解できる［表1］。

近年、特徴的に見られるのが、純血イベリコ（Iberico puro）とよばれる、いわゆる両親ともにイベリコ品種の個体から生産される製品の増加である。

養豚では通常、雑種強勢の原理を利用して肉質のよい個体を作るために、交配させる種オスと生殖メスは異なる品種を用いることが多い。ハモン・イベリコの生産には、生殖メスをイベリコ品種、種オスをデュロックやデュロック・チェルシーを用いることが多かったが、両親ともにイベリコ品種という個体から作られるハモンが希少価値をもって市場に出回っているという状況が生まれている。純血イベリコは交雑個体よりもひと回り小さいため、製品の重量基準も少し低めに設定されている。

ブタの品種による区分以上に重要な分類の基準となるのが用いた飼料の違いであり、基本的にはドングリを肥育に

	純血イベリコ			
	ベジョータ	レセボ	カンポ	セボ
アンダルシア	221,349	5,645	50	6,993
カスティーリャ・ラ・マンチャ				
カスティーリャ・レオン	281	46		202
カタルーニャ				
エストレマドゥーラ	10,817	312	1,499	15,551
マドリッド				
ムルシア				
アラゴン				

表1：スペインの州別のハモンの生産本数（2013年）

どのように用いたかによって、ハモンの等級が異なることになる。「ドングリブタ」といっても、すべての飼料をドングリに依存しているわけではなく、ドングリを使ってどれだけ肥育できたかが、製品となるハモンの等級に大きく関わっている。

　モンタネラの時期にドングリ林で放牧し、規定量以上の体重増加が実現した個体は、ベジョータ（Bellota）、ドングリを用いたものの体重増加が規定量を満たさなかった個体はレセボ（Recebo）、ドングリを用いずに人工飼料だけで飼養したものはセボ（Cebo）と分類されてきた。[7] これらは、販売価格がかなり異なり、ベジョータは他の二つの等級に比べて、圧倒的に価格が高い。一方で、ドングリを飼料にした加重だけでなく、ハモンの加工や熟成の過程においても満たすべき様々な条件があり、その生産は容易ではない。

　前掲の二〇一三年のハモンの総数データにおいてセボに着目すると、三大産地とも言えるカスティーリャ・レオン州、アンダルシア州、エストレマドゥーラ州に加えて、カスティーリャ・ラ・マンチャ州、ムルシア州、マドリッドでセボの製品が比較的多く生産されていることが読み取れる。これらの地域にはデエサはほとんど分布していないためイベリコ品種の個体を人工飼料で飼養するかたちでの畜産が行われている。特に、ムルシア州はもともとハモン・セラーノの生産でも知られており、品種をかえたハモンや食肉加工品の生産が行われていると考えてよいであろう。

ハモンの製造過程

品種やドングリの飼料への利用の割合が、ハモンの品質等級に影響する一方で、基本的な製造方法はどの等級も同じである。その具体的な製造過程は次のような段階をへる。[8]

(1) 屠畜し解体した後脚に塩をつける。塩つけの期間は切り出した後脚の重量に委ねられ、一キログラムあたり一日がとられる。例えば、切り出した後脚の重量が一四キログラムなら、表側を七日間、裏側を七日間、塩の面につけておく。

(2) 表面を水洗いした後、ドラフトチャンバー[9]内で水分の絞り出しを二、三日かけて行う。

(3) 温湿度の管理された部屋での初期乾燥を二、三ヶ月間行う。この期間はハモンの大きさによって異なる。

(4) 自然乾燥室での熟成を行う。ハモンの場合は一八ヶ月の熟成を要し、パレタの場合は一二ヶ月間を熟成に要する［図5］。

個々のハモンは、どの牧場でどのような生育条件で育てられたのかというデータが参照できるように、識別番号がわりあてられ、従前の加工、熟成の過程では識別番号等が記載されたタグがつけられ管理される。

こうした一連の加工を行うためにはそれ相応の設備が必要となる。温湿度の管理された部屋やドラフトチャン

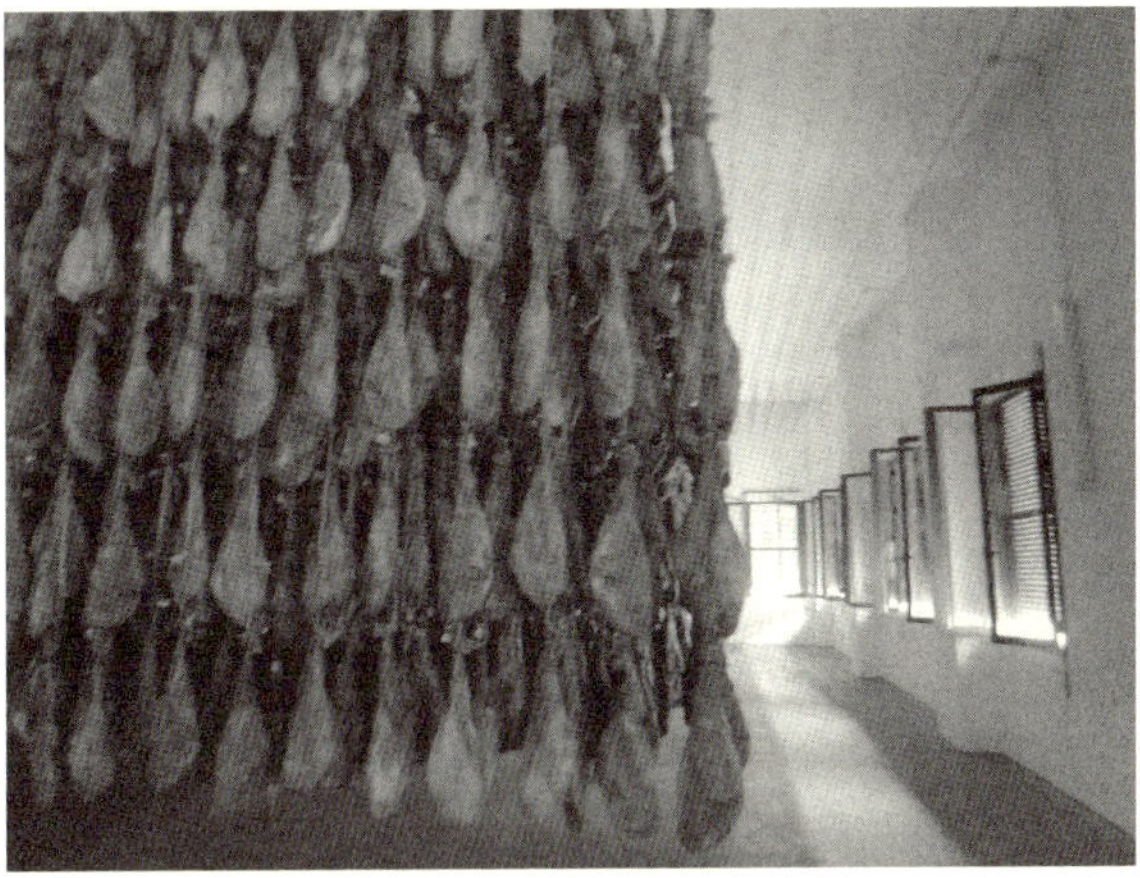

図5：自然乾燥室での熟成の様子（2009年、ギフエロ）。

バーといった装置がない小規模な生産家や自宅でハモンを作成する場合は、風通しのよい屋根裏や作業小屋、物置き等に吊り下げて自然乾燥で熟成を行うことになる。食肉加工品の生産、販売を行う専門店は従前のようなハモンを作るための設備を整えており、継続的な生産を可能としている。また、熟成の終わったハモンを管理する倉庫を備えており、価格の変動や需要に合わせた生産、販売が可能となっている。

熟成期間の中盤から終盤になると、仲買人やレストランの料理人が良質のハモンを買い求めにくることも多い。これらの人たちは自然乾燥室の中に入り、数多く吊り下げられているハモンの中から購入するハモンを自分たちの目で選び出していく。熟成期間が終了する以前にハモンのいくつかはすでに予約され、買い手が決まっていくことになる。

熟成が終了すると、ハモンは販売に向けて二つのタイプに分けられる。一つは原産地証明での認証を受けるもの、もう一つは原産地証明を受けずに、生産者の独自ブランドとして販売するものである。原産地証明を受けたものは販売時に原産地証明を受けたという証明が付されることから、生産者が販売者に卸した後に販売者の製品として販売しても、ハモンの等級は保証されたものとなる。一方で、原産地証明を受けないものは、ハモンの等級を保証するものはないため、そのハモンの品質は生産者の信用度に頼ることになる。

すべての生産者が原産地証明にもとづいたハモンの生産、販売を行っている場合は問題にはならないが、原産地証明に係る様々なコストを考慮した場合、生産者の中には自社ブランドで勝負しようとするところもでてくる。そうした中で生じる課題について次に述べていくことにする。

4 原産地証明と商品との乖離
──ギフエロ原産地証明の事例から

EUの認証制度とスペインの原産地証明

スペインでは、ハモンの製造過程や生産品の状態について一定の基準を設けることにより、その品質を保証する原産地証明の制度が存在する。この制度をハモンに導入する一つのきっかけとなったのが一九八六年のEC加盟であった。地域的な経済競争力をスペイン全体としてつける必要性が生じたのである。一九六〇年代にスペインは工業化が促進された一方で、農業生産については大きな革新はなく相対的に弱体化していった。畜産についてもそれまでの生産様式がひきつがれ、ハム生産も産業化はなされずに小規模なハム製造会社が数多く存在する状況が続いていた。

スペインでは一九七〇年代にすでにワインの品質保証を目的とした原産地証明制度が確立していた。ハモンの原産地証明制度はそれから約一〇年後に取り組まれることになった。

スペインにおいてハモンの原産地証明を最初に設立したのは、ハモン・イベリコではなく、ハモン・セラーノという名称で知られている熟成ハムを対象としたものである[10]。ハモン・セラーノは、ハモン・イベリコが生産されてきたスペインの南西部ではなく、東部地域の比較的高度の高い地域で生産されてきたもので、ハモン・テルエル（一九八五年設立）が最も古い原産地証明として知られている。

ハモンの原産地証明制度は、当初はスペインの国内法での枠組みのなかで運用されていたが、二〇〇〇年代の終わりごろから、ＥＵに流通する商品に対して共通した認証制度が導入されるようになり、スペイン国内の原産地証明制度もそれに応じた運用がなされるようになっていった。

現在のところ、こうした認証は、原産地呼称保護制度（ＰＤＯ）、地理的保護表示（ＰＧＩ）、伝統的特産品保護（ＴＳＧ）などがあり、それぞれで商品について満たさなければいけない条件が異なっている。

ハモンの原産地証明は基本的にはＰＤＯのレベルのものに相当している。ＰＤＯは、製品の名称が特定の国や地域に関係したものであり、その品質や特徴が原産地の特別な地理的環境（自然および人的な要因）によって生まれるものであり、他には類を見ないものであるとされている。また、一連の生産・加工・調整がその国や地域で完結することが求められている[11]。この規定にしたがった場合、ハモン・イベリコは原産地証明が存在する四つの地域で生産から加工までが行われている必要があると同時に、それらの地域の自然環境や文化が育んできたという歴史性をともなっているということが前提となる。

スペインにおけるハモン・イベリコの原産地証明として最初にできたのがギフエロ原産地証明（Guijuelo）であり、設立したのは一九八六年のことである。その後、デエサ・エストゥレマドゥーラ原産地証明（Dehesa de Extremadura）が一九九〇年、ハモン・ウエルバ原産地証明（Jamon de Huelva）が一九九五年、最も新しいペドロチェス原産地証明（Los Pedroches）は、二〇〇六年に設立された。

ギフエロ原産地証明の職員への聞き取りから、ギフエロに原産地証明が最初にできたのはハブーゴのハモン生産への対抗意識からであるとされていた。ハブーゴはスペインの南西部に位置する小さな村の名前である。ここがスペインのハモンの生産地として先行して有名になり、ハブーゴがスペインのハモンの代名詞のように用いられていた。一方で、ギフエロはハモン・イベリコの生産に欠かせないブタの飼養頭数は多いものの、ハモン・イベリコそのものの生産という点においてはハブーゴに対して知名度は劣っていたという状況があった。

当初は、数社のハム生産業者がギフエロが位置するカスティーリャ・レオン州の農業委員会に原産地証明の設立を提案し、その後、農林省から設立が承認された。その後、管轄が環境省に移り、二〇〇九年の時点では七六社が加盟する大きな組織に発展した[12]。

ギフエロ原産地証明とハモン・ウエルバ原産地証明は加盟するハム生産業者が複数の州にまたがっているので、政府に所属する機関となっている。デエサ・エストゥレマドゥーラ原産地証明とペドロチェス原産地証明に属する生産業者は単一の州に所在することから、それぞれの管轄は前者がエストゥレマドゥーラ州、後者はアンダルシア州という違いがあった。

原産地証明から認証をもらうためには、ハム生産業者は、原産地証明に加入すること、ハモンの製造過程を原産地証明に開示することが必要となる。原産地証明に加入するためには、⑴自前の乾燥場をもつ、⑵保健所による衛生管理評価を受ける、⑶自社ブランドを有している、という条件が基本的に必要とされていた。

ハモンの市場での競争力をつけるという点において、原産地証明は一定の役割を果たしていると原産地証明の担当者は認識していた。とりわけ知名度がそれほど高くない中小規模の生産者にとっては、公的機関である原産地証明のブランドが与えられることになるからである。それは、市場でのハモンの価格に最も反映する。

ドングリ飼養の基準を満たしたハモン・ベジョータの場合、原産地証明を受けた原木は一キログラムあたり三六ユーロが標準であるのに対し、原産地証明を受けない場合は、一キログラムあたり二〇―二五ユーロの価格となり、両者の間には明確な差異化がはかられていた。ただし、原産地証明の担当者が強調していたことは、原産地証明はあくまで品質管理と原産地の認証を行う役割に徹しており、市場におけるハモンの価格設定等には関与しない中立の機関であることであった。

原産地証明で行うのは基本的にはイベリコブタのハモン（後脚）とパレタ（前脚）の品質管理と原産地の認証である。ギフエロ原産地証明には六人の職員が常駐しており、ハモンの検査作業に従事していた。検査は出荷に際して行われるので、頻度や時期は一定していないが、モンタネラ前後の仕上げの時期は繁忙期となり、三—四人の職員を増強する程度の規模での管理事業が行われていた。

検査の内容は、定められた飼養方法や屠畜方法がとられていたかということと、ハモンの品質に大きく分けることができる。

飼養方法については、飼育記録が参照され、規定の加重がモンタネラによって達成されたかどうかが特に重要な確認項目となっていた。屠畜方法も定められた規定にのっとった方法であるかが確認される。

ハモンの品質については、特に熟成期間とハモンの状態が確認される。熟成期間については、ハモンは一八ヶ月間、パレタの場合は一二ヶ月間の乾燥熟成が原産地証明の認証を受けるために必要とされていた。ハモンの状態は、外観ならびにハモンの成分、寄生虫等による汚染が検査で確認されていた。

外観については、先端についているつめが外れたり、折れたりしていると、高い等級のベジョータの証明を受けられなくなるという条件があった。また、熟成は自然乾燥の方法がとられるため、ハモンは外界と接した乾燥室でしばらく乾燥される。この期間にハエが寄生虫をハモンに媒介することがあり、寄生虫が見つかったりするとその原木は認証を受けることができず、格落ちの安価なハモンやパレタとして扱わざるをえなくなる[13]。

こうした検査にかかる費用は、ハム生産業者側の持ち出しとなるため、必ずしも原産地証明の認証を受けることが手放しで受け入れられている状況ではなかった。それを如実に表しているのが、原産地証明からの脱退である。

原産地証明から乖離するブランド商品

自社ブランドが市場である程度の信頼を得ているハモンの生産業者にとっては、原産地証明の認証がなくても商品の流通、販売は十分行えることから、企業戦略として原産地証明を脱退するハモン生産業者が存在している。また、ハモン生産業者の中には、原産地証明の認証を受けて販売する商品と受けないで販売する商品の両方を有するところもあった。ハモンの認証は、ＰＤＯ、すなわち、原料の生産から製品の生産までが一貫して同一地域で行われることが原則であり、製品の品質の条件だけではなく、製造過程についての縛りが厳しいものである。そこで、生産業者の中では、原産地証明の認証をとるものととらないものを分けて、生産、販売しているところもあった。

例えば、聞き取り調査を行ったＭＪ社の場合には、ハモンやそれに関連した加工食品の製造と流通に以下のような工夫が見られた。

ＭＪ社では二〇〇三年にポルトガルの食肉加工工場を買いとり、自社製品の生産を開始した。現地で飼養されているブタは同じイベリコ品種なので原材料は同じものを使用できるという利点があった。この方法のもう一つの利点はスペインとポルトガルの食習慣の違いをうまく利用した生産を可能にしていたことである。

ポルトガルはハモンを食べる習慣はそれほど強くない。かわりにソーセージが大量に消費されている。パレタにいたってはほとんど生産されておらず、前脚の枝肉はソーセージやチョリソの詰めものに使われていた。スペイン側にすれば、熟成させればソーセージ等よりもはるかに高い価格で販売できる前脚を活かさない手はなく[14]、ポルトガル側で生じた前脚は後脚とともにスペイン側に送り、スペイン側の自社の施設でパレタやハモンに加工するという生産方式をとるようになった。

原産地証明は生産から加工までの一連の過程をすべてその土地で行う必要があり、同じイベリコ品種をドングリで飼養したものでも、生産地が異なる場合には認証を受けることができない。したがって、原料の生産地と製品の生産地が異なる商品は企業ブランドの力をもって販売する必要がある。競争力があり知名度が高い企業ならではの生産、販売戦略がとられていることが理解できるだろう。

原産地証明で扱うハモンの数と実際の生産量との関係からも、原産地証明による公的な品質保証の力を借りないハモンの生産、販売が行われていることをうかがい知ることができる。各州で生産されるハモンの数は年ごとに差はあるが、例えばカスティーリャ・レオン州の二〇一三年の出荷量は約二〇〇万本である。一方で、カスティーリャ・レオン州で生産されるハモンの原産地証明はギフエロ原産地証明が主たる認証機関となるため、どれくらいの割合のハモンが原産地証明の認証を受けるのかは、ギフエロ原産地証明の扱うハモンの本数を調べてみればある程度の目安が得られることになる。ギフエロ原産地証明で扱うハモンの本数は、二〇一〇年前後のデータでは約一三・六万本とされており、カスティーリャ・レオン州で生産されたハモンのうち、原産地証明の認証を受けた製品は全体の一〇パーセントに満たないことが数字のうえで示される（Asociación Interprofesional del Cerdo Ibérico no date）。つまり、大半のハモンは原産地証明の認証を受けることなく市場で流通している可能性が高いということである。

こうした状況について原産地証明の担当者は、原産地証明自体には収益性はないため、認証制度そのものを変えることや、ハム生産業者の収益につながるような業務の変更をする意味はあまりない一方で、原産地証明に加入する企業が減少することや、原産地証明とは異なるブランドのハモンが市場に出回り、ハモンのブランドに対する消費者の混乱が生じることは、原産地証明の弱体化にもつながることなので、よい状況とは考えていなかった。特に同じ等級のハモンが安価で売られるようになると、原産地証明を受けた製品が売れなくなることが憂慮されていた。

5　ハモンのブランド化のなかの生産者、消費者

筆者が調査をおこなっている過程において気づいたのは、スペインに住んでいる人たち自身は、ハモンやパレタの原産地証明と品質との関係、また、ブタのドングリ飼育の過程やハモン・イベリコの等級について基本的な知識を必ずしも持ち得ていないということであった。もちろん、こうした課題はすでにスペインの中でも指摘されてきたことである。

例えば、筆者の調査に協力してくれたコルドバ大学の農業生産学部の研究者は次のような矛盾を挿話的に筆者に示してくれた。

「もし、新鮮なドングリブタ肉のステーキを提供するといううたい文句を六月に出しているレストランは誠実ではないだろう。なぜならば、もし、それが新鮮な肉、すなわち冷凍されていない肉であるならば、いわゆるドングリブタではない。また、それがドングリブタの肉であるならば、冷凍した肉であり、それは新鮮ではない。でも、こうしたことに気がつく消費者はごく少数だろう」

この矛盾に気がつくためには、ドングリブタが飼養される年間計画を知っている必要がある。ドングリブタと認定されたブタは基本的にはモンタネラの期間が終了する四月前後に屠畜されることになる。六月まで飼養し続けた場合、ドングリを餌に用いた仕上げをしていないことになるので、ドングリブタとして認定されたブタではない。もし、ドングリブタであるならば、四月に屠畜されているはずであるから、六月にレストランで出された

肉は冷凍したものであるだろうから、新鮮であるとは言えない。もっとも、こうした意識をもって消費、購買行動をとることが消費者にどれだけ求められるかは疑問が残るところではある。

一方で、住んでいる土地の名称を冠としたブランドで世界中に流通している商品について、そこの住人の意識や知識が希薄であることには留意しておく必要がある。ハモン・イベリコとは言いながら、現在の食生活の中に土地で生産されたものとしての位置づけが希薄になっている状況がスペインで生じているのである。

スペインにおける肉食の状況や肉の加工食品の消費量は、農業・食糧・環境省が発行している食糧白書から統計的なデータとして把握することが可能である（Ministerio de Agricultura, Alimentación y Medio Ambiente 2015）。

二〇一四年の統計データでは、スペインにおける一人あたりの精肉消費量は全体で三七・六八キログラムであり、その内訳は、牛肉五・八九キログラム、鶏肉一四・一七キログラム、羊肉および山羊肉が一・七八キログラム、豚肉一〇・七四キログラム、その他五・〇九キログラムで、総量が三七・六八キログラムとなっている。[15] これに対して、加工肉製品のなかでもハムは、加熱ハムと非加熱ハモンを合わせた年間の総消費量がスペイン全体では約一六万トンで、一人あたりの消費量は年間三・五六キログラムとなっている。白書ではさらにこれらのハムの内訳についても示しており、ハモン・セラーノ、ハモン・イベリコ、加熱型ハムがそれぞれ、四五・七パーセント、一一・一パーセント、四三・二パーセントという結果が得られている。統計的にはスペインにおける一人あたりのハモン・イベリコの年間の消費量は約〇・三九キログラムという数字で、他の加工肉製品や精肉に比べて、数字のうえではそれほどよく食べられているものではないということが理解できる。[16]

財としてのハモン・イベリコ

ＭＪ社の流通担当者によれば、スペイン国内におけるハモン・イベリコやパレタ・イベリコの販売はその六〇パーセントがクリスマスの季節に集中するということであった。この時期には、ハモンの生産業者やデパートが贈答用にワインやチーズをハモンと組み合わせて売り出すことも多い。これは、ハモン・イベリコが現在のスペインの人たちにとって、年中、食べるような日常的な食品ではないことを示している。

スペインの民族誌ではブタが庶民の生活、とりわけ農家にとって非常に重要な家畜であったという記述がよく見られる。アンダルシア州アルカラの民族誌としてよく知られている『シエラの人々』の中には次のような記述が見られる。

「もっとも金のもうかる動物は豚である。屠殺用に太らせる豚は、去勢され、どんぐりの実が落ちる秋にはどんぐり林におくりあげられる。豚はそこに三、四ヶ月とどまり、寒い冬のあいだに屠殺される。その季節にはハエがおらず、また肉が腐る危険も小さいのである。〔……〕というのもハムと薬味のよくきいたソーセージはアンダルシアの食事の伝統的珍味であるから、豚を一、二頭、飼育するのはあらゆる家族の願望であるからである」（ピット＝リバーズ 一九八〇［1954］：五一）

「家の豚の屠殺は「マタンサ」といわれるが、両性の役割の明瞭な区別を示すものである。〔……〕屠殺にはある程度の技術と経験が必要とされ、もし家族の成員にそれを心得る者がいなければ、この点の能力で知られる義理の息子やおやじがよばれる。〔……〕男たちはもうひとつのほかの仕事、ハムの調整をおこなうのである。これは男の仕事としてはっきりと定められてはいないが、かなりの知識を必要とし、「マタドル[17]」が血を抜き取るために血管を圧搾するのを監視する。もしこれがしかるべくなされなければ、ハムはくさってしまう。ハムは豚のもっとも価値のある部分で、売って金にかえられる。もっとも、家庭で消費するために一本とっておくこともあるが、こうしてえた金は、翌年の豚の資金を調達するのに役立つ」（ピット＝リバーズ 一九八〇［1954］：一〇二—一〇三）

一九五〇年前後の様子からは、ブタは個々の家庭で飼育されて、現在でいうところのモンタネラで肥育されてから屠畜されていたことがわかる。この中で描写されているハムがハモンだけをさすのか、パレタも合わせたものかは不明であるが、ブタは売却して現金収入を得るために育てられる家畜という性格が強い。

農耕民が現金を得る重要な手段としてブタを飼養することは、他の地域でもよく知られている。筆者が以前に調査した中国福建省の客家の人たちの間でも、家庭ごとにブタを飼養する慣行があり、それは歴史的にはもっぱら現金収入を得る手段とされていた（野林 二〇〇七）。

両者は農耕民が副業的に家畜を飼養してそれを売却することによって現金収入を得るという点において類似性が見てとれるものの、現金収入を得る時期が異なっているということ、すなわちブタを屠る時期が異なっていたことには留意しておく必要がある。

アンダルシア地方では、ドングリ林でのブタの放牧による肥育が行われた後のマタンサとよばれる慣行があるために、ブタを屠る季節がおおむね秋の初め頃と決まっていた。したがって、一定の現金収入が一定の時期に得られることがある程度期待されていたことになる。

これに対し、福建省の客家の事例では、ブタのサイズや飼養期間から、飼養に要する費用とブタを売却して得られる収入とのかねあいや、現金収入が必要になるような出来事が生じることを見通しながら、家畜を屠る時期が決められていた。すなわち、季節は問わずに、その時々の状況に応じてブタを飼養し屠っていたことになる。

このことには、それぞれの地域の日常的な食生活のありかたと、それにともなう食肉の流通や消費の状況、季節性を中心とした生態学的環境、それにともなうブタや他の家畜の飼養状況が多少なりとも関わってくる。

福建省の客家の居住地域では、少量ながらも継続的に市井に食肉、特に豚肉が流通している状況が見られた。日常的な食の基本的な味付けには豚肉や豚脂が欠かせないことが大きな理由である。食品の素材となる豚肉は生肉であり比較的早い段階で消費される必要があった。食肉の継続的な流通が地域内で行われており、それを支えていたのは、各家庭におけるブタの飼養と、ブタを屠殺、解体し、流通までを担う「屠夫」の存在である。

経済的な面から見たブタの飼養で重視されていたのは、餌にかかるコストとブタを売却して得られる収入とのかねあいである。これは、客家のブタ飼養が基本的には舎飼いであり、給餌の費用負担が飼い主には必ずついてまわるためである。

一方で、アンダルシアの民族誌からは日常的な食生活に豚肉やその味が必要であるという記述は見られない。これについては、さらに多くの民族誌や資料を参照していく必要がある。食肉の使われ方や使われる食肉の相違が地域の料理の内容や食文化とどのように関わってきたかということも合わせて考えることによって、地域の食がブランド化されていく条件をとらえることも可能となるであろう。また、保存が可能なハモンや腸詰の生産が生活の中に定着していたということから、生肉を絶えず供給、流通させるような仕組みが食肉の継続的な消費を支えていたとは必ずしも言えない。

ブタ飼養の経済性という面から見た場合、福建省の客家の事例と大きく異なるのは、アンダルシのブタ飼養が舎飼いと放牧を組み合わせて行い、放牧は生態資源の量の季節的な変動に大きく委ねられていたということである。放牧は技術的にも技巧的にも舎飼いとは大きく異なることから、ヨーロッパ南部に見られる他の家畜動物の飼養の形態ともあわせて、家畜の飼養やその利用が地域文化に与えた影響を考えていく必要がある。

6 結び

イベリア半島では、ドングリという生態資源を活用した伝統的なブタの飼養形態が、季節性をともなった家畜管理の伝統をつくり、土地の風土に合った肉の保存技術の伝統と、長距離、長時間という消費にともなう条件を満たす食品を要請した大航海時代という歴史的な出来事が共鳴しながら、地域の保存食でありまた農民にとって現金収入を獲得するための重要な生産品としてのハモンを作り出すことになった。これが、現代のグローバル流通、消費社会において経済的な優位性をうみだす存在として新たな役割を担うことになり、地域ブランドとしてのハモン・イベリコの地位を確立させることになった。

一方で、かつて家庭でブタを飼養し自家製のハモンやパレタが消費されていた、生産者と消費者が同一であった時代と異なり、両者が乖離した現代では、地域に住む消費者にとって、地元の名前のついたブランド食品は縁遠い存在になりつつあるのも事実である。地域の食が商品化されていく過程において、地域の人々は置き去りにされていく状況が生じてしまっているのかもしれない。

また、現在の畜産品の流通に関する制度的な規制のもとでは、家畜体そのものや生肉の輸出は容易ではない。一方で加工品にした場合にはこれらとは異なる基準があてはめられていくことにも留意しておかなければいけない。国をこえた経済域での産地証明の先行となるハモンの場合、その生産・加工・調整が国や地域で完結することが求められていた。これは、ある地域で出生した個体を別の地域で飼養した場合には一貫した地域ブランドを生産品につけることができなくなることを意味しており、例えば日本の肉牛の飼養などにおいても、今後は個体の系統、出生地、飼養地が一貫していることが地域ブランドに求められていく可能性も否めないであろう。素材以上に、それらが存在する場所の力学が食にも強く関わっているのである。

謝　辞

現地調査にあたっては、日西商業会議所の Miguel Martinez 氏、Kintetsu International Express Spain の榎本欣哉氏、武田修氏をはじめ、ギフエロ原産地証明、ＭＪ社担当者の皆様の多大なご支援をいただいたことに心より感謝する。

なお、本稿のもとになった調査は科研費による研究助成（課題番号20520723）によって実施した。

註

1　ハモン・イベリコは、日本では通称生ハムとよばれている。同時に生ハムは他の国や地域で作られた加熱処理をしていない加工食品のこともさしている。本稿ではスペインのよびかたにあわせて、もも肉から作られる加工食品のことをハモンとしておく。

2　食べる分のハムがスライスされていない後脚の状態のハモンを日本語では原木と表現する。

3　ミトコンドリアと核内のゲノム解析によって、一六世紀にスペイン北東部で出土したSus属の動物遺存体から、現代のイベリコブタとスペインの現生イノシシとの近縁関係が示されている（Ramírez et al. 2015）。

4　コルドバでの現地調査は二〇一〇年一一月、ギフエロでの聞き取り調査は二〇〇九年一一月に実施した。本稿の内容は基本的にはギフエロでの調査資料にもとづいている。

5　聞き取り調査を行った農場では、かつてモロッコからドングリを飼料として輸入して肥育を試みたが、水分が失われて品質が落ちてしまい、ブタが食べなくなってしまったため失敗したということであった。

6　ヤギやブタの誘導や追い込みにイヌを使う場合、犬歯を水平に削ることがある。これは、イヌが家畜の誘導を目的に体の横から接触すると犬歯がからだにあたり傷つけることがあり、これを防ぐ目的があった。こうしたことは、皮膚のうすいブタ、乳房がはりだしているヤギなどを誘導するイヌに見られるようであり、例えば、考古学資料のイヌの遺存体から、牧畜犬がどの家畜種に用いられていたかを推定する手がかりになるかもしれない。

7　二〇一四年にこの呼称が改正されレセボの分類はなくなった。これはレセボがどの程度、人工飼料で肥育されたのかが明確でなく、品質表示が曖昧であった点を改良する必要があったからである。二〇一四年に改正された飼料や飼育方法による区分の定義は以下の通りである。

デ・ベジョータ（De Bellota）：デエサで放牧中にドングリ、草、その他の自然の産物のみを食し、その後他の補完飼料を与えられることなく屠畜されたブタ。モンタネラは、一〇月一日から一二月一五日までの期間に開始され、屠畜は一二月一五日から翌年の三月三一日までの間に行われること。旧規定では屠畜は一二月一五日から四月一五日までと規定されていた。モンタネラ開始時の個体群の平均体重は九二キログラムから一一五キログラムであり、六〇日以上のモンタネラで体重が最低四六キログラム増加していること。屠畜時の最低月齢は一四ヶ月。枝肉個体、すなわち、屠畜後に皮や血を抜いた食肉の最低重量は一一五キログラム、ただし一〇〇パーセントイベリコ品種の場合は一〇八キログラムと規定されている。

デ・セボ・デ・カンポ（De Cebo de campo）：デエサで放牧され、ドングリ、草、その他の自然の産物を食べ、穀類・豆類を主原料とした他の補完飼料も与えられ、屋外、もしくは部分的に屋根のついた農場で飼育された豚であること。この農場は、一頭あたり最低一〇〇平方メートル以上の広さ（一一〇キログラム以上のブタの場合）の面積を必要とする。上記条件を満たす屋外農場での飼育期間は最低六〇日を要する。屠畜最低月齢は一二ヶ月とされている。枝肉個体の最低重量はデ・ベジョータと同じである。

デ・セボ（De Cebo）：穀類や豆類を主原料とした飼料を与えられ、一頭あたり最低二平方メートル（体重一一〇キログラム以上のブタの場合）の面積のある農場で飼育されたブタ。屠畜時の最低月齢は一〇ヶ月と定められている。枝肉個体の最低重量は一一五キログラムであり純血イベリコの場合は一〇八キログラムとされる（東京スペイン大使館経済商務部訳二〇一四）。

8　ギフエロにある比較的大きな規模のハモンやその他の食肉加工品の製造業者MJ（仮名）社（一九三三年創業）での聞き取りによる（二〇〇九年）。

9　排気装置。

10　ハモン・セラーノの生産に用いられる品種はイベリコブタではない。ランドレース、ラージホワイトにデュロック・チェルシーの交配種が主に使われている。

11　「原産地呼称」の条件は、「(a)特定の場所、地域又は例外的な場合に国を原産地とすること (b)その品質又は特性が本質的に又はもっぱら、その内在的な自然又は人的要因を伴う特定の地理的環境によるものであること (c)その生産段階のすべてが限定された地理的区域内で行われること」である。また、「地理的表示」の条件は、「(a)ある特定の場所、地域又は国を原産地とすること (b)その所与の品質、評判又はその他の特性を本質的にその地理的原産地に帰し得ること (c)その生産段階の少なくとも一つが限定された地理的区域内で行われること」とされている（特許庁 no date）。

12 Guijuelo（ギフエロ）、Ledrada（レドラダ）、Sotoserrano（ソトセラーノ）、Miranda de Castanyar（ミランダ・デ・カスタニャール）、Bejar（ベハール）、Candelario（カンデラリオ）、Frades de la Sierra（フラデス・デ・ラ・シエラ）、Tamames（タマメス）などの町村に存在する合計七六社のハム製造会社が加盟。

13 筆者のほうからＤＮＡ分析についての必要性についてたずねたところ、現在は実施していないが、今後は実施する可能性もあるだろうという回答であった。

14 安価に原材料が入手できても、製品の需要がなければ商品価値はあまりない。パレタの場合は、この部分でも非常に生産戦略がうまく働いていた。スペインでは、認証制度の確立とハモンのブランド化が進んだことから、ハモンの価格が非常に高くなったという状況が生じている。これに対して、パレタはそれほど価格が高騰しておらず、スペインの庶民層の間にはパレタの需要が高いという背景もあった。

15 魚介類の一人あたりの年間消費量は二六・四キログラムとなっている。

16 日本の食肉の消費量は、二〇一三年のデータでは一人あたり年間三〇キログラムで、その内訳は牛肉が六キログラム、豚肉が一二キログラム、鶏肉一二キログラムである。魚介類は二七キログラムであり、消費量はスペインとほぼ同じである（独立行政法人農畜産業振興機構ＨＰより https://www.alic.go.jp/koho/kikaku03_000814.html、二〇一五年七月六日付）。

17 スペイン語では、matadorで、殺し手という意味である。現在では闘牛士をさす言葉として使用されたりする。「」がつけられているのは、誰でもブタを殺すことができるわけでなく、一定の知識や技量をもった人間がそれにあたっていたことを思わせる。

参考文献

小寺祐二・神崎伸夫・石川尚人・皆川晶子
二〇一三「島根県石見地方におけるイノシシ（*Sus scrofa*）の食性」『哺乳類科学』五三巻二号：二七九—二八七。
東京スペイン大使館経済商務部訳
二〇一四「二〇一四年版　イベリコ豚製品の品質に関する規定（勅令　四／二〇一四）」http://www.spainbusiness.jp/icex/cma/contentTypes/common/records/mostrarDocumento/?doc=4744072（二〇一七年六月一日閲覧）。Ministerio de

Agricultura, Alimentación y Medio Ambiente. 2014. Real Decreto 4/2014, de 10 de enero, por el que se aprueba la norma de calidad para la carne, el jamón, la paleta y la caña de lomo ibérico. *Boletín Oficial del Estado*, Sec1. 1569.

特許庁

no date 「欧州連合 地理的表示及び原産地呼称に関する理事会規則 農産物及び食品に係る品質スキームに関する二〇一二年一一月二一日の欧州議会及び理事会規則（EU）No. 1151/2012 二〇一三年一月三日統合版」http://www.jpo.go.jp/shiryou/s_sonota/fips/pdf/ec/eec2081_92j.pdf（二〇一七年六月一日閲覧）。

野林厚志

二〇〇七 「中国農村社会におけるブタの多面価値」『資源人類学07 生態資源と象徴化』印東道子編、東京：弘文堂、二四七－二九一頁。

ピット＝リバーズ、J・A

一九八〇［1954］『シエラの人びと――スペイン・アンダルシア民俗誌』野村雅一訳、東京：弘文堂。

Asociación Interprofesional del Cerdo Ibérico

no date Datos de Productos Derivados del Cerdo Iberico Riber 2013. http://www.iberico.com/uploads/documentos/PRODUCTOS%20COMERCIALIZADOS%202012.pdf（二〇一七年六月一日閲覧）.

Maranon, T.

1985 Diversidad Floristica y Heterogeneidad Ambiental en Dehesa de Sierra Morena. *Anales de Edafología y Agrobiología* 44 (7-8): 1183-1197.

Ministerio de Agricultura, Alimentación y Medio Ambiente

2015 *Informe del Consumo de Alimentación en España 2014.*

Ramírez, O., W. Burgos-Paz, E. Casas, M. Ballester, E. Bianco, I. Olalde, G. Santpere, V. Novella, M. Gut, C. Lalueza-Fox, M. Saña, and **M. Pérez-Enciso**

2015 Genome Data from a Sixteenth Century Pig Illuminate Modern Breed Relationships. *Heredity* 114: 175-184.

Rodríguez-Estévez, V.

2008 Veterinary and Animal Welfare Regulations in Spain for the Outdoor Husbandry of Iberian Swine' (Presentation) International Symposium on Special Aspects of Veterinary and Animal Welfare Regulations in Pasture Landscapes.

Lüneburg: University of Lüneburg. https://www.bfn.de/0311_tagung_2009.html（二〇一七年六月一日閲覧）.
Rodríguez-Estévez, V., A. García, F. Peña, and **A. G. Gómez**
2009 Foraging of Iberian Fattening Pigs Grazing Natural Pasture in the Dehesa. *Livestock Science* 120: 135-143.
Vicente, Á. M. and **R. F. Alés**
2006 Long Term Persistence of Dehesas. Evidences from History. *Agroforestry Systems* 67: 19-28.

第16章

動物福祉の論理と動物供養の倫理

伊勢田哲治

肉食をめぐる状況、とりわけ、合理化の進んだ現代社会における肉食をめぐる状況は、日本と欧米で大きく異なっている。最も目立つ違いは、畜産動物の福祉[1]が欧米では常に論争の対象となり、年を追うごとに規制が強化されているのに対し、日本ではそれと並行するような動きが大変乏しいという点である。この違いは動物と人間の関わりについての欧米と日本の考え方の差に由来すると思われる。ただ、その違いを単なる違いとして放置するには、われわれの生活はあまりにも国際化しすぎている。

本稿では、倫理学の観点から、動物に対する欧米流の倫理観と日本における倫理観の差を考察し、ただ外圧に押されるだけでない動物福祉の取り組みの手がかりを日本的な動物倫理の中に探すことを試みる。

なお、日本で動物の福祉や虐待防止についての活動を指すもっとも一般的な言葉は「動物愛護」であるが、本稿ではこの「愛護」という概念の特殊性にも目を向けるので、欧米での活動も含む包括的な概念としては「動物愛護」は使いにくい。そのため、そうした活動を指すもっとも包括的な概念としては「動物保護」を使い、日本における活動の中でも、戦前の動物愛護会以来の日本流の活動に限定して「動物愛護」を使う（つまり、欧米流の動物福祉、動物の権利を日本に輸入した取り組みは「動物愛護」に含めない）[2]。

1 動物倫理の見取り図

動物福祉・動物の権利・動物解放論

欧米の動物保護の取り組みと一言で言っても一枚岩ではない。現在の動物関連の規制強化に直接関わる潮流だけに限っても、少なくとも三つを区別する必要がある。[3]

ひとつは、動物を扱う当事者たちによって進められてきた動物福祉（animal welfare）の取り組みである。動物実験については一九五〇年代に提唱された三つのR（削減 reduce・洗練 refine・代替 replace）を中心理念として動物への苦痛を減らす取り組みが進められている。畜産動物については、第二次大戦後に集約化が進むとともに、一九六〇年代以降、五つの自由（飢えと渇きからの自由、不快からの自由、痛み・障害・病気からの自由、正常な行動を表現する自由、恐怖と苦悩からの自由）と呼ばれる配慮事項を中心に待遇改善の運動が進められている。これらは動物実験や畜産業の内部から出てきたものである以上、それらの営み自体を否定することはなく、あくまで改良運動にとどまる。

これに対し、動物の権利運動（animal rights movement）は、ピーター・シンガーの『動物の解放』（Singer 1975）などの著作を出発点としてはじまった、動物への人道的扱いをラディカルに求める運動である。生命に対する権利や苦痛から解放される権利は人間だけでなく多くの哺乳動物が持つと考え、その観点から動物実験や通常の畜産業の全廃を主張している。

動物福祉と動物の権利運動は別個の動きではあるが、八〇年代以降の動物福祉の強化の動きは動物の権利運動が強い影響を与えていることが推測される。動物の権利運動が動物実験や集約的畜産業の現状を動物虐待として告発し、廃止の論拠にしていったのに対して、動物実験や集約的畜産業の従事者たちは自分たちは決して虐待はしていないと答える必要があった。その必要を満たすために動物福祉の取り組みが進められたという面が強いからである。一つ例を挙げるならば、動物実験についての「三つのR」という概念自体、一九五〇年代に提案されたあと、一九七〇年代末までほとんど言及されることがなく、いわば「再発見」されたという歴史を持つ。この再発見の時期は、ちょうど「動物の倫理的扱いを求める人々」(ＰＥＴＡ)などの動物の権利団体が設立され、それらの団体による動物実験施設の告発活動が盛んになった時期と重なる(もちろんそうした同時期性だけでは因果関係の立証には不十分ではあるが)。

動物の権利運動がなぜそれだけ強い影響力を持つのかを理解するには、それを支える論理としての動物解放論(animal liberation)と呼ばれる哲学的な議論の流れについての理解が不可欠である。動物解放論は、すでに名前を挙げたシンガーやトム・レーガンらによって発展させられた哲学的な議論で、欧米における女性解放や人種差別撤廃の運動の論理を背景にしている。すべての人が等しく権利を持つという「人権」の概念は一七世紀から一八世紀にかけてロックらの社会契約説の中で成立し、アメリカ独立革命やフランス革命において国の理念として採用された。しかしその時点ではさまざまな制度的不平等が残されており、それが人権運動の原動力となってきた。ここで問題となったのは、本質的な差がないのに、女性であるというだけで、あるいは黒人であるというだけで別扱いがおこなわれることだった。

動物解放論は、この考え方が実はホモ・サピエンスかどうかに基づく別扱いにも適用可能だというところから出発している。動物解放論の大前提として、まず、動物実験や集約的畜産業(動物解放論側が好んで使う表現によれば「工場畜産」factory farming)で使われている動物は非常に大きな苦痛を受けているという認識がある。ホモ・サピエンスに対してそうした大きな苦痛を与えるのは人権侵害として厳しく批判されるのに、ホモ・サピエンスという種に属していないというだけの理由でそうした苦痛に配慮しないでいい、というのは「種差別」である（黒人だからというだけで配慮しないでいいというのが人種差別であるのと同じように）。種差別を避けるには、道徳的に正当化可能な根拠なしに人間と動物を別扱いするのをやめるしかない。

これは現在人間が行っている動物の扱い方を根本的に見直すことを意味する。たとえば、動物実験については、全廃か、せいぜいインフォームド・コンセントのとれないホモ・サピエンス（幼児、認知症患者など）に対しても遂行可能な実験のみに限定されることになる。肉食についても、人肉食を禁止するならば動物肉食も禁止することになるだろう。動物実験以上に、肉食から人間が得る利益はそのために家畜が経験する苦痛（特に近年の工場畜産において）と比べてあまりに些末すぎる。せまいケージの中でも家畜はけっこう幸せに暮らしていると言うかもしれないが、ブタの代わりに身よりのない赤ん坊を同じ扱いにしたとして、同じことが言えるだろうか、と動物解放論の立場からは問い返されることになるだろう。

動物園もまた、現在の形での運用は停止せざるをえないだろう。近年の環境エンリッチメントの動きで動物園の動物の福利はだいぶ向上してきているが、ホモ・サピエンスを本人の同意なく展示することが非人道的であるなら、それと同じ基準が適用されるべきだということになる。ただ、現在動物園で飼育されている動物をそのまま野生に帰しても生きていくことはできないので、アフターケアは必要となるし、そのための施設としての動物園は引き続き必要かもしれない。

野生動物については、環境保護は人間のためだけに行うのではなく、野生動物の生活の場を守るという面もある。動物福祉の文脈では、飼育下の動物と野生動物はまったく別カテゴリーだという議論もある（これは、動物福祉の根拠が飼育者としての役割責任に由来する、という考え方である）。これも人間にひきうつしてみれば、相手が「野生」だから何をしてもいいという理屈は成り立たないだろう。

日本人の多くはこうした議論の組み立てに違和感を持つのではないかと思われる（統計をとったわけではない

が）。日本人が違和感を持っていると思われることの一つの徴候として、動物の権利運動の代表的な団体であるＰＥＴＡの活動が日本で紹介される際は、ほぼ例外なく「面白いニュース」的な扱いだという点が挙げられる。[4] 実際にはこうした団体は化粧品の動物実験廃止や毛皮の使用停止など、もっと「地味」な活動を中心に行っているにもかかわらず、そうした活動はまず報道されない。

動物解放論の背景としての倫理学

動物解放論への日本人の違和感（があるとするなら）を理解するには、背景となる倫理学について知るのが一つの方法である。倫理学と一口に言っても内容はさまざまであるが、以下で紹介するのはイギリスやアメリカで特に二〇世紀に発達してきた英米倫理学である。動物解放論の代表的な論者として名前を挙げたシンガー、レーガンらもこの分野の専門家であり、当然ながらこの分野の知見が背景となっている。[5]

英米倫理学と一口に言っても、その中にも多様なアプローチが含まれている。一つの共通性としては、言語分析や概念分析という道具を使い、できるだけ明晰に議論を行おうとする志向性を持つという特徴を挙げることができるだろう。また、古典的な哲学者の中でも、古代ギリシャのアリストテレスや一八世紀ドイツの哲学者カントなどは英語圏の哲学者ではないが、かれらの主張も現代英米倫理学の関心にそって消化された形で取り込まれている。以下、単に「倫理学」と言う場合は英米倫理学を指すこととする。

倫理学は一般にメタ倫理学、規範倫理学、応用倫理学の三つの分野に区分される。まず、メタ倫理学は、「善い」という言葉の意味や「善」は実在するかといった観点から「善とは何か」という問いにアプローチしていく。規範倫理学は、同じ問いに対して、多様な倫理判断の根拠となるような「第一原理」となる規範はあるのか、あるとしたらどういう内容か、といった観点からアプローチする。応用倫理学はメタ倫理学や規範倫理学の知見を利用しつつ、多様な現実問題について考える領域である。代表的な分野は生命倫理や環境倫理であるが、動物倫理も倫理学として行う場合はここに分類される。

規範倫理学は、人はどう生きるべきか、何をなすべきかといった問いをつきつめていき、最終的な根拠までさかのぼろうという分野である。その根拠のさかのぼり方に関してはさまざまなものがある。たとえば「なぜうそをついてはいけないの?」という問いに対する答えの最終的な根拠としては、以下のような多様な答え方が考えられる。

(a) うそをついてもいいということにすると結局みんなが困るから
(b) うそをつくというのは相手をないがしろにするということだから
(c) うそをつくような人間はろくな人間じゃないから
(d) これまでの相手との関係から、うそをついてはいけないという責任が発生しているから

このうち、最初の三つの答え方は、実は規範倫理学の中の三つの理論(というより理論の類型)と対応している。(a)は行為の評価の根拠はその行為の結果である、というタイプの考え方を示しており、これは規範倫理学の理論としては帰結主義と呼ばれる。関係者をより幸福にするような行為を選択するべきだ、という功利主義の考え方は帰結主義の代表であり、(a)も功利主義的な立場である。(b)は結果如何にかかわらずその行為自体がもつ性格によって善し悪しを判断しようという考え方を示しており、規範倫理学の理論としては義務論と呼ばれる。(b)の「相手をないがしろにする」かどうかで行為の評価を決める立場は義務論の中でもカント主義と呼ばれる(これはカント自身の倫理学理論と無関係ではないものの、現代英米倫理学の中で独自の発展を遂げたものである)。

(c)はそもそも倫理的な判断の対象は個々の行為というよりもその行為を行う人物の方だという考え方を示しており、規範倫理学の理論としては「徳倫理学」と呼ばれる。古代ギリシャの四元徳（思慮、勇気、節制、正義）や儒教の五常（仁義礼智信）など、伝統倫理学の多くが徳倫理学に分類されるが、英米倫理学の立場としては徳倫理学は最近になって「再発見」された後発の理論であり、一九八〇年代ごろまでは主な対立軸は功利主義対義務論だった。

(d)の考え方は、関係的倫理と呼ばれる考え方である。この立場は独立の倫理学理論として紹介されることは少ないが、以下の論述との関係でここで紹介しておく。関係的倫理とは、倫理の根拠を自分と相手の「関係」に求める考え方で、「ケアの倫理」が代表である。ケアの倫理とは、ケアを与える者とケアされる者の間に成り立つ責任を倫理の中心に据える考え方であり、母親の子供に対する責任をモデル化するために考えられた。ケアする者の感情（母としての愛など）にフォーカスを当てることから徳倫理学の一種として扱われることが多いが、倫理理論としての成り立ちが徳倫理学とは非常に異質であることに注意する必要がある。この他、いわゆる「役割責任」なども関係的倫理に含まれるし、ある集団に属することからその集団の他のメンバーに対して発生する責任（同業組合において同業者の顧客を奪ってはいけないという掟など）も「同じ集団に属する」という関係の倫理だといえるだろう。関係的倫理の考え方を突き詰めれば赤の他人に対しては何をしても許されることになるが、通常は他の倫理理論と併用することでその結論は避けられる。

規範倫理学の対立する理論は実際上何をなすべきかについては対立しないことが多い。たとえば、どの立場からも危害原理（他人に対して危害を加えてはならない）は妥当な道徳的原理として認められる。したがって、どちらかといえば、規範倫理学における論争は理論的な関心に基づくものであり、現実的な含意は少ない。とはいえ、極端な場面での判断は食い違うし、動物の扱いをめぐる問題においても理論の違いは顕在化する。

もう一つだけ倫理学の理論的概念を紹介しておく。それは、メタ倫理学でよく使われる「普遍化可能性」と呼ばれる性質である。普遍化可能性とは、ある場面である倫理判断を下したなら、それと道徳的に重要な点で違わないあらゆる場面で同じ判断にコミットすることになる、という、道徳的判断の持つ性質である。もう少し日常的な言葉で言えば、道徳判断はダブルスタンダードになってはならない、というのが普遍化可能性である。たとえば、他人のミスには非常に厳しいのに自分や身内のミスは大目に見る、というのは普遍化可能性を欠いた判断であり、道徳判断として不備があることになる。

もう少し動物倫理に即した例で普遍化可能性について考えてみよう。「わたしは知性が高いから、知性の劣った動物を好きに扱ってよい」という判断を下した場合、「知性が高い動物は知性の劣った動物を好きに扱ってよい」という道徳的判断を暗黙の内に下していることになる。これが普遍化可能性を持つということは、自分が「知性の劣った動物」の立場に立ったとしても（たとえば非常に知性の高い宇宙人に捕らえられたというような場合）、「相手は自分を好きに扱ってよい」という判断にも同意しているということである。なお、「普遍化可能性」はいわゆる「普遍性」とは違うので注意が必要である。

普遍化可能性はどんなものにも同じルールがあてはまるとか、誰もが同じ判断を下すはずだという意味ではない。現実は多様で一貫したルールなどないかもしれないし、倫理問題に誰もが同意するべき正解などないかもしれない。それでも、自分がある場面である判断を下したら、それとまったく同じ状況が発生したならば、その状況に対しても同じ判断を下す責任を持つ。

倫理学と動物解放論

動物解放論の主な論者は、これらの規範倫理学理論を背景としている。[6] まず、シンガーの場合、基本となる原理は「利害に対する平等な配慮の原理」と呼ばれる立場である（Singer 1993）。これは文字通り、行為を選択する際には関係者の利害を平等に配慮するべきだ、という考え方であり、さらに言うと利害は本人の欲求によって定義される。これは幸福ということばが利害におきかわっただけで、言っている内容は功利主義とかわらない。シンガーの考える利害についてもう少し補足しておこう。彼の立場は「選好充足説」と呼ばれる。もう少し日常的なことばで表現するなら、シンガー流の立場では「願いが叶う」ことを利益、「叶わない」ことを不利益ととらえる。[7]

この立場から動物解放論は簡単に導き出せる。願いが叶うことが利益であるならば、「願う」能力を持つ存在はすべて利害を持ち、そこには動物も含まれる。動物の「願い」を、単に動物のものだという理由で無視するのは「平等な配慮の原理」に反する。他方、「願い」をそもそも持たないものは利益・不利益も持たない。

利害についての欲求充足説からは、動物の倫理について他の重要な帰結も導ける。すなわち、ある動物が本質的に持ち得ない「願い」に対応する利害はないことになる。特に、「生存」という概念を理解しえない存在は生存することへの利害を持ち得ない、とシンガーは論じる。生存、すなわち未来に自己が存続し続けるという概念を持つには未来の概念や自己の概念が必要だが、これらの概念を持たないと思われる生物種は多い。シンガーの立場から考えるなら、そうした生物を殺すことはそれ自体では悪いことではない。ただし、多くの場合命を奪うことは苦痛を与えたり将来の楽しみを奪ったりすることにつながるので、動物に対しても間接的には害を与えることになる。

レーガンの場合は、義務論系の立場から動物を考える（Regan 1983）。カント主義でないがしろにしてはならない他者は基本的には理性などの高度な能力を持つ存在（「人格」と呼ばれる）だが、レーガンは尊重されるべき対象を拡張し、「生の主体」とみなしうる豊かな心理生活を持つ存在全体をないがしろにしてはならないと論じる。[8]

動物解放論が英米系の倫理学理論を背景としていることから生じる特徴がいくつかある。まず、功利主義にせよ義務論にせよ、「殺してはならない」という義務はそれ以上さかのぼれない第一原理ではなく、最大幸福原理や他者の尊重など、より根本的な原理から導出される。その結果、生命ではなく幸福や危害が考察の中心となる。
この特徴は、動物解放論の議論でなぜ植物に対する倫理があまり問題とならないかを説明する。動物解放論に対して特に日本でよくある反応として、動物だけではなく植物も同じように配慮しなくてはならなくなるのではないか、という疑問がある。そして、植物にまで配慮しながら生活するなど不可能だから、動物に配慮することにも意味がない、というような「反論」が出されたりする。動物解放論側からは、利害というものを「願う」能力とむすびつけることで、そうした能力を持つ存在とそうでない存在がなぜ同列に扱えないかが説明できる。快楽や苦痛を意識する能力はその意味での利害を持つための最低条件で、脊椎動物はおおむねその能力を持つだろうが、植物についてはそうした能力があると考える理由はない。[9]
また、道徳判断というものが普遍化可能性という性質を持つはずだ、という前提も動物解放論に色濃く影を落としている。普遍化可能性の原理からいえば、一般に、人間に対してしてはならないことは、なんらかの道徳的に妥当な根拠（人間にはすべて道徳的に重要なある能力があるがその動物にはそれがない、など）を示せないかぎり、他の動物に対してもしてはならない。ここからただちに、種差別をしてはならないという結論が導ける。
さらに、動物解放論への定番の反論への動物解放論側からの答えも、しばしば反論が暗黙の前提とするダブルスタンダードを指摘する形をとるが、道徳判断においてダブルスタンダードがまずいというのは、普遍化可能性の原理が適用されるということを別の言い方で表しているにすぎない。たとえば、人間には他の動物にはないさまざまな能力（言語の使用、約束を理解する能力など）があるから、それを根拠に動物を人間と別に扱うのは種差別ではないのではないか、という反論がある。これに対する動物解放論側の議論としては、「限界事例」の議論が使われる。すなわち、人間と動物を分ける根拠とされるどの能力をとっても、ある種の動物（たとえばイヌ、チンパンジー、イルカなど）と同程度か、それ以下しか持たないというホモ・サピエンスの個体は存在する（乳児、認知症患者、精神障害者 etc.）。そうした人たちは総称して「限界事例」と呼ばれる。限界事例の人たちも他の人とまったく同等の基本的人権を持つとされる以上、それらの能力は別扱いの根拠とはならない。これは、動物と限界事例の人々を扱う際のわれわれの基準がダブルスタンダードになっていることを指摘しているわけである。

以上のような応酬から見えるのは、動物解放論は、基本原理までさかのぼって筋を通して考えるという倫理学的思考のプロセスの模範的な例となっているということである。「限界事例の人々もふくめてあらゆる人（ホモ・サピエンス）が基本的権利を持つ」という考え方と、動物と人間に関するいくつかの常識的事実、それから普遍化可能性などの倫理学で合意された前提を組み合わせると、ほとんど不可避的に動物にも権利に類するものを認めざるをえなくなる。実際欧米では動物解放論は非常に強力な影響力を発揮してきたが、それは、動物実験や工場畜産の様子が広く知られるようになったこともさることながら、この議論の強さによるものでもある。哲学的論争ではいくつもの立場が際限なく論争を続けるのが一般的だが、この論争では、例外的に、反動物解放論者は負けを認めて引き下がっていった。最近の研究も、動物解放論が基本的には正しいことを前提として、それに何を付け加えられるか、といった視点のものが多い（後で言及する Donaldson and Kymlicka 2011 など）。

2　日本的動物倫理

日本人にとっての違和感

動物の権利運動も動物福祉の取り組みも、日本では欧米に比べて非常に存在感が薄く、注目度も低い。その理由の一つが、欧米で動物の権利運動や動物福祉運動のいわばエネルギーを供給している哲学的な動物解放論が、日本の文脈では同じような力を持たないからではないか、ということが推測される。[10] そうした哲学的動物解放論のどの面が違和感の原因となるかについてもいくつかの推測が可能である。

まず、功利主義や義務論といった理論のスタイルへの違和感はあるかもしれない。人々の利害を倫理の基礎に据える考え方も、絶対的な義務や権利という考え方も、日本の伝統的な倫理にはない考え方である。ただしこれを単純に東洋対西洋という図式に落としこむのは乱暴である。欧米にも、そもそも絶対的な義務や権利というものが存在しない徳倫理学などの伝統もあり、近代まではむしろそうした倫理の方が主流だった。しかし、近代の民主主義国家は人権という絶対的に保護されるべきものを基礎に据え、また、人々の幸福を社会設計の指針としてきた。こうした社会を基礎づける倫理理論としては、徳倫理学は使いにくい。そして、現代日本も近代型の民主主義国家として人権を絶対的なものとして重視するのであれば、少なくとも義務論的な思考をある程度は受け入れざるをえないはずである。

もう一つ、違和感の源と考えられるのは、基本原理へとさかのぼっていく思考法である。日常倫理の背後にある基本原理にさかのぼるからこそ、動物に関する広く受け入れられている規範の修正が求められるわけで、そうした動機付けを否定するなら、動物に関しても大幅な規範の修正を行う根拠はなくなる。ただし、歴史上、奴隷制の廃止など大きな規範の変化は、まさに倫理というものを原理にさかのぼって考え直すことから生じている。原理的な思考の意義を否定する人はそうした歴史的な成果をどう評価するのか、という問いをつきつけられることになる。

最後に、整合性や普遍化可能性を重視する点も違和感の原因になりうるだろう。そもそも人間についての判断と動物についての判断が何らかの意味で整合的でなくてはならないとか、ダブルスタンダードを避けなくてはならないという前提を否定するなら、もちろん動物解放論を相手にする必要はなくなる。しかし整合性は合理的な思考と深く結びついている。日本人がこれらの要請を拒否するなら、欧米人からは日本人はそもそも合理的に議論できない人間だとみなされることになるだろう。

日本の動物倫理の諸側面

以上のように違和感を言語化することは、現状の分析としては重要であるが、日本における動物福祉の今後を考える上では、そこで話が終わってもいいわけではないだろう。現在動物福祉派がすすめる動物実験・工場畜産等の規制は国際的な広がりをみせており、日本へもさまざまな形で効果が波及している。緊急に対処しなくてはならない案件は多い。

こうした場合、とにかく欧米の基準にあわせる、という形で対処が行われがちである。しかし、欧米の動物福祉派の主張や、その背後にある倫理学に基礎をおく動物解放論の考え方が必ずしも正しいわけではないし、仮に正しいとしても問答無用にそれを受け入れる必要はない。ただ、問答無用に受け入れてしまわないためには「われわれはこう感じているのだ」という、日本側の違和感や対案となる動物倫理を言語化して伝え、対話を行うことが必要である。対話の中で、欧米流の動物倫理の側にも、日本的な動物倫理の側にも、何らかの発見があるだろう。

もちろん、言語化して伝えただけでは「野蛮な文化だ」と切り捨てられる可能性もあるわけだが、あとで見るような多元文化主義の考え方が大きな力を持つ現代においては、そこまで悲観的になる必要はない。対話の成否は異文化として尊重したい気持ちにさせられるかどうかが鍵となるだろう。本稿のここから後の部分では、既存の日本の動物倫理を振り返ることから、そうした対話の手がかりを探すことを試みる。

日本の動物倫理にはさまざまな側面が混ざり合っており、単純に一つの要因だけで語ることはできない。以下、そのいくつかの側面を見ていく。

(1)　仏教と神道の混合

まず、日本における動物の扱いの基層にあるものとして、仏教と神道それぞれの動物観が存在し、複雑にからみあっている。仏教の側の動物観の基礎として、不殺生戒が存在する。不殺生戒は日本にも仏教の伝来と共に導入され、六七五年以来、数多くの禁令が発布された。ただし、日本で肉食が行われていなかったかといえばそんなことはなく、歴史上ずっと獣肉は食用にされていた。もっとも、ほとんどは狩猟鳥獣で、食肉用の動物の飼育は沖縄などの地域を除けばまれだったようである。神道には動物全般を保護する不殺生のルールは存在しないが、神域などの形で野生動物が保護される場合もある。

日本仏教が神道と相互作用しながら独自に発達させていったのが悉皆《しっかい》成仏ないし悉有《しつう》仏性論と呼ばれる考え方である（末木 二〇一五）。これは自然物も含めてあらゆるものはすべて仏となる性質（西洋流にいえば魂にあたるもの）を持っている、という考え方を指す。そのもととなった「一切衆生《いっさいしゅじょう》悉有仏性」は大乗涅槃経にある言葉だが、元来はこの「一切衆生」は人間のみを想定していたようである。その後動物も指す言葉として拡大解釈されたらしい。[11]それがさらに拡大されたのが「草木国土《そうもくこくど》悉皆成仏」という考え方である。これは日本仏教で涅槃経の解釈として作られた言葉らしく、九世紀の文献にすでに登場している（岡田 二〇〇二）。平安から鎌倉にかけて「草木成仏論」は盛んに論じられた。里永は日本の古来の自然中心的な自然観に仏教があわせていったと解釈する（里永 二〇一三）。

(2)　外圧

日本への西洋流の動物保護運動の導入は「外圧」という形で進んできた。これについてはすでに論じたことがあるのでここでは簡潔な紹介のみを行う（伊勢田 二〇〇九参照）。明治時代後期には、横浜や神戸の英字新聞で盛んに動物虐待防止の論説が掲載された。これは横浜・神戸に在留する外国人を読者とする新聞であったが、日本の知識人層も読んでいたようであり、英字新聞の記事に対する論評が日本語の新聞に掲載されることもあった。

こうした西洋人による批判に答える形で日本の知識人が一九〇一年に「動物虐待防止会」を組織したのが日本における近代的な動物保護運動のはじまりだった（伊勢田 二〇〇六）。しかし、動物虐待防止会はあまり活発に活動したわけではなく、政府への陳情や講演会などが主な活動だった。そうした運動に飽きたらなかった在留外国人たちは、「横浜動物虐待防止会」や「日本人道会」など、独自の団体を結成し、活動を開始した。日本人道会は規模こそ小さかったが、現在まで続く動物愛護週間を最初に導入するなど、いくつかの目立った活動を行っている。

戦後になっても外圧による動物保護というパターンは繰り返す。戦後すぐの一九四八年に動物愛護協会をつくったのは駐日英国大使ガスコインの妻ら在留外国人だったとされる（今川 一九九六：一八一—一八二）。ただし、動物愛護協会はその後日本人を中心とする組織に変わり、ガスコイン夫人らは新たに日本動物福祉協会を発足させ、現在に至る。一九七三年にはじめて動物虐待を法的に規制する「動物の保護および管理に関する法律」（動管法）が制定された際も、外圧があったことが指摘されている（今川 一九九六：一六九—一七二）。とりわけ、一九六九年にはイギリスの『ザ・ピープル』紙の記者が日本では保健所から払い下げられた犬たちが劣悪な環境下で動物実験に供されていることを報じ、日本への犬の輸出を禁止すべきだという運動が起こるなど、外交問題に発展した。国会でも加藤シヅエがこの問題をとりあげて質問している（参議院外務委員会 一九六九年五月八日）。一九六九年の時点では厚生省から各都道府県への動物愛護の通知にとどまったが、それが四年後の立法の背景を作ったことは間違いないだろう。立法の趣旨説明では三原朝雄が「文化国家であるわが国といたしまして、また、わが国における動物の保護に対する国際的評価を改善する上からも、動物の保護のための法律の制定が急務であると考え」（衆議院内閣委員会 一九七三年七月一九日）という説明を述べており、対外的な視点が強いことを隠そうともしていない。

外圧によって動物保護の団体や制度が作られていくということは、保護の内容が外圧に答えるだけの非常にミニマルなものになってしまうということでもある。動管法は制定以来二〇年以上にわたって、具体的な保護の内容については抽象的な記述に留まっていた。近年になって数次の改訂（一九九九年、二〇〇五年、二〇一三年）を経て、内容は徐々に充実しつつある。こうした近年の動きは国内からの自主的な見直しという面が強くなってきているが、二〇〇五年の改訂で実験動物の３Ｒが入れられた点などは、やはり欧米諸国の動物実験規制にあわせるためという面が強い。

(3) 愛し護ることとしての「愛護」

ここまでにもすでに何度か動物愛護という言葉が出てきているが、実はこの動物愛護という概念自体が日本における動物保護の捉え方を端的に示している。実際、「動物愛護」と直接対応する言葉を欧米の動物保護運動の中で見つけるのは難しい。英語では、「虐待防止」(prevention of cruelty)や「動物保護」(animal protection)が動物愛護にあたる表現だが、「愛」という心情的な要素が欠けている。この概念の導入の経緯についてはあまり論じられていないので少し詳しく紹介する。[12]

動物愛護という言葉を広めたのは動物愛護会である。一九〇六年にこの団体の少年部として「少年動物愛護会」が作られ、その後、一九〇八年には本体の「動物虐待防止会」も「動物愛護会」に改名する（無署名 一九〇六）。改名の経緯については、動物愛護会の中心人物だった広井辰太郎による回顧があるが、それによると、「虐待防止会」は「虐待会」と言い間違える人がいるというので改名が提案された。その際「動物保護」は「何んだか畜産事業のよう」だと却下され、「愛護という東洋的な積極的なものにするに若くはない」と一致したという（広井 一九四〇）。

人間と動物の間の倫理を語るもっとも基本的な語彙が「愛護」であるということは、日本語でこの問題を考える際に一つのバイアスとして働いてきた可能性がある。すなわち、問題の一つの焦点は「愛」、すなわち人間の側の心持ちだということを「愛護」という表現は暗示している。日本における動物愛護運動が情操教育などの側面が強く、動物実験や工場畜産など、人目につきにくいところでの動物の扱いを主題化してこなかったのも、そうした捉え方が背景にあるかもしれない。

(4) 動物慰霊・動物供養

上記の(1)や(3)と密接な関係があるとは思われるものの、日本において独特の展開を見せているものに動物慰霊や動物供養という風習がある。自分たちが命を奪った動物を供養したり慰霊したりするというのは、まったくないわけではないものの、欧米にはあまり見られない風習である。それに対し、日本では古来動物を対象とした塚が現存し、動物だけでなく草木供養、針供養など、さまざまなものを供養する習慣がある。本稿ではこの営みについて詳しくみていく。なお、「動物慰霊」と呼ぶ場合と「動物供養」と呼ぶ場合ではおそらく、「霊」の存在を意識するかどうかなど、背景となる考え方に差がある可能性はあるものの、本稿では特に区別しない。以下、便宜上、「動物供養」という言葉で両者の儀式を統合的に扱う。

3　「動物供養の倫理」の可能性

動物供養の文化的背景

本節では動物供養の営みについて文化的背景を再確認するとともに、動物供養がどういう意図で行われているかについて既存の調査結果などを紹介する。そうした検討の目的はあとで説明するが、日本的な動物倫理を構築する上で動物供養の背後にある考え方が重要な鍵になる可能性があると考えるからである。

日本における動物供養の歴史については、依田賢太郎による研究をはじめ、いくつかの研究が存在する（松崎 二〇〇四；依田 二〇〇七、二〇一四；フェルトカンプ 二〇〇九；長野 二〇一五など）。なかでも依田の研究は全国の動物塚や動物慰霊碑・供養塔（以下動物塚等と略）を調査して分類した網羅的なもので、全体像をとらえる上では大変参考になる。[13] 動物塚等の建立時期は時代が判明しているものだけでも平安時代から現代にいたるまでに及んでおり、塚の対象となる動物も犬、猫、牛、馬、豚といった飼育動物から猿、狸、狐、狼、猪、鹿といった陸上野生動物、クジラ、イルカ、トド、ラッコといった海棲野生動物、ネズミや害虫など駆除した害虫獣、その他鳥類、爬虫類、魚類、昆虫と、動物種においても人間とのかかわり方においても多種多様な動物が動物塚等の対象となっている。また、草木供養や針供養・筆供養など、動物以外のものに対する供養も近世以降行われている（松崎 二〇〇四：第一章、第二章）。

依田は動物塚等の目的を一〇に分類する（依田 二〇〇七：一二―一三）。その主なものとしては、神仏の祭地、人間に対する教訓、忠義や使役への報恩、使役動物、食用動物、愛玩動物など人間のために死んだ動物の慰霊、伝説にまつわる碑、などに区別できる。依田は動物塚等の目的の時代的な変遷も検討しているが、近代以前は狩猟にまつわる動物塚等が比較的多かったのに対して、近代以降は動物を資源として利用する産業（畜産業、実験動物、軍用馬など）にまつわる慰霊碑・供養塔が特に目立つようである（依田二〇一四）。宗教的な背景としては、一つには殺生を禁じる仏教思想が当然あるだろうが、依田はそれだけでなく、神道において死体や血を穢れたものとみなし、浄める必要があるととらえる思想も影響していると推測する（依田二〇〇七：一七）。また、なぜか依田の分類には登場しないが、当然ながら死んだ動物が復讐するという「タタリ」を恐れ、それを防ぐための手段として慰霊が行われることもあったであろう（フェルトカンプ二〇〇九：四七）。

こうした多様な動物供養の中でも、日本的な動物倫理を発展させるための手がかりとして本稿で注目するのは動物実験施設における動物供養である。本来非宗教的であるはずの科学的な実験施設においてこうした儀式が行われるのは興味深いが、それは同時に、そうした施設では宗教的信念からある程度独立して、いわば純化した形で動物供養が行われているということを示唆する。そうした純化された形での動物供養からは、それを近代的な倫理として考えなおすヒントも含まれているだろう。

動物実験施設での動物供養の実態については、西川哲らによるかなり包括的な調査が行われている（西川・森下二〇一一ａ；Nishikawa and Morishita 2012）。それによると、対象とした一二七機関中八三機関（大学三九、民間三一、行政一一、その他二）より返答があって、七三機関で公式行事として開催していた。そのうち宗教的儀式として行っているのが三八件（うち仏式一八、神式一一）、無宗教な行事として行っているのが三七件である。キリスト教系の大学で行っている例もある（大宮二〇一二）。[14]

西川らはまた行事の目的についても質問している（西川・森下二〇一一ａ；Nishikawa and Morishita 2012）。回答のあった八三機関中、「感謝」（appreciation）を挙げたのが二八、「慰霊」（comfort the spirit）が二一、「供養」（consolation）が一〇だった。ただし、参列者の側にはそこまではっきりした目的意識はないかもしれないという結果も出ている（西川・森下 二〇一一b）。

もちろん、動物実験のための動物に対する動物供養についてあてはまることが、家畜等他の動物利用にもあてはまるとは限らない。管見のかぎり、畜産動物の供養がどのような形態でどのような意図のもとに行われているかについてまとまった研究はないようである。魚類の供養については、供養碑についての研究の一部として供養祭に言及しているものもあるが（田口他 二〇一一）、祭事そのものに焦点をしぼった研究は見つからなかった。[15] しかし、インターネットで公開されている情報などから、どのような形態で、どのような意図のもとに動物供養が行われているかを垣間見ることはできる。

畜産関係の動物供養は畜魂祭、畜魂慰霊祭、獣魂慰霊祭、家畜慰霊祭などさまざまな名称で開催されている。主催団体としては食肉市場が主催する場合やJA（農業協同組合）が行う場合などが目立つが、食品会社が社内で行う場合やNPOが行う場合など、さまざまなパターンがある。[16] 行事の形式についても、神式と仏式の両方が混在している。同様に、漁業関係では魚市場や漁協などが主催となって「魚霊祭」が行われる。[17] 魚霊祭は単なる供養ではなく魚の放流が行事の一部となっていることがある。また、なにかと話題になる捕鯨関係では、太地町でも捕鯨OB会や漁協などが中心となって鯨供養祭が行われている。[18]

これだけ多様な食用動物の供養であるが、行事の目的として述べられる内容には共通点がある。大阪市食肉市場畜魂祭では「例えることのできぬ哀願の思いと、限りなき感謝の念」を表すため、とされ、協同食品の畜魂慰霊祭では「牛・豚の生命に感謝し、またその動物たちの慰霊のために」と目的を表現している。魚霊祭では「これまでに水揚げされてきた魚介類への感謝と慰霊の気持ちを表し、その年の豊漁と安全を願って」（別府市の漁協関係者が主催する魚霊祭）といった言い方がされている。魚霊祭では「感謝」という表現が少なく、「豊漁」「安全」が行事の目的として挙げられることが多い。鯨供養祭でも「感謝」と「冥福を祈る」ことが主な目的として挙げられている。このように、インターネットで収集できる情報の範囲から見ても、実験動物の供養の場合と同じく、食用動物の供養でも（畜産動物においては特に、そして魚類についてもある程度は）「感謝」が重要なキーワードになっている様子が窺える。

また、依田らの実験動物供養に関する調査では、調査した研究者・学生の七割が「動物実験に罪悪感・抵抗感がある」と答え、そのうち四一パーセントがその感情を「供養」という形で処理していると答えている（依田・松尾 一九九九）。つまり、罪悪感の処理が供養という行事の一つの目的となっている。動物供養を行う仏教者の側に対して行われたアンケートでも、供養の効果として「霊がしずまる」（二八人）や「人間の感謝の気持ちを表す」（五〇人）よりも「飼い主の気持ちが安らぐ」（六六人）という点を挙げる者が多かった（野口 二〇〇九）。中村生雄はこうした面をとらえて、産業における動物供養とは罪悪感を処理することで「個人の私的活動を全面的に解放するための心理的・文化的装置」であり「資本主義的企業経営の全面解放を保証する心理的・文化的装置」であると手厳しく断ずる（中村 二〇〇一：二四二）。

関係的倫理としての動物供養

動物に対する供養という行為は、一種の倫理的な行為としてとらえたときに、どのような性格を持つだろうか。もちろん、動物供養には、中村が指摘するように現在の動物の扱いに対する罪悪感を単に解消し免罪するような、いわば非倫理的な側面がないとは言えない。しかし、動物供養は多面的であり、もっと積極的に評価できる面もあると考えられる。

先に紹介した規範倫理学理論の類型で考えた場合、当然、動物供養を帰結主義、義務論、徳倫理学などとして理解することも可能である。供養することで動物が成仏するという結果を引き起こそうとしているととらえるなら一種の帰結主義的行為であるし、端的に自分が利用して命を奪った動物に対しては供養の義務を負うと考えるなら義務論であり、そうした動物を供養もしないのはろくでもない人間だからという理由で供養をするのなら徳倫理学である。ただ、通常の動物倫理の基礎にあるシンガー流の功利主義やレーガン流の動物に対する義務の理論からは動物供養を理解するのは難しい。これらの理論は、他者に苦しみを与えてはならないという基本原則と、産業利用される動物が苦しむ能力を持つということから、そうした動物に対して配慮するべきだという結論を導く。しかし、動物供養はそもそも対象となる動物が死んだあとに（つまり苦しまなくなってから）行われるものである点、また、元来苦しむ能力を持たないと思われる草木の供養や道具の供養と地続きの営みである点など、「苦しみ」という観点からは理解しにくい。また、動物供養は殺生戒という一種の義務論的な規範ともちろん無関係ではないものの、すでに殺してしまった相手に対して行われる以上、殺生戒を単純に適用したものとも考えにくい。

ここで注目すべきは、動物供養を行う実験施設において、目的としてもっとも多く挙げられた「感謝」という要素である。これは儀式の中でより具体的に表明されることもある。秋田大学の動物実験施設では毎年の慰霊式での「慰霊のことば」をインターネット上で公開しているが、その中で強調されるのは感謝の気持ちである。たとえば、平成二六年度の慰霊式においては、「尊い命を捧げ犠牲となられた多くの実験動物に対し、謹んで感謝と敬意の念を表し、我々の健康や福祉が動物たちの命のうえに成り立っている事実を再認識して研究に従事していくことを誓い」といった文言が並ぶ。[19] フェルトカンプは戦前の日本で軍用犬・軍用馬などの軍用動物の慰霊が盛んに行われた際に、動物供養が動物の功労を顕彰する儀式へと変質し、それが現在の産業動物の供養にもつながっていると分析する（フェルトカンプ 二〇〇九）。[20] この分析においても、現代の動物供養を特徴づける要素は「尊い犠牲への感謝」とまとめられる（四九頁）。ただし、この感謝は、感謝であるとしても大変特殊なタイプの感謝である。通常感謝というものは自発的に何かをしてくれた相手に対して行うものであるが、産業動物は別に自発的に命を投げ出したわけではない。この点についてはまたあとで検討する。

こうした事実関係や分析を踏まえるなら、現代における動物供養は、古代以来重層的に積み重ねられてきたさまざまな意味合いを保ちつつも、自分たちが犠牲にした相手に感謝を捧げ、顕彰するという行為としての色合いが強くなっていると考えられる。供養を行う責任がわれわれに発生するのは、相手である動物がわれわれのために奉仕し、犠牲となってくれたからである。この構造は、自分を頼らざるを得ない相手に対してケアする責任が発生するというケアの倫理の構造と非常によく似ている。ケアする責任が母と子など特定の関係の上において発生するのと同様に、供養する責任は犠牲や奉仕といった関係の上に発生する。つまり、犠牲への感謝は関係的な倫理の一形態ととらえることができる。供養をする際に相手が苦しむかどうかが焦点とならない（草木や道具に対する供養が意味を成す）のも、関係的倫理だとすれば自然に理解できる。

動物供養の背景にあるのが関係的倫理だったとして、それを指摘することにどういう意味があるのだろうか。一言でいえば、動物供養の倫理が関係的倫理であるとすれば、他の関係的倫理（とりわけケアの倫理）について行われてきた議論の蓄積がかなりの部分まで動物供養にもあてはまることになる。関係的倫理であることを指摘することで、このような分析ができるようになるわけである。

関係的倫理は、基礎的な倫理理論として単独で使おうとすると、大きな問題をはらむ。すなわち自分と直接関係のない存在に対しては、まったく何の責任も負わず、どんな残虐なことをしても許される、という帰結にもなりかねない。実際、ケアの倫理の代表的論者であるネル・ノディングズは、自分の家の前のドブネズミに対しては（自分と何の関係もないから）何のケアも与えなくてよい、と論じて、他の倫理学理論の支持者からだけでなく、ケアの倫理の支持者からも批判を浴びた（Noddings 1984; Donovan 1990）。というのも、同じ理屈を使えば、人間のホームレスに対しても何のケアも与えないことが正当化されかねないからである。

関係的倫理がこのように批判されてきたということは、それに対する回答もまたいろいろ工夫されてきたということである。一つの方法は、関係的倫理を実質的に普遍的な倫理にしてしまうことである。たとえば、ケアの倫理学においては上記のような批判にもとづいて、ドノヴァンはケアの倫理の基礎となる「関係」をより普遍的なものに置き換えることを提案する。ドノヴァンによれば有感生物（感覚を持つ生物）はすべてケアの対象となる。つまり、配慮の範囲としてはドノヴァン流のケアの倫理は功利主義と非常に近い立場となり、ドブネズミにもホームレスにもわれわれはケアの責任を負う。

関係的倫理がホームレスのような事例に答えるもう一つの方法は、普遍的な倫理と組み合わせて使うことである。たとえば、ドナルドソンとキムリッカの『人と動物の政治共同体』は、人間と動物が同じ政治共同体のメンバーや外部からの参加者（人間であれば来訪中の外国人など）だととらえる立場から政治哲学の成果を動物の問題にもあてはめようという試みである（Donaldson and Kymlicka 2011）。「同じ政治共同体のメンバー」というのは一つの関係のあり方であり、これに基づく道徳は関係的倫理となる。そのため、この考え方を単独で使えば、その共同体と何の関係も持たない人に対しては何の配慮もしなくてよいことになりかねない。ドナルドソンとキムリッカは、そうした問題を想定してか、最初からレーガン流の動物の権利論を下敷きとして、それに付け加える形で政治哲学的な考察を行っている。共同体に属さない人への配慮は権利論の側で面倒を見てくれる、というわけである。

4 他文化に尊重される倫理の諸条件

日本的な動物倫理を積極的に訴えていく上で助けになりそうなのが、多元文化主義（multiculturalism）という考え方である。現在の倫理学や政治哲学では、多元文化主義、すなわちある政治共同体の主流の文化だけでなく、マイノリティの文化も尊重されるべきだという考え方が支持されている（Kymlicka 1999）。動物倫理にこの考え方をあてはめるなら、動物福祉をそれほど重視せず、「愛護」や「供養」を基盤とした日本的な動物との接し方も一つの「文化」として尊重されるべきだ、と主張はできないだろうか。

しかし、現代社会において多元文化主義が支持されているといっても、どんな国のどんな習俗もお互いに認め合うという極端な文化相対主義は説得力をもたない。たとえばテロ組織ＩＳの残虐刑罰や同じくテロ組織ボコ・ハラムの女子誘拐などは、イスラム文化の文脈で仮にある程度意味をなすとしても、尊重されるべき慣習だということにはならないだろう。[21] それほど極端な例でなくとも、男女同権と多元文化主義をどうすりあわせるかという問題は以前から論じられている。多くの文化の伝統的慣習の中に男尊女卑的な要素が存在するが、そうした文化を尊重することは男女同権という理念と矛盾はしないのだろうか。

この件についての代表的な論者であるキムリッカは、あくまで男女同権などのリベラルな価値観と矛盾しない限りにおいてさまざまな文化は尊重されるべきだと論じる（Kymlicka 1999）。しかし、この基準では尊重されるべき異文化など残らないのではないか、というもっともな指摘もある。かといって、リベラルな価値観と食い違う異文化の中でどれが尊重されるべきかについてキムリッカの基準に代わるような具体的な基準が提案されているわけでもないようである。そこで、本稿では、既存の議論を参考にしながら、多元文化主義によって尊重されるべき倫理観の基準そのものも提案する。リベラルな価値観と異質であっても尊重されるべき倫理観の持つ性質として本稿が提案するのは、「比肩性《ひけん》」（comparability）という基準である。

倫理学における議論はある程度の客観性は持つものの、どんな文化的背景や倫理観の持ち主も受け入れざるを得ないというような論理的な強制力は倫理学的議論にはない。かといって、現代の社会に生きていくかぎり、自分と異質な倫理観を持つ人々と絶縁することもできないし、そうした人々を滅ぼしておなじ価値観の人々だけで生きていくというわけにもいかない。つまり、客観的に説得できない異質な相手と共に生きていかなくてはならないというのは現代社会の基本的な性質である。こうした状況認識について一致できるなら、その状況で共に生きていくためのルールは作れる[22]。

まず、そうした共生のルールの第一の候補は、「誰にとっても大事なものはお互いに守ることにしよう」という考え方である。そういう大事なものをジョン・ロールズという政治哲学者は「基本財」と呼ぶ（Rawls 1971）。この観点から見たとき、いわゆる人権の多くは文化にほとんど依存しない重要な利害（生命、健康、自由）を反映しており、文化を超えて共通に尊重すべきものと考えることは可能である。各々の文化的アイデンティティも（生命、健康等ほどでないにしても）基礎的利害であり、これが多元文化主義の根拠にもなる。ただし、このルール自体は、文化的アイデンティティが生命・健康などのもっと重要な価値を損なうなら、むしろ文化的アイデンティティは後回しという判断も許容する。ただ、現在は多数派の文化自体が多様性に価値を置くことが多元文化主義を後押ししている。

以上のような多元文化主義の倫理的基礎を考えた場合、あるマイノリティ文化の規範が主流文化と「比肩する」ために満たすべき最低条件もある程度考えることができる。まず、人権など、文化依存性の低い基本的な利害は尊重される構造になっていること、つまりベースラインが確保されていることは大事である。女性蔑視的な文化に外部から介入する一つの理由は、そうした文化がこのベースラインを確保しないからだ、と考えることができるだろう。ただし、キムリッカの言うように完全にリベラルな価値観と整合的である必要はなく、どの文化でも重視されるものを重視する、という最低限を想定している。また、比肩性を持つ上では、他の文化における（共有されていない）重要な利害や価値観と調停可能であることも重要だろう。ＩＳやボコ・ハラムの思想はこうした調停可能性が低いこともまた問題である。

ある文化的な慣習がある文化にとってどれだけ重要かということを測る上で、伝統があること、実際の行事や感情との結びつきなど、その実体性の強さが一つのものさしになるだろう。逆に、その文化において支配的な特定のグループ（たとえば男性）にとってのみ有利な慣習であるならば、そのことはその慣習の重要性の評価にマイナスに働くだろう。女性の人権を守るための異文化への介入は、この観点からも支持を受けることになる。

では、動物倫理としてみたときの「動物供養」「動物愛護」はどの程度これらの特徴を備えているだろうか。この問題を考えるとき、そもそも欧米から発信される動物福祉や動物の権利を一種の普遍的なベースラインととらえるのか、欧米の倫理観に特有の利害ととらえるのかを考えておく必要がある。積極的に他の文化の慣習に介入してくる欧米の動物保護活動家は、当然動物の福祉や権利が守られるべきであるということを一種の普遍的な価値ととらえているであろう。しかし、現在の日本人がその感覚を同じレベルでは共有できていないことも事実だろう。つまり、日本人の側からみれば、動物の福祉や動物の権利は、ベースラインというよりは欧米文化にとっての基本的な利害ととらえるのが実情にあっている。ただし、人権概念もまた同じようにして欧米から輸出され、普遍的なベースラインとしての地位を獲得したわけで、将来的に動物福祉や動物の権利も同じプロセスを踏む可能性はある。実際、すでに触れたように、限界事例の人も保護するような人権概念と道徳判断の普遍化可能性を受け入れながら、動物への同様の配慮を受け入れないというのは理屈をつけるのが非常に難しい。以下では、動物の福祉や権利を普遍的なベースラインとしてとらえる場合と、西洋流の価値としてとらえる場合の両面から考えていく。

まず、ベースラインの確保について言えば、日本の状況は、人間の人権は確保されているが、動物の福祉もベースラインに含める人にとっては当然不満である。他文化との調停可能性について考えるなら、動物福祉を重視する文化と供養や愛護の文化は調停は可能だろうが、現状でうまく調停されているとは言いがたい。他方、実体性という点では、動物実験機関だけ見てもこれだけ浸透している動物供養という慣習は、そうとう根強い実体性を持つはずだと考えられる。支配的グループにとってのみ有利かどうかという点については、動物を日本文化の虐げられたメンバーと見るかどうかで、これについては評価は分かれそうである。とりわけ、動物供養が単に罪悪感を解消する装置になっているとすれば、まさに支配的グループである人間に有利な装置と判断される理由になりうる。

以上のような特徴を総合的に見るならば、動物福祉を重要な価値として推進する欧米の文化の観点から見て、供養や愛護をベースとした日本的な動物倫理が現在の形のままで比肩性を持つと認めてもらえる可能性は低いと言わざるをえない。つまり、女性蔑視的な文化が西洋文化の介入の対象となるのと同じように、供養と愛護の文化も介入の対象とみなされることになるだろう。ただ、そうした介入を甘んじて受けることだけが日本文化の側に残された方法ではない。現在の供養と愛護の文化をより洗練させて、西洋流動物福祉と比肩性を持つようなものにするという道もある。本稿の最後ではその可能性を少しさぐってみたい。

5　動物供養・愛護の倫理を洗練させる

動物の福祉を重視することを一種普遍的なベースラインととらえるにせよ、西洋文化に特有の利害・価値観ととらえるにせよ、供養や愛護という概念はそのままでは動物の福祉が尊重されることを保証するような内容にはなっていない。しかし、少し見方を変えれば、これらの考え方も福祉へとつながる要素を持っている。

すでに言及した秋田大学の動物実験施設での慰霊式の「慰霊のことば」にはこの方面でヒントとなる部分がある[23]。この「ことば」は、医学の発展が実験動物の犠牲の上に成り立っていることに「哀悼と敬意の念」が必要であることを指摘した上で、「我々は無駄な動物使用数の削減、代替法の利用に基づいた適正な実験計画を練り、動物の健康管理、ストレス・苦痛軽減の実施に尚一層努め」ることが必要だと述べる。ここで並べられているのは欧米流の動物福祉の基本原則（三つのR）である。つまり、実験動物の犠牲をきちんと意識するならば、当然三つのRにも配慮するようになるはずだ、と言っているわけである。

もう一つ参考になるのは、スーザン・イリフが紹介するゲルフ大学でのメモリアルサービスの言葉である。ゲルフ大学では動物実験の倫理における三つのRと並ぶ四つめのR（remembering）としてメモリアルサービスを行っており、イリフはこれが日本における動物供養と近い考え方だと指摘する。そのサービスで、動物への感謝は以下のように表現される。「動物に対して感謝する（to thank the animals）のは論理的に不適切なように見える、というのも、彼らの貢献は提供されたものではなく、奪われたものだからである。しかし、それにもかかわらず、われわれは彼らの役割を有り難く思う（grateful）し、それに依存してさえいる」（Illif 2002 からの再引用）。[24]

この二つの引用から見えてくるのは、動物供養の持つ「感謝」という側面を理論的に掘り下げることで、動物福祉を尊重する視点が出てくる可能性である。感謝は通常自発的に何かをしてくれた相手に対して感じるものである。「雨に感謝する」といった用例はなくはないが、それでもこちらから相手を犠牲にした場合には「感謝」という表現は不適切である。強盗が被害者に「感謝」するのは変だろう。そこで、ゲルフ大学のメモリアルサービスの言葉を参考に、自分が犠牲にせざるをえなかった相手に対して感じる感謝に似た気持ちをとりあえず「有り難さ」（gratefulness）と呼び分けることにする。

秋田大学の「慰霊のことば」に見られるように、有り難さの気持ちを突き詰めるなら、さまざまな形でわれわれの行動につながる。まず、相手の犠牲を無駄にせず、有効に使うことが大事だという強い動機付けが働くはずである。その気持ちを突き詰めれば、たとえば動物実験における無駄な犠牲を減らそうと本気で考えることになるだろうし、それは結局三つのRにつながるであろう。

しかし、以上のような考え方は、「必要」であればどんな犠牲でも求めてしまうという側面も持つ。「有り難さ」に基づく行動は、動物福祉を普遍的なベースラインとして守るという考え方との相性はよくないし、動物福祉を西洋文化に特有の利害・価値観としてとらえたとしても、それと折り合いをつけるのは難しかろう。イリフの議論であくまで「四つめのR」として位置づけられているのも、三つのRによって保証される動物福祉と両立させるためであろう。

イリフのように四つ目のRとして「有り難さ」の倫理をとらえることは、一つの解決策である。しかし、日本的な動物倫理を構築するという観点からは、「有り難さ」の倫理が西洋流の発想から出てきた三つのRに対する補完に終わるのであれば、満足な解決とはいえないだろう。本稿で検討した日本的動物倫理の他の要素がここで利用できないか、もう少し考えてみよう。

まず、「愛護」概念が助けにならないかどうか考えてみよう。すでに指摘したように、現状では日本的な動物愛護は「愛し護る」という主体の側の心持ちとしてとらえられがちである。そうした情操を涵養することと関係ないところで動物の福祉を護ることには向かいにくい。しかし、「愛」はそれ自体は他者指向的な感情のはずである。三つのRや五つの自由などの動物福祉を確保することが動物を「愛し護る」ことなのだ、という帰結が導けるように、「愛」という概念そのものを見直すことは不可能ではない。実際、徳倫理学にはその方向の議論が存在する。[25] この方法は、とりわけ、動物福祉を欧米の重要な価値観ととらえる（つまり普遍的なベースラインとしてではなく、欧米人と共存するために配慮すべき利害ととらえる）とき、有効なものとなるだろう。

もう一つ、非常に日本文化に根深く存在する動物の倫理として悉有仏性論があるが、これは動物福祉に利用可能だろうか。この思想は植物や無生物までも仏になりうる存在として尊重すべきだという主張の根拠となるかもしれない。しかし、そもそもそうした存在をどのように扱えば尊重したことになるかが明らかではないし、動物の福祉への配慮と同じような配慮を植物や無生物に対してもはらうということであれば、生きること自体が不可能になりかねない。このように考えるなら悉有仏性論はむしろ日本人の動物倫理を無気力に導いてきた可能性すらある。[26]悉有仏性論を動物福祉への配慮につなげるにはそうとう工夫が必要だろう。

以上、供養、愛護、有り難さ、などの概念を組み合わせて洗練させていくことで、欧米流の動物福祉や動物の権利論とある種の比肩性を持つような倫理が構築できないかということを考察してきた。現状で言えるのは、そういうプロジェクトに使えそうな素材はこれらの概念の中にあるものの、かなり洗練させ発展させなければ、ここで言う意味での比肩性など望むべくもないということである。さらにいえば、現状では日本人の多くが、まだ、欧米流の動物の福祉、動物の権利と比肩するような対案を提出しなくてはならないという自覚を持つには至っていない。このまま、なんだか納得の行かない欧米流の動物保護法制を納得のいかないままに押し付けられるということを繰り返していくのだろうか。それを望まないのであれば、ここで示唆した方向で、供養の気持ちを「有り難さ」を経由して動物福祉につなげ、愛護の概念を行動にコミットするものへ変容させるような、概念の変革を試みてもよいのではないだろうか。この道をたどることで、日本の動物保護は、「他人から言われてやるもの」から、「自分の文化に根ざした価値観からやるもの」へと脱皮できるかもしれない。[27]

註

1　本稿では welfare, well-being などの訳語として特に区別せず「福祉」という語を用いる。日本語でいう「福祉」には老人や障害者など社会的弱者を対象とした活動というニュアンスがつくことが多いが、ここではその含意はない。

2　「動物保護」という言葉には、保護を必要とする弱い存在として動物を見るニュアンスが入りかねないので注意が必要である。ここではそうしたニュアンスを含まない中立的な包括的概念として「動物保護」を使う。

3　この他にも、一九世紀以来のスタイルで続けられる伝統的な動物保護運動は欧米でも日本でも大きな勢力を保っている。また、日本ではクジラやイルカの猟に関して欧米の反対運動団体が目立った活動をしているが、これらの団体の場合は環境保護系の理念を中心にしているものも多く、動物保護が反対運動の主な論拠でない場合があるので注意が必要である。

4　たとえば以下の記事などが典型的である。「動物愛護団体PETAが、ポケモンGOに抗議。オリジナルゲーム「ポケモン青あざ・黒あざ」を公開」ギズモード・ジャパン、二〇一六年七月二五日（http://www.gizmodo.jp/2016/07/petapokemongo.html）。

5　倫理学の分類も、その内容のまとめかたも、人によって多種多様である。以下の解説は伊勢田（二〇〇五）および伊勢田（二〇〇八）を踏まえたものとなっている。

6　本節の紹介も伊勢田（二〇〇五）や伊勢田（二〇〇八）をベースとしている。

7　なお、シンガーは近年の著作では選好充足説を放棄したことを明らかにしている（de Lazari-Radek and Singer 2014）。しかし、動物解放論の説得力を考察する文脈ではシンガー本人の近年の変化はあまり考慮する必要はないだろう。

8　倫理学理論のもう一つの流れである徳倫理学をベースにした議論もいくつかは出ている。徳倫理学からは絶対的なものとしての権利という考え方は出てきにくい。これは、動物倫理の文脈では日常的な感覚と合致する面があるものの、人間の倫理において、人権の重要性をうまく説明できないという問題点がある。

9　なお、脊椎動物の中で人間と最も距離がある魚類については、現在、痛みを感じるかどうかについて議論が行われている。ブレイスウェイトは魚類が痛みを感じると考える説得的な理由があると考える（Braithwaite 2010［邦訳二〇一二］）が、キイは脳の構造上魚類が痛みを感じるとは考えにくいと反論している（Key 2016）。キイの論文はオープンコメンタリー形式のオンライン出版であり、ブレイスウェイトをはじめ多くの研究者によるコメントがつけられている。

10　ここで、「根拠」ではなく「エネルギー」という表現をしたのは、動物解放論と動物福祉派の運動は、整合性という点ではあまり折り合いがよくないからである。現在の動物福祉の取り組みは、人間に対しては許容できないような扱いを動物に対して行うこと自体を否定していないという意味で、根本的に種差別主義的である。しかし、たとえ種差別的な範囲を超えられないとしても、動物実験や工場畜産における動物の境遇を少しでもよくしようという取り組みの動機として、動物解放論に基づく動物の権利運動からの批判を少しでもやわらげたいという思いはあると考えられる。

11 大乗仏教においては、これに基づいて動物も仏性を持つとされ、それが不殺生戒の根拠となる。小乗仏教にも不殺生戒はあるが、それは動物が仏性を持つからではない。

12 動物愛護の概念についてより詳しくは以下のブログ記事で紹介した。伊勢田哲治「「動物愛護」という概念の成立と「動物愛護」的倫理」http://blog.livedoor.jp/iseda503/archives/1856196.html

13 依田（二〇〇七）では一六〇あまりの動物塚等が詳しく検討、分類され、依田（二〇一四）では概括的な結論だけが報告されているものの検討対象となった動物塚等は四六〇にのぼる。

14 動物は霊魂をもたないというキリスト教の教理から考えると動物に対する礼拝は異端になる可能性もある。しかし、名古屋学院大学ではシュヴァイツァーの生命の畏敬の倫理やティリッヒの思想とむすびつけて動物へ感謝を捧げることをキリスト教と矛盾しない形で理解しているという（大宮 二〇一二）。

15 田口他の論文では漁協等を対象としたアンケートを行っている。二二四一の団体に調査票を送付して八九三件の回答があり、うち四九〇件が供養碑・供養祭がない、四〇三件が供養碑ないし供養祭があると答え、さらに後者のうち一八三件が供養碑はないが供養祭があると答えたという（田口他 二〇一一：五六）。

16 オンラインで見ることができる畜魂祭・畜魂慰霊祭のいくつかの例を挙げる。
「大阪市食肉市場畜魂祭」https://www.shokuniku.co.jp/319
「家畜の冥福を祈る」（ＪＡ筑前あさくら）http://www.asakura-fk-ja.or.jp/kouhou/2011/10/
「畜魂慰霊祭」（協同食品）http://www.kyosyoku.co.jp/kagawa_relay/index15.html
「畜魂慰霊祭のご案内（静岡県中部家畜保健衛生所からのご案内です）」https://www.facebook.com/events/1376242142415838/

17 こちらもいくつか例を挙げる。
「第43回魚霊祭」（いわき市中央卸売市場）http://www.iwaki-gyorui.co.jp/archives/2057
「第40回魚霊祭」（別府市「さざなみ会」）http://community.ctb.ne.jp/natural/beppu/detail/4099

18 「感謝ささげ冥福を祈る文化を守り引き継ぐ鯨供養祭」『紀南新聞』二〇一七年五月一日（http://www.kinan-newspaper.jp/?p=9307）

19 以下のＵＲＬで全文を読むことができる。http://www.med.akita-u.ac.jp/˜doubutu/Default/ireisai/ireisiki26/ireisiki.html
過去の慰霊のことばも同じサイトで閲覧可能である。http://www.med.akita-u.ac.jp/˜doubutu/Default/ireisai/ireisai.html

20 実際には屠畜場における畜魂碑の建立は明治時代には始まっている一方で、軍用動物の慰霊祭が行われるようになるのは昭和時代であり、軍用動物の供養が一方的に他の産業動物の供養に影響したとは考えにくい。ただ、「顕彰」という要素はたしかに軍用動物ならではであり、その考え方が他の産業の動物供養に大きな影響を与えている可能性は否定できない。

21 現代の主流のイスラム教諸派やイスラム教徒は当然ながらこれらの団体のテロ行為を容認しておらず、したがって「イスラム教はテロを許容する文化を持つ」と限定をつけずに言うのは間違いである。しかし、これらの組織の（少なくとも額面上の）イデオロギーはイスラム教における復古主義とでも呼べるものであり、近代以前のイスラム法を復活させることを目指して活動しているようである。本文で「意味をなす」という微妙な表現を採用したのは、こうした背景を踏まえてのものである。なお、ＩＳとボコ・ハラムのそれぞれのイデオロギーについては以下のオンライン文書が参考になる。
Bunzel, C. "From Paper State to Caliphate: The Ideology of the Islamic State." https://www.brookings.edu/wp-content/uploads/2016/06/The-ideology-of-the-Islamic-State.pdf
Barkindo, A. "Boko Haram: Ideology, Ethnicity and Identity." http://www.religionandgeopolitics.org/boko-haram/boko-haram-ideology-ethnicity-and-identity

22 他に特に制約を設けなければ、そのルールは「各々の自文化へのこだわりを、そのこだわりの強さに応じて尊重する」というようなものになるだろう。これは実は一種の功利主義（選好功利主義と呼ばれるもの）に近い考え方である。しかし、どんなにこだわりが強い文化であっても女子誘拐など尊重されるべきでない文化があると考えるなら、そうした無制約なルールは使えないだろう。

23 これも同趣旨の表現が例年見られるが、以下に引用するのは平成二六年度のものである。
http://www.med.akita-u.ac.jp/~doubutu/Default/ireisai/ireisiki26/ireisiki.html

24 英語の原文は以下のとおり。"To thank the animals seems logically inappropriate because their contribution was taken, not given. Yet we are grateful for, and even dependent upon, their role."

25 徳倫理学者のマイケル・スロートはケアの概念をベースとしながら、単なる心持ちではなく、実際の福利の向上など、結果にコミットするようなタイプの「ケア」を徳としてとらえる徳倫理学を提唱している（Slote 2001）。

26 たとえば、ベジタリアニズムに対する日本における定番の反応として、動物を食べるのも植物を食べるのも命を奪うのは同じではないか、だからベジタリアニズムなど意味がない、というものがある。こう考える人が痛みや苦痛をどうでもいいと思っているのでないなら、よほど植物の生命の価値を重視しているということであろう。

結局、植物の生命の価値を重視することが動物の苦痛を軽減する行動を差し控えさせる結果になっているわけである。

27 本稿は二〇一五年一月一七日に国立民族学博物館で行った講演「動物福祉の論理と動物供養の論理」をもとにしている。そのため、同講演の別バージョンをもとにしておこした他の論文「動物福祉と供養の論理」(伊勢田 二〇一六)とは内容の重複があるが、本稿が独立の文章として読めるよう、あえて重複部分を整理することはしなかった。

文献表

伊勢田哲治

二〇〇五 「動物解放論」加藤尚武編『環境と倫理——人間と自然の共生を求めて 新版』東京:有斐閣、一一一—一三三頁。

二〇〇六 「明治期動物愛護運動の動機づけはいかなるものであったか——関係者の背景分析を通して」『社会と倫理』二〇号:一三九—一五三。

二〇〇八 『動物からの倫理学入門』愛知:名古屋大学出版会。

二〇〇九 「明治期日本の動物愛護運動を生んだ「外圧」——英字新聞の言説分析から」『歴史文献研究をベースとした日本的動物倫理学の構築研究』、平成一九年度—平成二〇年度科学研究費補助金(基盤研究C)報告書、四—一二頁(http://tiseda.sakura.ne.jp/works/kaken2009.pdf)。

二〇一一 「動物実験の倫理——権利・福祉・供養」一ノ瀬正樹・新島典子編『ヒトと動物の死生学——犬や猫との共生、そして動物倫理』東京大学大学院人文社会系研究科、一〇七—一三〇頁。

二〇一六 「動物福祉と供養の倫理」『関西実験動物研究会会報』三八号:六—一二。

今川 勲

一九九六 『犬の現代史』東京:現代書館。

大宮有博

二〇一二 「名古屋学院大学における実験動物感謝記念礼拝の取り組み——私たちのいのちの源に目をむける礼拝の神学的考察(1)」『名古屋学院大学論集 社会科学篇』四九巻二号:六七—七五。

岡田真美子
二〇〇二　「東アジア的環境思想としての悉有仏性論」木村清孝博士還暦記念会編『木村清孝博士還暦記念論集　東アジア仏教――その成立と展開』東京：春秋社、三五五―三七〇頁。
二〇一〇　「実験動物供養の起こりと展開について（死者供養文化の深層、パネル、〈特集〉第六十八回学術大会紀要）」『宗教研究』八三巻四号：一二六三―一二六四。
里永雄一朗
二〇一三　「平安・鎌倉期にみられる日本的自然観の一考察――「草木成仏論」形成過程における自然観の比較考察を中心として」『言語と文明』（麗澤大学大学院言語教育研究科論集）一一巻：一一三―一三六。
末木文美士
二〇一五　『草木成仏の思想――安然と日本人の自然観』宮城：サンガ。
田口理恵・関いずみ・加藤登
二〇一一　「魚類への供養に関する研究」『東海大学海洋研究所研究報告』三二号：五三―九七。
長野浩典
二〇一五　『生類供養と日本人』福岡：弦書房。
中村生雄
二〇〇一　『祭祀と供犠――日本人の自然観・動物観』京都：法藏館。
西川哲・森下直貴
二〇一一a　「実験動物の慰霊祭について考える――アンケートの結果から」『静岡実験動物研究会会報』三七巻一号、別冊：二―六。
二〇一一b　「実験動物慰霊祭参列者の意識調査――アンケートの結果から」『実験動物技術』四六巻二号：六七―七二。
野口圭也
二〇〇九　「平成20年度総合研究院研修会報告 動物供養」『真言宗豊山派総合研究院紀要』一四号：一六三―一七七。
広井辰太郎
一九四〇　「動物愛護運動の回顧（十八）」『動物愛護』一八号：七六。
フェルトカンプ、エルメル

二〇〇九　「英雄となった犬たち——軍用犬慰霊と動物供養の変容」菅豊編『人と動物の日本史3　動物と現代社会』東京：吉川弘文館、四四—六八頁。

松崎憲三

二〇〇四　『現代供養論考——ヒト・モノ・動植物の慰霊』東京：慶友社。

依田賢太郎

二〇〇七　『どうぶつのお墓をなぜつくるか——ペット埋葬の源流・動物塚』東京：社会評論社。

二〇一四　「動物慰霊碑・供養碑に表れた人と動物の関係の時代変遷」『動物観研究』一九号：一一—一八。

依田賢太郎・松尾しのぶ

一九九九　「動物実験の倫理に関する調査研究」『東海大学紀要　開発工学部』九巻：二六五—二七四。

無署名

一九〇六　「少年動物愛護会」『児童研究』九巻四号：四七—四八。

Braithwaite, V.

2010　*Do Fish Feel Pain?* Oxford: Oxford University Press.（V・ブレイスウェイト『魚は痛みを感じるか』高橋洋訳、東京：紀伊國屋書店、二〇一二年）

De Lazari-Radek, K. and **P. Singer**

2014　*The Point of View of the Universe: Sidgwick and Contemporary Ethics.* Oxford: Oxford University Press.

Donaldson, S. and **W. Kymlicka**

2011　*Zoopolis: A Political Theory of Animal Rights.* Oxford: Oxford University Press.（S・ドナルドソン、W・キムリッカ『人と動物の政治共同体——「動物の権利」の政治理論』青木人志・成廣孝監訳、東京：尚学社、二〇一六年）

Donovan, J.

1990　Animal Rights and Feminist Theory. *Signs* 15 (2): 350-375.

Illif, S. A.

2002　An Additional "R": Remembering the Animals. *ILAR Journal* 43 (1): 38-47.

Key, B.

2016 Why Fish Do Not Feel Pain. *Animal Sentience* 3 (1):〔eジャーナルにつき頁記載なし〕.

Kymlicka, W.

1999 Liberal Complacencies. In J. Cohen, M. Howard, and M.C. Nussbaum (eds.) *Is Multiculturalism Bad for Women?* Princeton N. J.: Princeton University Press, pp. 31-34.

Nishikawa, T. and **N. Morishita**

2012 Current Status of Memorial Services for Laboratory Animals in Japan: A Questionnaire Survey. *Experimental Animals* 61 (2): 177-181.

Noddings, N.

1984 *Caring: A Feminine Approach to Ethics and Moral Education*. Berkeley: University of California Press.（N・ノディングズ『ケアリング 倫理と道徳の教育――女性の観点から』立山善康他訳、京都：晃洋書房、一九九七年）

Rawls, J.

1971 *A Theory of Justice*. Cambridge, Mass.: Harvard University Press.（一九九九年の改訂版からの翻訳、J・ロールズ『正義論 改訂版』川本隆史・福間聡・神島裕子訳、東京：紀伊國屋書店、二〇一〇年）

Regan, T.

1983 *The Case for Animal Rights*. Berkeley: University of California Press.

Singer, P.

1975 *Animal Liberation: A New Ethics for Our Treatment of Animals*. New York: Avon Books.（二〇〇九年の第四版からの邦訳、P・シンガー『動物の解放 改訂版』戸田清訳、京都：人文書院、二〇一一年）

1993 *Practical Ethics*. Second Edition. Cambridge: Cambridge University Press.（P・シンガー『実践の倫理 新版』山内友三郎他訳、東京：昭和堂、一九九九年）

Slote, M.

2001 *Morals from Motives*. Oxford: Oxford University Press.

あとがき

本書は、編者が代表者となって実施した国立民族学博物館（以下、民博）共同研究「肉食行為の研究」（平成二四—二六年度）における研究発表をもとに、各執筆者が本書の課題に沿って執筆した論文集である。共同研究の参加者の大半の論考を得られたこと、そして、宮平盛晃氏、菅瀬晶子氏に本研究会において貴重な研究発表をいただいたことに深く感謝したい。また、研究会では資料や現場の実見もあわせて行っており、千葉県食肉公社（千葉県旭市）、沖縄ではやはり宮平氏に大変お世話になった。記して感謝の意を表する。一方で、研究会の運営や研究成果のとりまとめの段階で少なからぬ人たちにご迷惑をかけたこと、研究会の実施から成果刊行までに相当の時間を費やしてしまったことは、編者の不徳の致すところと力不足によるものである。あわせて深くお詫びの意を表する。

本書やこの研究の趣旨、その学術的、社会的背景については序論で述べたとおりである。編者が民博での共同研究会をたちあげた時点で、研究の話をうかがいたいと思いついたかたがたに集まっていただき、あれやこれやと議論したことがこの論集に詰まっている。民博の共同研究は調査費こそ出ないものの、分野や細目に沿った課題で審査が行われる科学研究費補助金や、特定の研究課題に限定された研究助成金とは異なり、自由な発想で、分野や業種をこえた者どうしが膝をつきあわせて研究の話ができる制度である。「肉食行為の研究」などという研究課題名を受け入れる懐の深さが審査する民博内部に、そして、なによりも研究会の参加者にあったのはたいへんありがたかった。かっこよさげにみえる修飾語やカタカナ英語が並ぶ研究課題に食傷気味だった編者のささやかな抵抗が、本書の題名とそのもとになった研究課題にこめられている。

編者は序論で、「人間はどのように肉を食べてきたのか」を考えたいとしていた。月並みではあるが、その答えの一つは、食べないということも含めた多様な肉食のありかたと、その多様性を支える「制度」の存在である。換言すれば、人間は肉食について相当にいろいろなことを考えてきたのである。

もちろん、植物であろうと動物であろうと、大切な食物についてあれこれ考えることは、人間がつくりあげた食文化の核心である。一方で、肉食に関わる忌避や希求は、肉にされる以前の生きものに対する考えかた、肉が生じる過程に強く影響されてきた。肉（死後のもの）と生きもの（生前の姿）との距離のとりかたやそれらの境界に悩む人間が「制度」を使って説明してきたのが、肉食行為の一つの特徴と言えるのではないだろうか。

さて、本書の主要なテーマである肉食はこの数年の間、益々、世間の関心を集めているように思われる。肉食に関わる記事を新聞や雑誌で見かけることが多いし、肉食行為そのものではなくても、狩猟や畜産が取り上げられる機会が多くなったような気がする。関連した内容の書籍の刊行も目立つように感じる。

こうした日本の一般社会における状況がある一方で、世界の学術研究においても肉食をめぐる議論は様々な展開を見せている。編者が二〇一七年の五月に、カナダのオタワ大学で開催された国際人類学・民族学科学連合の年次大会で味覚に関するパネルを組織したところ、欧米からの参加希望者が数名あり、昆虫食に関する内容の報告が複数寄せられた。ＦＡＯ（国連食糧農業機関）が二〇一三年に出した報告書で、将来的なタンパク源としての昆虫の重要性を強調したことから、欧米を中心に昆虫食ビジネスがにわかに脚光を浴びるようになった。欧米の研究者はこうした世界の動きに敏感であり、文化人類学でもこうした「キャッチー」な話題は、極めて早い速度で研究にとりこまれていく。

参加者の一人は東南アジアで慣行されてきた昆虫食が地域の産業につながる一方で、食文化の異なる消費者へむけ、昆虫の生きているときの姿を意識させないようなかたちへの変換も必要であるといった内容の発表を行ってくれた。実際に持参してくれた、甲虫を材料にしたクラッカーを食べながら、世界には豊かな昆虫食文化が存在してきたが、現在の昆虫食ビジネスの多くは、虫を虫として食べる文化とはあまり関係はなさそうだといった議論を楽しんだことは記憶に新しい。ここにも、肉（死後のもの）と生きもの（生前の姿）との距離やそれらの境界のとりかたに悩む人間の姿が浮き上がってくる。

また、他のパネルでは、食料が文字、文書によって管理されているという視点から、動物が肉へと変換される過程や人間の意識が論じられるなど、日本の学界ではあまり扱われない内容が少なからず含まれていた。本書でとりあげることができなかった魚肉食もあわせて今後の課題となるだろう。

残念ながら、欧米での議論が熟したころに参入するという日本の研究のありかたがそんなにすぐに変わるわけではない。しかしながら、序論でも述べたように、日本で熟成させてきた議論が十分に世界に発信できてきたわけでもない。世界の研究の動向に気を配りながらも、日本でじっくりと練り上げた議論を国際的に発信していくことはそれなりに意味のあることであり、本書の主題である肉食は、欧米も含めた世界の研究者を巻き込みながら、今後も取り組んでいくべき研究領域であるとあらためて感じている。

最後になるが、なかなか出版社が決まらず途方にくれていた編者が、今回の出版元である平凡社の水野良美氏に出会えたことは本当に幸運であった。多岐の分野にわたる論考に丁寧に目を通していただき、本書の刊行まで粘りづよくお付き合いいただけたことに心から感謝するしだいである。

二〇一七年一二月二九日

編　者

肉食行為の研究

2018年3月7日　初版第1刷発行

編者　野林厚志
発行者　下中美都
発行所　株式会社 平凡社
〒一〇一-〇〇五一
東京都千代田区神田神保町三-二九
電話　〇三-三二三〇-六五八一（編集）
〇三-三二三〇-六五七三（営業）
振替　〇〇一八〇-〇-二九六三九
印刷　株式会社東京印書館
製本　大口製本印刷株式会社
装丁・本文組　細野綾子

http://www.heibonsha.co.jp/

ISBN 978-4-582-83770-4　C0039　NDC 分類番号 383.8　A5 判（21.6 cm）　総ページ 496

執筆者略歴

野林厚志《のばやし・あつし》

1967年生まれ。人類学。国立民族学博物館・総合研究大学院大学教授。台湾原住民族の文化実践、現生人類の特徴としての道具作りと料理に関する研究を行っている。著書に『イノシシ狩猟の民族考古学』(御茶の水書房)、『タイワンイノシシを追う』(臨川書店)、『台湾原住民研究の射程』(共著、順益台湾原住民博物館)などがある。

岸上伸啓《きしがみ・のぶひろ》

1958年生まれ。文化人類学。国立民族学博物館・総合研究大学院大学教授。北アメリカ先住民の捕鯨や食物分配、社会変化に関する研究を行っている。著書に『カナダ・イヌイットの食文化と社会変化』(世界思想社)、『クジラとともに生きる』(臨川書店)、『捕鯨の文化人類学』(成山堂書店)などがある。

加藤裕美《かとう・ゆみ》

1980年生まれ。文化人類学。京都大学白眉センター助教。マレーシアのボルネオ島に暮らす狩猟採集民の森林資源利用と社会変容に関する研究を行っている。著書に『東南アジアの森に何が起こっているか』(共著、人文書院)、『ボルネオの〈里〉の環境学』(共著、昭和堂)、『狩猟採集民からみた地球環境史』(共著、東京大学出版会)などがある。

林 耕次《はやし・こうじ》

1972年生まれ。生態人類学。総合地球環境学研究所プロジェクト研究員。アフリカ熱帯雨林の狩猟採集民の生業実践に関する研究、人類史における食とサニテーションに至る研究を行っている。著書に『開発と先住民』(共著、明石書店)、『森棲みの生態誌』(共著、京都大学学術出版会)などがある。

梅﨑昌裕《うめざき・まさひろ》

1968年生まれ。人類生態学。東京大学大学院教授。パプアニューギニアで、集団レベルの栄養適応、行動適応についての研究を行っている。著書に『ブタとサツマイモ』(小峰書店)、『集団』(共著、京都大学学術出版会)、『人間の生態学』(共著、朝倉書店)などがある。

五百部 裕
いほべ・ひろし

1960年生まれ。自然人類学・霊長類学。椙山女学園大学教授。アフリカ産オナガザル類や類人猿の社会・生態学的研究を行っている。著書に『人間史をたどる』(共著、朝倉書店)、『サルの文化誌』(共著、平凡社)、『心と行動の進化を探る』(共編著、朝倉書店) などがある。

鵜澤和宏
うざわ・かずひろ

1967年生まれ。先史人類学・動物考古学。東亜大学教授。古代アンデスにおける動物利用を研究し、人と動物の関係から当時の社会変容の解明に取り組んでいる。著書に『アンデス文明』(共著、臨川書店)、『生態資源と象徴化』(共著、弘文堂)、『人と動物の日本史1 動物の考古学』(共著、吉川弘文館) などがある。

本郷一美
ほんごう・ひとみ

1960年生まれ。環境考古学・先史人類学。総合研究大学院大学准教授。トルコ、ヨルダン、イランなどの遺跡から出土した動物遺存体をもとに、家畜化と牧畜の発達に関する研究を行っている。著書に『環境考古学ハンドブック』『朝倉世界地理講座 6 西アジア』(いずれも共著、朝倉書店)、『チンギス・カンの戒め』(共著、同成社) などがある。

池谷和信
いけや・かずのぶ

1958年生まれ。人類学・地理学。国立民族学博物館・総合研究大学院大学教授。アフリカやアジアを中心にした世界の狩猟採集民の人類史的研究を行っている。著書に『山菜採りの社会誌』(東北大学出版会)、『人間にとってスイカとは何か』(臨川書店)、『狩猟採集民からみた地球環境史』(編著、東京大学出版会) などがある。

永ノ尾信悟
えいのお・しんご

1948年生まれ。古代インド学。東京大学名誉教授。ヴェーダ祭祀と家庭儀礼、そしてヒンドゥー教の年中儀礼を中心にインドの宗教儀礼のデータベースを作成している。著書に *Die Cāturmāsya oder die altindischen Tertialopfer. Dargestellt nach den Vorschriften der Brāhmaṇas und der Śrautasūtras*、『ヒンドゥー教年中儀礼の形成』(いずれも東京外国語大学アジア・アフリカ言語文化研究所) などがある。

原田信男
はらだ・のぶお

1949年生まれ。日本生活文化史。国士舘大学教授。文献とフィールドを基礎として、村落史や食文化史などを中心に、日本生活文化史の研究を行っている。著書に『歴史のなかの米と肉』(平凡社ライブラリー)、『なぜ生命は捧げられるか』(御茶の水書房)、『神と肉』(平凡社新書) などがある。

山田仁史《やまだ・ひとし》

1972年生まれ。宗教民族学。東北大学大学院准教授。世界各地の神話や民族誌記述をもとに、人類の食文化や暴力の諸形態と信仰とのかかわりなどを探究中。著書に『首狩の宗教民族学』(筑摩書房)、『いかもの喰い』(亜紀書房)、『新・神話学入門』(朝倉書店)などがある。

大森美香《おおもり・みか》

心理学。お茶の水女子大学教授。心身の健康を決定する健康関連行動に、どのような心理的要因が関連しているのかを探究している。著書に『カウンセリング・心理療法の基礎』(共著、有斐閣)、『世界の子育て格差』(共著、金子書房)などがある。

小川 光《おがわ・ひかる》

1970年生まれ。公共経済学。東京大学大学院教授。グローバル化の進展に伴う個人、企業、政府の行動変化に関する研究を行っている。著書に『公共経済学』(共著、有斐閣)、『グローバル化とショック波及の経済学』(編著、有斐閣)、『ミクロ経済学の基礎』(共著、中央経済社)などがある。

筒井俊之《つつい・としゆき》

1962年生まれ。動物生命科学・獣医学。農業・食品産業技術総合研究機構動物衛生研究部門ウイルス・疫学研究領域長。動物の感染症について疫学的視点から調査・研究を行っている。著書に『食品安全システムの実践理論』(共著、昭和堂)、『最新獣医公衆衛生』(共著、チクサン出版社)、『食の安全科学の展開』(共著、シーエムシー出版)などがある。

伊勢田哲治《いせだ・てつじ》

1968年生まれ。科学哲学・倫理学。京都大学大学院准教授。科学技術と社会との接点で生じるさまざまな問題に、哲学や倫理学の視点でアプローチし、とりわけ技術者倫理や動物倫理について考察を重ねている。著書に『疑似科学と科学の哲学』『動物からの倫理学入門』(いずれも名古屋大学出版会)、『倫理学的に考える』(勁草書房)などがある。

索　引

＊数字のあとの n は、項目が註に現れる場合を示す。

人　名

ア　行

アイエロ、レスリー　17, 160-162, 173
アイザック、グリン　174, 175, 179
アヴラメスク、カタリン　322
アダムズ、キャロル・J.　353
アードリー、ロバート　159
天野信景　295
アレンズ、ウィリアム　317-323
アンドレー、リヒャルト　306, 311, 313, 318, 324
飯島吉晴　324
イエス・キリスト　305
井之口章次　324
伊波普猷　325
ヴィルヌーヴ、ロラン　307, 312
上野有里　338, 339
ウォッシュバーン、A. L.　337
ヴルバ、エリザベス　169
エイブラー、トーマス・S.　318
エトキン、ウィリアム　159, 160, 174, 179
斧原孝守　324
オベーセーカラ、ガナナート　323
折口信夫　262, 326

カ　行

ガジュセック、ダニエル・カールトン　321
ガスコイン夫人　457
金田久璋　327
キャノン、ウォルター　337
ギーユ＝エスキュレ、ジョルジュ　324
クック、ジェイムズ　304
桑原隲蔵　308, 319
礫川全次　320
国分直一　324-326
コープランド、サンディ　170
近藤雅樹　325

サ　行

ザイアンス、ロバート　339
西郷信綱　262
佐藤弘明　93
サンデイ、ペギー・リーヴズ　319
篠田八郎　312
シュタインメッツ、ゼーバルト・ルードルフ　307, 308, 318, 320, 324
シュターデン、ハンス　313, 318, 319
シュピール、クリスチアン　312
シンガー、ピーター　13-15, 19, 21, 444, 445, 447, 450, 451, 464, 474n
鈴木高史　324

タ　行

ダイアモンド、ジャレド　322
タイラー、エドワード・バーネット　307
田代安定　325
ダート、レイモンド　158, 159, 162, 167, 169
ツェアリース、オットー　312
テヴェ、アンドレ　315, 316
デ・コンティ、ニコロ　309, 310
寺石正路　308
ド・モンテーニュ、ミシェル　316
ド・レリー、ジャン　316

ナ　行

ナイバート、デビッド　19-21
ノディングズ、ネル　465

ハ　行

ハイネ＝ゲルデルン、ロベルト・F. v.　310
バーソロミュー、ジョージ　159
バードセル、ジョセフ　159

ハーバーベルガー、シモン　321, 323, 328
ハリス、マーヴィン　82, 313
ハリスン、ルース　11, 20
弘末雅士　308, 309
ビンフォード、ルイス　174, 175
フィーラー、ピーター　160
フォーサイス、ドナルド・W.　318, 319
フォーリー、ロバート　178
フォルスター、ゲオルク　304
フォルハルト、エーヴァルト　311-313, 318, 324
フビライ・カーン　308
ブライン、チャールズ　169
ブランベル、ロジャース　12
フロイス、ルイス　22
フロベニウス、レオ　312
ペーター＝レッヒャー、ハイディ　320
穂積陳重　308
ボルディエ　307
ポーロ、マルコ　308

マ　行

馬淵東一　8-10
マリナー、ブライアン　319
南方熊楠　307, 308
メトロー、アルフレート　316
モース、E. S.　307, 320
モネスティエ、マルタン　320

ヤ　行

柳田国男　262, 263
山口昌男　318
吉岡郁夫　319, 320, 324

ラ　行

ライダー、リチャード　14, 15
ラパポート、ロイ　9, 10
ランガム、リチャード　17
リカード、デヴィッド　367
リーキー、メアリー　174
リンデンバウム、シャーリー　323
レー、アラン　375
レヴィ＝ストロース、クロード　316
レーガン、トム　445, 447, 451, 464, 466
ロスガーバー、ハンク　343, 352, 356, 357
ロールズ、ジョン　468

ワ　行

渡辺仁　33, 37, 56, 58n

事　項

ア　行

アイデンティティ　7, 10, 24, 45, 56, 58n, 83, 213, 343, 468
アウストラロピテクス　158-160, 164-173, 181n, 212
アウストラロピテクス・アファレンシス　166-168
アウストラロピテクス・アフリカヌス　158, 168-170
アカコロブス　139, 140, 142, 143
アシュタカー　243, 244, 255n
アニマル・ファクトリー　6
『アニマル・マシーン』　11, 20
アブラヤシ　64, 66, 69, 79, 80, 82
アミノ酸スコア　105, 122
アルディ　164, 165
アルディピテクス　164-166, 181n
アンダマン諸島　308
安定同位体　106, 118-120, 190, 196, 203, 207
イエズス会士　318, 319
生贄　262, 263
胃収縮説　337
一物一価　382
イデオロギー　252, 319, 344-346, 476n
イヌイット　24, 33, 34, 37-46, 48-57, 58n, 90
犬ぞり　229
イノシシ　98, 191, 193-195, 197, 199-201, 206, 264, 269, 391, 415, 420
イベリコブタ　411, 413-415, 417-419, 421, 429, 438n, 439n
イロクォイ　318
ヴェーダ祭祀　26, 241-250, 253, 254n
ウロコオリス　135
ウンム・エル・トレル遺跡　176
エキゾティシズム　328

エスノセントリズム　328
穢多　282, 283
越境性動物疾病　27, 390, 409
エネルギー‐タンパク比　106, 117
殗穢　292
おいしさ　117
オシラサマ　273
男の家　121
オナガザル　131, 133, 136, 137, 146
オランウータン　72, 77, 132, 133
オリエンタリズム　328
オルドヴァイ遺跡　174

カ　行

階級差別　14
飼い貶し　19, 21
害獣　69
海獣狩猟　58n, 225-227
海獣類　35, 50, 215, 225, 227
家族モデル　159, 160, 174, 179
家畜　6, 13, 18, 110, 113, 204-206, 212, 242, 252, 263, 265, 280, 282, 293, 341, 389-392, 398, 399, 402, 405, 408, 409, 416-418, 434-436, 446, 462
　家畜化　23, 191, 197, 199, 200, 206, 207
　家畜囲い　220
　家畜飼育　11, 12, 22, 25, 70, 71, 200, 202, 207, 215, 220
　家畜の保険機能　386
カニバリズム　26, 305-307, 311, 312, 318-324, 327, 328
カーニバル　305
カラハリ砂漠　158, 218, 219, 229
カリンズ森林　131
ガルヒ　168, 171
灌漑混合経営　379
環境　8, 11, 20, 26, 28, 57, 63, 85n, 109, 148-150, 156-158, 165-168, 171, 172, 178, 180, 188, 191, 197, 213, 234, 341-345, 386, 409
　環境適応　35
　環境破壊　356
　環境保護　342, 358, 446, 474n
　環境保全行動　346
　地球環境　6, 12, 28
関係的倫理　449, 465, 466
関税撤廃　381
缶詰　113-115, 121, 175
危害原理　449
技術革新　27, 378, 384
北アメリカ　33-35, 37, 50, 215
騎馬猟　220, 222, 229, 236
キバレ森林　137, 139
規範　10, 16, 17, 21, 26-28, 118-122, 221, 249-251, 337, 340, 341, 347, 357-359, 447, 454, 464, 468
規模の利益　379
牛肉　43, 46, 53, 56, 57, 71, 343, 354, 355, 357, 369, 371, 372, 376-379, 389, 393-395, 404, 406, 433, 440n
共食　40, 45, 200, 202, 267
極北地域　25, 33-37, 40, 41, 45, 46, 48-51, 53-57, 58n, 104, 213, 234
ギョベクリ・テペ　201
魚類　19, 34, 35, 37, 39, 43, 45, 46, 49, 53, 76, 196, 215, 371, 460, 462, 463, 474n
キョルティック・テペ　192, 194-196
キラー・エイプ説　158
キリスト教　78, 79, 475n
禁忌　75-77, 82, 84, 222, 242, 259, 291, 292, 294
　禁忌意識　26, 280, 295
供犠　259, 266-268, 272, 273, 280-283, 296
　人身供犠　270, 308
　動物供犠　22, 260, 261, 263-266, 268, 269, 272, 280, 281, 283, 295, 296, 297n
　半島・大陸的供犠　265, 270, 273, 280, 281, 297
　弥生的供犠　265, 269, 270, 280, 281
首狩　75, 78, 308, 310, 311
グリヒヤスートラ　26, 243-251, 256n
クールー　306, 321, 323
グローバル化　27, 48, 52, 54, 57, 90, 367, 368, 375, 378, 379, 381-383, 386, 388n
グローバル経済圏　27
グローバル経済社会　6
クロムドライ　169
穢れ　26, 260, 270, 280-283, 291-296
原猿類　130

限界事例　452, 453, 469
現金経済　106, 119-122
健康　12, 13, 37, 67, 75, 78, 83, 335, 343, 344, 369, 387n, 464, 468, 471
　健康観　74, 77, 84, 117
　健康問題　6, 50, 54, 123, 340
原産地呼称保護制度（PDO）　427, 430
原産地証明　411-413, 422, 425-432
降雨依存混合経営　379
交易　62, 64, 80, 225
高価な組織仮説　162, 173
強姦　18
交換財　116, 117
公衆衛生　341, 344, 345, 356, 397, 399, 409
工場畜産　11, 445, 446, 453, 455, 459, 474n
口蹄疫　6, 27, 390-393, 396, 402, 403, 405, 409
高度組織説　17
高病原性鳥インフルエンザ　27, 390, 395
国際獣疫事務局（OIE）　398, 399
国際連合食糧農業機関（FAO）　341, 368, 390, 406, 409
穀物価格　378
国連人間環境会議　11
互酬性　111
古代律令国家　265, 272, 273
骨歯角文化　167
米　18, 43, 52, 105, 250, 259, 283
ゴリラ　98-100, 132, 133, 136, 165
コンプレックス・ハンターギャザラーズ　193
ゴンベ国立公園　136

サ　行

菜食主義　16, 18, 105, 241, 242, 253, 342, 343, 357
在来知　109
搾乳　203, 221, 391
雑食　130, 164, 165, 175, 180, 343, 344, 346
　雑食動物　16, 18
殺人　18
サツマイモ耕作　108, 109
サヘラントロプス・チャデンシス　162
サン　25, 218-221, 229, 234-236
産業的経営　379
飼育　11, 12, 19, 27, 63, 68, 70-72, 82, 145, 188, 191, 199, 205-207, 263, 399-402, 405, 434, 446, 456
ジェンダーステレオタイプ　353, 355, 356
嗜好　25, 54, 71, 84, 98, 117, 124, 196, 311
市場の価格メカニズム　386
自然資源　188, 191, 193, 195, 196, 199, 216, 230
自然保護　68
悉有仏性論　456, 472, 473
湿潤熱帯　218
死肉漁り　144, 145, 150, 174, 175, 179
ジビエ　343
シベット　66, 80
ジャイナ教　252
社会主義体制　229, 235
種　14, 15, 17-19, 21, 129, 130, 135, 146, 166, 174, 446
集住化政策　226
獣肉　8, 9, 67, 82, 83, 94, 283, 296, 456
集約化　27, 378, 379, 381, 386, 406, 408, 409, 444
集約的工場式飼育　19
集約的畜産業　445
儒教　263, 291, 292, 449
種差別　13-15, 19, 24, 26, 446, 452, 474n
出アフリカ　25
需要の価格弾力性　373
需要の所得弾力性　373
シュラウタスートラ　26, 242, 245-247
狩猟　5, 8, 26, 33, 84, 90, 144, 145, 150, 159, 187-189, 216, 234-236, 267, 269, 296, 461
　狩猟圧　194, 195, 198
　狩猟仮説　158-161, 167, 174
　狩猟儀礼　235, 268
　狩猟採集　16, 64, 93, 215, 219, 221, 230, 237n, 295, 312
　狩猟採集民　24, 25, 33, 62-64, 70-72, 90, 91, 145, 147, 188, 189, 201, 202, 212, 213, 215, 216, 218, 219, 225, 230, 234-236, 237n
　狩猟対象　98, 135, 193-195, 198, 201
小規模畜産業者　27, 386
商業化　235
商業狩猟　99, 220, 229, 235
縄文的祭祀　265, 268, 280
初期人類　106, 145, 150, 155, 157, 159, 161, 162,

166, 169, 174
触穢思想　294, 296
食行動　26, 67, 83, 237n, 336-338, 341, 358
食習慣　22, 70, 79, 100, 430
食スタイル　26, 336, 343, 344, 359
食性　33, 34, 37, 156, 157, 162, 164-166, 170, 173, 174, 176, 180, 190, 420
食生活　5, 7, 24, 28, 43, 52, 53, 63, 66, 67, 71, 84, 97, 105, 219, 253, 344, 412, 433, 435, 436
食肉　6, 8, 11, 18, 79, 82, 104, 105, 113, 191, 195, 348-350, 359, 368, 397, 409, 418, 435, 436, 440n, 456, 462
　食肉価格　374, 381, 382
　食肉企業の多国籍化　383
　食肉供給　25, 368
　食肉需要　368, 371, 373-376, 381, 384, 386, 387n, 401, 405, 406
　食肉消費量　369, 373-375, 384, 406
　食肉生産量　27, 376, 377, 383, 384, 406
　食肉貿易　368, 381, 382
食の安全保障　45, 48, 58n
食品安全委員会　395
食文化　37, 101, 142, 143, 368, 369, 436
食物　24, 25, 90, 97, 98, 106, 129, 130, 143, 146, 149, 157, 161, 166, 177-179
　食物規制　82, 84, 97
　食物禁忌　222, 291
　食物選択　338, 344, 345, 353
　食物分配行動　132
食料獲得　53, 91, 189, 193, 212
飼料穀物　378
新月満月祭　247
人口支持力　122
人獣共通感染症　6, 409
人種差別　14, 324, 445, 446
森林伐採　62, 68, 79, 100
水田稲作　22, 23, 26, 263-265, 268, 269, 295
スカベンジング→死肉漁り
ステーキ　13, 341, 354, 355, 432
ステルクフォンテイン　169
ステレオタイプ　221, 353, 355, 356, 358, 359
スペイン　224, 411-413, 419, 421, 426-428, 430, 432-434, 438n, 440n
スポーツハンティング　145
スマトラ島　306-309
スワルトクランス　169
生活規制　246-249, 256n
生活様式　28, 50, 51, 213, 263
性差別　14
生産コスト　105, 393
生産性の改善　27, 378
生態学　7, 9, 10, 17, 24, 25, 33, 56, 83, 104, 106, 180, 419, 435
精肉消費量　433
世界食糧農業白書　368
殺生禁断令→肉食禁止令
摂食障害　340
セボ　423, 439n
前近代国家　215
選好充足説　451, 474n
センザンコウ　76, 80, 81, 93
先史狩猟民　215
戦争　10, 11, 111-113, 116, 306, 316, 317
先土器新石器時代 A 期（PPNA 期）　192, 193, 196, 197, 199
先土器新石器時代 B 期（PPNB 期）　197, 199, 202-204
草食動物　17, 18, 106, 118, 158-160, 167, 178, 180
痩身理想　340
ソーマ祭祀　242, 247

タ　行

ダイエット　105, 335, 340
大規模畜産経営体（CAFOs）　20
タイ森林　137, 139, 141-143
タイッティリーヤ・サンヒター　243, 255n
多元文化主義　455, 466-468
多国籍企業化　27, 386
タブー　78, 82-84, 353
タフォノミー　169, 190
タリ盆地　107, 109, 110, 113, 114, 116, 117, 119-121, 123
単純暴露の効果　339
男女差　118-122, 358

タンパク質　22, 37, 46, 67, 82, 105, 106, 118, 123, 175, 176, 178, 180, 196, 203, 313, 321, 371, 378, 379, 381, 394, 395
タンパクの摂取必要量　122
地域ブランド　437
畜産システム　379, 381
地中海性広葉樹林→デエサ
知的機能　348
チャヨニュ　192, 196, 199, 203
中国　80, 230, 263, 265, 268, 272, 291-294, 308, 319, 324, 375, 377, 396, 397, 406, 435
中枢説　337, 338
チュクチ　25, 224-227, 229, 231, 234, 235
朝鮮半島　206, 268, 272, 281-283, 291, 292
腸詰　421, 436
鳥類　19, 34, 35, 37, 39, 43, 45, 46, 53, 62, 76, 129, 130, 195, 460
地理的保護表示（PGI）　427
賃金労働　42, 45, 54, 56, 63, 64, 70
チンパンジー　25, 98, 100, 132-137, 139-149, 155-157, 159, 162, 164-168, 170, 173, 178, 179, 338, 452
ツェンバガ　9, 10
ティグリス川　25, 192, 195-197, 199
定住　34, 38, 42, 62, 64, 90, 191, 225, 230
　定住集落　64, 91, 93, 94, 97, 191, 193, 195-197, 199, 225
　定住狩猟採集民　192
低タンパク適応　123
デエサ　418-420, 423, 438n, 439n
テナガザル　132, 133
テル・シェイク・ハマド　204
天候不順　114, 115, 386
伝統的特産品保護（TSG）　427
道教　291, 292
道徳化　342, 346
道徳的関心　346-348
道徳的地位　348
トゥピナンバ　306, 313, 316, 318, 319, 323
動物　7, 8, 20, 28, 40, 71, 72, 74, 75, 78, 82-84, 97, 142, 145, 148, 188, 207, 234, 243, 259, 311, 347, 350, 352, 359, 443
　動物愛護　42, 53, 443, 457-459, 469, 472, 475n
　動物愛護会　443, 458
　動物機械論　17, 22
　動物供養　459-465, 469-471, 476n
　動物骨　188-190, 192, 193, 198-201, 204, 266
　『動物の解放』　13, 14, 444
　『動物の権利』　13
　動物の権利運動　444, 445, 447, 453, 474n
　動物の自由　12
　動物の保護および管理に関する法律　457
　動物の倫理的扱いを求める人々（PETA）　445, 474n
　動物福祉　5, 12, 13, 19, 22-24, 26, 28, 342, 346, 358, 399, 401, 443-446, 453, 455, 467, 469-473, 474n
　動物擁護　21, 22, 28
　動物利用　26, 199, 212, 462
　動物倫理　27, 28, 58n, 344, 443, 448, 450, 455, 460, 461, 464, 466, 467, 469, 470, 472, 474n
独立生計の原則　131
屠殺　9, 10, 71, 82, 114-116, 266, 280, 434, 435
都市化　375, 376, 379, 409
トナカイ飼育　226
ドマニシ遺跡　174
鳥インフルエンザ　6, 389, 395-397, 409
鶏肉　43, 53, 57, 71, 79, 105, 115, 343, 355, 357, 369, 371, 372, 376, 377, 379, 397, 406, 433
奴隷制　18, 454
ドングリ　215, 412-420, 422-424, 428, 431, 432, 435, 436, 438n, 439n
ドングリブタ　423, 432

ナ　行

内在化　74, 340, 341
内水面漁撈　225
ナリオコトメ　172, 181n
ニアス島　308
肉食　5-13, 15-19, 21-28, 33, 34, 37-39, 52, 54, 56, 79, 84, 90, 91, 104-107, 118-122, 124, 129, 132-137, 139-142, 144-150, 157-162, 165, 167-171, 173-181, 187-190, 202-204, 206, 213, 218, 234-236, 241, 242, 245-249, 253, 259-261, 280, 281, 291-293, 296, 305, 328, 335, 336, 341-348, 352,

353, 356-359, 433, 443, 446, 456
肉食回避　341-343, 345, 346, 352, 353, 358
肉食忌避　260, 269, 270
肉食禁止令　26, 260, 292
肉食行為　7-11, 19, 23, 24, 26, 28, 101, 250
肉食主義　15, 18, 19, 21, 105
肉食対象　134, 135, 139, 141-143, 147
肉食率　157, 160, 162
肉の摂取量　17, 114, 118, 121, 204
西インド諸島　305
ニッチ　106
日本　22, 23, 26-28, 69, 115-117, 147, 206, 213, 215, 230, 231, 234, 237n, 260-265, 268, 269, 273, 280, 282, 283, 291-296, 297n, 307, 312, 318-320, 324, 325, 327, 328, 339, 356, 367-369, 374, 389, 390, 392, 394-398, 409, 412, 413, 437, 440n, 443, 447, 452-461, 464, 469, 471-473, 474n, 476n
ニホンイノシシ　23, 420
ニホンオオカミ　23
ニホンザル　130, 131, 133, 338
乳利用　203
乳類　371
ニューギニア　9, 108, 110, 306, 321, 323
ニュージーランド　53, 304
人間優位主義　346
ネアンデルタール人　176, 188
農業協同組合　462
農耕　22, 64, 82, 202, 212, 215, 220, 221, 225, 231, 265-269, 272, 280, 296
農耕儀礼　248, 260, 266-269

ハ　行

バカ族　24, 90, 91, 93, 94, 96-101
バタック族　306, 307, 309-311
爬虫類　19, 98, 130, 460
ハッサンケイフ・ホユック　192-196, 198
ハブーゴ　427, 428
ハム　27, 426-429, 431, 433-435, 438n
ハモン　412, 414-418, 421-437
ハモン・イベリコ　411-413, 415, 421, 422, 427, 428, 432-434, 437, 438n
ハラン・チェミ　192
パラントロプス　170, 171
パレタ　421, 424, 429, 430, 432, 433, 435, 437, 440n
バーレルガザリ　168
ハンバーガー文化　20
比較優位説　367
ビーガン　16, 342, 343
ピグミーチンパンジー　25, 132-137, 145, 146, 149
ヒゲイノシシ　64, 66, 67, 70, 77, 80
比肩性　468, 470, 473
ヒツジ　113, 191, 197, 250, 251, 263, 343, 351, 369, 391, 433
ヒト化　25, 156, 157, 159, 160, 171, 177, 180, 181
肥沃な三日月弧　191, 192
ヒンドゥー教　241, 252, 253
フォレ族　306, 321, 323
不殺生戒　456, 475n
ブタ　9, 10, 15, 23, 27, 70, 105, 108, 110-117, 121, 122, 147, 191, 199, 205, 263-265, 267, 281, 282, 390, 391, 393, 405, 411-422, 428, 430, 432, 434-437
ブタオザル　66, 68-70, 76, 80
豚肉　46, 53, 57, 105, 121, 204, 326, 343, 355, 357, 369, 371, 372, 376, 377, 379, 387n, 388n, 393, 406, 433, 435, 436, 440n
仏教　83, 206, 252, 260, 272, 291, 295, 456, 461, 463, 475n
フード・タブー　82-84
プナン　64, 66, 68, 71, 218
ブヌン　8, 9
普遍化可能性　449, 450, 452-454, 469
プライミング　355, 360n
ブラジル　313, 315, 316, 318, 319, 323, 377, 397, 406
プランテーション　62, 64, 66, 79, 80, 82, 84
『ブランベル・レポート』 11, 12
フリ　113, 121
ブーリ遺跡　170
プリオン　321, 393
ブルセラ症　170
ブルーダイカー　94, 141, 142
分配　8-10, 25, 40, 42, 45, 57, 67, 77, 98, 111, 117-119, 121, 149, 159, 174, 187, 189, 202, 221, 222,

233, 234, 236, 237n, 315
分配行動　96, 131, 132, 136, 137, 146, 179
分配方法　229, 236
「文明」 26, 305
ベジタリアン　15, 16, 336, 341, 342-344, 353, 357
ベジョータ　423, 428, 429, 438n
ペット　7, 83, 347, 350, 352
貿易自由化　382
『方法序説』 22
放牧　221, 379, 399, 403-405, 412-420, 423, 435, 436, 438n, 439n
牧畜　35, 199, 202, 203, 212, 242, 263, 418
ポスト・ヴェーダ期　243, 250, 252, 253
ボッソウ　140, 141
骨かみ　306, 325, 326, 328
ボノボ→ピグミーチンパンジー
ホミニゼーション　156, 160, 162, 169
ホモ・エレクトス　25, 150, 176, 177, 180, 187, 212
ホモ属　150, 167, 170, 171, 174, 175, 177-179
ホモ・ハビリス　106, 171, 177
ポルトガル　344, 411, 430
ボルネオ島　62-64, 79, 218

マ 行

マーケット　80-82
マタギ　25, 230, 231, 233-235, 266, 267
マタンサ　434, 435
マヌ法典　250, 252, 253
マハレ山塊国立公園　137
マメジカ　66, 67, 80
マルミミゾウ　98
マレーシア　62, 63, 83, 375
「未開」 26, 305
3つのN　15, 21
3つのR　444, 445, 471, 472
ミート・パラドックス　347, 350
民族誌資料　216
ムブティ　147, 236
物忌令　294
物乞い（ベギング）行動　135-137
モンタネラ　415-417, 419, 423, 429, 432, 434, 439n

ヤ 行

ヤギ　113, 191, 220, 242, 251, 351, 369, 391, 433
焼畑　8, 9, 64, 66, 68, 69, 109, 281, 282, 312
ヤージュニャヴァルキヤ法典　250, 252
野生生物保護条例　62, 68-70, 77, 84
野生動物　18, 23, 62-64, 67-72, 84, 91, 98, 101, 109, 122, 191, 199, 200, 202-207, 212, 409, 446, 456, 460
野生動物保護　62, 100
ヤマアラシ　66-69, 74, 79-82, 165, 251, 252
遊動生活　225
輸送費の低下　367, 378, 381
ユーフラテス川　196, 197, 199
幼児殺し　18

ラ 行

ラクダ　251, 391
ラミダス　164, 165
リグヴェーダ・サンヒター　242
リーダー　111, 192
両生類　19, 76, 130
料理仮説　17, 161
類人猿　24, 129, 132-134, 136, 148, 149, 157, 165
ルーシー　167, 168
ルドルフエンシス　171
霊長類　25, 129-133, 135-137, 139-141, 144-149, 155-158, 160, 168, 177, 179, 180, 338, 339, 350
レセボ　423, 438n
レーリンゲン遺跡　176
ロエストモンキー　131, 132, 135, 136, 146
ローマ・クラブ　11

ワ 行

ワンバ　135

アルファベット・数字

BSE（牛伝達性海綿状脳症） 6, 369, 389, 393-395
EU（欧州連合） 6, 53, 411, 412, 421, 427
Prey image　141, 148
WTO（世界貿易機関）協定　398
4Ns　346